국왕의
불교관과
치국책

국왕의
불교관과
치국책

김종명 지음

감사의
말씀

이 책은 2008년도 한국연구재단 인문저술과제(과제번호 812-2008-1-A00115, 연구 주제: '한국 임금들의 불교관과 치국책') 지원비에 의한 것이다. 이 책을 위한 연구가 진행되는 동안, 두 차례에 걸쳐 심사를 해 주신 익명의 심사자들께 감사드리며, 그들의 논평 내용은 이 책의 내용적 풍부성과 객관성을 향상시키는 데 큰 도움이 되었다.

필자는 2008년부터 2009년까지 1년간 미국 UCLA의 한국학연구소(Center for Korean Studies)와 불교학연구소(Center for Buddhist Studies)에서의 연구년 기간을 통해 이 연구의 일부를 진행하면서, 각 연구소 주관의 콜로키엄과 세미나 등을 통해 많은 유익한 정보들을 얻을 수 있었다. 이에 필자를 초청해 준 각 연구소의 소장들인 던컨(John B. Duncan) 교수와 버스웰(Robert E. Buswell, Jr.) 교수께 감사를 드린다.

이 책의 원고를 읽은 후, 촌철살인의 논평을 해 주신 분들의 도움은 실로 크다. 하와이 소재 브리검영대학교(Brigham Young University-Hawaii)의 맥브라이드(Richard D. McBride, II) 교수는 내용 면에서의 상세한 논평과 함께, 새로운 참고문헌 소개, 연대 오기 수정 등을 포함한 형식 면에 이르기까지 큰 도움을 주었다. 허흥식 한국학중앙연구원 명예교수는 국왕과 종파와의 관계의 중요성을 비롯한, 내용과 조직, 전거 및 표현 등에 이르기까지 다방면에서 조언을 해 주었다. 부남철 영산대학교 교수는 영국 옥스퍼드대학교에서의 연구로 바쁜 일정 속에서도 이 책의 원고를 읽은 후, 특히 왕권 관련 최근 정치학계의 견해, 조선 태조와 불교와의 관계에 대한 논의의 필요성, 일부 표현상의 문제 등에 걸쳐 중요한 도움을 주었다.

자료를 통해 도움을 주신 분들도 있었다. UCLA의 피터 리(Peter H. Lee, 한국명: 이학수) 명예교수는 하바드대학교 한국학연구소(Korea Institute, Harvard University) 발간 학술지 *Journal of Korean Literature & Culture*, Volume Five(2012)에 게재된 논문 "Love Lyrics in Late Middle Korean"을 직접 우송해 주었으며, 한국학중앙연구원의 심재우 교수로부터는 조선시대의 왕권과 관련된 연구업적의 도움을 받았다.

이 책의 각 장을 구성하는 내용의 상당 부분은 이 과제 수행 기간 동안 국내외 학계를 통해 발표 및 출판되었는데, 그 과정을 통해 개진된 여러 학자들의 논평은 이 책의 학문적 충실도를 높이는데, 큰 도움이 되었다. 그리고 사계의 관련 선행연구 업적이 없었더라면, 이 책의 내용은 저자의 주관적 견해의 나열로 머물고 말았을 것이다. 이러한 한계를 넘어설 수 있게 해 준 이 책에서 인용된 모든 참고문헌의 저자들에게 감사의 말씀을 드린다. 그리고 독자 수가 제한될 수밖에 없는 학술서인 이 책을 출판해 준 한국학술정보㈜(대표: 채종준)의 류정화님을 비롯한 관계자 분들의 노고에도 깊은 감사의 뜻을 표한다.

일러두기

1. 이 책의 본문은 한글 표기를 원칙으로 하며, 한자어는 '찾아보기'에서 다음과 같이 표기하였다. 한글 훈 한자어. 예) 신라 新羅. 그러나 각주에 등장하는 서명 등은 원어대로 따랐다.

2. 외국인명과 외국서명의 표기는 문화 체육부 고시 제1995-8호 (1995.3.16)의 '외래어 표기법'에 따랐다.

가. 본문: 그 나라 발음(한국어 발음)

중국어 예) 훼이넝(혜능)

일본어 예) 난젠지(남선사)

나. 한자 어휘: 그 나라 발음(한국어 발음) 한자어

중국어 예) 훼이넝(혜능) 慧能

일본어 예) 난젠지(남선사) 南禪寺

다. 동일 용어가 반복하여 나올 경우, 두 번째부터는 그 나라발음만 표기하였다.

라. 외국인명과 서명이 한국서의 인용문 등에 포함되어 있는 경우는 한국어 발음으로 표기하였다.

예) "『대반야경』을 강하였다"

마. 지명, 왕조명 등의 외국 고유명사는 국내학계의 현실을 감안
   하여 한국어 발음대로 표기하였으며, 동양서의 저자명은 원어
   를 그대로 노출시켰다.

3. 한문 자료로서 국역과 원문이 같이 있는 경우, 이 책에서의 원
   문 인용 출처는 국역본에 부가되어 있는 원문이며, 원문 인용
   은 이 책의 논지 전개상 필요한 경우에 한하였다. 인용된 한문
   원문들은 띄어쓰기가 되어 있지 않으나, 이 책에서는 독자의
   편의를 위해 띄어쓰기를 하였다. 그리고 삼국시대 자료인 『삼
   국사기』, 『해동고승전』, 『삼국유사』에 동일하거나, 비슷한 내용
   이 기록된 경우, 인용 출처는 출판 시기가 가장 빠른 책이었다.

4. 주요 일차 자료의 인용은 다음의 예에 따랐다.
   『고려사』: 권, 면, 단, 줄. 예) 『고려사』1: 12a3-5.
   『삼국사기』: 저(편)자명, 출판연도, 면, 줄. 예) 김부식 1986,
   135: 14-7.

『조선왕조실록』: 실록명, 년/월/일. 예)『태조실록』7/5/12.

『한국불교전서』: 권, 면, 단, 줄. 예)『한국불교전서』1, 15b3-7.

한국사연구회 편: 연도, 면, 줄. 예) 1996, 30: 4-5.

5. 연대 및 인용 문헌의 쪽수 표기 시 중복 부분은 생략하였다.
   예) 1392-1910 → 1392-910, 122-125 → 122-5.

6. 『고려대장경』은 11세기와 13세기의 두 차례에 걸쳐 조성되었
   으며, 다양한 명칭들이 있으나, 이 책에서는 전자는『초조고려
   대장경』, 후자는『재조고려대장경』으로 표기하였다. 그리고 T
   는『大正原版大藏經』을 뜻한다.

7. 참고문헌에서 출판지가 명기되지 않은 경우, 출판지는 서울을
   뜻한다.

8. 찾아보기는 중요한 단어로 한정하였다.

9. 이 책에서 인용된 저자의 연구업적 중, 이 과제 진행 과정을 통
   하여 출판 및 발표된 업적은 다음과 같다.

머리말: 김종명 2009b; 김종명 2011c: 43-59; 김종명 2013: 425-68; Kim 2010a: 45-56; Kim 2010d: 174; 1부: 김종명 2011a: 92-128; Kim 2008; Kim 2009a; Kim 2010c: 297-310; Kim 2011c; 2부 1장: Kim 2010b: 189-215; 3부 1장: 김종명 2009a: 189-224; 김종명 2010b: 62-93; 김종명 2010c: 239-82; 3부 2장: 김종명 2010a: 117-54; 김종명 2011a: 192-228; Kim 2009b; 3부 3장: Kim 2011b; 3부 4장: Kim 2011a: 371-92; 김종명 2012: 193-225; 종합분석: 김종명 2010d: 227-64; 김종명 2011b: 221-59, 273-4.

차 례

■ **제3부 조선시대 국왕의 불교관과 치국책**

머리말

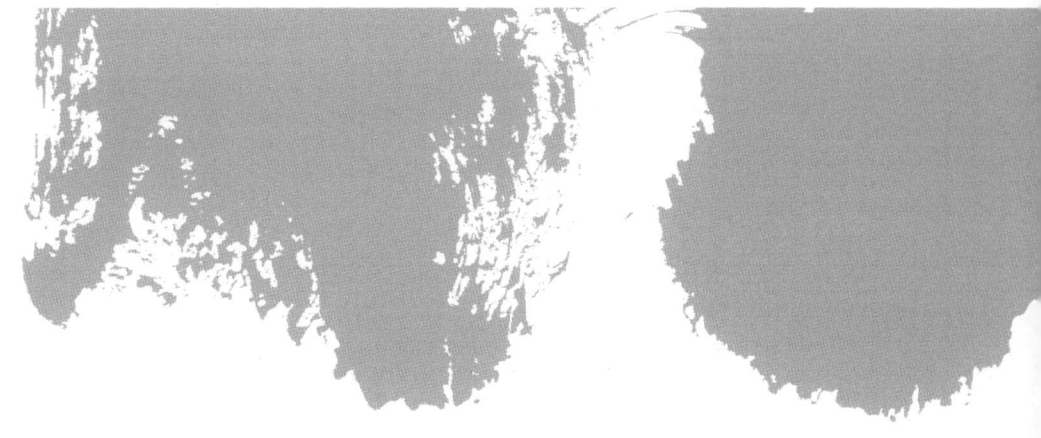

한국은 불교를 중국을 통해 받아들였으며, 4세기에 이르러 불교는 국가에 의해 공인되었다. 그 이후 현대에 이르기까지 한국에서 불교는 주로 기복불교로 기능해 왔다. 따라서 자력을 강조한 '인생교육제도'였던 불교가 누구에 의해, 왜, 어떤 방법과 절차를 거쳐 타력적 기복종교로 변하게 되었으며, 그 내용과 유산은 무엇이었는가 하는 문제는 나의 오랜 관심사 중의 하나였으며, 그 중심에는 국왕이 있다는 것이 이 책을 집필하게 된 동기가 되었다.

이 책의 목적은 불교가 한반도에 전래된 삼국시대부터[1] 조선시대 (1392~1910)에 이르기까지 불교와 일정한 관련을 가진 국왕들의 불교관과 치국책을 검토하기 위한 것이다. 분석 대상 국왕들은 삼국시대의 법흥왕(514~40), 진흥왕(540~76), 선덕여왕(632~47), 문무왕

---

1) 삼국시대의 연대에 대한 국내외 한국사학계의 견해는 다르다. 국내에서는 기원전 1세기에서 기원후 7세기까지로 보고 있는 반면, 국외 특히 구미의 한국학계에서는 기원후 4세기에서 기원후 7세기로 간주하고 있다(Best 2006: 3-62). 그러나 양자의 학계 사이에는 이 주제와 관련된 학문적 대화는 아직 없는 편이다. 이러한 결과와 관련, 나는 국내 학계의 학문적 시각의 확대가 절실하다고 본다. 국외 학계에서는 국내 학계의 주요 연구성과들에 대한 참조를 당연시하고 있지만, 국내 학계는 국외학계의 그것들을 참조하는 예가 드물기 때문이다.

(661~81), 경덕왕(742~65), 고려시대(918~1392)의 태조(918~43), 현종(1009~31), 고종(1213~59), 조선시대의 세종(1418~50), 세조(1455~68), 명종 대(1545~67) 및 정조(1776~1800)며,[2] 국왕들의 불교관에 대한 분석은 불·법·승 삼보에 대한 그들의 견해를, 치국 책에 대한 분석은 그들의 왕권을 중심으로 이루어질 것이다.

이 책은 4부로 구성되어 있다. 4세기 삼국시대에 국가적으로 공인 된 한반도에서의 불교 전통은 후대에도 상당한 영향을 미쳤는데, 삼 국시대 불교 전개의 주역들은 국왕을 비롯한 왕족, 승려, 관리로 대 표되는 지식인들이었다. 따라서 제1부 '삼국시대 지식인의 불교관과 치국책'에서는 삼국시대의 국왕을 중심으로, 승려 및 관리 등 지식 인들의 불교관 및 그것과 정치와의 관계가 검토될 것이다. 제2부와 제3부는 각각 '고려시대 국왕의 불교관과 치국책'과 '조선시대 국왕 의 불교관과 치국책'이며, 그 내용은 각 시대별 국왕들의 불교관과 치국책이다. 특히 조선시대 명종 대에는 불교 부흥이 이루어졌는데, 그 주역은 문정왕후(1501~65)였으므로, 이 시대의 경우, 문정왕후 중심으로 논의가 진행될 것이다. 특히 한국 역사상 이루어진 많은 불사의 사상적 배경이 된 업설의 영향력은 삼국시대 이래 현대에 이 르기까지도 지속되고 있다. 따라서 제4부 '종합 분석'에서는 업설을 비롯하여, 앞 장들에서 검토된 주요 내용들에 대한 종합적 분석이 이루어질 것이다.

이 책의 결론은 다음과 같다. 전통 한국에서는 임금이 불교를 포 함한 풍속을 좌우하는 입장에 있었으며, 그들의 치국책과 관련, 삼

---

2) 허흥식 교수는 나와의 이메일(2011.7)을 통하여, 신라의 진덕여왕(632~47), 진성여왕(887~97) 과 고려의 공민왕(1351~74), 조선의 고종(1863~1907) 등에 대한 연구의 필요성도 제기하였다.

국시대와 고려시대는 후원과 통제를 병행하면서도 후원에, 조선시대는 거의 통제에 초점이 맞춰져 있었다. 그들은 동아시아불교뿐 아니라, 한국불교 수용 초기부터 가장 큰 영향력을 가진 불교 교리였던 업설(김상현 1999: 266-72)에[3] 바탕을 둔 채, 불교를 기복종교 및 정치적 수단으로 간주하였으며, 초기불교에 입각한 불교 이해는 거의 결하고 있었다.[4] 그리고 이 결과를 바탕으로 향후 업설이 아시아불교 전개에 미친 영향, 아시아불교의 성격 및 아시아불교의 역사적·철학적 전개에 대한 더욱 심층적인 연구가 필요함을 제기하였다.

1. 연구사

종교와 정치는 밀접한 관련을 가지고 있으며(陳寅恪 2001),[5] 왕권(Ching 1997; Hobsbawm and Ranger 2002) 및 국가와 종교(二葉憲香 1980; Ishii 1986; Veer 1994; Veer and Lehmann 1999)와의 관계에 대한 논의는 다양하게 이루어져 왔다. 특히 모제스(LarryW. Moses 1977), 金剛秀友(1978), 맥멀린(Neil Mcmullin 1984), 키즈(Charles F. Keyes 1987), 해리스(Ian Harries 1999), 존즈(Charles Jones 1999), 볼코브(Volkov 2007) 등은 불교와 국가와의 관계를

---

3) 업설은 불교 교리의 하나로서 행위와 결과 사이의 관계에 대한 이론이며, 이 책에서는 업보설, 인과응보설, 윤회설과 같은 의미로 사용될 것이다.

4) 1920년대 근대 중국불교의 건설자라 할 수 있는 어우양징우(구양무경)도 교리적 순수성을 강조하면서, 기존 중국불교 전통 자체를 강하게 비판하고, 인도 유식학을 통해 불교 본래의 모습을 복원코자 하였다(김영진 2012: 37-53).

5) 중국 근대불교사 연구의 대표적 인물 중의 한 명인 陳寅恪는 다음과 같이 말했다. "사람들은 종교와 정치는 다른 무엇이기 때문에 둘을 혼동해서는 안 된다고 말한다. 하지만 역사적 사실에서 보면 종교와 정치는 결코 아무런 관련이 없을 수 없다"(陳寅恪 2000: 235-6, 김영진 2007: 20에서 재인용).

논한 연구업적물들이다.6) 불교는 아시아 국가와 밀접한 관계를 유지하였으며, 한국불교 초전 자체도 정치적 산물이었다. 4세기 이후의 한국에서 전개된 국가와 불교의 밀접한 관계도 "호국불교"란 개념으로 표현되어 왔다.7) 특히 한국불교는 비한족계가 세운 중국 북조(ca. 317~589)의 영향을 크게 받으며 전개되었다(McBride 2008: vii).

어떤 시기든 그 시기의 사고는 그 시기 지배자의 사고를 대변하는데(이재범 2009: 23), 임금은 전통 한국에서 최고 통수권자였다. 따라서 불교를 포함한 풍속의 부침도 그의 뜻에 달려 있었는데, 이는 고려대의 기록들을 통해서도 살펴볼 수 있다. 고려의 태조는 다음과 같이 말했다:

> [불]법이 나라로 말미암아 일어난다는 것은 참으로 헛된 말이 아니다.8)

12세기 고려시대의 왕사였던 정인대선사의 비명에서도 이러한 견해는 나타난다:

> 불법은 저절로 행해지는 것이 아니고, 모름지기 국왕에게 달려 있는 것이다.9)

---

6) 종교와 국가 사이의 밀접한 관계는 후기 로마제국(284~610)(Nuffelen 2008: 135), 비잔틴(Spanos 2008: 134) 및 이집트(Quack 2008: 134)에서도 발견된다.

7) 이 개념에 대한 비판적 검토에 대해서는 김종명 2008: 236-7 참조. 중국 송나라(960~1279)와 한국의 고려에서의 국가 권력과 종교 사이의 성격에 대해서는 Vermeersch 2004: 4-11 참조.

8) 法由國興 誠不虛言(한국사연구회, 상, 1996, 117: 4).

9) 佛法不自行 須憑國主(「故華藏寺住持 王師定印大禪師 追封 精覺國師碑銘」, 『李相國集』 35: 2b7, 『고려명현집』1: 373).

13세기 고려시대의 승려 각훈(?~?)과 조선 초기의 학자 관리였던 성현(1439~1504)의 말을 통해서도 이를 알 수 있는데, 각훈은 그의 『해동고승전』(1215)에서 다음과 같이 말하였다:

> 풍속은 사람과 관계됨이 크다. 왕이 당시의 세속을 고치고자 하면, 물이 아래로 흐르는 것과 같았으니, 그 성한 모양을 누가 제어하겠는가?[10)

성현도 그의 책 『용재총화』에서 같은 취지의 말을 하였다:

> [조선 정부는] 성종[1469~94] 이래 승려가 되는 것을 철저히 통제해 왔으며, 각 승려에게는 증명서 발급도 금지되었다. 이 때문에, 수도 지역의 승려 수는 감소하였으며, 수도와 지방의 절들도 모두 비게 되었다. [현재는] 사대부로서 재를 열거나 반승을 행하는 자가 없다. 이것은 임금이 숭상한 바에 달려 있는 것으로서 습속도 또한 그[임금의 뜻]에 따라 변하는 것이다.[11)

따라서 전통 한국사회에서 불교의 부침이 국왕에게 달려 있었음은 확실하다. 또한 한국 역사상 국왕들은 국가 통치의 일환(금장태 1999: 580-1)이나 왕권 강화의 차원(권연웅 1993: 198; 김혁준 1999: 36; 남희숙 2004: 9)에서 치국책을 펴 왔다. 특히 국왕의 불교 신앙은 국왕이 공인이란 점에서 그의 신앙을 개인 차원으로만 한정시킬 수는 없다. 그들의 불사에는 많은 정부 고위관리들이 참가하고 있었기 때문이다. 이러한 현상은 현대 한국에서도 그 정도와 형태는 달

---

10) 風俗之於人 大矣哉 王者欲移易於當世 如水之就下 沛然孰禦哉(장휘옥 1991: 181).

11) 自成宗 嚴立度僧之禁 不許給帖 由是 城中僧徒減少 內外寺利皆空 士族無設齋 飯僧者 是由 人主之所尙 而習俗亦與之變也(성현 1973: 274b12-3).

라졌지만, 여전히 현재진행형으로 이어지고 있는 셈이다.[12] 그러나 이러한 역사적 사실은 초기불교의 가르침과는 다른 현상이었다.

불교의 발상지인 인도에서는 초기 불교교단과 정치계는 정교분리의 원칙 위에 서 있었다. 불교의 출발점 중의 하나는 불평등한 인도 사회의 계층적 차별과 모순에 대한 비판에서였다(윤종갑 2011: 251). 따라서 부처는 불교 교단이 정치권력과 유착되는 것을 금지하였는데,[13] 이는 출가자가 정치권력에 빌붙어 권세를 행사하거나, 정치권력에 이용될 수 있는 소지를 미연에 방지하기 위해서였다. 불교의 궁극적 지향점은 깨달음을 얻어 평화와 자유를 누리는 데 있기 때문이었다(윤종갑 2011: 249). 따라서 불교 경전에서 왕에게 경배하란 내용은 거의 찾아볼 수 없다. 오히려 몇몇 경전에서는 왕이 출가 사문에게 경배해야 한다고 말하고 있으며, 이것이 일반적인 경향이다(최정규 2004: 3-4). 그러나 불교와 국가 사이의 관계와 관련, 한국의 역사적 현실은 초기불교의 가르침과는 달랐다. 그 이유에 대한 해답 모색은 이 책의 주요 주제 중의 하나며, 그 결론은 전통에 대한 맹목적 숭배와 승단의 국가 예속에 있는 것으로 나타났다.

현대 한국에서 불교는 주변 학문화되어 있을 뿐 아니라,[14] 여전히 전근대 한국 전통에 많은 것을 빚지고도 있는데, 승가의 교육과정은

---

12) 대한민국 초대 대통령이었던 이승만(1875~1965) 정권(1948~1960)과 김영삼(1927~) 정권(1993~8)에 이은 이명박(1941~) 정권(2008~13)은 이러한 예에 해당한다. 현대 한국의 정치와 종교와의 관계에 대한 비판적 논의에 대해서는 이찬수 외 2011 참조.

13) 부처는 출가자가 정치권력과 인연을 맺음으로써 초래할 수 있는 열 가지 재앙을 상술하였다(윤종갑 2011: 277).

14) 2009년 말 현재 불교계에서 운영하는 대학은 일반 대학 4개, 대학원대학 2개 등 총 6개에 불과하다. 반면에 개신교는 99개, 천주교는 14개, 기타 종교는 9개(김응철 2010: 304-5)로서, 불교와 함께 현대 한국의 3대 종교를 형성하고 있는 개신교와 천주교의 교육기관에 비해 현저하게 적으며, 특히 대학의 경우 그 정도는 더욱 심하다.

그 한 예다. 그러나 현대 한국의 승가교육에 관한 한 연구 결과에 의하면, 그 교육과정에서 인도의 초기불교 관련 과목은 결여되어 있었다(김종명 2001: 485-518).[15] 그러면, 다음과 같은 질문을 할 필요가 있다. 한국 역사상 불교와 직간접적 관련을 가진 국왕들은 초기불교에 대한 지식을 가지고 있었는가?[16] 그들의 불교관이 치국에 미친 영향과 역할은 무엇인가? 이 책은 이러한 질문들에 대한 답을 모색하려는 한 시도다.

기존의 정치제도사 연구는 해당 시기의 지배층에 대한 연구와 밀접한 관련을 가지고 이루어져 왔다(박재우 2011: 195). 그러나 특정 신앙 체계의 교리나 원리 자체보다는 그 교리가 누구에 의해 어떻게 운용되었느냐 하는 점이 더욱 중요하다(윤홍기 2011: 233). 기존의 불교 연구도 원효(617~86) 및 지눌(1158~1210) 등 명승들의 삶과 사상에 대한 연구에 치우쳐 왔다.[17] 더욱이 전통사회에서 왕은 절대군주란 점에서, 왕의 불교관과 치국에 대한 연구는 한국불교의 성격 이해와 한국인의 삶을 이해하기 위한 필수적인 과제지만, 아직 이 주제에 대한 연구는 잘 보이지 않는다.[18]

특히 이 책은 한국의 국왕들이 불교를 어떻게 이해했으며, 그들의 불교 이해가 정치에 미친 영향은 무엇이었는가에 대한 분석을 핵심

15) 현대 한국불교계의 대표적 인물이었던 성철의 초기불교 이해도 부정확한 것으로 나타났다(김종명 2006b: 71-105). 초기불교와 한국불교의 사상, 윤리적 관계에 대해서는 김종명 2003: 10-33 참조. 권오민은 국내 불교학계의 인도불교사 이해도 개론 수준에 머물고 있음을 비판하였다(이재형 2010).

16) 불교와 관련을 맺은 사람들은 크게 임금을 포함한 왕족, 승려, 관리 및 일반인 등을 들 수 있다. 따라서 추후 이들 각각의 불교관에 대한 검토도 요청된다.

17) 이 점에 관한 한, 해외의 한국불교학 연구 현황도 크게 다르지 않다(Jorgensen 2006; McBride 2006; Mohan 2006; Sørensen 2007).

18) 1900년부터 2005년까지 발표된 10만 건 이상의 한국불교 및 한국인 연구자에 의한 불교 관련 논문 및 저술 정보를 담고 있는 『불교관계논저데이터베이스 2006』 참조.

내용으로 한다. 그리고 각 임금의 불교 정책에 대한 검토는 왕권을 중심으로 전개될 것이다. 여기서 왕권이란 왕이 국가를 지배하고, 통제할 수 있는 힘을 말한다. 그리고 한국의 왕조국가 시대의 정치사는 왕과 귀족들과의 권력 관계 및 정부권력의 중앙집권화 과정을 그 핵심 줄거리로 하고 있어, 왕권 개념은 왕조시대의 정치사 서술에 있어 중추적인 위치를 차지해 왔다. 그러나 왕권에 관한 기존의 연구성과는 일반화에 관한 것이 대부분이었으며(정경현 1992: 100), 한국 역사상 전개된 불교와의 관계 속에서 왕권이 논의되지는 못해 왔다.

왕권은 권력(power)과 권위(authority)의 두 요소에 의해 설명되어 왔다. 권력이란 강제적 방법에 의해 타인을 자신의 의사에 복종시키는 것을 뜻하며, 그것은 주어질 수 있고, 위임될 수 있으며, 나누어 가질 수 있고, 제한될 수도 있는 성질의 것으로서 사람들의 동의를 반드시 필요로 하는 것은 아니다. 반면에 권위란 비인칭적 규범 질서나 가치 체제에 호소하는 것으로서 반드시 사람들의 인정과 믿음을 전제로 한다. 왕권의 안정을 위해서는 그 내부에 권력과 권위의 두 요소가 균형 있게 공존해야 한다. 군주 스스로가 국사의 최고결정권자로서 권위를 행사할 뿐 아니라, 신하들이 그의 명령을 복종하고 결정을 받아들이는 상태에 있을 경우, 그는 군주로서의 실질적 권위를 행사했다고 할 수 있다(정경현 1992: 100-3).[19]

현재 정치학계에서는 권력과 권위를 따로 구분하지 않고, 권력 속에 권위가 포함된 것으로 보고 있으나,[20] 이 책에 등장하는 임금들

---

19) 막스 베버는 권위의 세 유형을 제시하였는데, 그것은 합법적 합리적 권위, 전통적 권위, 카리스마적 권위다(Weber 1947: 328, 정경현 1992: 109에서 재인용).

가운데는 조선의 세종처럼 권력과 권위를 동시에 가진 국왕도 있으며, 고려의 고종처럼 실질적 권력은 상실한 채, 권위만 가진 국왕도 있었다. 이 점에 비추어 보면, 권력과 권위에 대한 구분은 여전히 필요할 것으로 보인다. 그러나 불교와 왕권과의 관계를 논하는 이 책에서는 군이 권력과 권위를 구분하지는 않을 것이다. 왜냐하면, 불교와 일정한 관련을 맺었던 국왕들은 고려시대의 고종처럼, 권위만으로도 자신들이 의도한 불사를 추진해 나간 것으로 파악되기 때문이다.

2. 일차 자료

전통 한국인들의 불교관은 관련 문헌들을 통해 가장 잘 이해할 수 있는데, 이 연구의 주요 자료는『왕오천축국전』(8세기 초),『계원필경집』(879),[21]『삼국사기』(1145),[22]『해동고승전』(1215),『삼국유사』(ca. 1280),[23]『고려사』(1451),『재조고려대장경』,『다이쇼신슈다이조쿄』(대정신수대장경),『한국불교전서』,『조선왕조실록』,[24]『홍재전

---

20) 이 정보는 조선시대 정치사상전공자인 영산대학교의 부남철 교수로부터 얻었다.

21)『계원필경집』에 대한 연구성과에 대해서는 남동신 2011: 184-5 참조.

22) 이 책의 최신 역주본에 대해서는 정구복 외 2011 참조. 이 책의 역주자들은 이 역주본의 일부인『개정증보 역주삼국사기』1 감교원문편을『삼국사기』의 '완벽한 정본' (p.5)으로 간주하고 있다. 그러나 이 감교원문편과 내가 본서 집필을 위해 사용한 김부식 1986본과의 내용상의 차이는 거의 없다.『삼국사기』의「백제본기」,「고구려본기」,「신라본기」의 영역본에 대해서는 각각 Best 2006, Kim Pusik 2010, Kim Pusik 2012 참조.

23)『삼국유사』의 신빙성에 대한 논의는 McBride 2006: 163-90 참조.『삼국유사』의 의역 영역본과 직역 영역본에 대해서는 각각 Ilyon 1972와 Ilyeon 2006 참조. 전자는 의역이며, 후자는 직역이나, 모두 불교학 또는 한국학 전공자에 의한 것은 아니다. 그리고 최근 4반세기 동안 가장 영향력 있는 불교학자 중 한 명인 UCLA의 그레고리 쇼펜(Gregory Shopen) 교수는 문헌위주의 기존 불교 연구방법을 비판하면서, 고고학적 방법의 필요성을 역설하였는데, 이 방법을 통해 그가 새롭게 제시한 내용은 인도 승려들의 실제 삶에 대한 재해석을 가능케 하였다는 데 있다 (Shopen 1997).

서』, 문집, 금석문 및 비문 등이다.

혜초(704~87)의 『왕오천축국전』은 8세기 중앙아시아에 관한 기록으로는 현존하는 가장 오래된 책이며, 『계원필경집』은 현존하는 한국문집 중 가장 오래된 것으로서 최치원(857~?)이 신라 사회에서 유교적 정치 이념을 어떻게 구현하고자 하였는지를 살필 수 있는 자료다(최치원 2009: 53). 『삼국사기』와 『삼국유사』는 고대의 한국 연구를 위한 가장 중요한 일차자료들이다.[25] 특히 전자는 왕명에 의해 편찬된 정사다. 반면, 후자는 선승인 일연(1206~89)의 사찬이지만, 한국불교문화에 관한 한 풍부한 정보를 담고 있는 자료다.

『해동고승전』은 현재 일부분만 전하고 있으나, 한국불교와 관련된 승려들의 전기로는 현존하는 것들 중 가장 오래된 책이다.[26] 이 책은 한국에 남아 있는 같은 유의 책으로는 유일본이기도 하며, 『삼국유사』의 저자가 참고한 책이기도 하다(Lee 1969: 1). 『고려사』는 나말여초(이재범 2005: 15) 및 고려시대 연구의 핵심자료일 뿐 아니라, 당시의 복잡했던 종교문화를 이해할 수 있는 기본 자료(윤이흠 2002: 2)며, 고려 불교의례 연구[27]를 위한 가장 중요한 일차자료기도 하다(김종명 2001: 23).[28] 『고려사절요』(1452)는 『고려사』에서

---

24) 고려시대 연구를 위한 자료에 대해서는 김종명 2001: 32-8 참조. 『조선왕조실록』은 1997년 유네스코 세계기록유산에 등재되었다. 『조선왕조실록』은 전산화도 되었는데, 이 전산화본의 문제점에 대해서는 김주원 2008: 193-243 참조.

25) 『삼국사기』와 『삼국유사』에 대한 개설에 대해서는 McBride 2008: 7-9 참조. 『해동고승전』은 역사 속에 사라졌으나, 그 사본이 20세기 초기에 발견되었다.

26) 이 책의 영역에 대해서는 Lee 1969 참조. 그러나 이 사본의 찬술 연대는 여전히 논쟁 중에 있으며, 최근에는 이 책의 위서 가능성에 대한 논의도 제기되었다(탁효정 2006).

27) 『동문선』 및 개인문집은 고려시대 전기의 불교의례 연구에는 별 도움이 되지 못한다(김수연 2009: 35). 태조 대부터 의종 대(1146~70)까지의 고려 전기 금석문에는 고려시대 불교의례의 상당 부분을 차지하는 밀교의례는 나타나지 않는다. 따라서 금석문에 의해서만 불교의례의 양상을 파악하기에는 한계가 있으나, 문헌자료와 함께 사용하면, 더욱 풍부한 정보를 얻을 수 있다(김수연 2009: 52-8).

누락된 일부 자료들이 포함되어 있어 중요하다. 『조선왕조실록』은 국가의 배불정책과 그에 따른 불교의 전개 양상을 총체적으로 보여주는 공식적인 자료(이봉춘 2002: 273)기 때문에 한국불교연구에도 중요한 자료(한우근 1993: iii)다. 『재조고려대장경』, 『한국불교전서』, 『조선불교통사』, 『다이쇼신슈다이조쿄』는 불교사상과 문화 연구에 필수적인 자료들이다. 『재조고려대장경』은 2004년에, 『한국불교전서』는 2007년에 전산화가 완료되었으며, 한글 역도 완성되었거나, 진행 중에 있다.29) 『조선불교통사』는 한국불교사 연구의 필수서며, 『다이쇼신슈다이조쿄』는 동아시아불교 이해의 필수 문헌이다. 『고려명현집』, 『이조명현집』의 문집도 관찬 사서에는 없는 내용 등을 포함하고 있어 중요하다. 『한국금석전문』과 『조센긴세키소란』(조선금석총람) 등에 실린 금석문은 당대에 제작된 점에서 당시의 사회상을 알 수 있는 중요한 자료며(이재범 2005: 15-6), 사료로서의 한계성이 분명한 『고려사』의 관찬 사서의 한계성을 보완할 수 있는 자료기도 하다(안지원 2011: 121).30) 비문은 왕명에 의한 관찬이므로 당시 국가의 시책을 반영한다고 할 수 있으며(변상희 1992: 15), 승려들의 비문은 불교사 연구의 중요 자료다(김수연 2009: 33).31) 또한

---

28) 세종은 『고려사』 편찬 시 불편부당주의를 취했다. 그러나 조선왕조에 불리한 내용들은 일반적으로 삭제되었다. 『고려사』는 14세기 조선의 유학자들이 편찬하였다. 그러나 유학자들은 전통 관습들을 폄하한 반면, 유교문화를 높게 평가하였는데, 그들의 이러한 시각은 『고려사』 편찬 시에도 반영되었다(노명호 2002: 63-72). 더욱이 현종 이전의 기록은 양적, 내용적으로도 충분하지 못하다(김수연 2009: 34).

29) 문헌과 유물을 막론하고 고대사의 상당수 사료가 불교관계 자료다. 따라서 한국사상사 연구는 불교사 연구에서부터 시작해야 한다(신종원 2001: 5). 한국불교 고전 연구의 현황과 과제에 대해서는 김종명 2011c: 43-59 참조.

30) 나말여초와 고려 전기의 금석문 속 불교관련 자료들에 대한 종합적 정리에 대해서는 한역연 금석문연구반 2005와 한역연 금석문연구반 2009 참조. 그러나 금석문은 한계성도 가지고 있는데, 무엇보다 자료와 내용의 정확성이 문제가 된다(이재범 2005: 19-20; Vermeersch 2008: 376). 따라서 이 자료들은 비판적 입장에서 사용되어야 한다.

각 분석 대상 임금들이 특별한 관심을 보인 불전, 이들 불전에 대한
유학자들의 서문과 발문, 금석문, 사적지 등의 문헌들도 중요한 참
고 자료들이다.

3. 연구 방법론

나는 국내 기존 학계의 관련 연구업적에서 나타나는 문제점을 호
교론적 접근이나 일차자료를 중심으로 한 저자의 주관적 견해가 본
문의 상당 부분을 차지한 채, 관련 선행연구업적들에 대한 분석적
논의가 부족한 점으로 보고 있다. 또한 통설이 가진 가장 큰 약점으
로는 주제와 관련된 일부 일차자료가 무시되거나, 기존 일차자료들
의 주제 관련 내용들을 선별적으로만 인용하여 결론을 도출해 낸 데
있다고도 파악되었다. 따라서 한국불교에 대한 좀 더 정확한 이해를
위해서는 구득 가능한 일차 자료 분석 및 현존 일차 자료의 내용에
대한 전체적 검토가 필요하다(Kim 2010a: 45-56). 또한 국내 학계
에서 상대적으로 등한시 되어 온 해외의 관련 연구성과들의 적극적
인 활용도 필요하다.

이 연구의 방법론은 필자의 기존 연구성과에서의 방법론(김종명
2001: 14-5; 김종명 2008: 38-9)에 준한다. 그러나 역사 해석에 있어
현재주의(presentism)적 관점의 탈피는 필요하며(Yoon 2011: 21-4),
특정 시대인들의 관점 자체에 보다 충실할 필요도 있다(노명호

---

31) 현재까지 국내학계에서 금석문 자료에 의한 불교의례 연구는 없었다(김수연 2009: 34).
원효와 지눌을 비롯한 한국불교사의 명승들의 저술들은 학계의 주요 연구대상들이었으며, 최근에
는 한국연구재단 등의 외부 기관의 지원 아래 승려들의 사기 등에 대한 연구도 다년 과제로 진
행되고 있다.

2002: 66, 206). 그러나 더욱 중요한 것은 특정 시대인들의 관점 자체가 아니라, 그것이 주는 의미일 것이다. 따라서 이 책에서는 특정 시대인들의 불교 이해와 그것의 정치적 적용을 검토한 후, 그것의 '의미' 파악에 중점이 두어질 것이다.

특히, 역대 국왕의 불교관은 초기불교와 대비하여 논의될 것이다. 그러나 특정 종교에 대한 근본주의적 시각은 바람직한 학문적 태도는 물론 아니며, 따라서 이 책에서의 초기불교 강조도 그러한 시각의 산물은 아니다. 대한민국은 1945년 광복 이후, 정치체제로는 민주주의를, 경제체제로는 자본주의를 받아들였다. 그러나 현대 한국인들은 실질적으로는 독재주의였던 '토착적 자본주의'시대를 경험하였으며, 현대 한국의 자본주의는 그 부정적 측면으로 인해 '천민자본주의'로까지 불리고 있다. 그런데 현대 한국의 민주주의와 자본주의를 연구하려 할 경우, 그 자체에 대한 연구도 물론 중요하겠지만, 더욱 객관적인 연구성과 도출을 위해서는 민주주의와 자본주의 자체의 원리와 내용에 대한 검토가 선행된 후, 이를 바탕으로 현대 한국의 민주주의와 자본주의의 내용과 특징 등에 대한 비교 분석이 이루어질 때, 한국의 민주주의와 자본주의에 대한 더욱 바람직한 이해가 가능할 것이다. 이 책에서 국왕이 이해한 불교의 내용을 초기불교와 비교하려 하는 이유도 같은 시각의 산물이다.

일반적으로 불교를 이해한다는 것은 불교의 특징적인 사상을 아는 것을 의미한다(고익진 1995: 20; 김혜순 2006: 393). 부처의 실제 가르침이 무엇이었는가에 대해 학자들은 다양하게 토론해 왔는데,[32]

---

32) 최근 국내에서는 일련의 초기불교 및 불설 비불설 논쟁이 전개되었는데, 이에 대해서는 권오민 2009: 72-140; 권오민 2009: 118-83; 조인숙 2009: 60-74; 권오민 2010: 78-133; 어현경

사성제, 인연설, 삼법인설, 십이처설, 오온설 등[33])이란 데 대해서는 의견이 수렴되고 있다. 현대 한국불교계에서는 여기에 중도, 육바라밀 등도 포함시키고 있다(대한불교조계종 2008: 94). 특히 사성제는 모든 불교 교리 가운데 가장 중요한 것(호진 2004: 17-33)으로 간주되고 있다. 그리고 부처의 기본 가르침은 타력 종교가 아니라, 자력에 의한 바른 삶 살이의 중요성을 강조한 '인생교육제도'(Thurman 1999)였다. 즉 아시아의 여러 나라들이 불교를 '믿어' 왔으나, 초기 불교는 신과 같은 형이상학적 존재에 대한 믿음 체계가 아니었으며, 무명과 탐욕을 고통의 원인으로 보고(Jan 1986: 150), 이를 극복하고자 한 현실적·철학적·과학적·합리적인 가르침이었다. 따라서 부처는 기복신앙과 주술 등을 부정하였다.

그러나 부처 사후 시간과 공간을 통하여 전개된 후대의 불교에서는 오히려 기복적·주술적 요소들이 중시되고, 불교는 세속적 목적 달성을 위한 신앙으로 변하였으며(Leverrier 1972: 32-42), 이러한 형태의 불교전통은 아시아의 불교 관련 국가에서 발견되는 일반적인 특징이었다. 따라서 변화된 모습으로서의 지역 불교 연구도 물론 필요하다. 그러나 국왕은 단순한 개인이 아니며, 그의 종교 활동 또한 개인적 차원으로만 볼 수는 없을 뿐 아니라, 공인으로서의 국왕이 어느 정도 불교를 이해하고 있었는지에 대한 검토 또한 당연히 이루어져야 할 사안이다. 이 책에서 초기불교에 중점을 둔 이유도 바로 여기에 있다. 또한 현대 한국불교계가 안고 있는 현안점의 한

2011 참조.

33) 木村泰賢 1992: 97-358; 方立天 1992: 21-34; 동국대학교 1999: 71-123; 김혜순 2006: 387-419; Mitchell 2008: 33-64; 김혜순 백경임 2009: 253-74.

원인은 불교의 기본에 대한 바른 교육의 결핍으로 간주되고 있으며 (강건기 1997: 582-83), 최근 국내외의 한국불교 학자들(문찬주 2012: 243-51; 박경준 2012: 269-85)도 한국불교에 대한 더 나은 이해를 위해서는 초기불교에 관심을 쏟을 필요가 있음을 지적하고 있다.

그리고 한국학을 전공하는 해외학자들은 자신들의 연구에서 국내의 연구업적들을 꾸준히 참고하고 있는 반면, 국내학자들은 상대적으로 해외학자들과의 교류가 드물고, 그들의 연구동향에 대해 무관심한 경향을 보이고 있는 것이 현실이다. 전근대 한국학의 경우는 특히 좋은 예다.[34] 결과적으로, 학문의 두 축 중의 하나인 객관성의 문제가 제기되는 것이다. 따라서 이 책에서는 해외의 관련 연구성과들에 대한 심층적인 검토도 이루어졌다.

---

34) 고려시대의 연구업적들인 김종명(2001), Vermeersch(2008), Bruker(2010) 대비 안지원(2005), 한국불교철학 분야에서의 Buswell(1989) 대비 佐藤繁樹(1996), 金柄煥(1997), 은정희·송진현(2000), 서영애(2007) 등은 그러한 예들이다. 특히 안지원(2005)은 고려시대 국가 불교의례의 기능을 호국에 두어 온 통설을 따르고 있으나, 이보다 관련 선행연구인 김종명(2001)은 통설을 비판하였다. 그럼에도 불구하고, 전자는 p.17에서 후자의 견해를 단 한 문단으로 소개만 하고 있을 뿐, 왜 통설을 지지하는지, 그리고 후자의 견해는 무엇이 문제인지 등에 대한 논의는 전혀 결하고 있다. 로버트 버스웰의 연구업적에 대한 최근의 리뷰로는 김수아 2012: 1-32 참조.

제1부 삼국시대 지식인의 불교관과 치국책

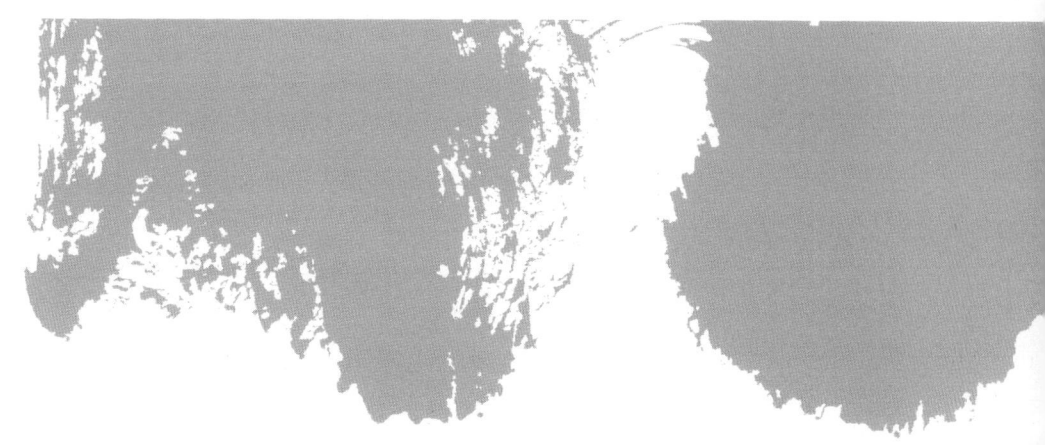

들어가는 글

　여기서는 삼국시대의 국왕들을 중심으로 한 지식인의 불교관과 치국책을 검토하며, 분석 내용은 한국에서 불교가 공인된 4세기 이후 신라가 종말을 고한 10세기에 이르기까지의 국왕과 불교, 지식인과 불교, 영향 불전 및 사상, 불교관 분석, 고대 불교의 성격 및 불교와 치국과의 관계 등이다.

　불교는 중국을 통해 한국에 전해졌으며, 한국불교의 초전에 대해서는 다양한 견해가 있으나,[1] 고구려(37 B.C.E.~668 C.E.) 소수림왕 2년(372년) 6월에 중국의 (전)진왕 푸지엔(부견)이 사절과 승려 슌다오(순도)를 보내 불상과 경문을 전한 것(김부식, 상, 1986: 329b17-8)을 한국불교의 초전으로 보는 것이 일반적이다. 백제(18 B.C.E.~660)의 경우, 침류왕 원년(384년) 9월, 호승 마라난타가 중

---

[1] 『량가오썽주안』은 396년을 고구려 불교의 시초로(장휘옥 1991: 144), 『삼국사기』는 375년을 한국불교의 시초로(김부식, 상, 1986: 329b17-8), 『삼국유사』는 375년을 고구려 불교의 시초로(일연 1993, 98: 5) 각각 기록하고 있다. 한국의 불교전래 및 전개에 대해서는 장휘옥 1991: 126, 130 참조.

국의 진나라에서 들어오자 왕이 그를 맞이하여 궁 안에 모셔 두고 예경한 것이 불법의 시초였다(김부식, 하, 1986: 33a1-2).[2] 한편, 신라(57 B.C.E.~935)의 불교 초전은 3세기경의 기록도 있긴 하나, 신빙성이 약하며, 불교 공인은 법흥왕 15년(528년)에 이루어졌다(김부식, 상, 1986: 80b8).

특히 삼국 가운데서도 불교가 한국 사회에서 굳건한 뿌리를 내리고 지속적인 영향력을 행사한 것은 신라에서였으며, 자료 면에서도 이 시대의 것이 상대적으로 풍부한 편이다. 따라서 여기서는 불교에 특별한 관심을 기울인 신라의 왕들인 법흥왕, 진흥왕, 선덕여왕, 문무왕 및 경덕왕의 불교 인식을 중심으로 삼국시대 임금들의 불교관을 검토한다. 법흥왕은 공식적으로 불교를 받아들였으며, 진흥왕은 신라불교 전개의 초석을 마련하였다. 선덕여왕은 업설을 통한 국왕의 불교관을 잘 보여주었으며, 문무왕은 국가와 불교와의 관계를 명확히 한 왕이었다. 그리고 경덕왕은 불교문화 면에서 주목할 만한 업적을 남겼다.

삼국시대 임금의 불교관 형성에 미친 인자는 다양하였다. 불교에 대한 임금의 개인적 신앙은 물론 중요한 요소였으며, 왕실 가족, 승려 및 관리들의 영향도 컸는데, 제1부의 제1장에서는 "지식인의 불교관"을, 제2장에서는 "불교관 분석"을, 제3장에서는 "치국과 불교"의 문제를, 제4장에서는 "한국 고대 불교의 성격"에 대해 검토할 것이다.

---

2) 『삼국유사』도 『삼국사기』를 인용하여 같은 주장을 하고 있다(일연 1993, 98: 10-1).

제 1 장
지식인의 불교관

　　왕족, 승려, 관리로 대표되는 삼국시대 지식인의 불교관은 임금의 불교관 형성에도 지대한 영향을 미쳤으며, 특히 승려들의 역할은 컸다. 그리고 삼국시대 때 유행한 불전들은 대부분 대승불전들이며, 그 종류는 경, 율, 론, 소로 구성되어 있었다. 삼국시대 유통 불경은 『니에반징』(열반경), 『디장징』(지장경), 『런왕징』(인왕경), 『보러징』(반야경), 『야오스징』(약사경), 『잔차징』(점찰경), 『진강징』(금강경), 『진광밍징』(금광명경), 『렁옌징』(능가경), 『파화징』(법화경), 『판왕징』(범망경), 『화옌징』(화엄경) 등(정경희 2003: 3-4)의 주요 대승경전들이었다. 논은 『금강삼매경론』,[3] 『다청치신룬』(대승기신론), 『산룬』(삼론), 『청스룬』(성실론), 『스디룬』(십지론), 『디두룬』(지도론), 『치디

---

　　3) 이 책의 저자는 과거 중국인 또는 인도인으로 간주되어 왔으나, Buswell 1989에서는 한국인 승려 법랑(fl. 7세기 중기)임을 주장하여 서구 학계에서 현재 수용되고 있다. 따라서 여기서도 한국인의 찬술로 간주한다. 『금강삼매경론』의 완전한 주석적 영역에 대해서는 Buswell 2010 참조. 『금강삼매경론』에 대한 국내 학계의 관심도 커, 상당한 연구성과들이 도출되었다. 그러나 국내 학계는 국외 학계의 성과에 대해 무관심한 편인데(김종명 2011c: 46), 이 점은 조속히 시정될 필요가 있다. 국내를 제외하면, 한국학 연구가 가장 활발한 지역이 북미주(*Korean Studies Abroad* 2010: 15)며, 현재세계 출판물의 90%가 영문본임을 고려하면 더욱 그렇다.

룬』(지지론), 소는 『화옌징수』(화엄경소), 『산메이징수』(삼매경소) 등
으로 나타난다. 이 외 『모허지관』(마하지관), 『법계도서인』(일연 1987:
328a16) 등의 승려의 찬술들도 있었다. 특히 경은 절대다수를 차지
하며, 동아시아불교사상 중요시되었던 경들은 망라되어 있었다. 또한
불교 수용 초기부터(김상현 1999: 266-72) 한국불교사상 가장 큰 영
향력을 가진 불교 교리는 업설로 간주된다. 이와 관련된 기록은 상당
히 많으며, 그 내용도 다양할 뿐 아니라, 사회적 계층 또한 왕(장휘옥
1991: 209), 왕족(일연 1993, 138: 1-2), 승려(장휘옥 1991: 145-6), 관
리(장휘옥 1991: 168), 일반인(김부식, 하, 1986: 386a12-4)까지 모두
포함되었다.

　　삼국시대 지식인의 불교관은 이러한 경전적·사상적 배경을 바탕
으로 하여 형성된 것으로 나타나며, 따라서 아래에서는 각 지식층의
불교관을 검토하기로 한다.

1. 임금의 불교관

　　삼국시대에서 불교와 일정한 관련성을 가진 왕들은 다음과 같다.
고구려의 소수림왕(371~84), 광개토왕(391~413),[4] 고국양왕(384~
91), 보장왕(642~68), 백제의 침류왕(384~5), 법왕(599~600), 무왕
(600~41), 신라의 법흥왕, 진흥왕, 진평왕(579~632), 선덕여왕, 경
덕왕 및 궁예(901~18)다. 소수림왕, 침류왕, 법흥왕은 모두 불교를
처음으로 공인한 임금들이었으며, 다른 왕들은 불교와 일정한 관련

---

　　4) 그는 393년 평양에 9곳의 사찰을 세우기도 하였으며, 유교적 측면에서는 국사를 세우고,
종묘를 수리하였다(조경철 2006: 16).

을 가진 왕들이었다.

삼국시대의 임금들은 부처를 초월적 능력을 가진 신격적 존재로 이해하였으며, 불교도 기복 차원에서 받아들였다.[5] 이 점은 고구려의 고국양왕(384~91)이 391년의 칙령을 통해 '불교를 믿어 복을 구하라'[6]라 하였으며, 백제의 아신왕(392~405)도 392년의 칙령을 통해 같은 명령을 내린 점[7]을 통해 알 수 있다. 이 점은 신라도 예외가 아니었다. 불교가 국가적 차원에서 공인된 후, 임금들은 불교에 깊은 관심을 보인 문헌적 증거들이 있는데, 임금들이 불교식 이름을 가진 점, 그들에 의해 행해진 다양한 형태의 불교의례 개최, 그들 스스로의 출가, 그들이 죽은 후 화장된 점 등은 그러한 예들이다.

진지왕, 진평왕, 선덕여왕, 진덕여왕, 문무왕, 지철로왕은 불교식 이름을 가진 왕들이었다. 일례로, 진지왕의 이름은 금륜인데, 금륜은 불교의 이상적 임금인 전륜성왕을 지칭하는 용어 중의 하나였다. 임금이 행한 불사로는 살생 금지(김부식, 하, 1986: 73a5) 등의 불교윤리 증진, 사찰 건축(김부식, 상, 1986: 151b23), 출가 허용(김부식, 상, 1986: 81b3-4), 사리 숭배(김부식, 상, 1986: 81b10-11),[8] 재난 방지(일연 1993, 171: 14), 불전 암송(일연 1993, 75: 16), 팔관회 및 인왕회(김부식, 상, 1986: 82b15-17) 등의 불교의례[9] 개최 등이 있

---

5) 기복불교와 한국불교의 현재에 대해서는 김종명 2003: 12-5 참조.

6) 崇信佛法求福(김부식, 상, 1986: 330a21).

7) 崇信佛法求福(일연 1993, 98: 12).

8) 중국의 저뗀우훠(측천무후, r. 684-705)는 사리 숭배로 유명하였다(Chen 2002: 109-48). 사리 숭배의 예는 신라를 비롯한 삼국시대에도 많이 나타났는데, 신라 최초의 사리는 549년 각덕이 양나라 사신과 함께 귀국하면서 가져온 것이다(장휘옥 1991: 185).

9) 인왕(백고좌)회, 팔관회 및 연등회의 기원, 전개, 사상적 배경 및 역할 등에 대해서는 김종명 2001: 96-205 참조. 645년 대화 개혁 초기부터 710년 나라시대 초기까지, 일본 불교계의 가장 큰 특징도 왕실 의례의 증가였으며, 평안(794~1185) 시대의 일기, 역사서, 소설들에도 일본의 상

었다. 특히 법흥왕과 진흥왕은 왕위에서 물러난 후, 각각 승려가 되었다. 법흥왕은 그의 치세 후기에 퇴위한 후, 출가하여 법명을 법운, 자를 법공(일연 1993, 103: 14-5)이라 하였으며, 진흥왕(540~76)도 퇴위 후, 법운으로 자칭하고, 머리를 깎고 승복을 입은 채로 죽었다(장휘옥 1991: 175-6). 백제의 위덕왕도 아버지를 위해 승려가 되었다. 죽은 후 화장된 임금들도 있었는데, 이러한 예들은 7세기부터 10세기까지 나타나며, 문무왕(김부식, 상, 1986: 152b16-17), 선덕여왕, 진성여왕, 효공왕, 신독왕, 경명왕 등의 예가 그러하다. 특히, 법흥왕, 진흥왕, 선덕여왕, 문무왕, 경덕왕은 이 연구의 주제와 관련하여 특히 중요하다. 따라서 이들을 중심으로 고대 한국 임금들의 불교관을 검토해 보자.

(1) 법흥왕

법흥왕은 신라 역사상 불교를 국가종교로 인정한 최초의 임금이었다. 그러나 불교를 처음으로 공인한 주체가 임금이었던 고구려 및 백제와는 달리, 신라는 호불 관리의 죽음을 계기로 불교를 받아들였다.

그 후, 법흥왕은 매월 음력 1일, 8일, 14일, 15일, 18일, 23일, 24일, 28일, 29일에는 살생하지 말 것과 잡힌 매를 풀어 주고, 고기잡이 도구를 태울 것도 명령하였다. 또한, 그는 행운을 기원하고, 악을 소멸시킬 목적으로 사찰을 세우기도 하였다(일연 1993, 101: 15-6). 따라서 법흥왕은 윤리적 측면과 행운 빌기에 일차적 관심을 보인 것으

류충에서 열린 중요한 불교의례에 관한 기록들이 많다(김종명 2001: 27).

로 나타난다.

(2) 진흥왕

진흥왕은 아버지의 유언에 따라 독실한 불교 신자가 된 후, 많은
절을 세우고, 사람들이 승려가 되는 것을 허락하였다. 549년에는 중
국 양나라(502~57)에서 사리를 보내왔으며(김부식 1986: 81b10-11),
565년에는 중국 진(557~89)나라의 도움으로 1,700권의 불교 전적
(김부식, 상, 1986: 82b3-6)과 불상 등이 신라에 전해졌다(장휘옥
1991: 185).[10] 진흥왕은 또한 전장에서 죽은 군사들을 위무할 목적
으로 572년에는 팔관회를 개최하였다. 그는 불교와의 관련성을 가
진 것으로 파악되는 화랑제도도 창설하여, 백성들이 선함과 정도를
모범으로 삼게 하였다.

진흥왕은 또한 불교 계율을 준수하여, 삼업을 청정하게 하는 데
전력을 다하였으며(장휘옥 1991: 181-2), 왕위에서 물러난 후에는
스스로 승려가 되었다. 이 기록들에 의하면, 진흥왕과 관계된 불사
는 사찰 건립, 승직 창설, 사리 및 불교전적 수입, 불교의례 개최, 화
랑제도 수립 및 불교계율 준수로 나타난다.

(3) 선덕여왕

선덕여왕은 634년에 분황사를 세우고, 약사불상을 안치하였다. 그

---

10) 처음 신라가 불교를 수용했을 때는 경전과 불상이 빠진 것이 많았으나, 이때에 이르러 모
든 것을 갖추게 되었다(장휘옥 1991: 185)고 한다.

리고 그녀는 자장(d. 655)을[11) 초대하여 그에게 대승경전과 『푸사지에번』(보살계본)을 강의하게 하였으며(일연 1993, 149: 13), 자장의 건의를 수용하여 645년 황룡사탑을 건립하기도 하였다(김부식, 상, 1986: 105a1-2). 여왕은 자신이 병에 걸리자, 승려 밀본에게 청하여 『야오스징』(약사경)을 읽게 한 결과, 완치가 되었다(일연 1993, 163: 4-5)고 하며, 죽을 때는 "'내가 그해 모월 모일에 죽으면, 나를 도리천에 장사 지내 주시오' 하자 여러 신하들이 그곳이 어디인지를 몰라 '어느 곳을 말씀하십니까?'라 하니, 왕은 '낭산 남쪽이오'"[12)란 유언을 남겼다.

요컨대, 선덕여왕이 불교에 대해 관심을 보인 부분은 치병, 계율, 창사, 이적, 윤회 등이었다.

(4) 문무왕

문무왕은 676년 승려 의상(625~702)으로 하여금 부석사를 세우게 하였다(김부식, 상, 1986: 151b7). 그리고 승려 지의에게는 자신이 죽은 후 나라를 지키는 큰 용이 되어 불법과 국가를 수호하겠다고 하였으며, 자신은 세상의 영화를 싫어한 지가 오래되었기 때문에 추한 응보로 짐승이 된다 하더라도 좋다고 하였다:

> "나[문무왕]는 죽은 후, 나라를 지키는 큰 용이 되어, 불교를 높이고 받들어 나라를 지키기를 원합니다", [지의]법사

---

11) 자장의 삶과 수행에 대한 비교적 검토에 대해서는 Kim 1995: 23-55 참조.

12) 朕死於其年某月日 葬我於忉利天中 群臣罔知其處 奏云何所 王曰 狼山南也(일연 1993, 51: 13-4).

가 이르기를 "용은 짐승의 응보인데, 어떻게 [용이 되신단
말씀입니까?" 왕이 답하기를, "나는 세상의 영화를 싫어
한 지가 오래되었으니, 추한 과보로 짐승이 된다면, 나의
뜻에 잘 맞는 것이오."13)

즉 문무왕의 불교적 관심사는 사찰 건립과 인과응보설로 나
타난다.

(5) 경덕왕

경덕왕은 746년 150명의 사람들로 하여금 승려가 되게 하였다(김
부식, 상, 1986: 187b13-14). 755년 큰 가뭄이 들었을 때, 그는 승려
대현을 궁중으로 초대하여 『진광밍징』 강의를 통해 비가 오도록 빌
게 하였다. 왕은 또한 승려 법해를 황룡사로 초대하여 『화옌징』을 강
의하도록 하였는데, 스스로 사찰을 방문하여, 향을 피우고는 "지난해
대현 법사가 『금광명경』을 강의하자, 우물물이 7장이나 될 만큼 높이
솟았는데, 스님[법해]의 법력은 어떠하십니까?"라고 물었다. 이에 대
해 법해는 "어찌 그런 작은 기적에 놀라십니까? 저는 푸른 바다를 기
울여 동쪽 계곡을 적시게 하고, 수도를 떠내려가게 하는 데도 어려움
이 없습니다"라고 답하였다…… 그러자 경덕왕은 자기도 모르게 벌떡
일어나 법해에게 예를 표하였다(일연 1993, 162: 6-10). 또한 왕은
757년 관리를 보내 절을 세우게 하였는데, 764년 절이 완성되자, 거
기에 미륵불상을 안치하였으며(일연 1993, 126: 5), 승려 진표를 궁중

---

13) 朕身後願爲護國大龍 崇奉佛法 守護邦家 法師曰 龍爲畜報何 王曰 我厭世間榮華久矣
若麤報爲畜 則雅合朕懷(일연 1993, 62: 7-8).

으로 초빙하여 그로부터 보살계도 받았다(일연 1993, 156: 1). 왕은 768년에는 재난 소멸을 위해 불상 앞에 꽃을 바쳤으며(일연 1993, 171: 13-4), 승려 표훈에게 명하여 자신이 아들을 낳을 수 있도록 기도하게도 하였다(일연 1993, 68: 5). 그는 자신의 죽은 아버지 성덕왕(702~37)을 추모하기 위해 봉덕사종도 주조케 하였으며, 불국사와 석불사(석굴암)의 완성도 그의 치세에 이루어졌다(일연 1993, 185: 3-4). 따라서 경덕왕의 불사 내용은 도승 허용, 보살계 수지, 기복, 기도 및 가람 건축 등이었다.

요약하면, 고대 한국 임금들의 불교 관련 행위는 기복 불사, 불교전적 수입, 승직 창설로 나타나며, 업설 및 불교계율에 관심을 기울인 것으로 나타난다. 그리고 현세의 왕으로서 그들의 일차적 임무는 왕실 가계의 성공적 계승에 두었으며, 이를 위한 왕자 생산 등의 현실적 목적 달성을 위해 불사 개최 등의 방법으로 불교를 이용하였다. 내세에서도 그들은 세속적 지위의 유지를 희망하면서 업설을 신봉하였다.

북위의 황제 원청(452~65), 시엔원(465~71) 및 양의 황제 졘원(549~51)처럼, 독실한 불교신자였던 법흥왕은 윤리적 측면과 행운 빌기에 일차적 관심을 가지고 있었다. 특히 진흥왕의 불교관은 신라불교의 초기 모습을 잘 대변해 주고 있으며, 신라불교의 성격을 이해하기 위해서도 중요한데, 그와 관계된 불사는 사찰 건립, 승직 창설, 사리 및 불교전적 수입, 불교의례 개최, 화랑제도 수립 및 불교계율 준수로 나타났다. 선덕여왕이 불교에 대해 관심을 보인 부분은 치병, 계율, 창사, 이적, 윤회 등이었다. 문무왕의 불교적 관심사는 사찰 건립과 업설이었으며, 경덕왕의 불사의 내용은 도승 허용, 보살계 수지, 기복 기도 및 가람 건축 등이었다.

2. 왕족의 불교관

왕족이 임금의 불교관 형성에 미친 영향을 알 수 있는 기록은 소략하다. 그러나 거칠부(?~579)의 예는 임금의 불사가 왕족의 영향을 받은 좋은 증거가 된다. 거칠부는 신라 내물왕(356~402)의 5대손인데, 승려가 된 후, 고구려를 정찰하러 갔다가 고구려 승려 혜량(?~?)의 강의를 들었다. 551년 거칠부의 도움으로 혜량은 신라의 진흥왕을 만났으며, 왕은 혜량을 승통으로 삼고 처음으로 백좌강회와 팔관의 법을 설하였다(김부식, 하, 1986: 327a8). 진흥왕은 신라 불교 전개의 초석을 마련한 왕이란 점에서 거칠부의 활동은 왕족이 임금의 불교관 형성에 미친 영향이 컸음을 증명해 주는 좋은 예가 된다.

3. 승려의 불교관

국왕과 관리들의 불교관 형성에 미친 승려들의 영향은 특히 컸던 것으로 간주된다. 삼국시대 불교 초전에 대한 기록들에 의하면, 한국불교의 전개 자체가 승려들에 의해 시작되었으며, 임금들은 그들을 환영하였기 때문이다. 삼국시대의 승려들은 다양한 활동을 한 것으로 나타나는데, 그들은 학자(장휘옥 1991: 190-1), 스승, 정치(조언)가(김부식, 상, 1986: 84b10-3), 문화수입가(김부식, 상, 1986: 170a22-3), 의사(장휘옥 1991: 200-1), 예언가(김부식, 상, 1986: 229b23-230a1), 주술가(김부식, 상, 1986: 172a3-4), 명복가, 심지어는 첩자(김부식, 하, 1986: 48b16-49a11)로도 활동하였다. 특히 원광(?~630), 원효

(617~86), 의상(625~702) 및 자장 등은 임금의 불교관 형성과 관련을 가진 승려들로 간주되는데, 그들은 한국 역사상 교학불교가 가장 꽃을 피웠던 6~7세기에 활동한 신라시대의 명승들이다. 신라 명승들의 불교 교리에 대한 이해는 그들이 공부하거나 저술한 책들을 통해 알 수 있으며, 무상, 윤회, 마음, 무아, 공, 불성, 평등 등은 신라 명승들의 관심을 끈 불교 개념들이었다. 또한 삼국시대 명승들의 불교관은 그들의 불교윤리에 대한 이해를 통해 더욱 잘 나타난다. 특히, 신라 명승들은 『판왕징』(범망경)에 바탕을 둔 보살계를 중심으로 한 대승불교윤리에 주로 관심을 가지고 있었다.[14]

(1) 원광

원광은 불교뿐 아니라, 도교와 유교도 섭렵하고, 철학과 역사도 연구하여 그의 학문성을 삼한에 떨친 인물이었는데, 중국에 가서[15] 불교 강의를 듣고는 불교의 우수성을 인정하고 승려가 되었다. 원광은 중국에서 유학하면서, 육체의 무상함을 알았으며, 윤회를 믿었다. 그리고 공과 불성 개념을 강조하였다. 그 후 청스(성실), 삼장(산장), 쉬룬(섭론), 스룬(석론), 찬(선), 아한(아함)을 공부하고, 『청스룬』과 『보뤄징』 등의 대승경전을 강의했다(장휘옥 1991: 192).

삼국시대의 영향력 있던 승려였던 원광의 윤리관은 「걸사표」와 「세속오계」를 통해 알 수 있다. 608년에 고구려가 신라를 침공하

---

14) 망명과 의연은 고구려 승려인데, 계율을 잘 지켜 내외가 모두 우러러보았다(장휘옥 1991: 134-7)고 한다. 그러나 현재 그 내용은 알 수 없다.

15) 원광은 중국 유학길을 실질적으로 연 인물이었으며(일연 1987: 299), 최초의 신라인 중국 유학생은 승려 각덕이었다(장휘옥 1991: 184). 반면, 서역의 호승이 직접 계림[경주]으로 온 것은 605년부터였다(장휘옥 1991: 206).

자, 진평왕은 수나라 병사를 청해 고구려를 치려고 원광에게 「걸사
표」를 지으라고 하였는데, 이에 대해 원광은 다음과 같이 대답하였
다. "자기가 살려고 남을 죽이는 것은 사문이 해야 할 행동은 아닙
니다. [그러나] 빈도는 대왕의 토지에 살면서 대왕의 수초를 먹는데
어찌 감히 명령을 따르지 않겠습니까?"16) 귀산은 아찬17)직에 있었
던 무은의 아들인데, 어릴 때 같은 고향 사람 추항과 함께, "마음을
맑게 하고, 몸을 닦지 않으면, 어려움을 면하지 못할 것이다"하면서,
당시 유명했던 원광법사를 찾아가니, 원광은 "불계에는 보살계 10가
지가 있으나, 그대들은 신하로서 감당하지 못할 것이다. 지금 세속
오계가 있으니, 그것은 임금에게 충성할 것, 부모에게 효도할 것, 신
의로써 친구를 사귈 것, 전장에서 물러나지 말 것, 가려서 죽일
것"18)이라 하였다. 귀산이 특히 가려서 죽일 것의 뜻을 묻자, 원광
은 다음과 같이 대답하였다:

> 육재일과 봄, 여름에 살생을 하지 않는다는 것은 때를 가
> 리는 것이며, 가축을 죽이지 않는다는 것은 말, 소, 닭, 개
> 를 이르는 것이고, 작은 사물을 죽이지 않는다는 것은 살
> 점이 한 점도 되지 않는 고기를 이른다.19)

따라서 원광은 세속인의 경우, 때와 사물을 가린 살생은 가능하다

---

16) 求自存而滅他 非沙門之行也 貧道在大王之土地 食大王之水草 敢不惟命是從(김부식,
상, 1986: 84b11-12.)

17) 신라의 17 관등 중, 6번째 관등.

18) 今有世俗五戒 一曰 事君以忠 二曰 事親以孝 三曰 交友有信 四曰 臨戰無退 五曰 殺
生有擇(일연 1993, 142: 13-4).

19) 六齋日春夏月不殺 是擇時也 不殺使畜 謂馬牛鷄犬 不殺細物 謂肉不足一臠(일연 1987:
301b14-5). 『해동고승전』(장휘옥 1991: 199-200)에도 같은 내용이 있으며, 『해동고승전』의 이 부
분에 대한 영역은 Lee 1969: 79-82 참조.

고 하였다.

(2) 원효

화쟁 사상의 주창자로 잘 알려져 있는 원효는 당시의 한국뿐 아니라, 동아시아의 불교사상가 중, 가장 독창적이면서도 많은 저술을 남긴 승려 학자였으며, 왕의 요청에 의해 『금강삼매경』에 대한 특강도 개최하였다. 그리고 그는 다른 승려들과는 달리, 파계 후, 속인으로 돌아와 과부 공주와 결혼도 하였다. 원효는 역경 속에서 스스로의 체험을 통해 모든 것이 마음의 산물임을 깨닫게 되었다. 특히, 『대승기신론소』와 『금강삼매경론』은 그의 대표작들인데, 이 책들에서 그는 불성사상과 관행의 중요성을 강조하였다. 그리고 그는 불교의 대중화를 위해 노력한 것으로 나타난다.

(3) 의상

의상은 한국 화엄종의 종조며, 『화엄일승법계도』의 저자기도 하였다. 그는 자신의 이 저술을 통해 모든 존재들 사이의 상호 관련성을 강조하고, 이론보다는 실천을 중시하였다(고익진 1989: 285-92). 그는 또한 사회적 지위에 상관없이 모든 이의 평등을 강조하였다. 그리고 680년 문무왕이 수도인 경주를 일신케 하기 위해 연속하여 성을 쌓으려고 의상에게 문의하니, 의상은 다음과 같이 바른 정치의 중요성을 강조하였다:

비록 거친 들과 띠 집에 있더라도 정도만 행해지면, 복업이 장구할 것입니다. [그러나] 진실로 그렇지 못하다면, 비록 사람을 수고롭게 하여 성을 쌓더라도 또한 아무 이익이 없을 것입니다. 왕은 곧 그 역사를 중지시켰다.18)

『삼국유사』도 관련 기록이 나타나는데, 그 내용은 좀 더 상세하다:

왕의 정교가 밝으면, 풀 언덕에 금을 그어 성이라 해도 백성들은 감히 이것을 넘지 못할 것이고, 재앙은 깨끗이 없어질 것이며, 모든 것이 복이 될 것입니다. 그러나 정교가 밝지 못하면 비록 긴 성이 있다 하더라도 재이를 없앨 수 없을 것입니다. 왕은 이를 옳게 여기고, 그 역사를 그만두었다.20)

(4) 자장

자장도 다른 명승들처럼 대승불교 전적을 중요시하였으나, 불교 계율 전문가로서 남방불교 계율에 뿌리를 둔 중국 남산종의 가르침을 수용하면서, 신라 계율 분야의 종조가 되었다. 그는 『푸사지에번』을 강의하면서도, 그의 계율관의 뿌리는 남방불교적 전통을 강하게 가지고 있었다(최원식 1999: 54). 자장은 죽을 때까지 이상에서 벗어나지 못한 것으로 기록되어 있기도 하나(일연 1993, 150: 14), 그는 기존에 알려져 온 것과는 달리, 호국의 간성으로서의 정치승이 아니라, 수행승으로 살았다.

---

20) 王之政教明 則雖草丘盡(盡)地而爲城 民不敢踰 可以潔災進福 正教苟不明 則雖有長城 災害未消 王於是正罷其役(일연 1993, 62: 12-3).

요약하면, 원광, 원효, 의상, 자장 등 7세기 신라 고승들의 불교관과 국왕관 등은 개인적 차이도 있었을 것이다. 그러나 한국불교의 기초를 닦는 데 기여한 원광이 왕토사상을[21] 받아들이면서, 승려로서의 자신의 뜻에 반하는 「걸사표」를 작성한 것으로 볼 때, 당시의 명승들은 원광처럼 국왕의 요청을 일부 받아들였거나, 그렇지 않으면, 원효처럼 정치권과는 일정한 간격을 유지한 채 삶을 살았을 것으로 생각된다. 원효는 국왕의 요청으로 『금강삼매경』에 대한 강의도 하고, 공주와의 사이에 아들도 낳았다. 그러나 이 기록들 외에 그가 정치권과 일정한 관련을 맺었다는 기록은 없으며, 자유로운 삶을 산 그의 인생 경력과 그의 시대가 골품제 사회란 점에서 그와 정치권과의 관계는 밀접하지 않았을 것으로 생각된다. 의상은 건찰과 건탑 등의 불사보다는 왕으로서의 선정을 중요시하였으며, 자장도 수행승이란 점에서 정치권과는 일정한 거리를 유지하였을 것으로 보인다. 따라서 신라 명승들의 불교관은 기복 차원의 국왕의 불교관과는 달랐을 것으로 판단된다.

4. 관리의 불교관

고대 한국사회에서 관리들은 임금을 도와 불교 신행을 포함한 한국인의 삶의 형태와 내용을 구성하는 데 중요한 역할을 한 이들이었다. 그리고 그들은 임금의 불교관 형성에 직간접적으로 영향을 미친

---

21) 신라에서의 왕토 개념은 중국 고전인 『스징』(시경)의 "하늘 아래 모든 땅은 군주의 땅"에서 유래된 것이다. 그러나 실제로는 왕이라 하여 모든 국토를 마음대로 할 수는 없었으며, 왕토란 허구적 개념이었다(Vermeersch 2008: 279).

것으로 나타난다.22)

한국 고대의 관리들과 불교와의 관계 형성은 그들이 당시의 중국 왕조에 사신으로 다녀오면서, 불교문화를 수입한 데서 시작되었다. 즉, 중국에 사신으로 간 관리들이 한국으로 돌아올 때, 불경 등을 가지고 온 것이다(김부식, 상, 1986: 171a10-11). 그러나 신라 법흥왕 대의 신하들이 "지금 승려들은 아이 머리에 누더기 옷을 입고 괴기한 의론을 일삼으니 정상의 도가 아닙니다. 경솔히 그 말을 따른다면 후회가 있을까 두렵습니다. 신들은 비록 죽을죄를 범할지라도 감히 칙령을 받들지 못하겠습니다"23)라고 한 점에서 신라 불교의 초기단계에서는 당시의 관리들이 승려와 불교에 대해 오해하고 있었던 것으로 보이는데, 이러한 시대적 배경을 바탕으로 관리들의 불교관도 형성된 것으로 간주된다. 한국사회에서 불교가 굳건한 뿌리를 내린 것은 신라에서였으나, 고구려의 관리들에 대한 기록도 일부 남아 있다. 따라서 여기서는 신라와 고구려의 관리들이 검토 대상이며, 그들은 신라의 이차돈(506~27), 김유신(595~673), 강수(?~692), 김대성(700~74), 최치원(857~?), 고구려의 왕고덕(fl. 6세기) 및 연개소문(?~666) 등이다.

이차돈은 신라 불교 공인의 공로자였으며, 장군 김유신은 삼국통일의 공신이었고, 강수는 신라의 대표적 유학자 중의 한 사람이었다. 김대성은 재상으로서 석굴암으로 더 잘 알려져 있는 석불사와 불국사 창건의 주역이었고, 최치원은 신라 말의 대표적 지식인으로서 그

---

22) 관리들의 불교 이해에 미친 승려들의 영향은 컸을 것으로 생각되는데, 이 주제에 대한 연구는 아직 진행되지 못하고 있다.

23) 今見僧徒 童頭毀服 議論奇詭 而非常道 若忽從之 恐有後悔 臣等雖死罪 不敢奉詔(장휘옥 1991: 168).

의 생을 사찰에서 마감한 인물이었다. 왕고덕은 고구려의 대승상으로서 그를 통해 당시의 관리들이 불교의 어떤 점에 대해 구체적인 관심을 가지고 있었는지를 알 수 있으며, 연개소문은 고구려의 실권자로서 고구려인의 종교생활에 직접적인 영향을 행사한 인물이었다.

(1) 이차돈

법흥왕 당시의 신하들은 왕의 불교 공인에 대해 반대하고 있었으며, 신하들의 반대에 부딪혀 있던 법흥왕은 이차돈(혹은 거차돈 혹은 박염촉)의 죽음으로 인해 불교 공인에 성공하게 되는데(김부식, 상, 1986: 80b8-81a7; 장휘옥 1991: 171), 다음과 같은 이차돈의 말을 통해 그의 불교관을 살펴볼 수 있다:

> 몸을 희생하여 인을 이룸은 신하된 자의 큰 절개입니
> 다…… 만일 이 법[불교]를 행하면, 온 나라가 태평할 것입
> 니다…… 불교는 [그 진리가] 심오하다 하니 행하지 않을
> 수 없습니다.24)

그리고 이차돈이 죽은 후 이변이 생겼고, 이로 인해 신하들도 불교를 믿게 되었으며, 임금은 살생을 금지하는 명령을 내렸다(장휘옥 1991: 170-1)고 한다. 이 기록들에 의하면, 이차돈은 살신성인이란 유교적 관점에서 불교를 받아들였으며, 내용에 있어서는 기복을 강조하였다.

---

24) 殺身成仁 人臣大節(장휘옥 1991: 167). 若行此法 舉國泰安(장휘옥 1991: 168)……吾聞佛敎淵奧 不可不行(장휘옥 1991: 168).

(2) 김유신

신라 통일의 중추였던 장군 김유신도 스스로 사찰을 세울 정도의 불자였는데, 그와 불교와의 관계를 살필 수 있는 기록들은 다음과 같다. 김유신은 15세에 화랑25)이 되었는데, [그의 무리들을] 용화향도라 한 점에서, 그와 미륵신앙과의 관련성을 알 수 있다. 그리고 그는 외적 침입 시, 비장한 마음으로 보검을 들고 혼자 깊은 골짜기로 들어가 재계하고, 하늘에 기원(김부식, 하, 1986: 291a4-6)하기도 하였으며, 611년의 기록에 의하면, 불사를 베풀고 승전을 위한 기도를 하기도 하였다. 전쟁을 앞두고는 절에 가 재계하고, 영실로 들어가 방문을 닫고 혼자 앉아 분향하기를 여러 날 밤낮으로 계속한 후, 자신이 죽지 않을 것을 예측하기도 하였다. 또한 김유신은 적이 성을 포위하였다는 말을 듣고는 "인력이 이미 다하였으니, 음조를 빌어야겠다"고 하고, 절에 가서 단을 베풀고 기도(김부식, 하, 1986: 303a15-63)하였으며, 그가 고구려와 백제를 평정한 후에는 취선사란 절도 세웠다(김부식, 하, 1986: 313b19-20). 이 기록들에 의하면, 김유신의 불교에 대한 관심은 주로 기복 차원이었다.

(3) 강수

강수의 불교 이해는 자신의 말을 통해 알 수 있다. 내마26)직에 있던 그의 아버지가 그에게 "불도를 배우겠는가, 유도를 배우겠는가?"

---

25) 신라 불교와 화랑과의 관계에 대해서는 McBride 2010: 54-89 참조.
26) 신라의 17 관등 중, 11번째 관등.

하고 묻자 강수는 다음과 같이 대답하였다:

> 제가 듣기로는 불도는 세상 밖의 가르침이라고 합니다.
> 저는 속세의 사람인데 불교를 배워 어디에 쓰겠습니까?
> 유자의 도를 배우기를 원합니다.27)

즉, 강수는 불교에 대해 들은 것을 바탕으로 불교를 비세속적 가르침으로 간주하고, 세속의 가르침인 유학 공부를 택하였다.

(4) 김대성

『삼국유사』에 의하면, 당시의 재상 김대성이 자신의 현생 부모를 위해서는 불국사를, 전세의 부모를 위해서는 석불사를 창건하기 시작하였는데, 불국사는 그가 죽은 후인 8세기 말경 나라에서 완성하였다. 이와 관련, 일연은 『향전』을 인용하여 다음과 같이 말했다:

> 이에 이승의 양친을 위해 불국사를 세우고, 전세의 부모를 위해 석불사를 세워, 신림과 표훈 성사를 청하여 각각 거주케 하였다. 아름답고 큰 불상을 설치하여 양육의 노고를 갚았으니, 한 몸으로 2세[전세와 현세]의 부모에게 효도한 것은 옛적에도 듣기 어려운 일이었다. 착한 보시의 영험을 가히 믿지 않겠는가?28)

---

27) 愚聞之佛世外敎也 愚人間人 安用學佛爲 願學儒者之道(김부식, 하, 1986: 358a19-b1).

28) 乃爲現生二親 創佛國寺 爲前世爺孃 創石佛寺 請神琳表訓二聖 各住焉 茂張像設 且酬鞠養之勞 以一身孝二世父母 古亦罕聞 善施之驗 可不信乎(일연 1993, 185: 3-5).

불국사 창건 시기와 관련, 일연은 『사기』를 인용하여 다음과 같이 말했다:

> 경덕왕 때의 대상 대성이 천보 10년[751] 신묘에 불국사
> 를 짓기 시작하였는데, 혜공왕 대[765~80]를 거쳐 대력 9
> 년[774] 갑인 12월 2일에 대성이 죽자, 나라에서 이를 완
> 성시켰다. 처음에 유가[종]의 고승 항마를 청해 이 절에
> 거주하게 했고 이를 계승해서 지금에 이르렀다.[29]

일연은 이 두 가지 기록에 대해 "어느 것이 옳은 것인지 알 수 없
다"(일연 1993, 185: 9)고 하였다. 그러나 이 기록들에 의하면, 김대
성은 업설, 효, 영험의 관점에서 불교를 인식하고 있었음을 알 수 있다.

(5) 연개소문

일연은 『고구려고기』를 인용하여, 연개소문의 탄생 연유를 다음
과 같이 기록하였다:

> "내[중국 수나라(581~618) 량디(양제, 605~16)]가 천하
> 의 군주가 되어 작은 나래[고구려]를 친히 정벌하였으나,
> 불리하여, 만대의 웃음거리가 되었다." 이때 우의정 양명
> [양민]이 아뢰기를 "신이 죽으면 가오리(고구려)의 대신이
> 되어 반드시 그 나라를 멸망시켜 제왕의 원수를 갚겠습니
> 다"라고 하였다. 양제가 죽은 후, 그는 과연 고구려에 태
> 어났다…… [고구려의] 영양왕[590~618]이 그가 어질다는

---

29) 景德王代 大相大成 以天寶十年辛卯 始創佛國寺 歷惠恭世 以大歷九年甲寅十二月二
日 大成卒 國家乃畢成之 初請瑜珈大德降魔 住此寺(일연 1993, 185: 7-9).

말을 듣고 불러들여 신하로 삼았다. 그는 스스로 성을 개
라 하고, 이름을 금이라 하였는데, 지위가 소문에까지 이
르렀으니, [소문은 곧] 시중 벼슬을 뜻한다.30)

이 인용문에 의하면, 연개소문은 업설을 믿고 있었다. 또한 그는
당시 성행하던 불교의 세력을 약화시키고, 도교를 도입한 점에서 고
구려인의 종교생활에 직접적인 영향을 행사한 인물이기도 하였는데,
그는 643년 보장왕(642~68)에게 건의하여 국가적 차원에서 도교를
도입하였다:

삼교는 비유하자면 솥발과 같아, 하나라도 없어서는 안
될 것입니다. 지금 유석[유교와 불교]은 같이 흥하고 있으
나, 도교는 아직 성하지 못하여, 이른바 천하의 도술이 갖
춰졌다고 할 수가 없습니다. 엎드려 청컨대, 당나라에 사
신을 보내어 도교를 수입하여, 백성을 가르치기를 바랍니
다. 대왕은 크게 옳게 여겨, 편지를 보내 사정을 말하며,
청하였다. [당나라의] 태종은 도사인 숙달[슈다] 등 8명과
노자의 『도덕경』(다오더징)도 주었다. 왕은 기뻐하여 절을
도관으로 만들었다.31)

이 기록들에 의하면, 연개소문의 불교 이해는 업설 및 정치적 유
용성의 관점에서였다.

---

30) 朕天下之主 親征小國而不利 萬代之所虫厶虫時右相羊皿奏曰 臣死爲高麗大臣 必滅國
報帝王之讐 帝崩後 生於高麗 十五 聰明神武 時武陽王 聞其賢…… 徵入爲臣 自稱姓盖 名金
位之蘇文(일연 1993, 103: 7-9).

31) 三敎譬如鼎足 闕一不可 今儒釋並興 而道敎未盛 非所爲備天下之道術者也 伏請 遣使
於唐 求道敎以訓國人 大王深然之 奉表陳請 太宗遣道士叔達等八人 兼賜老子道德經(김부식,
상, 1986: 380a8-11).

(6) 왕고덕

고구려의 대승상 왕고덕은 승려 의연(fl. 6세기 후반)을 중국에 보내어 불교에 대해 다음과 같은 질문을 하게 하였다:

> "부처가 열반에 든 이후 지금까지 몇 년입니까; 인도에서 몇 해가 지난 후 중국 땅에 [불교가] 전해지게 되었습니까? 처음 전해졌을 때 황제는 누구였으며, 연호는 무엇이 었습니까? 제나라와 진나라의 불법은 어느 쪽이 먼저였으며, 그로부터 지금에 이르기까지 몇 년, 몇 왕이 경과되었습니까? 『십지』(스디), 『지도』(디두), 『지지』(치디), 『금강반야』(진강보뤄) 등과 같은 논들은 누가 지었으며, 저술들의 기원과 신령스러운 상수의 유래에 관한 전기가 있는지 없는지에 대해서도 삼가 적어 문의드리오니, 청컨대 의심을 풀어 주시기 바랍니다"(장휘옥 1991: 138-9).[32]

왕고덕의 불교에 대한 관심사는 역사적 측면에서였다.

(7) 최치원

최치원은 신라 말의 대표적 지식인이었는데, 그의 불교관은 그가 당나라에 있을 때와 신라로 돌아왔을 때의 기록을 통해 관찰할 수 있다. 당나라에서 관리로 있었을 때, 그는 불교의 진리로 세속의 정리를 억제할 수 있다고 보았으며, 전세의 인연을 믿었다. 또한 『진광밍징』과 『파화징』 사경의 목적을 공양에 두었으며(최치원 2010: 283-4),

---

32) 왕고덕의 질문에 대한 의연의 대답에 대해서는 장휘옥 1991: 139 참조.

십선 행하기(최치원 2010: 278)를 강조하였다. 그리고 최치원이 신라로 귀국한 이후의 그의 불교관은[33] 자신의 「난랑비서」를 통해 알수 있는데, 그는 거기서 다음과 같이 말했다:

> 나라에 깊고 묘한 도가 있으니 [이를] 풍류라 한다. [이]
> 가르침의 근원에 대한 설명은 선사에 상세하게 갖춰져 있
> 는데, 실로 [이것은] 삼교[도교, 불교, 유교]를 포함한 것
> 으로서, 여러 사람들을 가르치기 위한 것이었다. 즉 들어
> 와서는 집에서 효도하고, 나가서는 나라에 충성하는 것은
> 노나라 사구[콩쯔, 552~479 B.C.E.]의 뜻이며, 꾸밈없는
> 일에 처하고, 말 없는 가르침을 행하는 것은 주나라 주사
> [라오쯔, b. ca. 604 B.C.E.]의 핵심이며, 모든 악은 짓지 않
> 고, 모든 선을 받들어 행하는 것은 축건[인도] 태자[부처]의
> 가르침이다.[34]

이 기록들에 의하면, 최치원은 불교를 기복종교와 윤리적 가르침으로 이해하고 있었다. 그리고 자신의 인생 말기에는 가족을 데리고 가야산 해인사로 들어가 은거하였는데, 이모인 승려 현준, 정현사와 함께 도우를 맺고 지내다가 생을 마쳤다(김부식, 하, 1986: 360a1-2).

요약하면, 고대 한국의 지식인들은 불교를 비정상적인 도, 비세속적 가르침, 기복종교, 윤리적 가르침 등으로 이해하면서, 그들의 세속적 목적 달성을 위한 수단으로 간주한 경향이 컸다.

---

33) 최치원의 종교에 대한 관심은 그가 중국 당나라에 머물고 있을 때와 신라로 귀국했을 때와는 상당히 달랐다. 당에서는 유교와 도교 관련 글을 많이 쓴 반면, 신라로 귀국한 후에는 불교 관련 글을 많이 썼다(남동신 2011: 207-9).

34) 國有玄妙之道 曰風流 設敎之源 備詳仙史 實乃包含三敎 接化群生 且如入則孝於家 出則忠於國 魯司寇之旨也 處無爲之事 行不言之敎 周柱史之宗也 諸惡莫作 諸善奉行 竺乾太子之化也(김부식, 상, 1986: 83a7-10).

제 2 장
불교관 분석

　　삼국시대의 불교는 기적종교, 기복종교, 내세종교 및 윤리로서의
특징을 가지고 있었다. 임금을 포함한 삼국시대 지식인들은 충과 효
의 강조란 유교적 관점에서 불교를 수용하였다. 그들이 불교를 믿은
목적은 기복에 있었으며, 그 사상적 배경은 업설로 나타난다. 업설
에 관심을 보인 명승들은 상대적으로 적은 것으로 나타나지만, 국왕
과 관리들의 경우 그 분포는 다양하였다. 즉, 선덕여왕과 문무왕을
비롯한 국왕들과 신라불교의 문을 연 관리 이차돈, 대장군 김유신,
재상 김대성, 화랑 죽지, 대표적 학자 최치원 및 고구려 장군이자 실
권자 개소문 등은 업설을 믿었다. 아래에서는 삼보에 대한 그들의
견해 및 국왕의 불교관에 대한 역사적 평가에 대해 검토하기로 한다.

1. 지식인의 불교관 분석

(1) 불보관 분석

4세기 북중국의 임금들은 불교철학 자체보다는 승려들의 이적행위에 더 많은 관심을 기울였는데, 이러한 경향은 한국 국왕들의 경우도 마찬가지였다.[35] 한국은 중국을 통해 불교를 수입하였으며, 중국의 임금들은 한국보다 이른 시기에 불교를 기적 종교로서 받아들였다. 후조의 임금이었던 밍디스러(명제석륵, 319~33)가 승려 포투청(불도징, fl. 4~5세기)에게 "불교의 영험이 무엇입니까?"라고 묻자, 포투청은 임금이 불교 교리에는 관심이 없고, 불교의 이적에만 관심이 있음을 알았다(이종철 2008: 69). 북위의 타이우디(태무제, 423~52)도 탄스(담시)의 기적력으로 인해 불교를 믿게 되었다(장휘옥 1991: 146-9). 이러한 전통은 한국에도 그대로 전해졌으며, 기복 추구는 고대 한국의 국왕들이 불교를 믿은 가장 중요한 이유였다. 삼국시대의 임금과 신하들이 불교를 믿게 된 원인이 자신들의 이적 경험 때문이었단 기록이 상당수를 차지하기 때문이다. 일례로, 고구려의 성왕은[36] 범어로 '불탑'이라고 쓰인 명문을 발견한 후, 불교도가 되었으며(일연 1993, 108: 1-2), 신라 법흥왕대의 신하들은 임금의 불교 진흥책에 반대하였으나, 이차돈의 순교 후 나타난 이적으로 인해 불교를 믿게 되었다(장휘옥 1991: 170).

---

35) 평안시대 일본 귀족들의 관심도 불교교학이 아니라 불교의례에 있었다(김종명 2001: 27).

36) 원문에도 "고려 성왕이 누구인지 알 수 없다"(高麗聖王未知何君)(일연 1993, 108: 5-6)고 되어 있으나, 고구려엔 성왕이 없었다(이현종 2005: 117-8).

고대의 한국 국왕들에게 불교는 현세와 내세에서의 행복을 보장해 주는 종교로도 받아들여졌다. 일례로, 신라의 법흥왕과 원성왕은 기복의 목적으로 사찰을 건립하였다. 삼국시대의 임금들에게 불교는 기자, 기우 및 순조로운 날씨를 기원하기 위한 수단이기도 하였다. 신라의 경덕왕은 기자와 기우를 위해, 헌강왕은 순조롭지 못한 기후로부터 국가를 보호할 목적으로 사찰을 세웠다(일연 1993, 73: 7-9).

따라서 고대 한국의 국왕을 비롯한 지식인들은 부처를 초월적 신격 존재로, 불교를 기복종교로 인식하였음은 분명하다.

(2) 법보관 분석

한국의 국왕들은 중국으로부터 불전을 수입하는데도 깊은 관심을 기울였다. 그들의 관심을 끈 불전은 『보러징』, 『판왕징』, 『화옌징』, 『진광밍징』, 『니에반징』, 『런왕징』, 『야오스징』 등의 대승경전들이었다. 그러나 그들이 불경을 읽은 이유는 그 내용을 이해하고, 거기서 얻은 지식을 국가 운영에 적용하고자 한 것은 아니었다. 그것은 세속적 구복을 위한 한 수단으로 나타난다. 즉 불전을 읽으면, "임금은 장수할 것이고, 백성들은 평화를 누릴 것이며, 백관들은 화합할 것이고, 풍년도 들 것이다."[37] "참진리를 강하여 좋은 과보를 얻는데 도움이 되고,"[38] "『범망경』을 강해 범의 저승길을 인도하였다"[39]란 기록들은 불경의 내용 이해보다는 불경 자체를 믿어 공덕을 얻는

---

37) 國王千秋 人民安泰 文虎和平 百穀豊穰矣(일연 1993, 135: 6-7).

38) 講眞詮 資勝報(일연 1993, 174: 7).

39) 常講梵網經 以導虎之冥遊(일연 1993, 174: 12).

데 목적이 있었음을 말해 준다. 또한 선덕여왕과 경명왕의 기록(일연 1993, 75: 16)에 의하면, 경전 독송이 각각 치병과 재이 방지를 위해서도 이용되었음을 알 수 있다.

삼국시대 국왕들이 가장 관심을 보인 불교 교리는 업설이었다. 안스가오(안세고, fl. 2세기 중기)는 중국 사람들에게 업설을 유행시킨 사람이었으며, 한국에 이 설을 소개한 사람은 중국에서 고구려에 온 승려 슌다오였다(장휘옥 1991: 131). 업설은 고구려인들의 기복을 위한 이론적 배경이었으며, 신라의 경우도 선덕여왕의 예 등에서 보듯 예외는 아니었다. 죽은 왕실 가족의 추선을 위한 불사도 업설에 바탕을 둔 것이었다. 가락의 질지왕(451~92)은 452년에 그의 죽은 왕실 가족을 위해 절을 지었고(일연 1993, 96: 16-97: 1), 백제의 위덕왕(554~98)은 그의 죽은 부왕의 추선을 위해 승려가 되었으며, 신라의 진흥왕(장휘옥 1991: 177)은 전장에서 죽은 군사들의 명복을 빌기 위해 각각 팔관회를 열고 절을 세웠다. 그리고 삼국시대의 국왕들은 불교를 윤리적 가르침으로 간주하여, 불살생을 강조하고, 윤리적 삶을 사는 데 노력을 기울였다.

(3) 승보관 분석

삼국시대 임금들은 불교를 기복종교, 기적종교 및 내세종교의 입장에서 이해하였으며, 당대의 영향력 있던 고승인 원광 등의 승려가 그들의 이러한 요구에 부응한 점에서, 당대 국왕들의 승려 및 승단에 대한 견해도 이 범위를 크게 벗어나지는 않았던 것으로 보인다.

요컨대, 삼국시대 임금들은 불교를 기적종교, 기복종교, 내세종교 및 윤리의 관점에서 이해하였다. 그들의 불사는 사상, 제도 및 신앙의 차원에서 전개되었고, 세속적 기복 추구와 충과 효를 앙양시키기 위한 수단으로 작용하였다.

2. 명승들의 불교관 분석

주로 공덕 쌓기에 관심을 기울였던 국왕들과는 달리, 삼국시대 명승들의 불교관은[40] 나름대로 공부한 불전의 바탕 위에서 형성되었을 것이며, 따라서 그들의 불교관에 대한 검토는 그들이 이해한 불교 개념, 불교 교학 및 불교윤리에 대한 분석을 통해 가능하다.

(1) 불교 개념

윤회, 무아, 불성 등은 삼국시대 명승들의 관심을 끈 중요한 불교 개념들이었다. 원광은 윤회를 믿은 것으로 나타난다. 그러나 윤회 개념을 그대로 인정할 경우, 형이상학적 논의에 대한 거부인 십사무기설과 어긋나게 된다. 따라서 윤회를 방편적 개념으로는 볼 수 있으나, 초기불교의 주요 개념으로 보기는 어렵다. 무아는 불교에서만 발견되는 특징적인 개념인데, 자장은 그의 말년까지 자아에 묶인 채 무아적 삶을 살지 못한 것으로 기록되어 있다. 불성(여래장) 개념은 동아시아불교의 핵심 개념 중의 하나인데, 신라 명승들은 불성 개념을 실체로서 이해했을 가능성이 크다. 중국 선종을 대표하는 훼이넝(혜

---

40) 이 분야에 대한 더욱 심층적인 연구는 추후 과제로 남아 있다.

능, 638~713)을 비롯한 중국의 선승들은 불성 개념을 실체로서 이해한 것으로 보이며, 당시 불교를 둘러싼 한국과 중국과의 밀접한 관계를 고려할 때, 신라의 명승들도 중국의 승려들과 같은 견해를 표방했을 가능성은 크다. 그렇다면, 이는 초기불교의 중요 개념인 무아 개념과 상치되게 된다. 따라서 신라 명승들의 주요 불교 개념들에 대한 이해는 초기불교와는 일정한 차이가 있었을 것으로 보인다.

(2) 불교 교학

공사상, 선사상, 화엄사상, 계율사상은 신라의 명승들도 중요시한 불교 교학들이었으며, 원광, 자장, 의상은 각각 공사상, 계율사상 및 화엄사상에서 일가를 이룬 승려들이었다. 특히 원효는 화쟁사상의 주역으로서 당대의 대표적 학승이었다. 그러나 이 교리들은 주로 대승불교전적을 바탕으로 하고 있었는데, 문제는 이 전적들이 부처가 죽은 지 적어도 수 백년이 지난 후의 산물이란 점과 그것들이 중국에서 번역 또는 찬술되었다는 점이다. 즉 시공간적 문제가 등장하는 것이다. 따라서 부처의 활동 시기와 이 불전들의 저술 시기 사이의 시간적 간격으로 인해 이 불전들의 내용이 부처의 가르침을 어느 정도 충실하게 반영하고 있는가 하는 것이 문제가 된다.

공간적으로는 불교가 기원 후 1세기에 중국에 소개된 후, 불교는 중국에서 다양한 면에서 중국화의 길을 걷게 되었다. 따라서 삼국시대의 명승들과 관련된 문헌들 가운데 인도의 초기불교 관련 전적이 거의 없다는 점은 그들의 불교 교학 이해가 중국불교 전통 위에 성립되어 있었음을 뜻하며, 이는 곧 그들이 초기불교에 대한 심층적 이해를 결하고 있었을 가능성을 제시한다.

(3) 불교윤리

불교윤리의 관점에서, 원광은 현실주의자, 원효는 상황윤리주의자, 자장은 규칙주의자, 의상은 도덕론자로 분류 가능하다. 특히 원광의 역할은 중요하다. 그는 보살계를 처음 신라에 받아들였을 뿐 아니라(최원식 1995: 51), 신라인들의 정신적 지주 역할도 하였기 때문이다. 원광은 그의 「세속오계」를 통해 충과 효를 강조하였는데, 전통 한국에서 이 개념들은 정치적 중요성을 띤 것들이었다. 7세기의 기록에 의하면, 충과 효는 신하와 자식이 지켜야 할 가장 중요한 덕목이었다(김부식, 하, 1986: 375a6-7). 그러나 이 개념들은 불평등을 전제로 하고 있으며, 이 점은 인간들 사이의 평등성을 강조한 불교 가르침과는 상반된 것이었다. 그리고 "전장에서 물러나지 말 것"과 "가려서 죽일 것"이란 그의 가르침도 전쟁과 살생을 금지한 불교의 가르침과는 달랐다. 따라서 원광의 세속오계는 불교 가르침에 충실한 것은 아니었다.

특히 불살생은 불교의 가장 기본 계율인 오계의 첫째 조항이다. 그리고 오계는 비구와 비구니 등의 승려뿐 아니라, 남녀 재가 신자들인 우바새와 우바이들도 지켜야 할 계율이다. 따라서 "원]광 선생이 가르친 세속의 계율 같은 것은 대개 학문이 내외에 통하여 [사람의] 근기에 따라 설법한 모범이다"[41]란 『해동고승전』의 긍정적인

---

41) 若光師之諭 世俗戒 蓋學通內外 隨機說法之效(장휘옥 1991: 203).

평가도 있으나, 원광은 불살생계를 자기 식으로 재해석하여, 그것을 자신의 현실에 적용시켰다고 보는 것이 더욱 타당할 것이다. 원광의 가르침을 받은 사람들은 승려가 아닌 재가자였다. 그렇다 하더라도, 원광은 승려였으며, 더욱이 당대의 고승으로서 불교에서는 왜 살생을 금지하는지, 또 살생의 실천이 왜 중요한지 등에 대한 가르침을 폈어야 할 것으로 보인다.

원효는 보살계를 신라에 뿌리내린 장본인일 뿐 아니라, 신라 보살계사상의 체계자기도 하였다(최원식 1999: 37). 그는 『판왕징』의 내용이 출가승려 중심의 규칙주의, 형식주의를 강조한 것으로 파악하고, 이 불전보다는 계율을 깨달음을 위한 수단으로 간주한 『푸사치디징』(보살지지경)을 중요시하면서, 상황윤리로서의 불교윤리론을 전개하였다. 따라서 그의 불교윤리관은 초기불교의 정신과 부합한 것으로 보인다. 그는 또 구송에 의한 범패와 염불보다 그 뜻을 파악하는 것이 중요함을 역설함으로써 한국불교사에서 전개된 현실과는 견해를 달리하였다(김종명 2007b: 177).

자장은 한국 불교계율의 종조 및 "호국불교"의 주창자로 간주되어 왔다. 그러나 그는 정치승은 아니었으며, 오히려 불교계율에 충실한 수행자였음이 밝혀졌다. 자장은 신라 사회에 계율을 정착시킨 장본인으로 간주되어 왔으며, 따라서 기존 학계에서는 그를 '호국불교'의 간성으로 주장해 왔다. 그러나 이 주장은 자장의 전기 두 가지인 『수가오썽주안』의 「석자장」과42) 삼국유사의 「자장 정율」(일연 1993: 148-51) 가운데, 전자를 무시한 채, 후자를 일차 자료로 삼은

---

42) 『수가오썽주안』(속고승전) 24, T 2060, 50: 639a8-640a8.

결과였다. 그러나 후자에 비해 시대도 빠르고, 사료로서의 가치도 높은 전자를 바탕으로 한 연구결과는 달랐는데, 이에 따르면, 자장은 계율을 통해 신라인들을 통제한 정치승도 아니었고, 따라서 호국의 간성도 아니었으며, 오히려 자신의 수행에 매진한 수행승으로 나타났다(Kim 1995: 23-55).

의상의 윤리관에서는 평등과 정도가 강조되고 있는데, 이러한 그의 윤리관은 초기불교의 가르침과 일치하는 것으로 나타난다.

요약하면, 신라 명승들의 불교관은 특히 윤리관을 통해 잘 나타나고 있다. 원광, 자장, 의상은 귀족 집안의 자제들로서 중국으로 유학을 가 불교 공부를 한 후, 신라로 돌아와 지배층과 밀접한 관계를 유지하였다. 그러나 정치권에 대한 그들 사이의 태도는 달랐다. 원광이 정치권의 요구를 수용한 반면, 의상은 왕의 요청에 대해서도 직언을 한 것으로 나타난다. 자장도 수행에 전념한 승려란 점에서 그의 불교관은 원광보다는 의상에 가까웠을 것으로 보인다. 반면, 원효는 출신 성분에서 원광, 자장, 의상과는 달랐다. 원효는 말단 관리의 아들로서 태어나, 중국 유학도 하지 않았고, 기득권층과의 밀접한 관계를 맺지도 않았다. 그러나 그는 당시의 신라뿐 아니라, 동아시아 전체를 통틀어 가장 뛰어난 불교학자 중의 한 명이었으며, 상황윤리로서의 그의 윤리관 또한 불교 정신과 부합하였다. 그러나 출세의 기준이 개인적 능력이 아니라 혈통에 의해 결정되었던 신라 사회에서43) 원효의 지적·사회적 영향력은 제한적이었을 것으로 보인

---

43) 설계두(?~645)는 신라 사대부집 자손이었는데, 그가 "신라에서는 사람을 쓰는 데 골품을 따지므로, 그 족속이 아니면 비록 큰 재주와 뛰어난 공이 있더라도 한도를 넘지 못한다. 내가 원하는 것은 중국에 가서 불출의 지략을 발휘하고 비상한 공을 세워 스스로 영화의 길을 열고 ……"(김부식, 하, 1986: 374b14-6)라고 말한 것은 이를 잘 대변해 준다.

다. 사실 대각국사 의천(1055~1101)이 원효를 재발견하기까지 그의 이름은 한국 역사상 별로 드러나지 않는다. 이러한 승려별 차이점은 있으나, 그들에게서 발견되는 공통점은 그들의 불교관이 초기불교가 아니라, 중국불교의 전통 위에 서 있었다는 점이다. 또한 명승들의 이러한 불교관은 임금과 왕실 구성원 및 관리 등 당대 지식인의 불교관 형성에도 중요한 역할을 한 점에서 중요하며, 이후 전개된 한국불교의 성격을 결정하였을 가능성이 아주 높다는 점에서도 중요하다.

3. 관리들의 불교관 분석

불교 및 불전, 불교사, 불교 교리, 불교윤리 등의 관점에서 한국 고대 관리들의 불교관을 검토해 보자.

(1) 불교관 분석

고대 한국 관리들은 불교를 특히 기복종교로 보았다. 그리고 그들은 불교 교리보다는 왕고덕의 예를 통해 알 수 있듯이 불교사에 대한 관심이 더 컸던 것으로 나타났다. 또한 고대 한국의 불사에 대한 평가는 전근대 사가들 사이에서 달랐으나, 신라 삼보를 포함한 사치스러운 불사행위를 망국의 원인으로 본 점은 공통점이었다(김부식 상, 1986: 246b11-2).

(2) 법보관 분석

원효와 의상 등이 활동한 7세기의 한국은 한국불교사상 불교철학의 황금기로서 대승불교철학의 주류인 중관학과 유식학 및 화엄학 등에 대한 이해도 상당한 수준에 도달해 있었던 시기였다. 그러나 한국 고대 관리들의 불교 교리에 대한 이해도는 깊지 않은 것으로 나타난다. 법흥왕대의 관리들이 흥불 시도에 반대한 이유도 불교 교리에 대한 이해를 바탕으로 한 것은 아니었으며, 이차돈의 순교도 그가 불교를 이해한 결과가 아니라, 불교의 진리가 심오하다고 '들은 데 대한 자기 확신의 결과'였다.

고대 한국 관리들의 불교에 대한 관심은 주로 업설에 있었으며, 고구려와 신라의 경우도 예외는 아니었다(김상현 1999: 266-72). 이차돈, 김유신, 김대성, 연개소문 등도 업설을 믿었다. 그리고 강수가 죽은 후, 나라에서는 크게 부의를 표했는데, 집안사람들이 사사롭게 그것을 가지지 않고, 모두 불사를 위해 기부(김부식, 하, 1986: 358b15-16)한 것도 업설에 바탕을 둔 공덕을 기대한 결과로 간주된다. 특히 연개소문의 예를 통해서는 당시 업보설이 적극적으로 수용되고 있었음을 알 수 있다. 따라서 고대의 한국 관리들이 초기불교에 대한 구체적인 지식을 가지고 있었을 가능성은 상당히 낮다. 자료상의 한계가 첫째 문제가 되겠지만, 현존하는 문헌적 증거에 의하는 한, 그들 가운데, 불전에 대한 체계적 지식을 가진 이는 발견되지 않는다.

신라에서 육두품 출신은 유학을 익히거나 불법을 받들어 관료나 승려로 활동하였는데, 대표적 육두품 집안인 경주 최씨는 8세기 중기부터 9세기 초까지 파견된 도당 유학생 가운데 가장 많은 수를 차지하였으며, 최치원도 그중의 한 사람이었다(최치원 2009: 45).[44] 당대의 대표 지식인이었던 최치원은 특히 불교를 악을 없애고 선을 강조하는 윤리설로 보았다. 또한 충과 효는 당시의 신하와 자식이 지켜야 할 가장 중요한 덕목이었다. 그러나 이 개념들에 대한 신라인들의 이해는 골품제 사회에서 사람들 사이의 불평등성을 전제로 한 것으로서, 이는 인간들 사이의 평등성을 강조한 불교의 가르침과는 상반된 것이었다.

더욱이 골품제 사회의 신분적 한계로 인해, 당대 최고의 학자였던 최치원은 세속사를 멀리하게 되고, 그의 학문 또한 그의 시대에서는 영향력이 크지 않았던 것으로 간주된다. 또한 불교는 최치원이 주장한 대로 선악을 강조한 단순 윤리가 아니라, 상황윤리로서 현대 민주주의 사회의 윤리와도 맞는 독특한 특징을 가지고 있다(길희성 2000: 59-72). 더욱이 불교는 윤리를 넘어 존재에 대한 바른 이해와 그 실천을 강조한 가르침이었다.

요약하면, 고대 한국 지식인의 불교관은 초기불교에 대한 구체적인 이해를 바탕으로 한 것은 아니었다. 그 내용은 불교의 역사적 측면, 기복종교 및 윤리로서의 불교 등에 한정되어 있었다.

4. 고대 한국불교의 성격

고대 한국불교의 성격은 정치종교, 기복종교 및 기적종교로 기능

---

44) 최치원을 육두품 지식인론에서 벗어나 동아시아의 지식인이란 관점에서 검토한 데 대해서는 남동신 2011: 183-214 참조.

한 것으로 나타난다.

(1) 정치종교

한국 불교의 초전 자체가 정치적이었다. 불교는 4세기의 고구려가 치국제도를 수립할 때도 중요한 역할을 하였으며, 한국 고대에서 중요한 외교 대상(김부식, 상, 1986: 81b10-11)이 되기도 하였다. 그리고 유럽 중세의 가톨릭 교회처럼, 한국의 승가는 자율적 존재는 아니었으며, 특히 7세 이후의 한국 승단은 정치적 역할을 활발하게 수행하였다(Vermeersch 2008: 203-7).

(2) 기복종교

불교 초전 당시의 기록들에 의하면, 고대 한국인들이 불교를 숭신하게 된 계기는 불교를 기복종교로 인식하였기 때문이다. 한국역사상 처음으로 고구려에 온 슌다오는 인과의 [법칙을] 보여주고 화복의 [이치로] 유인하였으며(장휘옥 1991: 131), 고구려의 고국양왕(384~91)은 불교를 숭신하여 복을 구하라고 하교하였고, 광개토왕과 백제의 아신왕(392~405)도 같은 교서를 내렸다. 이 점은 신라도 예외가 아니었는데, 불교 공인의 계기가 된 이차돈의 순교 기록(장휘옥 1991: 167-7)을 통해 이를 알 수 있다. 기복의 내용은 치병, 기자, 기우, 충과 효의 실천, 추선, 외침 방지 등이었다. 기복의 방법으로는 절 짓기, 경 읽기 및 외우기, 기도, 계율 수지, 염불 및 불교의례 개최 등으로 나타난다.

(3) 기적종교

384년에 승려 마라난타가 중국의 진에서 백제로 오자, 백제의 왕은 교외에까지 나가 그를 맞았는데, 송(960~1279) 승전에 이르기를 "마뤄난퉈(마라난타)는 물에 들어가도 젖지 않고 불에 들어가도 타지 않았으며, 능히 금이나 돌을 변화시키는 등 그 변화가 무궁하였다"(장휘옥 1991: 154)고 한다. 중국 동진(317~418)의 승려 탄스(fl. 400년경)는 출가 후 많은 이적이 있었다고 하는데, 고구려에 와 요동 지방을 교화시켰다고 한다. 법흥왕(514~40)의 신하들이 불교를 믿은 원인도 불교의 영험성의 결과로 나타난다. 692년 신라의 국선 부례랑이 말갈족에게 사로잡혀 갔는데, 부례랑의 부모가 백율사 불상 앞에서 여러날 저녁 기도를 올린 결과 부례랑이 돌아왔다(일연 1993, 117: 2-3)는 기록과 755년 경덕왕과 고승 법해 및 대현과의 대화 내용(일연 1993, 162: 6-10)도 불교를 기복 불교로 인식한 예들이다. 특히 9세기 후기의 공식 비문에 의하더라도, 국사나 왕사는 주술사로 나타난다(Vermeersch 2008: 244). 따라서 불교는 한국에 소개된 이후부터 기적종교로 기능하였으며, 9세기에 이르면, 국사와 왕사 등의 최고위 승려들까지도 이 전통에 충실했던 것으로 나타난다.

요약하면, 고대 한국의 국왕을 비롯한 지식인들에게 불교는 주로 정치종교, 기복종교, 기적종교로 기능하였다.

제3 장
치국과 불교

고대의 한국 불교는 치국과 밀접한 관련을 맺고 있었다. 불교가 치국의 한 수단으로 기능한 5세기의 중국처럼, 삼국시대 한국에서의 불교의 역할 또한 이와 다르지 않았다. 불교는 4세기의 고구려가 치국제도를 수립할 때 중요한 역할을 하였으며, 신라의 경우도 예외는 아니었다. 불교는 중요한 외교 대상이 되기도 하였는데, 임금의 일차적 의무, 불교식 왕호 사용, 충과 효의 강조, 국가의 승단 통제, 역사적 평가를 검토하면, 불교와 통치와의 관계를 구체적으로 알 수 있다.

1. 임금의 일차적 임무

고대 한국인들은 임금의 자리는 인간이 아니라 하늘에 의해 주어지는 것으로 생각하고 있었다. 785년의 원성왕(785~98)의 말에 의하면, 임금의 자리는 인간의 산물이 아니었다(김부식, 상, 1986: 208b3-4).

그리고 신라 말의 마의태자는 935년 "국가의 운명은 천명에 달려 있다"(김부식, 상, 1986: 248b2)고도 하였다. 더욱이 임금의 일차적 임무는 왕실 가계의 유지에 있었던 것으로 나타난다. 문무왕은 679년의 칙령을 통해 이를 분명히 하였는데, 그는 왕실 교육의 기초는 가계의 계승에 있다고 하였다:

> 인륜의 근본은 부부를 우선하는 것이며, 왕의 교화의 기초는 대를 잇는 것을 위주로 한다.45)

따라서 왕실 가계의 영속성 유지는 신라의 임금들이 불교를 믿게 된 가장 중요한 이유였으며, 고려와 조선도 이 점에서는 예외가 아니었다.

2. 불교식 왕호 사용

동아시아 각국은 불교식 왕호를 통하여 왕의 권위를 높이고 불교 이념을 홍포하고자 하였다. 중국 우조우(무주, 684~705)의 불교식 왕호는 저톈우휘의 존호에 보이는 자씨와 금륜인데, 자씨는 미륵을 말하고, 금륜은 전륜성왕을 뜻한다. 그리고 금륜의 금은 오행사상과 연관되어 있었다. 그러나 중국은 전륜성왕의 이미지가 약했는데, 이는 유교적 의미의 성왕에 대한 관념이 강했기 때문으로 생각된다. 따라서 중국에서 성왕은 인과 덕으로 다스리는 이상적인 군주를 뜻했다. 불교의 전륜성왕을 뜻하는 성왕이란 왕호는 고구려, 백제, 신라에

---

45) 人倫之本 夫婦攸先 王化之基 繼嗣爲主(김부식, 상, 1986: 152a3-4).

서 모두 나타났는데, 삼국 모두 내적으로 체제가 정비되고, 외적으로 영토가 확장되는 시기에 성왕이란 왕호를 사용하였다. 불교식 왕호를 사용한 왕들도 적지 않았다. 고구려의 불교식 왕호로는 동명성왕, 유리명왕, 영락태왕, 장수왕, 문자명왕, 보장왕, 원각대왕 등이 있다.46) 백제에서 보이는 불교식 왕호는 성왕, 위덕왕, 법왕 등이며,47) 신라의 경우는 자비왕, 지증왕, 법흥왕, 진흥왕, 진지왕, 진평왕, 선덕왕, 진덕왕 등이다. 그리고 태자명으로는 동륜, 철륜이 있다. 특히 신라의 왕호들은 유기적 연관성을 가지고 있다. 법흥왕은 불교를 공인하였으며, 진흥왕은 전륜성왕 이념을 적극적으로 수용하여 아들들에게도 동륜, 철륜의 불교식 이름을 지어 주었다. 진평왕은 자신을 석가의 아버지로 자처하며, 석가족 가계를 형성하였다. 선덕과 진덕왕의 이름인 승만은 장래 부처가 될 수기를 받은 불전 속의 인물이다. 따라서 신라는 불교 이념을 홍포하는데 불교식 왕호를 교조적으로 활용할 정도로 매우 적극적이었다(조경철 2006: 6-33).

그리고 신라가 7세기 중엽 삼국을 통일하였을 때, 왕권은 그 권력과 정책 결정력에 있어서 정점에 달했으며, 그 후 2세기 동안의 왕권은 경주의 호족 세력 정도로 약화되었다(Shultz 1999: 29). 그러나 이 장의 분석 대상 국왕들인 법흥왕, 진흥왕, 선덕여왕, 경덕왕은 권력으로서의 왕권은 서로 달랐을지라도, 국왕으로서의 전통적 권위는 모두 가지고 있었기 때문에, 그들은 자신의 불교관에 따라 행위할 수 있었던 것으로 판단된다.

---

46) 동명성왕과 유리명왕의 성왕과 유리, 명왕은 불교 수용 이후 추존된 불교식 왕호다(조경철 2006: 5).

47) 백제의 불교식 왕호는 『파화징』의 전륜성왕-대통불-부처에 이르는 계보와 관련이 깊다. 성왕은 전륜성왕, 위덕왕은 대통불, 법왕은 부처에 비정된다(조경철 2006: 6).

3. 충과 효의 강조

고대 한국의 임금들은 당시의 사회정치적 덕목 앙양을 위해 불교를 이용하였다. 특히, 핵심 유교 윤리인 충과 효는 고대 한국에서 가장 중요한 윤리적 덕목이었는데, 특히 충성은 신하들에게 요구된 가장 중요한 덕목이었다. 7세기 신라의 고위관리 흠춘의 말을 통해 이는 잘 나타난다. 그는 "충과 효는 국가적 위기를 맞아 생명을 무릅쓰는 것을 포함한다," "충성은 신하의 일차적 덕목이다"(김부식, 하, 1986: 375a6-7)라고 하였다. 이 점에서는 승려도 다르지 않았다.

승려 충담은 그가 765년에 지은 「안민가」에서, "임금은 아버지요, 신하는 사랑스런 어머니며, 백성은 어리석은 아이"[48]라고 하였다. 같은 맥락에서 당시의 궁전도 화려하게 장식되었는데, 그 이유는 백성들의 충성심을 유발케 하기 위한 것이었다. 이와 관련, 300년의 기록에 의하면, 고구려의 법상왕은 "임금이란 백성들이 존경하는 사람인데, 궁전이 화려하지 않으면, 왕실의 위엄도 보장될 수 없다"(김부식, 하, 1986: 393b13-14)고 하였다.

원광의 예에서 살펴본 것처럼, 효도 당시의 필수 덕목이었다. 흠춘도 "효도는 자손들이 지켜야 할 최고의 덕목"임을 강조하였다(김부식, 하, 1986: 375a6-7). 660년의 기록에 의하면, 신라의 장군 품일이 그의 어린 아들에게 "네[관창]가 비록 [16살 소년으로] 어리지만, 너는 용기를 가진 아이다. 지금은 무공을 펼쳐 네가 부와 명예를

---

48) 安民歌日 君隱父也 臣隱愛賜尸母史也 民焉狂尸恨阿孩(일연 1993, 67: 12). 여기서의 한글 역은 일연 1987: 126상을 따랐다. 충담이 화랑 등을 찬양한 노래들에 대해서는 Lee 1993: 205-7; Lee and de Bary 1997: 110-2 참조.

얻을 때다. [적을 공격하여] 네 용기를 어찌 보여주지 않겠느냐"[49] 라고 하였다. 이러한 사회적 배경을 고려하면, 사찰 건축과 종 주조 등 임금이 행한 불사들도 왕실 조상에 대한 그의 효심의 또 다른 표현으로 간주된다.

4. 국가의 승단 통제

삼국시대의 중국 및 일본처럼,[50] 당시의 한국도 국가는 승단을 통제하였으며, 서양의 중세처럼, 종교교단이 국가 위에 군림한 경우는 없었다. 또한, 부처 당시처럼 불교교단과 국가와의 상호 독립성도 보장되지 않았다. 전술한 「걸사표」와 관련된 승려 원광의 말은 이를 잘 대변하고 있다.[51] 그리고 551년에는 국통(혹은 사주)직이 처음 설치(김부식, 하, 1986: 279a1)되었으며, 사찰의 성전도 7세기 이후 설치 또는 개칭되었고(김부식, 하, 1986: 248b3-249a14), 승관제도도 785년 처음 설립되어 승려 중에서 재주와 행실이 있는 자를 선택하여 충당하였다. 그러나 이러한 승직도 모두 국왕의 통제 아래 있었다.

이기백에 의한 '전제왕권'적 중대(654~780)는 정설로 되어 있다. 신라의 고대국가 건설에 진력한 중대의 주역들은 경서에 박식한 유

---

49) 爾雖幼年 有志氣 今日是立功名 取富貴之時 其可無勇乎(김부식, 하, 1986: 375b3).

50) 7~8세기에 한국과 일본의 불교교류는 대단히 활발하였다. 그 기간 동안 많은 한국의 불교문헌들이 중국의 문헌들과 함께 일본에 전해졌으며, 일본의 고대불교는 한국불교를 통하여 그 사상적 기반을 마련하였다. 그러나 9세기 이후 일본과 한국의 문화교류가 단절되면서 일본 불교계도 한국 불교와의 교류를 중단하고 대신 중국과의 직접 교류를 추구하게 되었다(최연식 2010: 39-51).

51) 이와 관련, 원광의 「걸사표」에 나타난 호국 활동은 신하의 도리와 사회의 요구에 응한 것이기는 하지만, 원광의 마음속에는 불법의 길이 따로 있었다. 이것은 안홍 이후에 보이는 승려들의 적극적 호국, 즉 왕법과 불법을 동일시하는 사상과는 많은 차이가 있다(신종원 2001: 218-9)는 견해도 있다.

교문사들이 아니라 승려들이었다. 그래서 신라골품제의 이념적 뒷받침도 불교가 제공하였다. 그러나 일단 궤도에 오른 후에는 유교적 소양을 갖춘 문사형 관료를 행정의 주역으로 등장시켰다. 신라에 있어서 문신관료의 공급이 질과 양적으로 충족된 것은 통일신라에 들어선 이후 유학이 융성하게 된 다음의 일이었다. 신라가 6세기부터 점차적으로 수용한 중국의 율령제도는 원래 전사 귀족적 성격의 신라지배층을 유교적 성격의 문신관료로 변질시키는 데 결정적 역할을 하게 되었다. 법흥왕 7년(520)에 정비된 신라의 17관등제를 포함한 6세기 신라의 모든 행정 조치는 골품 계층을 정상으로 하는 신라적 귀족통치체제의 확립을 위한 것이었으며, 여기에 6세기 신라정치와 통치질서 체제의 특색이 있었다. 중국의 율령격식제를 신라가 본격적으로 도입하고, 그에 수반되는 유교적 관료화를 과감하게 추진한 것은 7세기에 들어와서였다. 경덕왕은 유교적 교리를 신라 국학을 통해 적극적으로 보급하려 하였고, 중앙과 지방의 행정기구에 중국식 칭호를 대대적으로 도입하기도 하였다(강희웅 1999: 8-25).

요약하면, 고대 한국의 국왕들은 왕조의 유지를 일차적 목적으로 하였으며, 이 정치적 목적 달성의 수단으로 승단을 국가의 통제 아래 두고, 불교식 왕호를 사용하면서, 불사를 통한 유교적 윤리 개념인 충과 효를 강조하였다.

5. 역사적 평가

삼국시대 한국의 왕실 불사에 대한 평가는 전근대 사가들 사이에서 달랐다. 종교적 순교, 왕실의 호불, 사탑 건립, 양위 후의 출가 등을 긍정적으로 평가한 사가가 있는 반면, 신라 삼보, 임금의 출가, 사치스러운 불사행위 등을 부정적으로 평가한 사가도 있었다. 특히, 이들은 사치스러운 불사행위는 망국을 초래한 것으로 보았다.

(1) 긍정적 평가

이차돈의 죽음 후, 불자들은 부와 지위를 얻었다(일연 1993, 103: 2-3); 삼국의 통일은 [신라가] 불교를 믿고(일연 1993, 103: 7), 황룡사구층탑을 건립한 결과다(일연 1993, 111: 12-3); 법흥왕은 중국 양의 우디(502~49)보다 낫다. 후자는 현직 황제로서 동대사의 종이 되어, 나라를 망친 장본인이 되었으나, 법흥왕은 후계자에게 왕위를 물려준 후에야 승려가 되었기 때문이다(장휘옥 1991: 174-5; Lee 1969: 63).
요컨대, 순교, 임금의 신불, 건탑 및 양위 후의 출가 등은 긍정적으로 평가되었다.

(2) 부정적 평가

법흥왕과 진흥왕이 양위 후, 승려가 되었으나, 전통시대의 역사가들은 이 사실을 기록하지 않았는데, 이는 그들의 출가가 백성들의 모범이 되지 않았음을 뜻한다(일연 1993, 104: 3). 신라의 삼보[52]는 인위적 사치의 산물일 뿐이며, 멍쯔(맹자, 372?~289? B.C.E.)에 의하면, 군주의 보배는 국토와 백성과 정사다(김부식, 상, 1986: 246b12),

---

52) 장육존상, 구층탑, 성대(김부식, 상, 1986: 246b2-3).

신라 사람들은 그들이 숭모하는 불교를 잘못 믿는다는 생각을 하지 않았으며, 온 고을엔 탑과 절들이 줄지어 서 있었다. 승려가 많아지면서, 군인과 농부가 점점 줄어들게 되어 결국 망국의 길로 가게 되었다(일연 1993, 78: 14-5).

요컨대, 임금의 출가, 신라의 삼보, 불교 혹신 등은 부정적으로 평가되었다. 따라서 고대 한국의 국왕들은 왕조 유지의 한 수단으로 불교를 이용하면서, 많은 불사도 개최하였으나, 그들의 사치스러운 불사는 후대 사가들의 비판의 대상이 되었다.

맺음말

삼국시대의 한국인들이 불교를 믿은 목적은 복, 비, 아들, 영화, 장수, 치병, 풍년을 기원하기 위한 것이었으며, 공양, 기도, 계율 수지, 불경 암송, 염불, 불교의례 개최 등은 이를 위한 수단들이었다. 특히 국왕들의 불교 관련 행위는 기복 불사, 불교전적 수입, 승직 창설로 대표되며, 업설 및 불교계율에 관심을 기울인 것으로 나타났다. 그리고 당시의 임금들은 불교를 기적종교, 기복종교, 내세종교 및 윤리의 관점에서 이해하였다. 결론적으로 그들의 불사는 사상, 제도 및 신앙의 차원에서 전개되었으며, 그것은 세속적 기복 추구와 충과 효를 앙양시키기 위한 수단으로 작용하였다.

4세기 이래 전개된 한국의 불교는 특히 기복을 강조해 왔다. 삼국시대의 한국 임금들은 불교를 신통력을 지닌 종교, 세속적 또는 내세적 행복을 위한 종교 및 윤리적 가르침으로 받아들였다. 그러나 불교윤리 및 불교 교리에 대한 그들의 이해는 부처의 초기 가르침과는 다른 것이었다. 그들은 당대의 정치사회적 윤리인 충과 효를 불교와 결합시키고, 승단을 국가가 통제하면서, 왕실 가계의 계승이라는 그들의 일차적 임무 완수를 위해 불교를 이용한 것으로 판단된다. 따라서 삼국시대의 불교가 종교로서 보다는 국가의 세속적 목적을 위한 정치종교적 이념으로 간주되었다(Lee 1993: 136)는 지적은 타당하다.

국왕들의 불교관 형성에 일정한 영향을 미친 왕족들은 불교 자체에 대한 지식을 결한 채, 비불교적 이유로 출가를 하거나, 세속적 기복을 위해 불교를 신앙했다. 명승들은 임금의 불교관 형성에 가장 큰 영향력을 행사한 사람들이었는데, 그 대다수는 상류층 출신으로서 국가와 밀접한 관련을 맺고, 불교를 시대적 필요성에 맞춰 재해석한 경향이 강하였으며, 그들의 불교적 기반도 대승불전에 치우쳐 있어, 인도의 초기불교에 대한 심도 있는 지식은 가지지 않은 것으로 나타났다. 반면, 골품제 사회의 신분적 한계로 인해, 당대 최고의 학자였던 원효나 최치원 같은 경우는 세속사를 멀리하게 되고, 그들의 학문 또한 그들의 시대에서는 영향력이 크지 않았던 것으로 판단된다. 임금의 불교관 형성에 영향을 미친 또 다른 그룹인 관리들의 경우도 불교에 대한 구체적인 지식은 가지지 않은 것으로 나타났으며, 그들의 불교 신행 이유도 기복이 가장 큰 이유였다.

불교도들의 최종 목표는 깨달음을 얻는 데 있으며, 사성제를 포함한 불교의 기본 가르침은 깨달음을 얻기 위한 자력행을 강조하고 있다. 그러나 고대 한국 지식인들의 불교관은 불교 내용 자체에 대한 이해에까지는 도달하지 못하였다. 불교에 대한 그들의 이해도 불교의 역사적 측면, 윤리로서의 불교, 기복종교로서의 불교에 한정되어

있었다. 또한 불교와 불교 교리 및 불교윤리 등에 대한 그들의 이해
는 부처의 초기 가르침과는 다른 것이었으며, 기복을 그 근거로 하
고 있었다.

제2부 고려시대 국왕의
불교관과 치국책

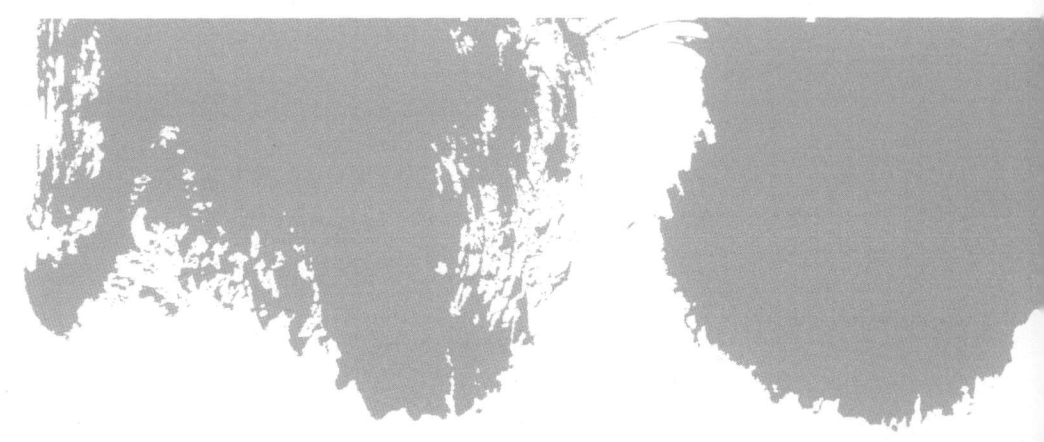

들어가는 글

　제2부에서는 고려시대 국왕들의 불교관과 치국책을 검토한다.[1] 고려시대는 삼국과 조선을 잇는 중간 단계면서도, 삼국이나 조선조 연구보다 관심이 덜한 분야다.[2] 그러나 고려시대의 종교문화, 특히 불교문화는 한국종교사를 이해하는 데 있어서 가장 핵심적인 과제다(윤이흠 2002: iii). 여기서의 분석 대상은 태조(918~43), 현종(1009~31), 고종(1213~59)이다. 태조는 고려의 건국자로서 불교계와 밀접한 관련을 가지고, 팔관회를 비롯한 고려의 대표적 불교의례를 개최하였으며, 고려 전 시대를 통해 불교가 주류 종교전통으로 자리 잡는 계기를 마련하였을 뿐 아니라, 그의 저술 등을 통해서는 그의 불교관을 살펴볼 수 있다. 현종은 팔관회 등을 부활시켰으며, 『초조고려대장경』 조성은 그의 재위 시에 시작되었다.[3] 고종은 상

---

1) 고려 시대 불교연구의 일차 자료들은 『고려사』와 『고려사절요』, 『대각국사문집』, 『원감국사집』, 『태고집』, 『동문선』, 『동국이상국집』, 『고려명현집』, 『여계명현집』 등의 문집, 『고려도경』 등이다.

2) 고려의 대내외적 다양성에 관한 최근의 논의에 대해서는 "Koryŏ: The Dynamics of Inner and Outer" (2013) 참조.

대적으로 많은 불교의례를 개최(김종명 2001: 63-4)하였을 뿐 아니라, 현존하는『재조고려대장경』은 그의 치세의 산물이다. 여기서의 분석 내용은 분석 대상 임금 별 불교관 및 정치 관련 사안들이다.

태조의 불교 관련 사안으로서는「훈요」, 창사, 불교의례 개최 등이며, 정치 관련 사안으로는 내치 면에서는 왕실과 지방 토호 또는 지배층과의 갈등, 외치 면에서는 거란 및 몽고 등으로부터의 외침 문제다. 현종의 불교 관련 사안은『초조고려대장경』조성과 주요 불교의례의 부활 및 개최며, 내치 면에서는 천추태후계와의 대립, 외치 면에서는 거란의 침입을 들 수 있다. 고종의 불교 관련 사안은 불교의례의 개최 및『재조고려대장경』조조로 대표되며, 내치 면에서는 무신 독재, 외치 면에서는 몽고 침략이 주요 과제였다. 따라서 여기서는 이들 국왕의 불교관은 무엇이었으며, 그들의 불교관이 내·외치에 미친 영향은 무엇이었는지를 검토한다.

삼국시대처럼, 고려 국왕들의 일차적 목표는 왕조의 영속성 확보에 있었으며, 그들의 정치 이념은 유교였다. 다문화 사회였던 고려에서는 다양한 형태의 종교 전통들이 공존하고 있었는데, 이 다양한 종교전통 들은 왕실의 혈통 승계(윤이흠 2002: 49-50)와 왕권 강화의 수단으로(Shultz 1999: 35), 불교와 동아시아의 고유 사유체는 이를 위한 배경 이론으로 기능하였다. 특히, 유교는 정치 이념으로, 불교는 수신의 도로서 강조되었는데, 유교에 의한 외화와 불교에 의한 내적 수양을 통해 충과 효의 실천이 강조되었다. 이러한 유교적 가치의 의례화는 조상제사로 나타났으며, 불교와 무교, 도교, 풍수지리

---

3) 이 대장경이 완성된 시기는 문종(1046~83)대였다.

설, 천견재이설[4] 등의 다른 전통들도 유교 가치의 실천적 수단으로 기능하였다. 이를 도표화하면 표 1과 같다.

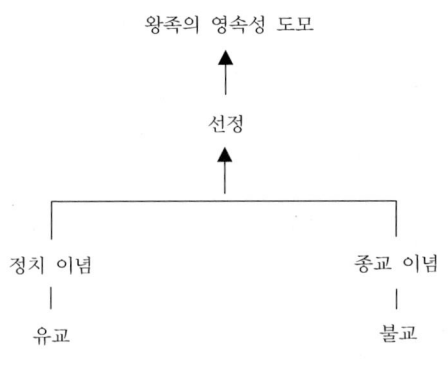

표 1. 고려의 정치·종교 이념과 목표

이를 바탕으로 고려의 정치 구조와 종교 상황을 살펴보면 아래와 같다.

Ⅰ. 정치 구조

고려의 정치체계에 있어서 국왕은 치국책을 포함한 국정운영의 최고 결정권자였다. 그러나 권력과 권위를 중심으로 한 그들의 왕권은 왕별로 또는 시대별로 달랐으며, 따라서 치국책도 왕권의 상황에 따라 다르게 전개되었다. 고려의 정치는 군신 합의에 의해 이루어졌으나, 고려에서 왕권은 전 시대에 비해 더욱 강화되었고, 따라서 불

---

4) 고려시대 사람들의 핵심 우주관은 천견재이설 또는 천인감응설로 나타났다(김종명 2001: 238-50).

교와 관련된 국왕의 영향력도 더 커졌다.

고려의 정치체계를 가장 간결하고 명료하게 설명한 것이 『고려사』 「백관지」의 서문인데, 여기에 따르면, 고려의 정치구조의 기본이자 정치권력의 핵심은 3성 6부였다(변태섭 1976: 26). 고려 정치제도의 특징은 관부의 구성을 통해 살필 수 있는데, 중앙의 통치제도는 행정관부와 왕실관부로 구분된다(박재우 2011: 202-3). 고려 초의 상황은 신라와 달리 왕족의 정치 참여가 금지되어 있었으며, 왕족의 정치 참여 금지는 한국 중세 왕권의 특징이었다(김기덕 2001: 263-4). 따라서 고려에는 왕실관부가 신라에 비해 훨씬 적었는데, 이는 고려 국왕의 왕권이 강화된 결과였으며(박재우 2011: 208-9), 6부 중심의 행정체계는 왕권강화의 기반이었다(변태섭 1976: 29).

고려시대 정치제도의 또 다른 특징은 군신 합의정치가 발달해 있었다는 점이며, 국왕은 혼자 결정하기 어려운 사항에 대해서는 재상을 비롯한 신료들의 자문을 받았다. 그러나 고려의 회의는 국왕의 결정권을 존중하는 방식으로 제도화되어, 인사 임용은 국왕이 국정을 이끌어 가는 중요한 수단으로 인사 임용에 대한 최종 판단과 결정은 국왕에 의해 이루어졌는데, 고려 국왕의 인사권은 골품제에 의해 제약을 받았던 신라에 비해 크게 확대되었다.[5] 성종 대의 고려에서 중국 제도를 전면 도입한 것도 유교정치의 실현을 위한 것이었는데, 이 점도 고려 정치제도의 한 특징이었다(박재우 2011: 171-220).

---

5) 고려의 정치제도사 연구는 60년대 말 이래로 본격적인 연구가 진행되었고, 70년대 들어 고려 귀족제설이 대두되어 통설화되었다. 고려의 정치제도에 대한 연구의 통설은 1970~80년대에 형성되었는데, 해당 시기의 지배층에 대한 연구와 밀접한 관련을 가지고 이루어져 왔으며, 고려는 귀족사회로서 왕권은 약했다는 것이었다. 따라서 고려시대의 정치에 대한 기존의 연구는 재상 중심이었으며, 왕권 자체에 대해서는 거의 관심을 기울이지 않았고, 기존의 관련 연구도 단순히 왕권의 강약에 대한 논의에 그쳤다(박재우 2005: 9-20). 그러나 1990~2000년대를 지나면서 이러한 통설은 비판적으로 재해석되고 있다(박재우 2011: 195-6).

고려의 국왕은 국가를 대표한 공인이었으나, 그가 곧 국가를 의미한 것은 아니었다. 고려에서는 임금과 국가를 동일체로서 간주했다는 것이 기존 학계의 통설이었으나, 고려에서는 양자 사이의 관계가 동일시되지 않았다는 문헌적 증거가 있다. 그리고 고려의 왕들은 백성을 국가의 근간으로 간주하였으며, 그들의 첫째 임무는 백성들의 평화로운 삶을 보장하는 데 있었다. 또한 그들은 다양한 재난의 일차적 원인을 자신의 부덕에서 찾았다(김종명 2001: 295-7). 그러나 현실은 그들의 말과 달랐다. 고려의 왕들은 백성을 어린아이같이 몽매한 사람들로 보았으며, 그들은 백성 위에 군림하였다.

　　고려의 왕들은 창사, 불교의례 개최, 대장경 조판 등의 불사에 큰 관심을 기울였는데, 그들이 그렇게 할 수 있었던 것은 무엇보다 재정적 뒷받침이 가능했기 때문이었다. 고려의 토지제도는 국가의 모든 토지가 왕의 땅이라는 왕토사상 위에 성립되어 있었다. 비록 이 왕토사상은 관념적인 것이어서, 모든 토지가 국유였다는 것을 뜻하지는 않았지만(이기백 1991: 171), 고려의 왕들은 불사 비용을 자기의 뜻에 따라 쓸 수 있었다. 따라서 왕실이 경비 담당의 주체가 되었으며, 왕실의 요청에 따라 관리나 백성들도 경비의 일부를 부담하였다(김종명 2001: 293-5).

　　요약하면, 고려에서 왕권은 전 시대에 비해 강하였으나, 국왕은 백성 위에 군림하면서, 백성을 교화의 대상으로 보고, 그들에 대한 치국의 한 방법으로 불교를 비롯한 종교 전통들을 후원 또는 통제하였다.

Ⅱ. 종교 상황

고려의 문화정책은 왕조 초기부터 혼돈 속에 있었다. 고려의 종교 상황도 혼돈스럽고 복잡하였는데, 이는 삼국시대나 조선시대와는 아주 다른 현상이었다. 이런 상황 속에서 고려 왕조는 초기부터 유교, 불교, 도교, 무교, 점성술, 풍수지리설, 천견재이설 등의 다양한 종교 전통을 수용하였는데, 이 점은 동시대의 기독교나 이슬람 왕조들과도 아주 다른 현상이었다(윤이흠 2002: 17-50).

1. 유교

고려시대 국정운영과 사회적 질서는 처음부터 기본적으로 유교사상에 기초하고 있었는데(윤이흠 2002: 27; 이병희 2011: 225), 이와 관련된 고려 지배층의 시각은 최승로(927~89)의 말을 통해 확인할 수 있다:

> 유교에 따른 행위는 이국의 근원이며…… 나라를 다스리는 것은 곧 오늘의 일입니다.[6]

최승로의 이 말은 당시 고려 지배층이 유교를 정치 운영의 기본 원리로 생각하고 있었음을 뜻한다(이시찬 2009: 321; 박재우 2011: 198-9). 같은 맥락에서 거행된 왕실 조상제사도 고려 초기부터 말기까지 가장 중요시된 행사 중의 하나였다. 그리고 고려의 왕이나 태자들이 나라를 다스리는 데 필요한 지식을 얻기 위해 읽었던 필독서

---

6) 行儒教者理國之源…… 理國乃今日之務(고려사93: 19a4-5).

들은 유교서였으며, 『슈징』(서경)과 『리지』(예기)는 중시되었다. 특히 『슈징』은 치자의 도덕을 강조하는 천인합일사상에 의한 도덕적 정치관의 기초를 제공한 정치 이념서로서 고려 전 시기를 통하여 강조되었다(김기덕 2001: 277).

이런 차원에서 고려의 왕들은 인과 효를 가르친다는 점에서 신라 최치원의 저술들을 중하게 여겼는데, 최치원은 그의 「난랑비서」에서 유교와 불교의 기능은 다르지만, 핵심은 같다고 하였다. 최치원의 이와 같은 이해는 고려가 유교와 불교를 각각 정치적 이념과 주류 종교적 이념으로 동시에 수용한 배경으로 해석된다.

2. 불교

기존 학계에서는 고려를 불교국가로 간주해 왔다.[7] 그러나 고려에서는 국교가 존재하지 않았으며(윤이흠 2002: 50), 불교도 국교는 아니었다. 불교는 고려시대의 주류 종교로서(김종명 2001: 9; 윤이흠 2002: 24), 고려인의 삶에 가장 큰 영향을 미친 종교 전통이었다. 따라서 고려는 불교에 의존하고, 그 시대의 불교문화는 전통 관습이 되었다.[8] 불교가 정치면에 미친 영향도 컸는데, 고려시대 불교는 국가적 차원에서 제도적으로 운영되었으며(이병희 2011: 229), 고려왕조의 정통성 확보에도 중요한 역할도 하였다(Vermeersch 2008: 82).

---

7) 현대 한국의 주류 불교 종파인 대한불교조계종을 포함한 한국불교계의 주장도 같다. 대한불교조계종의 역사와 법맥 및 기타 현안들에 대해서는 Kim 2004b: 158-9 참조.

8) "고려의 전통 종교들은 불교적 외피를 입게 되었다"(노명호 2002: 63)고 하나, 나는 오히려 고려를 포함한 전통시대의 한국에서 불교는 유교를 비롯한 중국의 전통종교 또는 사상의 영향을 받았다고 본다.

그렇다고 하여, 고려의 국왕들이 불교를 치국의 도로 간주한 것은 아니었으며, 불·법·승 삼보와 관련된 그들의 관심도 정치적, 세속적 기복 추구에 쏠려 있었다.

(1) 불교의 기능

고려의 국왕들에게 불교는 기본적으로 세속적·정치적 목적 달성을 위한 기복종교였다. 일반적으로 사찰은 불상을 봉안하고, 수행을 하기 위해 건립된 건물을 뜻한다. 그러나 고려시대의 사찰은 국가 비보의 기능을 가지고 있었다(박혜원 2011: 50). 따라서 고려 초기부터 국왕들은 사찰 창건에 관심을 보였다. 사찰은 군사적 기능도 가지고 있었는데, 같은 맥락에서 고려의 승단은 살생도 정당화하였으며 (Vermeersch 2008: 175), 고려 초기부터 말기까지 사찰은 노비도 소유하였다.

불교의례는 부처에게 예를 표하는 행위를 뜻하는데, 고려시대 불교에서 나타나는 가장 흥미로운 양상 중의 하나는 불교의례 개최의 높은 빈도와 다양성이었다(Vermeersch 2008: 313). 고려에서는 한국 역사상 가장 많은 불교의례가 왕실의 후원 아래 빈번하게, 대규모로, 그리고 정기적으로 개최되었으며, 이는 한국뿐 아니라 당시의 중국 및 일본과도 구별되는 고려불교의 특징이었다(김종명 2001: 12).9) 그러나 고려에서의 불교의례 개설 목적은 대부분 국태민안을

---

9) 고려시기 불교의례에 대한 기존의 연구는 고려에서 성행한 불교행사의 종류와 내용을 통론적으로 밝히거나, 특정한 불교의례를 고찰하여 그 성격과 추이를 밝히려는 시도에 집중되었다. 그러나 고려시기 시기구분론에 입각하여 불교의례의 분기별 동향이나 특징을 본격적으로 밝힌 연구는 드물며, 금석문 자료를 주 대상으로 진행된 연구는 더욱 희소하다(안지원 2011: 122).

기원하기 위해서였으며(김수연 2009: 42), 불교의례의 위상도 "가례
잡희"로서 고려의 예제 중 길례대사의 보조의례였다. 불교의례의 기
능은 시대별로 다르게 나타났는데, 고려 초기에는 주로 정치적 수단
으로서, 중기에는 대개 임금의 축수 기원과 왕실제사의 불교적 표현
으로서, 그리고 중·후기에는 임금의 정신적 위안 수단으로서였다.
고려 전 시대를 통하여 개최되었던 불교의례들에서 이 3가지 기능
은 복합적으로 작용하였으나, 가장 중요한 기능은 임금의 정신적 위
안과 왕실의 기복 수단으로서였다(김종명 2001: 333-4).

고려불교의 가장 중요한 특징 중의 하나는 고려시대 한국인의 중
요사상들이 불교의례로 나타났다는 점이다. 사상적 측면에서, 고려
의 대표 불교의례들-팔관회, 연등회, 인왕회, 소재도량-은 고려인들
의 자연관, 인생관, 세계관의 산물이었다. 풍수지리설은 고려 불교의
례 설행의 중요한 사상적 배경이었으며, 팔관회, 연등회, 인왕회에는
고려인들의 인생관인 조상숭배 사상이, 소재도량에는 고려인들의 천
문관인 천견재이설이 주로 반영되어 있었다. 그러나 고려 불교의례
들의 배경 사상들은 초기불교의 자연관, 인생관, 세계관으로 각각
볼 수 있는 사대설, 업설, 십이처설은 아니었으며, 그것들은 중국인
들의 전통적 사유방식이었다(김종명 2001: 334).

(2) 불경의 기능

불경은 불교 교리를 포함한 부처의 가르침을 적은 글이다. 그러나
불경은 고려의 치국서에 포함되어 있지 않았으며, 고려의 왕들은 불
교 교리에 대한 이해도 깊지 않았다. 고려에서 유행한 불전은 대승

경전들이었으며, 독경 또는 전경의 기능은 풍작 기원 등의 기복에 있었다. 대장경도 조판 후, 숭배의 대상으로 요처에 비밀스럽게 보관되었으며, 불교 연구의 자료로는 거의 이용되지 않았다.

그리고 고려의 왕이나 태자의 치국을 위한 필독서는 유교 책들이었으며, 불교 전적들은 포함되어 있지 않았다. 이 사실은 아시아 불교 전개에 중요한 역할을 담당했던 거란의 경우 불교경전이 황태자의 교육용 책자로 쓰였을 뿐만 아니라, 황제가 황태자에게 불경을 베껴 쓰도록 명령한 사실(Wittfogel and Feng 1961: 294b-306a)과도 다르다. 고려의 외교 관계가 당시의 송나라보다 요나라[거란]와 더욱 밀접하였음(Yun 1998: 228)을 고려하면, 고려인들의 불경 이해가 거란과 달랐던 이유에 대한 검토도 필요하다.

(3) 승가의 기능

전통적으로 한국 승단은 자율적 존재가 아니었으며(Vermeersch 2008: 203), 고려의 불교정책은 그 초기부터 후원과 통제의 양면에서 진행되었다. 따라서 고려 불교의 위상은 '국가에 대한 승단의 종속'으로 요약된다. 승려들은 사찰 보호를 위해 국가 권력을 필요로 한 결과, 이미 신라 말부터 칭신하게 되었고, 또한 그 제도화는 승정제도의 정비로 나타났다. 고려 초기부터 존재했던 국사, 왕사제도는[10] 승려가 국왕의 정신적 지주였음을 뜻하지만(이재범 2005: 19), 국사와 왕사도 명예직이었으며, 실제로는 그들도 국왕의 신하였다.

_____

10) 이 제도와 그 기능에 대한 상세한 논의는 허흥식 1990: 391-434 참조.

고려 시대 고승의 주 기능도 국왕 축수, 왕자 출산 등 왕실의 기복과 국익 도모에 있었다. 이미 9세기 후반의 비문에 의하면, 국사와 왕사는 주술사로 나타나고 있으며(Vermeersch 2008: 244), 이 점은 고려 고승의 경우도 대개 예외는 아니었다. 반면, 승려들은 국왕들이 보살로서의 종교적 의무를 다하기를 기대하였기 때문에, 세속 권력에 대해 대립각을 세우기보다는 협력하는 방향을 택하였으며(남동신 2003: 53), 같은 맥락에서 고려의 고승들은 전쟁 등 국왕에 의한 군사적·정치적 살생도 정당화하였다.

요약하면, 고려 국왕의 일차적 목표는 왕조의 영속성 확보에 있었다. 고려는 다문화 사회여서 다양한 형태의 종교 전통들이 공존하고 있었고, 유교와 불교를 각각 정치적 이념과 주류 종교로 수용하였다. 고려에서 왕권은 전 시대에 비해 강하였으나, 국왕은 백성 위에 군림하면서, 백성을 교화의 대상으로 보고, 그들에 대한 치국의 한 방법으로 불교를 비롯한 종교 전통들을 후원 또는 통제하였다. 따라서 고려에서 불교계의 위상은 '국가에 대한 승단의 종속'으로 요약된다. 중국의 사유 전통을 바탕으로 하여 전개된 고려의 불교는 기복종교로서 기능하였으며, 승려들은 이에 영합하였고, 국왕들의 불교 이해도 깊지 않았다. 태조, 현종, 고종의 불교관과 치국책도 이와 같은 맥락을 배경으로 하여 전개되었다.

제1장
태조의 불교관과 치국책

    고려 왕조의 창건자인 태조 왕건은 호불 군주로서, 개인적으로 불서를 짓고, 사찰을 세우며, 불교의례를 개최하였다. 고려 불교의 번성에는 태조의 불교 정책이 큰 역할을 하였으며, 그의 정책은 고려 말에 이르기까지 영향력을 행사하였다. 따라서 고려시대 불교의 성격에 대한 더 나은 이해를 위해 태조의 불교관을 검토하는 것은 중요한 문제지만, 이 주제와 관련된 연구성과는 드물었다.

    이 장의 목적은 불교와 관련된 태조 자신의 말, 저술 및 불사를 중심으로, 태조의 불교관과 10세기 한국에서 전개된 그의 치국책을 검토하기 위한 것이다. 그 내용은 창사, 불교의례 개최 등의 불사와 지방 토호와의 관계로 대표되는 내치면 및 거란과 몽고 등과의 외교 문제들과의 관계를 분석할 것이다.

    이를 위한 주요 검토 자료는 다음과 같다. 고려사의 태조와 불교와의 관련 항목은 18건인데, 이 기록들은 중요 분석 대상들이다. 태조 스스로도 몇몇 저술들을 남겼는데,[11] 「정계」(1권), 「계백료서」(8

권)12)(『고려사』2: 12a-b), 「훈요」13)(『고려사』2: 14b-17a), 「신성왕
친제 개태사 화엄법회 소」(『고려사』2: 14a), 「흥복사 진공대사 탑비」
(한국역사연구회, 상, 1996: 80-8) 등을 비롯한 고승들에 대한 비문
이 그것들이다.14) 그리고 금석문은 태조와 그의 후계자들이 그들의
정치적 목적을 위해 불교를 어떤 식으로 그리고 어느 정도까지 이용했
는가를 알 수 있는 가장 좋은 자료들이며(Vermeersch 2008: 133),15)
『역주 나말여초 금석문』(상)16)은 태조와 불교와의 관계에 대한 검토
를 위해 중요하다.

이 가운데, 『정계』와 『계백료서』는 현존하지 않는다.17) 「훈요」는
현존하고 있을 뿐 아니라, 국내외 학자들로부터도 많은 주목을 받아
왔는데, 그 이유 중의 하나는 그것이 고려시대 불교 전개의 기본 지
침이 되었기 때문이다(남동신 2003: 35-6). 그러나 「훈요」가 태조의
친찬인지에 대한 논란도 학자들 사이에서 제기되어 왔는데, 이마니
시 류(금서룡) 등의 일본학자들은 「훈요」를 태조의 친찬이 아니라고
주장한 반면, 이병도(박용운 1991: 50)를 포함한 한국학자들은 그것
을 태조의 친찬으로 보아 왔다(Breuker 2010: 11). 또한 내부적 증거

---

11) 존 조르겐센(John Jorgensen)은 태조가 지은 글은 「훈요」와 「신성왕 친제 개태사 화엄법
회 소」의 두 종류라고 한다(Jorgensen 2009).

12)『정계』와 『계백료서』는 제목으로 미루어 볼 때, 신하들의 정치윤리적 규범서였다(정경현
1992: 121).

13) 「훈요」는 태조의 카리스마적 권위의 세습화를 위한 훈계로 간주된다(정경현 1992: 121).

14) 그러나 고려시대 승려들 중, 식자층의 비율은 높지 않았으며, 그 비율은 수도인 개경의
지식인 비율과 같았을 것으로 보인다(Lee 2012: 216).

15) 불교 수행과 신앙에 대한 정보원으로서 명승들의 비문의 중요성에 대해서는 Vermeersch
2007: 115-47 참조.

16) 이 책은 주로 937년부터 11세기 초기까지의 선승들의 비문으로 구성되어 있으며, 탑비
및 종과 불상에 새겨진 글들도 포함되어 있다(한국역사연구회 편 1996: 9).

17) 그러나 이 가운데 적어도 하나는 수도가 불타는 가운데서도 잔존하여 「훈요」의 기초가
된 것으로 보인다(Breuker 2010: 85)고 한다.

로 볼 때, 「훈요」가 태조의 친찬이 아닐 이유는 없으며(Vermeersch 2008: 91-2), 단지 문제는 왜 그것이 현종(1009~31) 이후에야 공개적으로 정치적 이슈가 되었는가 하는 점이란 주장(Vermeersch 2008: 91-2)[18])도 제기되고 있다. 그러나 브루커(Remco Breuker)는 「훈요」에 대한 기존의 연구성과에 대해 의문을 제기하고(Remco 2008: 1-73),[19] 「훈요」의 저술 동기, 수단 및 기회 등의 관점에서, 「훈요」는 태조의 친찬이 아니라, 11세기 고려시대의 사정에 맞게 꾸며진 것이라고 주장(Breuker 2010: 3-9)[20])하였다. 그러나 「훈요」가 태조의 친찬이냐 아니냐 하는 문제는 여전히 숙제로 남아 있다고 생각하는데, 그 이유는 다양하다.

첫째, 『고려사절요』에는 선승이면서 한국 풍수지리설의 창시자인 도선(827~98)이 언급(『고려사절요』1: 1b1-3)[21])되고 있는데, 풍수지리설에 대한 강조는 「훈요」의 내용 중 하나다. 둘째, 『세종실록』에서도 고려의 태조가 풍수상 지세가 좋지 않은 곳에 절을 세웠음을 기록하고 있다(『세종실록』83: 3b-4a). 셋째, 조선전기의 신석조(1407~59)

---

18) Vermeersch의 이 책은 불교의례, 상징, 관료정치 등을 중심으로 10세기 한국에서 불교의 정치적·사회적 역할을 검토하였다. 불교 교리와 우주론에 대한 논의가 이루어지지 못한 점 등이 책이 가진 한계성이 없는 것은 아니나, 이 책은 불교학 분야에서 상대적으로 주목을 받지 못했던 고려 금석문에 대한 연구를 통해 불교와 정치, 종교와 권력, 이념과 역사 사이의 관계에 대한 연구에 중요한 기여를 하였다(Kim 2010d: 174).

19) 세계의 위서의 역사에 대해서는 Breuker 2010: 6-8 참조.

20) 그러나 「훈요」가 후대에 위조되었다는 사실이 그것의 중요성을 감소시키는 것은 아니며, 「훈요」는 여전히 초기 고려의 역사, 특히 고려의 자아 인식에 중요한 역할을 하였다(Breuker 2010: 3).

21) 太祖卽位 于布政殿國號高麗 改元天授初 世祖築室松嶽之南 僧道詵來憩門外樹下 嘆曰 此地當出聖人(태조가 즉위하여 정전에서 국호를 고려로 선포하고, 연호를 천수로 처음 바꿨다. 세조가 송악의 남쪽에 방을 만들었는데, 승려 도선이 문 밖의 나무 밑에 와 쉬다가 한탄하면서 "이 땅에는 반드시 성인 나오게 되어 있다"(『고려사절요』1: 1b2-4)라 하였다. 한국 풍수사상의 본질과 역사 및 근본적 '지오멘텔리티'(geomentality, '땅을 보는 마음 틀')를 현대 문화 지리학과 전통 생태학의 관점에서 분석해 새로운 학문적 지평을 연 연구업적에 대해서는 윤홍기 2011; Yoon 2006 참조.

등도 「훈요」가 태조의 친찬이라고 하였다.22) 이러한 문헌적 증거들은 태조의 후예들이 「훈요」를 태조의 친찬으로 보았음을 의미한다. 따라서 여기서는 「훈요」의 친찬 여부에 대해서는 논의하지 않고, 그것이 고려시대에 미친 영향력이 컸다는 점에서 검토의 대상으로 삼는다.

Ⅰ. 태조와 불교

태조는 불교와 밀접한 관계에 있었으며, 이 점은 942년(태조 25년)에 왕이 내전에서 대광 박술희에게 준 「훈요」를 통해 알 수 있다:

> 제1조: 우리 국가의 왕업은 반드시 모든 부처님의 도움을 받아야 한다. 그러므로 불교 사원을 창건하고 주지를 파견하여 불도를 닦음으로써 각각 자기 직책을 다 하도록 하는 것이다. 그런데 후세에 간신이 권력을 잡으면 승려들의 청촉을 받아 모든 사원을 서로 쟁탈하게 될 것이니, 이런 일은 엄격히 금지되어야 한다.23)

이 인용문에 의하면, 태조는 고려 왕조는 부처의 도움을 필요로

---

22) 集賢殿直提學辛碩祖等上疏曰 佛氏之入中國害人家國者 不知其幾也 吾東方 佛法之始 自中國來者 只順道-僧而已 卒之塔廟半閭閻而新羅亡 高麗太祖親見其弊 嘗作訓要曰 宜戒新羅競造佛寺 以底於亡(불씨가 중국에 들어온 뒤로 남의 집과 나라를 해한 것이 얼마인지 알지 못합니다. 우리 동방 불법의 시초가 중국에서 온 것이 다만 순도 한 중뿐인데, 마침내는 탑과 묘가 동네 마을의 반이 되어 신라가 망하였고, 고려 태조가 친히 그 폐해를 보고 일찍이 「훈요」를 지어 말하기를, "신라가 다투어서 불사를 지어 망하는 데에 이른 것을 마땅히 경계하여야 한다" (『세종실록』30/7/22)고 하였다.)

23) 其一曰 我國家大業 必資諸佛護衛之力 故創禪教寺院 差遣住持 焚修使各治其業 後世姦臣執政徇僧 請謁各業寺社 爭相換奪 切宜禁之(『고려사』 2: 15a1-5)

하며, 사찰 창건도 같은 맥락의 산물로 보았지만, 후세에 권력을 잡은 간신들이 사찰을 창건하는 등의 일은 금지하였음을 알 수 있다. 그리고 「봉암사 정진대사 원오 탑비」에 의하면, 태조는 935년 재가 불자로서 중국 양(502~57)의 우디(무제, 502~49)를 본받아 승려를 중히 여기고, 부처에게 귀의하였다.[24] 「옥룡사 동진대사 보운 탑비」를 통해서도 태조가 불교를 존숭하고,[25] 승려를 존경하여 삼귀의 예를 바치기도 하였음을 알 수 있다.

태조의 재위 시기인 918년부터 943년까지의 『고려사』의 기록에 의하면, 태조는 다양한 불사에 참가하였는데, 사찰 건립, 대장경 사경, 사악한 승려 처벌, 불교의례 개최, 외국 승려 접견, 승려 공양, 승직제정, 보살계 수지, 왕자 탄생 기도, 신라 삼보에 대한 관심, 고승 비문 및 법회소 작성 등이 그러한 예들이었다. 아래에서는 태조의 치국과 관련, 특히 중요한 불사로 간주되는 보살계 수지, 그의 관심을 끌었던 불교 개념 및 교리, 사찰 건립, 불교의례 개최, 풍수지리설 신봉 및 승직 제정 등에 대해 살펴보기로 하자.

1. 보살계 수지

태조는 그 스스로를 '보살계제자'로 불렀는데,[26] 이는 신라의 전

---

24) 重僧歸佛 遵梁帝之遺風([태조는] 승려를 중히 하고, 부처에게 귀의하였으며, 양무제의 남긴 풍속을 따랐다)(한국역사연구회, 상, 1996, 268: 5-6).

25) 淸泰三年丙申秋 我太祖神聖大王⋯⋯ 瞻仰梵王家(청태 3년[936] 병신 가을 우리 태조 신성대왕께서는⋯⋯ 범왕가[불교]를 우러러 보았다)(「옥룡사동진대사보운탑비」, 한국역사연구회 편, 상, 1996, 232: 10-2).

26) 고려의 역대 국왕들은 보살계를 받는 것이 항례화되었는데, 이는 중국과는 다른 특징이었으며, 한국의 군주로서 보살계를 받은 확실한 기록은 태조에게서 발견된다(남동신 2005: 87).

통을 이은 것으로 보인다. 특히 그는 많은 선승들과 관련을 맺고 있었는데,27) 당시 4 무외대사28) 중의 한 명이었던 법경대사(879~941)의 제자29)였으며,30) 자적선사(882~939)에게 존경을 표하면서, 그에게 귀의하기도 하였다.31) 태조는 자신의 후계자 임금들도 자신을 따르기를 희망하였는데, 그 결과, 후대의 임금들도 고려 말까지 태조를 본받아 보살계를 받았다. 특히, 고려사에 의하면, 덕종(1031~4)을 이은 모든 왕들은 계를 받았으며, 특히 고려 중세의 왕들 가운데는 그들의 통치기간 동안 5~6회에 걸쳐 계를 받은 경우도 있었다(남동신 2003: 43).

2. 불교 개념 및 교리

태조가 불교 개념과 불교 교리에 대해 어느 정도 알고 있었는지를 살펴볼 수 있는 자료는 별로 없으나, 태조의 불교에 대한 이해 등을 살펴볼 수 있는 단편적인 기록들은 있다. 태조와 진공대사(869~940)와의 대화는 그 일례다:

---

27) 9세기 중기 이래의 모든 국사들은 선승이었다(Vermeersch 2008: 245).

28) 慶猷洞(逈)微麗嚴利嚴 共海東爲之四無畏大士也(경유, 통[형]미,, 여엄, 이엄을 해동에서는 모두 사 무외대사로 일렀다)(「옥룡사법경대사보조혜광탑비」, 한국역사연구회 편, 상, 1996, 131: 1-2).

29) 神聖大王(신성대왕)(「옥룡사 동진대사 보운 탑비」, 한국역사연구회 편, 상, 1996, 141: 7).

30) 태조와 함께, 최언위도 그의 제자였다(「옥룡사동진대사보운탑비」, 한국역사연구회 편, 상, 1996, 141: 13).

31) 上欽仰禪德…… 奉承道風 申親受三歸之禮(임금[태조]께서는 선덕[자적선사]을 우러러보았다. [자적 선사의] 도풍을 받들고, 삼귀의례를 친히 받아 펼쳤다)(「경청선원자적선사능운탑비」, 한국역사연구회, 상, 1996, 98: 7-8).

"과인[태조]은 어려서 무예(위무)를 숭상하여, 학문에는 정통하지 못하였으며, 선왕의 법에도 밝지 못합니다…… [그러나 앞으로는] 나의 후손들이 영원토록 향불을 켜는 원인을 닦고[즉 불교를 믿고], 끝까지 받들어 모시는 지극함을 표하고자 합니다."[32]

그런데 이 인용문이 기록된 「홍법사 진공대사 탑비」는 그의 치세 후반기인 태조 23년(940)에 자신이 직접 지은 것(한국역사연구회, 하, 1996: 110)이다. 따라서 이 비문의 내용은 태조 자신의 불교 이해를 알 수 있는 일차자료가 된다. 이 기록에 의하면, 태조 자신의 불교 이해는 그의 치세 후반기까지도 깊지 않았던 것으로 나타난다.

그런 가운데서도 태조는 일부 불교 개념 등에 대해서는 인지하고 있었다. 그는 인왕, 도(깨달음), 자기완성, 선행, 마음,[33] 업보, 선,[34] 오연과 삼선,[35] 자비,[36] 십지,[37] 청정 등의 불교 개념에 대해 숙지하고 있었다. '인왕'개념은 태조가 불교의 이상적 왕을 의미하는 전륜성왕(Skt. cakravartinrāja)에 대해 관심을 가지고 있었음을 보여준

---

32) 表奉持之至(「홍법사 진공대사 탑비」, 한국역사연구회 편, 상, 1996, 84: 11-85: 4).

33) 夫道在心([진철대사가 태조에게] 무릇 도는 마음에 있습니다)(「광조사 진철대사 보월 승공 탑비」, 한국역사연구회, 상, 1996, 34: 8).

34) 上乃偏傷師語 實惻眷情 累詣禪扉 重窺玄境(임금께서는 곧 대사의 말에 크게 마음 아파하며, 진실로 돌보는 정을 측은히 하여, 여러 번 선 사찰에 나가 거듭 [선의] 깊은 경지를 엿보았다)(「비로암 진공대사 보법 탑비」, 한국역사연구회, 상, 1996, 63: 9-10).

35) 伏念今上/大王…… 歸依五衍 豈異於中印匿王 尊仰三禪 有同於西天戒日(엎드려 생각건대, 금상대왕[태조]께서…… 오연[오행: 보시행, 지계행, 인욕행, 정진행, 지관행]에 귀의함은 중인도의 파사닉[Prasenajit]왕(기원전 6세기경)과 어찌 달랐을 것인가? 삼선[색계의 제3선천]을 우러름은 서천[인도]의 계일왕[Harṣavardhana, 606-47]과 같음이 있었다)(「대안사광자대사비」, 한국역사연구회, 상, 1996, 194: 6-195: 1).

36) 寡人曾蒙佛誡 暗發慈心(내[태조]가 일찍이 부처님의 훈계를 입어, 가만히 자비로운 마음을 내었다)(한국역사연구회, 상, 1996, 34: 6).

37) 今上居尊之際 謂群臣曰 "竊惟故大師 道高十地"(지금의 임금께서 높은 곳에 거하였을 때, 여러 신하들에게 일러 말하기를 "가만히 생각하니, 돌아가신 [선각]대사님의 도는 십지보다 높고[즉, 거의 부처님에 가깝고])(「무위사선각대사편광탑비」, 한국역사연구회, 상, 1996, 174: 5).

다. 수행자의 수행단계를 의미하는 십지는 『화옌징』에서 강조되고 있으며, 색계와 선 수행은 선 또는 선종과 특히 관련을 가진 개념들이다. 따라서 태조는 불교종파로는 화엄종 및 선종과 관련성을 가지고 있었음을 알 수 있다. 그리고 1056년의 기록에 의하면, 태조는 청정을 불교의 또 다른 특징으로 이해하고 있었다.[38]

특히 태조의 불교철학적 관심은 그와 광자대사(864~945)와의 대화를 통해 살펴볼 수 있다. 왕이 묻기를, "옛 스승들은 마음이 곧 부처라고 하였는데, 이 마음은 무엇입니까" 대사가 말하길, "열반에 이른 사람이라면, 부처의 마음에 머물지 않을 것입니다." [다시 태조가] 물었다. "부처님은 어떤 과정을 통해 이와 같은 [결과]를 얻으셨습니까?" [대사가] 답하길, "부처님에게는 과정이 있지 않으며, 마음 자체에도 과정은 없습니다."[39] 이 대화 내용에 의하면, 태조는 마음과 열반에 이르는 법 등, 불교철학사를 통해 제기된 중요한 문제점들에[40] 대해 문의하였다. 따라서 태조는 불교를 마음을 청정히 하기 위한 가르침으로 이해하면서, 화엄종과 선종에 대해 인식하고 있었고, 전륜성왕과 마음 개념 등에 대해 관심을 가지고 있었으며, 스스로는 윤회설을 믿지 않았던 것으로 나타난다.

---

38) 문종은 "부처의 가르침은 청정함을 첫째로 하여, 더러움을 멀리하여 욕망을 제거케 하였다"고 하면서, 승단의 비행을 엄하게 다스렸다(『고려사』 7, 40a6-7).

39) 上問曰, "古師云 心/卽佛 是心如何." 大師答曰, "若到涅槃者 不留於佛心." 問, "佛有何過 卽得如此." 答曰, "佛非有過 心自無過"(한국역사연구회, 상, 193: 6-194: 1).

40) 불교사상 전개된 중요 철학적 논쟁에 대해서는 이효걸 김형준 외 1998 참조.

3. 창사

태조의 불사 가운데 그가 특히 관심을 기울인 것은 사찰 건축이었다. 그는 재위 초기인 919년 수도였던 개경에 법왕사와 왕륜사를 포함한 10곳의 사찰을 세웠으며, 그의 제세 기간을 통해서는 대흥사, 일월사, 외제석원, 안화선원, 관흥사, 현성사, 미륵사, 내천사, 개태사 등의 사찰도 건립하였다. 특히 태조가 940년에 세운 개태사(『고려사』2: 14a)[41]는 고려시대 말까지 그의 원찰 역할을 하였는데(『고려사』56: 27b-28a), 왕실 조상의 기일에 태조는 개태사에서 제사를 모셨으며, 그가 죽은 후에는 그의 옷과 요대 및 초상화가 이 절에 봉안되었다(『고려사』40: 12b, 40: 14a-b). 그리고 태조는 개태사를 건립한 해에 그 사찰의 건립을 기념하여 「신성왕 친제 개태사 화엄법회 소」를[42] 직접 지었다. 이 소에 의하면, 태조는 후백제를 정복한 후, 그 정복을 부처의 도움으로 간주하고, 지역 주민들을 위로하는 등의 목적을 위해 개태사를 세웠으며, 『화엔징』 강독을 정규적으로 진행하게 하였다(Vermeersch 2008: 94).

그러나 「훈요」 1조에 의하면, 태조는 국정 운영을 위해 불력의 도움을 필요로 하였으며, 창사와 승려의 역할도 그러한 목적 달성에 있었으나, 간신 등에 의한 창사는 반대했다. 따라서 그에 의한 사찰 창건 활동은 그의 정치력 강화의 산물이었음은 확실하다.

---

41) Breuker는 940년을 936년으로 오해했다.

42) 32) 崔澄, 「神聖王親製開泰寺華嚴法會疏」, 『東人之文四六』, 卷八, 『高麗名賢集』 5(1980): 八九-九一. 여기서 원본인 『동인지문사륙』의 쪽수는 인쇄 상태가 나빠 보이지 않아, 『고려명현집』5의 쪽수를 명기하였다.

4. 불교의례 개최

신라시대의 관습을 따라, 태조는 불교의례 개최에 큰 관심을 기울였다. 태조와 불교의례와의 관계에 대한 기록은 5차례 나타나는데, 두 번은 팔관회, 나머지 각각 한 번씩은 연등회와 무차대회와 개태사화엄법회다. 그러나 고려시대에 개최되었던 불교의례의 개최 횟수는 『고려사』에 기록된 것보다 훨씬 많았다. 그 이유는 『고려사』「서문」에 의할 경우, 팔관회 등의 일상적 사안은 첫 번째 개최되었을 때만 기록되었기 때문이다. 특히, 고려시대의 불교의례 중, 가장 중요한 의례였던 팔관회와 연등회는 국초부터 강조되었는데, 이는 태조의 「훈요」를 통해 알 수 있다:

> 제6조. 나의 지극한 관심은 연등[회]과 팔관[회]에 있다. 연등은 부처님을 섬기는 것이며, 팔관은 천령, 오악, 명산, 대천, 용신을 섬기는 것이다. 후세에 간신들이 [이 의례들을] 늘이거나 줄이자고 건의하는 것은 마땅히 철저하게 금지되어야 할 것이다. 나도 또한 국기일[임금이나 왕후의 제삿날]에는 이 의례들을 열지 않을 것이며, 이 의례들이 개최되는 날에는 임금과 신하가 같이 즐길 것을 처음부터 마음으로 맹세하였다. [후세의 임금들은] 마땅히 [내 말을] 존경하고 [내말에] 의하여 이 의례들을 행할 것이다.[43]

---

43) 朕所至願 在於燃燈八關 [燃燈所以事佛 八關所以事天靈及五嶽名山大川龍神也] 後世姦臣建白 加減者 切宜禁止 吾亦 當初誓心 會日不犯國忌 君臣同樂 宜敬依行之(『고려사』2: 16a1-5). 이 인용문의 내용에 의하면, 연등회는 불교행사며, 팔관회는 불교와의 관련성이 없는 것으로 나타난다. 따라서 통설에서는 이 기록을 근거로 팔관회를 고구려의 동맹 등의 토속의례로 간주해 왔다. 또한 이 기록에서는 연등회가 불교의례로 나타나 있지만, 이 의례의 절차가 상술되

그리고 무차대회는 940년에 신흥사를 세운 후 7일 동안 열렸으며, 그해 이후 이 의례는 왕명에 의해 연례행사가 되었다. 또한 같은 해에 개태사 건립을 기념하여 법회가 열리기도 하였다.

5. 풍수지리설

태조는 불교와 풍수를 결합해 신봉한 이들 중에 가장 잘 알려진 사람이며, 기록에 남은 최초의 왕이기도 하다. 불교 교리와 풍수의 기본원리 체계는[44] 아무 연관 없이 따로 발전해 온 것으로 보이지만, 한국전통 사회에서는 불교와 유교 및 무교까지도 풍수에 큰 영향을 미쳤고, 풍수지리설 또한 이들 종교에 많은 영향을 주었다.[45] 불교의 자비 사상이 풍수설에 미친 영향은 큰데, 한국의 절을 풍수적 명당에 지었다는 기록 중 가장 오래된 것은 최치원이 지은 「숭복사 비문」이다. 그리고 8세기 말의 신라 시대에는 상당수의 절들이 풍수술을 이용해 길지에 절터를 잡았던 것으로 보인다(윤홍기 2011: 207-21). 특히, 풍수 비보를 위해 불교와 풍수가 서로 협조하고 산천의 지세를 보완하기 위해 사찰을 건립했다는 기록은 태조의 「훈요」

어 있는 『고려사』「예지」에는 불교적 요소는 향, 등 외에는 거의 발견되지 않는다. 그리고 팔관회 절차(『고려사』69: 12a1-33b9)의 경우도 마찬가지다. 그러나 『고려명현집』 등의 다른 관련 자료들에 의하면, 팔관회는 명백한 불교의례로 나타난다. 이에 대한 상세한 논의는 김종명 2001: 197-201 참조. 또한, 『고려사』「예지」에서는 연등회와 팔관회를 「가례잡희」로 분류하고 있다. 그러나 연등회일에는 하루, 팔관회일에는 3일의 공식 휴일이 주어진 점을 고려하면, 이 의례들이 "잡희"로 분류된 점은 이해하기 힘들다. 따라서 불교와 관련된 『고려사』 내용의 신빙성에 대한 중대한 의문이 드는 증거며, 향후 이에 대한 구체적인 검토가 요청된다.

44) 한국에서 사용해 온 풍수의 원리들과 풍수서는 모두 중국에서 온 것으로 간주(윤홍기 2011: 215)되고 있다.

45) 그러나 현재까지 민간 신앙으로서의 풍수와 불교의 관계를 체계적으로 파악한 연구는 없으며, 앞으로 풍수와 불교의 전반적인 관계에 대한 연구가 정립된 후, 풍수 비보사탑의 연구로 나아갈 필요가 있다(윤홍기 2011: 210).

가 처음(윤홍기 2011: 18)⁴⁶⁾이다. 태조는 그의 「훈요」 제2조와 제5조에서 풍수지리설의 중요성을 다음과 같이 강조하였다:

제2조: 모든 절은 모두 도선이 산과 물의 순역을 점쳐 추천한 곳에 개창되었다. 도선은 말하길, "내가 점쳐 정한 곳 외에 함부로 더 지으면, 지덕이 감소되고 엷어져, 조상 대대로의 가업[즉, 왕실]이 영원하지 않을 것입니다"라고 하였다. 나는 후세의 국왕과 공후와 왕후와 조정의 신하들이 각자 원당이라 칭하면서 혹 [절을] 더 지을까 크게 우려한다. 신라 말에 경쟁적으로 절을 지어 지덕이 손상되고 망함에 이르게 되었음을 경계하지 않을 수 있겠는가?⁴⁷⁾

제5조: 나는 삼한 산천 신령의 도움을 받아 왕업을 이루었다. 서경은 수덕이 순조로워 우리나라 지맥의 근본으로 되어 있으니, 만대 왕업의 기지다. 마땅히 춘하추동 사시절의 중간 달에 국왕은 거기에 가서 1백 일 이상 체류함으로써 왕실의 안녕을 도모할 것이다.⁴⁸⁾

태조는 풍수지리설에 따른 지덕 보존을 위해 자신의 후세들이 절을 많이 짓지 않도록 훈계하면서도, 자신은 재위 동안 많은 사찰을 지었다. 그리고 그는 그의 후손 왕들에게 왕실의 안녕 도모를 위해 일 년

---

46) 불교가 풍수설에 준 영향으로는 비보사찰의 건립과 풍수 설화에 나타난 자비 사상이 두드러지며, 풍수지리설이 불교에 미친 영향으로는 풍수 승의 성행과 명당 사찰 등의 건립이 중요하다(윤홍기 2011: 234). 풍수와 불교와의 관계에 대한 상세한 논의는 윤홍기 2011: 212-33 참조.

47) 其二曰 諸寺院皆 道詵推占 山水順逆而開創 道詵云 吾所占定外 妄加創造 則損薄地德 祚業不永 朕念 後世國王公候后妃朝臣 各稱願堂 或增創造 則大可憂也. 新羅之末 競造浮屠 衰損地德 以底於亡 可不戒哉(『고려사』2: 15a5-b1).

48) 其五曰 朕賴三韓山川陰佑以成大業. 西京水德調順爲我國地 之根本大業萬代之地 宜當四仲巡駐留過百日 以致安寧(『고려사』2: 15b7-16a1).

에 100일 이상 풍수지리적으로 길지인 서경에도 머물도록 하였다.

6. 승직 제정

태조는 왕사제도를 제정하였는데, 현존 자료에 의하는 한, 이 제도는
고려조의 창안으로서 태조의 집권 초반기의 산물(남동신 2005: 97-8)
이며, 동아시아불교사상 처음 시행된 제도였다(이재범 2005: 19).[49])
이러한 태조의 불교 이해는, 팔관회와 연등회를 중지시킨 성종의 경우
처럼 일부 예외도 있으나, 후대에도 전해진 것으로 보이는데, 이와
관련, 이능화는 다음과 같이 말하였다. 부처의 가르침이 여기[고려]
에서 성하게 된 것은 궁극적으로는 모두 왕조[태조]의 「훈요」에 기
반을 두고 있으며, 왕조의 「훈요」는 도선(827~98)의 밀기에 의한
것이었다.[50])

요약하면, 태조는 스스로를 불제자로 간주하면서 보살계를 받고,
몇몇 불교 개념들을 이해하였으며, 선종과의 친밀성을 보이면서, 절
을 세우고, 불사에서 글을 짓고, 불교의례를 열며, 승직을 제정하기
도 하였다. 이 전통은 그의 후대에까지 이어졌다.

---

49) 중국의 승록과 비슷한 승직은 939년 처음 나타났다(Vermeersch 2008: 223).

50) 佛陀之敎 於斯爲盛 究皆基於王祖[太祖]之訓要 王祖之訓要 悉依道詵密記也(이능화,
하, 1968: 290). 풍수설과 불교의 결합은 고려에서의 불교 성행의 이론적 근거가 되었으며, 이 이
론은 선각국사 도선에 의해 전개되었다. 이에 대해서는 김종명 2001: 206-26 참조.

Ⅱ. 태조의 불교관 분석

1. 불보관 분석

태조는 부처를 자비인으로 보았으며, 그의 보살계 수지는 정치적 행위로 나타나는데, 이러한 전통은 6세기의 한국에서 이미 나타났다(남동신 2003: 41). 태조는 스스로를 보살계제자로 칭하였으나, 그렇다고 하여 세속 권력이 승단 권력보다 약한 것은 아니었으며, 오히려 그 반대였다. 14세기 초기의 화불인[51] 지장보살도에는 한 명의 보살과 이 보살에게 무릎을 꿇고 절하는 태조가 묘사되어 있는데, 이 그림은 당시의 불교신자들이 세속적 권력보다 종교적 힘을 더 우위에 두고 있었음을 뜻한다(남동신 2003: 43)는 견해가 있다. 그러나 이는 현실을 반영한 결과라기보다는 재가자들의 희망사항이 그림을 통해 표현된 것으로 보는 것이 더 타당할 것이다. 태조 당시에도 왕권은 교권 위에 있었기 때문이다.

또한 태조가 불살생계를 포함한 보살계를 준수하였다는 증거는 없다. 오히려, 그가 전쟁에서의 살상을 고민하였음을 고려하면, 군주로서 그는 보살계를 지키지 못했음은 틀림없다. 이 사실은 삼국시대의 일부 임금들이 불교의 교리에 따라 살생 금지의 명령을 내린 것과는 다르다. 따라서 태조가 자신을 보살계제

---

51) 불교와 관련된 용어는 일본에서 사용된 언어를 차용한 사례가 많으며, 불보살에 대한 그림인 "불화"란 단어도 그중의 하나다. 그러나 『고려사』에는 불화란 단어는 없고, 화불이란 단어만 사용되었으나, 현대에 가까워질수록 불보살에 대한 그림은 회화의 대상으로 취급되면서 불화라 하였다. 그러나 불보살에 대한 그림은 미적 차원의 회화가 아니라, 신앙의 대상이므로 화불로 부르는 것이 타당하다(허홍식 2007: 170-5). 이 견해를 따라, 이 책에서는 인용된 문헌들의 불화란 용어도 화불로 대체하였다.

자로 칭한 것은 당시 불교를 믿었던 "어리석은" 고려인들의 마음을 얻기 위한 한 수단이었다고 할 수 있다.

그렇다고 하여, 그가 불교를 치국의 통치이념으로 삼은 것은 아니었는데, 이는 중국의 일부 군주들과는 다른 모습이었다. 일례로, 오(222~80)의 순콴(손권, 222~52)과 위(220~65)의 차오차오(조조, 155~220)는 불교를 통해 새로운 이념을 정립하려 하였는데, 특히 차오차오는 황실을 중심으로 불교를 깊이 연구하여 통치이념을 정립하고자 체계적인 접근을 시도하였다. 또한 양나라의 우디도 불교를 통치이념으로 선포하고, 보살계를 받았으며, 보살계를 받은 후에는 철저하게 계율을 지키면서, 오신채와 육식도 하지 않았다(김진무 2010: 63-74). 그러나 태조가 중국의 이러한 군주들처럼 불교를 통치이념으로 삼은 기록은 없으며, 그도 우디처럼 보살계를 받았지만, 오신채와 육식을 하지 않았다는 기록도 발견되지 않는다.

절은 원래 정신적 수행을 위한 도량이었다. 태조는 사찰 건축에 깊은 관심을 보였으며, 태조 대에 세워진 절들의 일차적 기능은 왕실 조상들을 위한 제사나 살아 있는 왕실 가족의 세속적 기복용이었다. 그리고 태조 대의 팔관회를 비롯한 불교의례들도 세속적·정치적 목적을 위해 개최되었다.[52]

2. 법보관 분석

태조의 법보에 대한 견해는 불교 개념과 교리, 불전 및 불교윤리

---

52) 고려 전기 금석문에 나타난 불교의례 가운데는 기우 의례가 많다(김수연 2009: 38).

를 어떻게 이해했는가를 통해 알 수 있는데, 그의 불교 이해는 유교적 시각을 통한 것이었다.

(1) 개념과 교리

깨달음 얻기는 불교도들의 공통 목적이었으며, 마음, 선업, 오행, 자비, 공, 불성은 동아시아의 불교도들이 중요시 한 개념들이었다. 전술한 것처럼, 태조도 몇몇 중요한 불교 개념들에 대해 알고 있었다. 그러나 그가 이 개념들을 실제 그의 정치적 현실에 적용했는지에 대해서는 문헌적 증거가 별로 남아 있지 않아 제대로 알 수 없으나, 단편적 기록을 통해 그 일면은 살펴볼 수 있다.

전기한 태조와 진공대사와의 대화를 통해서는 태조의 불교에 대한 이해가 깊지 않았음을 알 수 있다. 더욱이, 태조의 불교 이해는 타국의 군주들과의 그것과도 달랐다. 인도를 넘어 불교를 전파시킨 인도의 아쇼카 왕(274~236 B.C.E.)은 불교의 삼보에 귀의하고, 독실한 불교신자가 되었는데, 그가 관심을 기울인 부분은 불교의례 등과 같은 불교의 외부적 요소가 아니라, 내적 성장과 자기완성에 있었다. 이 점은 전자에 관심을 기울인 태조와는 다른 것이었다. 그러나 아쇼카 왕은 태조와 공통점도 소유하고 있었는데, 그것은 사성제를 포함한 불교의 기본 가르침에 대한 관심보다는 재가 신자들의 필요에 부응할 수 있는 불교적 요소들에 관심을 기울였다는 점이다 (Chen 1994: 137-42). 또한 중국 송나라(960~1279)의 타이쭝(976~97)은 공사상을 비롯한 대승불교 교리를 상당히 정확하게 이해하고 있었다(Kim 2002: 170).

그러나 태조가 불교 교리에 대한 깊은 이해를 가지고 있었다는 증거는 보이지 않는다. 반면, 업설은 태조 당시에 유행한 설이었으며, 지배층들도 자신들의 높은 사회적 신분을 전생에서 닦은 선업의 결과로 이해하고 있었다(남동신 2003: 46-53). 그러나 태조는 "무릇 속인은 깊은 이치에 미혹하여 염라대왕을 미리 두려워한다"[53]고 한 점은 그가 업설을 믿지 않았음을 암시하지만, 그와 친했던 진공대사는 죽음에 임해 남긴 훈계에서 "금생은 이미 다했으니, 내세에 법석에서 함께 만나자"[54]고 하여, 업설을 인정하고 있었다. 따라서 태조의 불사에의 관심과 고승들의 대화 등을 고려하면, 그가 업설을 믿었을 확률이 훨씬 크다.

태조는 유교적 관점을 통해 불교를 이해하였다. 신라 후기의 대표적 지식인이었던 최치원은 그의 「남포 성주사 낭혜화상 백월 보광탑 비문」(890)에서, 헌강왕(875~86)이 자기 동생에게 한 말인, "[유교의] 삼외 [천명, 대인, 성인]는 [불교의] 삼귀의에 비교되며, [유교의] 오상은 [불교의] 오계와 같다. 능히 왕도를 실천하는 것, 이것이 불심에 부합하는 것이다"[55]라고 하였는데, 이러한 견해는 중국불교계의 호교론자들의 견해를 빌려 온 것이었다. 태조 대에 활약한 명승의 경우도 이를 증명해 준다. 「비로암 진공대사 보법 탑비」에 따르면, 진공대사는 그의 유훈으로, "승려들의 일과 예를 따르는 무리들의 종지는 윗사람 공경하기를 부모처럼 하고, 아랫사람 불쌍히 여기기를 자식처럼 하는 것이다"[56]라고 하였는데, 이는 유교의 효제

---

53) 夫俗人迷於遠理 豫懼閻魔(한국역사연구회, 상, 1996, 34: 11).

54) 今生已盡 來來生生 同會法席(한국역사연구회, 상, 1996, 66: 11).

55) 三畏比三歸 五常均五戒 能踐王道 是符佛心(이지관, [신라편], 권1, 1994, 162: 8-9). Vermeersch 2008의 'abbreviations'에서의 '감주교역'은 교감역주의 잘못이다.

개념을 강조한 것이다.

(2) 태조의 불전 이해

태조의 불전에 대한 견해는 그 자신의 행위 및 그와 승려들과의 대화를 통해 살펴볼 수 있다. 백제에서 불경이 안녕과 행복을 기원하기 위해 사경(안계현 1989: 13)되었던 것처럼, 태조에게도 불경은 풍작 기원, 공덕 기원, 기복 추구의 수단이었다.

태조는 그의 「신성왕 친제 개태사 화엄법회 소」를 통해 개태사에서 『화엔징』을 강의한 결과로서 백성들의 안녕과 정치적 문제의 해결을 기원하였다(고려명현집 5: 89-91). 그리고 「보원사 법인국사 보승 탑비」에 의하면, 법인(?~975)대사는 『다보러징』에 대한 강의를 하였는데, 그 목적은 자연재해를 방지하고 풍작을 기원하기 위한 것이었다:

> 천복 7년(942) 가을 7월, 염[주]와 백[주]의 두 주의 땅이 메뚜기 떼로 농사에 해를 입었다. 대사[법인국사]가 법주가 되어 942년에 『대반야경』을 강설하니, 한마디 겨우 법을 연설하자마자 온갖 애벌레들이 재앙이 되지 못했다. 이해에 풍년이 들어 도리어 만물이 태평해졌다.[57]

또한 10세기 고려의 문신 김정언(?~?)의 「보원사 법인국사 보승

---

56) 納中之事 禮徒之宗 揖上如父母 慇下謂赤子(한국역사연구회, 상, 1996, 66: 3-4).

57) 天福七年 秋七月 鹽白二州地界 蝝蝗害稼 大師爲法主 講大般若經 一音纔演法 百螣
不爲災是歲 卽致年豊 翻成物泰(한국역사연구회, 상, 1996, 307: 7-9).

탑비」에 의하면, 태조의 요청으로 법인국사는 왕후가 왕자를 순산하
도록 빌었다:

> 동광 병술년[926] 겨울 10월 태조는 유왕후가 임신하여
> 특별한 꿈을 꾸었으므로…… 영명한 자질[의 아이]를 낳고
> 자 하여, 드디어 대사를 청하여 법력을 기원하였다. 이에
> 금화로에 향을 사르고, 옥축에서 불경을 열어 곰을 매는
> [즉, 아들 낳는] 좋은 꿈과 어린양의 탄생에 화합하기를
> [즉, 순산하기를] 원했다.[58]

이몽유(?~?)의 「봉암사 정진대사 원오 탑비」(964)에 의하면, 고
승도 대장경의 기능을 공덕 쌓기의 수단으로 장려하였다:

> 태조가 [정진]대사[(878~956)]에게, "요즘 다행히 병화가
> 꺼져, 불교의 가르침을 진작시킬 수 있습니다. 대장경 한
> 본을 다시 복사하게 하여 양도[개경과 서경]에 나누어 두
> 려고 하는데, [대사님의] 뜻은 어떠하십니까"라고 말하자,
> 대사는 "실로 공덕이 되는 일입니다. 최고의 깨달음에 방
> 해가 되지 않으며, 경전을 펴 아름다움을 널리 펴는 일이
> 니, 부처를 믿는 마음이라 할 만합니다. 부처님의 은혜와
> 왕의 가르침이 땅만큼 오래가며, 하늘만큼 높을 것입니다.
> 복됨과 이로움은 끝이 없을 것이며, 공과 이름도 썩지 않
> 을 것입니다"라고 대답하였다.[59]

---

58) 同光紀曆 丙戌司年冬十月 太祖以劉王后 因有娠得殊夢…… 誕玉裕之英姿 遂請大師
祈法力 於是 香熱金爐 經開玉軸 願維熊之吉夢 叶如奎之誕生(한국역사연구회, 상, 1996, 306:
3-5).

59) 今幸兵火已燼釋風可振 欲令更寫一本 分置兩都 於意如何 大師對曰 此實有爲 功德
不妨無上菩提 雅弘經博 能諱佛心 其/佛恩與王化 可地久以天高 福利無邊 功名不朽矣(한국역
사연구회, 상, 1996, 269: 2-5).

더욱이 대장경은 인쇄 후, 숭배의 대상으로 보관된 것으로 보이는 데, 이와 관련, 태조는 중국의 쉬엔짱이 불경을 번역한 후, 비밀스럽게 요처에 보관하였다고 하였다:

> [중국의] 현장법사[602~64]가 서역[인도]에 두루 돌아다
> 니다가 다시 함경[함양 또는 장안][60])으로 돌아온 후부터 금
> 언[불경]을 번역하여 보물 창고에 비밀히 보관하였습니다.[61])

이러한 문헌적 증거들로 볼 때, 태조에게 불경은 불교교학 공부를 위한 교재가 아니라, 공덕 빌기나 세속적 목적 달성을 위한 수단으로 기능했음을 알 수 있다. 그리고 이 점은『파화징』을 비롯한 불교경전에 대해 강의하고, 평등과 중생 구제를 강조한 일본의 쇼토쿠 태자(547~622)(Chen 1994: 200-1)와는 다른 점이었다. 그리고 태조로 하여금 불전의 기능을 공덕의 수단으로 이해케 한 장본인은 승려였음을 알 수 있다.

(3) 불교윤리

태조는 보살계를 받고, 그 보살계의 가르침에 따라 살려는 시도는 했으나, 실패한 것으로 나타나는데, 이는 신라의 법흥왕이나 진흥왕과도 다른 현상이다. 태조는 군주로서 전쟁 등을 통해 많은 생명을 죽인 자신의 행위와 불교계율과의 상위점에 대한 고민을 국사 이엄

---

60) 한국역사연구회 편, 하, 1996: 355.

61) 自玄奘法師 往遊西域 復歸咸京 譯出金言 秘在寶藏(한국사연구회, 상, 1996, 268: 14-269: 1).

(870~936)에게 고백한 적이 있었다. 이에 대해 최언위(868~944)의 「광조사 진철대사 보월 승공 탑비」(937)에 의하면, 이엄은 군주의 군대 동원 자체를 정당화하였다:

> 무릇 도는 마음에 있으며, 현상에 있지 않습니다. 법은 자기로 말미암지, 남으로 말미암지 않습니다. 또한 제왕과 필부는 닦는 바가 각각 다르지만, 비록 군대를 움직이시더라도, 또한 백성을 가엾게 여기셔야 할 것입니다. 왜냐하면, 왕이란 사해로 집을 삼고, 만민을 아들로 삼아, 허물없는 사람들을 죽이지 않는 것이니, 어찌 죄 있는 무리를 논하는 것이겠습니까? 모든 선을 받들어 행하는 것이 널리 구제하는 것입니다.62)

또한 이 비문은 태조가 승려를 위해 세운 최초의 비문이었는데, 이 비문에 의하면, 이엄은 군주에 의한 살상을 정당화하기 위해 대승불교의 개념인 방편을 강조한 것으로 나타난다. 이는 이승법을 연상시키는데, 이 이론에 따르면, 군주의 길은 세속에 적용되고, 부처의 길은 승가에 적용된다는 것이다(Vermeersch 2008: 138). 신라시대의 법흥왕은 살아 있는 생명을 죽이지 말 것을 명령하였으며, 백제의 법왕도 같은 명령을 내리고, 기르던 매 등을 풀어 주게 하고, 고기 잡는 기구들도 모두 불사르게 하였다. 그러나 태조가 불교계율을 그의 정치 현실에 적용시켰다는 기록은 찾을 수 없다.

요약하면, 태조의 불교 개념과 교리에 대한 이해는 깊지 않았으

---

62) 夫道在心 不在事 法由/己 不由人 且帝王與匹夫 所修各異 雖行軍旅 且愍黎元 何則王者 以四海爲家 萬民爲子 不殺無辜之輩 焉論有罪之途 所以諸善奉行 是爲弘濟(한국역사연구회, 상, 1996, 34: 8-11).

며, 불전을 공덕의 수단으로 삼고, 살생을 정당화시키면서, 충과 효를 강조한 유교적 관점에서 불교를 수용하였다.

3. 승보관 분석

태조는 국가와 왕사를 승려로 임용할 만큼, 승려를 우대하였다. 그러나 그 이유는 국익에 도움이 된다는 것이었다:

> 무릇 국가가 사찰의 품계를 규정한 이유는 용이나 봉처럼 뛰어난 승려를 대우하기 위한 것이었다…… 군주로서 내 [태조]가 어떻게 국가에 이익을 가져올 그러한 인물들을 뽑는 데 인색해 하겠는가?63)

태조는 선승들과 특히 깊은 관련을 맺고 있었는데, 그 이유도 그가 선종의 가르침에 특별한 관심을 가졌기 때문은 아니었다. 오히려 그와 선승들과의 깊은 관련성은 선승들이 지방 호족들과 연결되어 있었기 때문이다(최연식 1999: 25-8). 즉, 태조의 정치적 동기의 산물이었다(Vermeersch 2008: 147). 이규보(1168~1241)도 그의 「대안사 동전 방」에서 태조가 다른 불교종파에 비해 선종을 더 많이 후원한 이유는 그가 침략자 격퇴에 있어서 선종이 더 효과적이라고 보았기 때문이라 하였다:

> 그 길은 승리의 길이며, 그 공은 아주 빠르니, 이 선은 위없는 큰 수레다. 이 때문에 우리 큰 조상이신 대왕[태조]

---

63) 夫國家所以設釋門之階品者 其意以爲若時手乎 有僧中龍鳳魁 然挺出其德也…… 朕何惜其選以孤福利邦家之效歟(李相國集 34: 12a8-b7, 高麗名賢集 1: 367).

께서는 밝은 스승으로부터 비밀스럽게 구하고, 으뜸 되는 가르침을 공경하여 믿었다. 이에 500곳의 선찰을 크게 열었으며, 마음 가르침을 널리 퍼뜨렸다. 그 이후, 북쪽의 군대가 스스로 물러갔으며, 다시는 변방에 도둑이 없었으니, 세상에서 선의 이익은 뛰어난 것이다.64)

또한 이규보는 같은 맥락에서 만 명의 군사보다 한 명의 선승이 더 효과적이라고도 하였다:

재물과 볶은 쌀로 만 명의 군인을 위한 군량으로 삼는 것이 한 명의 선승을 기르는 것과 같지 않다[즉 만 명의 군인이 한 명의 선승보다 못하다].65)

따라서 태조의 선승 후원은 참선을 통한 깨달음 얻기를 추구하는 선사로서가 아니라, 9세기 신라 이후 국사들이 주술사로서 활동한 전통을 이은 것으로 나타난다.

요약하면, 태조는 백성들의 마음을 얻기 위한 방편으로 보살계를 받았으며, 지방 호족과 관련되고, 외적 격퇴에 유용한 수단으로서 선종을 비롯한 승단을 후원하였다. 또한 태조의 불사는 정치적·세속적 목적을 달성하기 위한 수단이었다. 그러면, 태조 당시의 불교는 태조의 정치와 구체적으로 어떤 관계에 있었는가? 아래에서는 이에 대한 답을 모색하고자 한다.

---

64) 54) 其路甚捷 其功甚速 是禪無上大乘也 由是我大祖大王 因哲師秘要 崇信宗門 乃大闢五百禪宇 闡揚心 然後北兵自却 無復寇邊然則 禪之利於世也可勝導哉(「大安寺同前牓」, 李相國集25: 10b3-7, 高麗名賢集1: 268).

65) 轉資糗以餉萬軍 不若養一禪子(「西普通寺行同前牓」, 李相國集25: 13a7-8, 高麗名賢集1: 270).

Ⅲ. 치국과 불교

동아시아 왕조의 태조들처럼, 고려의 태조도 여러 세력과 이질적인 요소들을 규합해 하나의 정치체제로 만들어 나가는 역동적인 지도력을 보여주었다(Shultz 1999: 30). 불교는 고려왕조의 정통성 확보에 중요한 역할을 하였으며(Vermeersch 2008: 82), 태조의 불사는 10세기의 그의 치국과의 밀접한 관련 속에서 전개되었다. 그러나 불교를 정치 이념으로 사용한 신라의 법흥왕 및 진흥왕과 달리, 태조의 정치 이념은 유교였으며(박재우 2011: 198), 태조는 승단을 자신의 지배 아래 두고, 불교를 정치적 목적 달성을 위한 보조 수단으로 이용하였다. 태조의 왕권, 당시의 정치적 환경, 태조의 치국책, 역사적 평가 등을 통해 이 주제를 검토해 보자.

1. 태조의 왕권

태조는 안민을 위해 내적으로는 가난으로 인한 노비 구제, 조세부담 완화 등의 조치를 취하고, 외적으로는 화합과 평화주의 정책을 표방하였다(정경현 1992: 116). 태조의 왕권은 고려 초기 정치사에서 가장 많이 논의된 주제 중의 하나지만, 주로 권력 관계의 측면에서 논의되었으며, 권위 관계의 측면에서는 별로 논의된 적이 없었다(정경현 1992: 101). 고려 전기의 제도는 재상권의 집중을 저지하고, 왕권이 유리한 형태였다. 고려 전기에는 왕과 재상 사이에 권력의 균형이 유지되었으나, 대체로 정치의 주역은 재상이었다(변태섭 1976: 30-3). 그러나 태조는 특히 권위의 측면에서 그의 왕권은 강하였다.

태조 대의 실질적 최고 권력자들 거의가 태조의 명령에 충심으로 복종, 헌신할 정도로, 태조에 의한 실질적 권위의 행사, 즉 그의 리더십은 매우 강력했다. 기존의 호족연합정권설은 태조의 왕권이 약했다는 것을 주된 근거로 한 해석인데, 이것은 권력으로서의 왕권을 의미하는 것이었다. 그러나 태조는 권력보다는 권위를 통하여 정치적 안정을 확보하고 후삼국 통일을 이룬 인물이었다(정경현 1992: 101-8). 태조는 실질적인 권위를 행사한 군주로서, 정치와 군사에 관한 국가 사무를 직접 지도하고 결정하였다.

태조는 국가의 정책적 사안에 대해서는 의논을 통해 결정하였지만, 신하들의 정치, 군사적 의무에 관해서는 매우 엄격하고 단호한 태도를 보였다(정경현 1992: 103-5). 후대의 충선왕[1298, 1308-13]이 (태조께서는) 공이 있으면, 상을 주고, 죄가 있으면, 반드시 벌을 주었다. 공신을 성심껏 대접하면서도 권세를 빌려 주진 않았다"(『고려사』2: 18a8-9)라고 말한 것도 이를 증명한다. 태조는 한국 역사상 천명 개념을 사용한 최초의 국왕이었으며(Duncan 2000: 17), 그는 천명을 내세워 자신의 권위를 정당화하였다. 따라서 태조의 권위는 카리스마적 권위였으며, 그의 카리스마적 권위는 그의 주관적 판단을 기준으로 하여 시행되었다(정경현 1992: 111-21).

2. 정치 이념

태조의 「훈요」에 의하면, 그의 정치 이념은 유교로 나타난다:

제10조: 나라를 가진 자나 집을 가진 자는 항상 만일을 경

계하여 염려가 없어야 한다. 경전과 역사를 보아 옛일을 지금의 교훈으로 삼는 것이다. 주공은 큰 성인으로서 「무일」[우이] 한 편을 성왕에게 올려 그를 경계하였으니, 마땅히 그 사실을 그림으로 그려 걸어, 드나들 때에 보고 반성해야 할 것이다. 열 가지 훈계 끝에 마음속에 간직하라는 네 글자를 함께 붙여서 후대의 왕들이 서로 전하여 보배로 삼을 것이다.66)

3. 정치적 환경

태조는 고려왕조를 세웠으나, 그의 권력 기반은 상대적으로 약하였다. 상당수 지방은 여전히 사병으로 무장한 채, 자율성을 가지고 중앙집권 세력과 왕권까지 제약한 호족들의 통제 아래 있었다(Duncan 2000: 67-8). 태조의 「훈요」의 내용들도 그가 당시의 진골 계급 및 지방 호족 세력으로부터 자유로울 수 있는 정당성의 원천을 발견할 수 없었음을 뜻하기도 한다(Duncan 2000: 8). 따라서 태조는 자신의 치세기 대부분을 지방 정권 통제에 보냈다(Breuker 2010: 75). 일례로, 태조는 그의 치세 후반기인 936년에도 여전히 지방으로부터의 반란을 제압해야 할 입장에 있었다. 또한 태조가 후삼국 통일에 성공한 것은 호족들을 연합할 수 있었기 때문인데, 이는 그와 호족들의 딸이었던 29명의 여성과의 혼인 관계를 통해서였다(Duncan 1988: 40; Duncan 2000: 18-9; 윤이흠 2002: 16). 그의 『정계』와 『계백료서』에서처럼(이기백 1991: 147; 박용운 1991: 50-1), 태조에

---

66) 其十曰 有國有家 儆戒無虞 博觀經史 鑑古戒今 周公大聖 無逸一篇 進戒成王 宜常圖 揭出入觀省 十訓之終 皆結中心藏之四字 嗣王相傳爲寶(『고려사』2: 7a6-9).

게 불교는 이러한 정치적 어려움에 대처할 수 있는 전략의 한 부분으로 기능하였다. 태조 왕건은 그의 「훈요」 제7조에서 "임금이 신하와 백성의 마음을 얻는 것은 아주 어려운 일이다. [임금이] 그들의 마음을 얻고자 하면, [그것은] 모름지기 간하는 말을 좇고 참소하는 것을 멀리함에 있을 뿐인 것이다. 간함을 좇으면, 곧 성스럽게 되며, 참소하는 말은 꿀과 같으므로, 믿지 않으면, 참언은 저절로 없어지게 된다"[67]라 하였는데, 이는 태조가 공정성의 중요성을 강조한 좋은 예로 생각된다.

고려에서는 초기부터 국왕과 신료의 불법적 행위를 견제할 대간 제도도 크게 발전하였으며, 간관 제도도 설치되어 있었다. 그러나 고려 초기의 대간은 통치기구 내에서 위상이 낮아 국왕과 신료[재상]들의 불법적 행위를 효과적으로 제어하지는 못했다. 오히려 고려에서는 국초 이래로 천명사상이나 용손 관념의 영향으로 국왕의 초월적 위상이 인정되면서, 고려의 국왕은 지배층 내에서도 신료와는 뚜렷이 구별되는 존재로 인식되었다(박재우 2011: 206-15). 따라서 태조의 정치와 불교도 이러한 관점에서 이해할 필요가 있다. 즉, 불교에 대한 태조의 견해가 당시 불교의 역할과 성격을 결정한 결정적 조건이었다.

태조와 고승들과의 대화에 대한 기록에 의하면, 태조의 정치와 불교 사이에는 밀접한 관계가 있었음을 알 수 있다. 진철대사 이엄(?~932)은 태조에게 "인자로운 임금은 널리 서원하여 [불]법을 보호하기를 마음으로 합니다. 외호의 은혜를 멀리 드리우시고, 영원히 백

---

67) "其七曰 人君得臣民之心爲甚難 欲得其心要 在從諫遠讒而已 從諫則聖 讒言如蜜 不信則讒自止"(『고려사』, 2: 16a5-7).

성의 복을 쌓으시기 바랍니다"[68]라고 하였다. 태조는 또한 광자대사 (864~945)에게 "어떻게 백성들을 보호할 수 있겠습니까"라고 물었다. 따라서 태조는 법경대사와 광자대사 등의 승려에게 정치적 자문을 구하였으며, 승려는 태조의 정치적 조언자 역할을 하였음을 알 수 있다.

태조는 신라인들의 사고 속에 불교사상이 깊이 묻어 있다고 보았는데, 그에 의하면, 신라인들은 생사와 행불행 등은 전적으로 부처에게 달려 있다고 믿었다(남동신 2003: 35). 고려는 전제 왕조로서 왕실의 안전을 위해 정치적 실용주의를 택했으며, 왕권신수설을 필요로 하였다. 태조는 고려의 건국자로서, 그의 일차적 관심은 정치적 어려움 속에서 약한 왕권을 강화하고, 자신의 왕권을 자신의 후손들에게 전해 주는 데 있었다. 태조는 같은 맥락에서 백성들의 마음을 얻고, 국가 통합을 위해 그의 정책의 일부분으로 불교를 이용했다. 이와 관련, 「보원사 법인국사 보승 탑비」에는 "태조가 바야흐로 온 나라를 통합하려고 상교[불교]를 공경하여 숭배하였다"[69]라고 기록되어 있다.

정치가로서의 태조의 불교에 대한 견해는 그의 백성관과 불교관을 통해 잘 나타나며, 특히 최자(1188~1260)의 글은 태조와 당시의 세속 권력이 불교를 실제로 어떻게 보았는가를 잘 반영해 주고 있다. 태조가 방패와 창[전쟁] 속에서 [고려 왕조를] 처음 세웠을 때, 음양[이론]과 부도[불교]에 뜻을 두었는데, [이에 대해] 참모 최응 (898~932)은 다음과 같이 간하였다:

---

68) 仁王弘誓 護法爲心 遙垂外護之恩 永蓄蒼生之福(한국역사연구회, 상, 1996, 35: 3-4).

69) 太祖 方欲紀合龍邦 欽崇象教(한국사연구회, 상, 1996, 307: 1).

"나라가 어지러울 때는 학문을 닦아 사람들의 마음을 얻는 것입니다. 임금님께서는 비록 전쟁 시라 하더라도 반드시 문덕을 닦아야 하는 것이지, 불교와 음양에 의지하여 천하를 얻는다는 것은 아직 듣지 못했습니다"라고 하였다. [이에] 태조는 "내가 그 말이 당연함을 어찌 모르겠습니까? 우리나라의 산과 물은 신령스럽고도 기이할 뿐 아니라, 거친 벽지에 끼어 있습니다. [그리고] 백성들의 성품은 부처와 신을 좋아하고, 재물과 복과 이익을 바랍니다. 여전히 전쟁은 끝나지 않았고, [국가의] 안위가 아직 결정되지 않았으니, [백성들은] 아침저녁으로 애쓰고 두려워하여 [몸 둘] 바를 알지 못합니다. [따라서 나는] 오직 신과 부처님의 간접적 도움과 산과 물의 영험스러운 감응으로, 혹시라도 당장의 편안함에 효과가 있기를 생각할 뿐인 것입니다. 어찌 이것으로 나라를 다스리고, 백성을 얻는 큰 도리로 삼겠습니까? [국]난이 끝나, 편안하고 바르게 살게 되면, [이러한] 풍속을 바꾸어 교화를 아름답게 할 수 있을 것이오."[70]

이 인용문에 의하면, 태조가 불교를 정치 이념 자체로 간주하지 않은 것은 확실하다. 그리고 「정토사 법경대사 자등 탑비」에 의하면, 태조 스스로는 백성들을 어리석은 아이 같은 존재[71]로 인식하고 있었다. 따라서 정치가 태조에게 있어 불교는 어리석고 아이 같은 백성들을 다스리기 위한 정치적 수단(윤홍기 2011: 219)이었다.

『고려사』에 의하면, 태조를 비롯한 고려의 왕들은 백성들을 국가

---

70) 太祖 當干戈 草創之際 留意陰陽浮屠 參謀崔凝諫云傳曰 當亂修文以得人心 王者雖當軍旅之時 必修文德 未聞依浮屠陰陽以得天下者 太祖曰 斯言朕豈不知之然 我國山水靈奇 介在荒僻 土性好佛神 欲資福利 方今兵革未息 安危不決 且夕恓惶 不知所措 唯思神佛陰助 山水靈應 儻有效於姑息耳 以此爲理國得民之大經也 待之亂居安定 可以移風俗 美教化也(崔滋, 補閑集1: 1a5-b1, 高麗名賢集2: 106). 이 부분의 영역에 대해서는 Lee 1993: 433-4 참조.

71) 爭奈童蒙 如何權發([태조가 법경대사에게 묻기를] "아이같이 어리석은 사람들을 어찌하며, 어떻게 발심을 권하겠습니까"(한국역사연구회, 상, 1996, 117: 7-8).

의 근간으로 간주하면서, 그들의 첫째 임무도 백성들의 평화로운 삶을 보장하는 데 있었다. 그러나 현실은 그들의 말과 달랐다. 초기불교는 모든 인간을 평등하다고 보았다. 그러나 이러한 불교 정신과는 달리, 태조 대의 왕과 일반인들은 현실적으로 동등한 지위에 있지 않았으며, 전자는 후자보다 상위 계층이었다. 따라서 태조는 불교정신에 의거하여 인간 평등 실현에 노력하지는 않았으며, 불교를 백성들의 마음을 얻기 위한 정치적 수단으로 사용하였음은 분명하다.

더욱이 태조 왕건은 불교가 아니라, 유교를 정치 이념으로 채택하였다. 왕건이 「훈요」 제4조에서 "우리 동방은 예로부터 당풍을 사모하여 문물과 예악은 모두 그 제도를 따랐다"[72]고 말한 것은 중국의 제도와 문물을 수용하는 분위기가 고조되었음을 말한다(박재우 2011: 199). 그리고 성종은 지나치게 중국풍을 추구하여 비판을 받기까지 하였다.[73] 태조에게 있어 정치란 풍속을 교화하고 백성들을 편안하게 하는 일이었다(정경현 1992: 115). 이러한 그의 정치관은 유가사상에 근거한 것이었다. 그러나 태조가 유교적 정치 이념을 채택하긴 했어도, 신라 사회의 오랜 전통을 중시한 점에서 그는 결코 유교'주의'적이지는 않았으며, 이 점에서 신라 및 신라적인 것에 대해 적대적 태도를 취한 궁예나 견훤과는 달랐다(정경현 1992: 115-7). 그리고 불력과 지력(땅의 힘)이 인간사에 결정적 영향을 준다는 주술적 신앙은 유교의 현세적·합리적 관점에서는 미신적 관념이었다.

또한 태조의 치국책은 왕자의 교육과정에도 불전을 포함시키고,

---

72) "我東方舊慕唐風文物禮樂悉遵其制"(『고려사』2: 16b4-5).

73) "時成宗樂慕華風國人不喜"([이] 때, 성종은 중국 풍습을 좋아하고 사모하였는데, 나라 사람들이 [이를] 기뻐하지 않았다)(『고려사』94: 3b5-6).

전쟁 등의 국가적 위기 상황에서도 승려들은 전쟁에 참여하지 말고, 본업에 충실할 것을 강조한 당시의 요나라의 정책(Wittfogel and Feng 1961: 294)과도 달랐다. 그러나 태조는 전통적 민속신앙들을 수용하고, 정책적으로 장려하였다(정경현 1992: 119).

요약하면, 태조의 일차적 관심은 자신이 세운 왕조의 영원성에 있었다. 그러나 그의 권력 기반은 약했기 때문에 왕권 강화와 그가 어리석거나 아이 같다고 간주한 백성들의 마음을 얻기 위한 중요한 방편으로 태조는 불교를 이용하였다. 그러나 태조의 정치 이념은 유교였으며, 불교는 아니었다. 이러한 맥락에서 전개된 태조의 치국책은 무엇이었는가?

4. 치국책

태조는 불교를 주요 종교로, 유교를 지배 사상으로 간주하면서, 두 종교의 공존을 가능케 하였다(윤이흠 2002: 31). 고려의 치국책은 기본적으로 보호와 통제 양면으로 이루어졌으며(남동신 2003: 53), 태조의 치국책은 그 성격에 있어서 정치적이면서도 실용적이었다.[74] 태조는 자신의 치국책을 집행하기 위한 전략으로서 보살계를 받고, 불교계를 후원하고, 불교의례를 개최한 동시에, 승직 수립을 통해 승단을 통제하기도 하였다. 태조는 그의 치세를 통해 불교를 자신의 정치적 어려움을 극복하기 위한 한 가지 수단으로 이용하였으나, 그의 불사행위는 후대 역사가들로부터 비판을 초래하였다.

---

74) 허흥식 교수는 나와의 이메일(2012.7)을 통해, 태조의 선대부터 관련을 가진 승려와 대신들의 건의를 태조가 수용한 과정, 태조의 치국책과 신라와 후백제의 치국책과의 차이점 등에 대한 연구의 필요성도 제기하였다.

(1) 승직 제정

태조는 국사제도와 왕사제도를 수립하였는데, 그 목적은 왕실과 불교계와의 강한 유대 관계를 통해 자신의 정치적 입지를 강화하기 위한 것이었다. 태조는 자신의 정치적 목적 달성을 위해 인도와 중국의 제사제도를 본받고, 왕조와 불교와의 밀접한 관계를 강조하기 위해 왕사 제도를 새로 창안하였다(Vermeersch 2008: 267). 즉 고려 초 국가와 불교와 서로의 필요에 의해 접촉을 가속화하면서, 기존의 국사에 더하여 왕사제도가 설립된 것으로 보인다(남동신 2005: 99-100). 고려 왕실은 불교 교단의 장악을 위해 왕실 출신 출가도 허용하였으며(한기문 1998: 53-4), 국왕은 특정 종파를 통해 불교 종단을 장악하고, 불교 내의 갈등을 조정하며, 대불정책 및 대민정책을 위해 왕실 출신 승려들도 가까이 두었는데, 고려인들은 불교를 믿고 있어, 왕실의 불교 후원은 민심을 얻는 수단이 되었기 때문이다. 왕실 출신 출가도 이러한 목적 때문이었다.

이와 관련, 『쏭스』(송사)에 의하면, [고려에서는] 비록 왕의 자제라 하더라도 1인은 반드시 승려가 되었으며(이정훈 2009: 94), 왕족 중 서얼은 출가시켜 소군을 삼았다. 왕실 자제의 출가는 태조 때부터 나타나는데, 고려 전기 왕실 출신 승려들은 왕의 명령에 의한 것이었다. 고려의 지배체제가 완비되는 문종 대부터는 귀족 자제들의 출가가 보편화되는데, 왕실 자제들의 출가도 증가하였다. 왕실 자제의 출가가 관행화된 것도 문종 대부터로 추정된다. 문종은 자신의 아들들에게 "누가 능히 승려가 되어 복전을 가꾸고 이익을 가져오겠는가"[75]라고 물었으며, 의천의 출가도 문종의 명령에 의한 것이었다.

현존 자료상 고려 전기 왕실 출신 승려는 모두 19명인데, 왕자 승려 7명, 소군 승려 11명, 종실 출신 승려 1명이다. 부처가 왕자로서 출가했기 때문에, 불교 국가에서 왕자의 출가는 부정적이지 않았으며, 고려도 이 전통을 따른 것으로 보인다(이정훈 2009: 96-117). 왕실 출신 승려들은 일반 승려들과는 달리, 궁궐에서 출가하여 왕사나 국사나 고승들에게서 배우는 특혜를 가졌으며, 왕자 승려들은 승과를 보지 않고도 고승직에 임명되었다. 그러나 소군들은 승과도 보고, 승계도 하위직부터 출발한 것으로 추정되며, 고위직인 승통이나 대선사에는 임명될 수 없었다. 왕자 출신 승려가 입적할 경우의 대우도 일반 승려와는 달리 우대하였다(이정훈 2009: 101-19).

(2) 승단 후원

중국에서처럼, 한국의 불교도 그 경제적 기반은 토지에 있었다(남동신 2003: 38). 태조는 승단이 자신의 왕조를 정신적·물질적으로 돕는 데 대한 대가로 승단에 토지를 지급했으며(Vermeersch 2008: 288), 그 반대급부로서 승단은 정부 정책에 영합하였다. 한국 역사상 승려들은 7세기 이래 활발한 정치적 역할을 하였는데(Vermeersch 2008: 207), 태조와 관련된 많은 승려들도 이 점에서는 예외가 아니었다. 고려의 명승들 가운데는 정치권과 거리를 둔 승려가 없지는 않았는데, 혜거국사는 그 좋은 예였다. 그는 수차례에 걸친 태조의 부름에도 끝내 산사를 나오지 않았다:

---

75) 孰能爲僧 作福田利益耶(『고려사』90: 13b8).

천복[티엔푸]76) 4년[939, 태조 22년] 봄에 우리 태조 대왕
께서 [혜거국]사의 도덕을 흠모하여, 무릇 3번을 불렀으
나, [국사는] 가지 않고, 새를 기르기를 애써 원하며, 거북
이[가 진흙 속에서 꼬리를] 끄는 것을 마침내 사양하였다
[즉, 세상에 나서고 싶어 하지 않았다].77)

그리고 태조 왕건이 직접 지은 「홍법사 진공대사 탑비」에 부가된
「영봉사 고 왕사 진공대사 비음」에 의하면, 진공대사도 산속에서 도
닦는 것이 승려의 본분이라 하면서 태조의 소환에 응하지 않았다:

중이 오가는 것을 꺼림은 뜻이 도에 있기 때문입니다. 깊
은 산속은 도인이 사는 곳이며, 그윽한 바다와 질서 정연
한 나라는 군자가 평안히 지내는 곳입니다. 엎드려 비오니,
가엾게 여기시어……78)

「이 보경사 주지 대선사 증시 원진국사 교서 관고」에 의하면, 대
선사 승형(후의 원진국사)도 같은 태도를 견지하였다:

고 보경사 주지 대선사 승형은 종승을 공부하여 선발의
자리를 드날렸으나, 높은 뜻을 품고 명리의 굴레에 얽매

---

76) 후진(936~46) 가오쭈[고조, 936~42]의 연호.

77) 天福四年春 我太祖大王 欽師道德 凡三徵 不起 願乞以鳥養 辭遂以龜曳(최량, 「갈양사
혜거국사 비」, 한국역사연구회, 상, 1996, 343: 4-5). 이 문장의 '辭遂以龜曳'를 한국역사연구회,
하, 1996: 462에서는 "거북 인장을 끄는 것으로써 사양하였다"고 번역되어 있으나, 이 번역문의
뜻은 명확하지 않다. 여기서는 "거북이[가 진흙 속에서 꼬리를] 끄는 것을 마침내 사양하였다"로
번역하였다. 그 이유는 영귀예미(靈龜曳尾)는 '숨길수록 더욱 드러난다'는 뜻을 가지고 있는데,
'龜曳'는 그 약자로 생각되기 때문이다.

78) 僧憚於來往 志在登臨 山家之鬱鬱森森 道人卽住 海/國之幽幽秩秩 君子攸寧 伏乞憐
其……(왕건, 홍법사 진공대사탑비, 한국역사연구회, 상, 1996, 88: 7-8). '登臨'은 "높은 곳에 올
라가 아래를 내려다봄", "제왕의 지위에 올라 나라를 다스림"(민중서관 1988: 849a)의 뜻이 있다.
여기서는 한국역사연구회, 상, 1996: 124를 따랐다.

이기를 싫어하였다…… 선대로부터 여러 번 부르는 글을
내렸으나, 이미 물러가 숨어…….79)

또한 대경대사도 태조가 부른 후, 일 년이 지나서야 소환에
응하였다:

현재의 임금[태조]께서 [대경] 대사의 도가 중화에 으뜸이
며, 이름이 두 곳[중국과 고려]에서 높다는 것을 듣고 서
둘러 글을 써서 보내 대궐로 불렀다. [그러나] 일 년이 지
나서야 갑자기 은거지를 나와 임금 앞에 왔다.80)

그러나 국사와 왕사를 포함한 더 많은 수의 고승들은 태조의 부름
에 응하였으며, 그들이 이를 정당화한 이론은 자신들은 국왕의 백성
이며, 사는 곳도 국왕의 땅이란 것이었다. 광자대사(864~945)는
"산승 역시 왕의 백성이니 어찌 감히 명을 거역하겠습니까"81)라고
하였으며, 진철대사(870~936)는 "솔토[국토]에 거주하는 자가 감히
윤음을 거절할수 있겠는가"82)라고 하였다. 즉 고려의 많은 고승들도
왕토 개념에 의해 자신들의 정치적 활동을 정당화하였다. 또한 고려
의 고승들은 국왕의 축수 기원에도 정성을 쏟았다:

79) 故寶鏡寺住持 大禪師承逈 慧解陳明 法器泓深 夙業宗乘 欻飛楊於禪席 忽悔高想 肤
羈絆於名韁…… 越從先代 累降徵書 業已退藏(고 보경사 주지 대선사 승형은 지혜로 사리를 해
석함이 트이고 밝았으며, 승려로서의 자질도 깊어 일찍이 뛰어난 가르침을 습득하여, 문득 선문
에서 날아올랐다. [그러나] 홀연히 높은 뜻을 품고, 명예의 고삐에 묶이는 것을 싫어하였다……
선대에서는 여러 번 부르는 글을 내렸으나, 일이 끝나 물러나 숨었으니)(李相國集34: 8a2-6, 高
麗名賢集1, 1986: 365).

80) 今上 聞大師道冠中華 名高兩地 遽飛鳳筆 徵赴龍墀越一年 欻出巖扃來儀玉輦(최언위,
「보리사 대경대사 현기 탑비」, 한국역사연구회, 상, 1996, 52: 13-5).

81) 山僧亦是王民 何敢方命(손소, 「대안사 광자대사 비」, 한국역사연구회, 상, 1996, 193: 4).

82) 居於率土者 敢拒綸音(최언위[추정], 「광조사 진철대사 보월 승공 탑비」, 한국역사연구회,
상, 1996, 33: 10).

"늘그막에 마음이 편안하도록 진실로 살아갈 곳을 얻었으니, 남은 삶 동안 매일 [임금님의] 축수를 빌겠습니다.[83]

엎드려 바라건대, 성스러운 임금님 폐하께서는 큰 도량을 내리셔서 [이] 애처로움을 굽어 양찰하시고, 허락하는 말씀을 내리셔서 돌아가겠다는 간청을 받아 주십시오. [그러면,] 수풀을 음식 삼고, 구름[을 이불 삼고] 누워 혹 하루의 삶을 연장하더라도, 저녁에 불 켜고, 새벽에 분향할 것이니, 감히 만년의 축수를 게을리하겠습니까? 못내[무임]……[84]

비록 절름발이와 병약한 물건에게까지 이르더라도, 두터움을 입게 하시니, 사적으로는 신이 어찌 삼천위의를 갖추어, 더욱 맑은 행을 닦고, 억만 세를 가리켜 임금님의 장수를 더욱 축수하지 않겠습니까?"[85]

그리고 불교는 인간 평등을 중시하고 있다. 그러나 채충순(?~1036)의 「고려국 영취산 대자은현화사 비음기」에 의하면, 고려의 사찰은 노비를 소유하고, 왕사도 노비를 이용해 밭을 경작하였다:

[태조 대의] 왕사 도승통 주지 법경[871~921]은 무리를 이끌고, 가르침을 전하면서, 노비 100인과 소, 말을 함께 갖추어 밭 100경을 경작하였다.[86]

---

83) 老境心安 苟得容身之所 餘生日用無非祝壽之場(「사하산장」, 『이상국집』 30: 15b9-10, 『고려명현집』 1: 331).

84) 伏望 聖上陛下 廓廻大度 曲諒哀 祈俯宜可之辭許逐言歸之請則 林餐雲臥 儻延一日之生 夕火晨香 敢怠萬年之祝無任(「왕사걸하산장」, 이상국집, 30: 15a5-7, 고려명현집1: 330).

85) 雖至尫殘之物 俾蒙渥洽之私臣 敢不備三千儀 益修梵行 指億萬歲倍 祝皇齡(「돈유삼중사수좌표」, 이상국집30: 16a10-b2, 고려명현집1: 331).

86) 王師都僧統法鏡住持 領衆傳法 納田地一百頃 奴婢一百人 牛馬供其等以充(허흥식, 중

한국 역사상 승려들은 7세기 이래 활발한 정치적 역할을 하였을 뿐 아니라, 9세기 후반의 비문에 의하면, 국사나 왕사는 주술사로서 역할을 하였는데, 태조와 관련된 많은 승려들도 이 점에서는 예외가 아니었다. 따라서 태조 대의 많은 고승들도 불교 전문가라기보다는 주술사로서 태조의 세속적 욕망 성취를 위한 노력에 영합한 것으로 나타난다. 더욱이 왕사는 왕의 도덕적 권위를 강화시키기 위해 왕에게 계를 주고, 그가 불교 교리를 이해할 수 있도록 그를 불교로 이끌었다(Vermeersch 2008: 267)는 점에서, 그들의 이러한 태도는 태조로 하여금 불교의 정치적 이용을 추동시킨 중요한 요인이 된 것으로도 생각된다. 선종과 화엄종을 비롯한 불교종파들에 대한 태조의 후원도 정치적 목적을 띤 것이었다.

태조와 선승들과의 밀접한 관계도 그들이 지방호족과 연대되어 있어, 정치적 유용성이 있었기 때문이었다. 태조 대의 교종은 영향력에 있어서 선종보다는 약하였으나, 화엄종은 태조와 일정한 관계를 맺고 있었다. 화엄종은 태조의 후원 아래 그 인기를 다시 찾으려고 노력하였는데, 특히 승려 희랑(fl. 9세기 말)은 태조를 도왔으며, 승려 탄문은 태조의 후원에 힘입어 고승으로 성장하였다(최연식 1999: 34). 태조가 세운 개태사의 존재도 그가 화엄종에 관심을 기울인 또 다른 증거인데, 그는 [화엄종] 승려들인 윤언과 승담을 그 절에 머물게 하고, 매년 여름과 겨울에 법회를 열게 하였다.[87]

세 상, 1984, 445: 9-10).

87) 「신성왕 친제 개태사 화엄법회 소」에 반영된 세계관은 『화엔징』과 태조를 포함한 고려인들의 우주관이었다(Ho 1990: 14-5)고 하나, 그 구체적인 내용은 분명하지 않다.

(3) 승단 통제

한국의 승단은 중세 유럽의 천주교 교단의 경우처럼, 자율적 존재가 아니었다(Vermeersch 2008: 203). 태조는 자신의 정치적 목적을 위해 승정을 통제하였으며, 고승 임명도 세속적 목적 달성과 관련되어 있었다. 신라의 국가적 사찰들이 다른 사찰들에 대한 감독권도 가지고 있었던 것과는 달리, 고려 초기부터 왕은 주지 임명권을 가지고 있었는데(Vermeersch 2008: 219), 고려의 국왕들은 중국의 군주들보다 더욱 효과적인 승정 통제책을 가진 것으로 나타난다(Vermeersch 2004: 9). 중국의 황제들이 전국에 세운 사찰들은 행정권을 가지고 있지 않았으며, 그 절들은 세속의 지방 행정관의 감독을 받았다.

고려에서 중국의 승록에 해당하는 기관인 승록사가 세워진 것은 태조 21년인 939년이었으나, 승록사의 위치는 상당히 낮았으며, 그 권한도 제한적이었다(Vermeersch 2008: 213-26). 또한 이규보의 「선종 삼중 익장 원이 담영 대혈 각위 선사 관고」에서도 왕이 고승들을 존경한 이유는 그들로부터 이익을 기대하고, 그들이 국가의 이익을 위해 헌신토록 하게 하기 위한 것이었다:

> 승직은 승려들의 존엄을 높이기 위한 것이며, 선사의 직위도 [같은 이유로] 줄 수 있는 것이니, 아! 국왕이 고매한 사람을 예를 갖추어 환영함은 대개 남은 혜택에 젖기 위함이다. 법왕이 당세에 출현하였으니, 반드시 바른 안목을 밝히고, 가슴으로 힘써, 명을 인도하고, 영원히 국가에 복을 빌지어다.[88]

즉 고려에서 명승은 부처처럼 인류 구원자가 아니라, 국가 이익에 부합한 종교인이었다. 태조의 승정은 신라의 그것과도 달랐다. 신라의 주요 사찰은 "호국" 의례의 개최지로 기능하면서, 다른 사찰들을 감독한 승정의 중추 역할을 하였다. 그러나 신라의 이러한 전통은 고려 태조의 치세에서 완전히 변하였다(Vermeersch 2008: 213). 국가가 승단을 대신하여 세속 권력을 통해 승정을 통제하였으며, 왕은 세속적·종교적 양면에서 권력을 행사한 유일한 존재가 되었다(남동신 2003: 53).

5. 역사적 평가

후대의 역사가들은 태조의 불교 정책을 어떻게 평가하였을까? 그들의 평가는 긍정적이지 않았다. 조선시대의 한 사가는 이렇게 말했다:

> 사신이 이르기를, "태조는 창업 후 [고려를 세운 후] 일년 이내에 도성[수도인 개경]에 10개의 사찰을 건립하였으며, 양경[개경과 서경]의 탑과 사당을 수리하였다······아! [이는] 그가 [일의] 가벼움과 무거움, 느림과 급함의 마땅함에 어두워서인가? 화복인과의 설에 모두 묶여서인가? 당시 두 강국[신라와 후백제]은 여전히 평정되지 않았으며, 여러 성채들도 항복하지 않은 것이 많았고, 전투도 아직 끝나지 않았으며, 전쟁의 상흔도 아직 회복되지 않은 상태에 있었다. 왜 [그는] 쓸데없는 일[불사]에 급급하여 여기에 이르렀는가?" 태조는 개태사를 지었으나, 그것

---

88) 空門之品級 用增 梵德之尊嚴 可持授禪師 嗚戲 國君之迎禮高人也 蓋其褻焉餘膏 法王之出現當世也 固必紹明正眼 勉膺訓命永福邦家(이상국집34: 12a2-5, 高麗名賢集1: 367).

은 지나치게 화려하였다. 왕은 많은 승려들과 함께 그 절
을 짓고, 완공을 기념하는 기념문도 지었다. 불교가 백성
들의 마음을 불편하게 만든 것은 실로 안타까운 일이
다…… 태조는 그 행위가 존경스러웠을 뿐 아니라, 옳기도
하였다. 그럼에도 불구하고, 그는 불교 관습에 물들어 있
었으니, 그보다 못한 다른 사람들은 말할 필요도 없었다.
왕은 "무분별한 사찰 건립은 신라의 멸망을 가속화시켰
다"고 말하였다. 그는 후기에 이르러서야 자신의 무분별
한 행위를 유감스럽게 여기고 이렇게 말한 것인가? 태조
는 그의 후대 임금들이 불교를 믿으라는 유언을 남겼으며,
그의 후대 왕들은 이 유언을 따라 불교를 숭상하여, 3만
개의 사찰에서 반승을 위해 하루에 쌀 7만 석[89]을 소비하
였다……[90)

이 역사가가 비록 유학자였다 하더라도, 화려한 불사를 비판한 그
들의 주장에는 일리가 있다. 요약하면, 강한 권위를 가졌던 태조의
정치 이념은 유교였으며, 불교는 그의 정치적 목적 달성을 위한 민
심 획득의 중요한 방편이었다. 그러나 그는 고려를 불교국가로 만들
려고 하지는 않았으며, 승단도 그의 통제 아래 두었다. 따라서 불교
를 포함한 그의 종교 정책은 현대적 의미에서의 종교다원주의 차원
에서였으나,[91)] 그 종교 상황은 전통 사상의 전형적인 세속화에 있었

---

89) 여기서 '세'는 '석'(石)으로 생각된다.

90) 史臣曰 太祖創業甫踰年 而作十寺于都城 修塔廟于兩京 嗚呼其昧於輕重緩急之宜耶
抑怵於禍福因果之說也 于時二大强國未平 諸城未下者亦多矣 而攻戰未已也 何汲汲於無益之
作至此也 繼有開泰之設 窮極奢侈 至有手述 疏語大會 僧徒以落之甚多 佛氏溺人心也滔滔 流
俗 趨奉施捨 猶恐不及 以太祖之光明正大 猶不能不混於衆流之中 況其下者乎 況其臣民則 效
於君子乎 惜哉 其新羅作寺 速亡之戒 豈亦晩年悔悟之作歟 貽謀之弊流 至後昆崇信之 至一日
施米 至於七萬歲 飯僧徒 至于三萬寺院 肖像無非金銀之飾 千函萬軸 無不金銀其字 宮殿爲梵
唄之堂 緇髡居師傅之位 然亦無救 於亂亡佛氏之禍 于國害于人慘矣 可不戒哉(『고려사』절요1:
15b5-16a8).

91) 고려 중기의 다원주의에 대해서는 Breuker 2003: 48-84 참조.

으며(윤이흠 2002: 18-22), 특히 화려한 불사는 후대 역사가의 비판을 초래하였다.

맺음말

이 장의 목적은 태조의 말, 글 및 불사를 중심으로 태조의 불교관과 치국책을 검토하는 데 있었으며, 이를 위해 태조 대 불교의 성격, 그의 불사 및 치국책을 분석하였는데, 그 결론은 다음과 같다. 태조대의 불교는 국교가 아니라, 주류 종교였다. 태조는 유교적 시각을 통해 불교를 이해했으며, 그 사상적 배경은 업설이었다. 태조의 일차적 관심은 불교 교리가 아니라 사찰 건축, 불교의례 개최 등의 불사에 있었다. 태조는 불교 계율을 왕실의 번영과 같은 자신의 세속적 목적을 위해 적용시켰으며, 승단을 자신의 통제 아래 두었는데, 태조의 치국책에 대한 역사적 평가는 부정적이었다. 그리고 국가의 경제적 후원에 보답하기 위해 불교계는 태조의 치국책에 영합하였는데, 이 전통은 고려가 망할 때까지 지속되었다.

제2장
현종의 불교관과 치국책

　『고려사』에서 현종 대가 갖는 의미는 대단히 크다. 현종 대는 고려 전기에서 중기로 넘어가는 전환기로서 고려 초의 정치사회적 체계가 안정적으로 자리 잡게 되는 시기며(최성은 2008: 209), 유학자들과 중소 토호들이 주체가 된 중앙집권적 관료체계가 확립되고(변상희 1992: 1), 유교 관료제 완비와 함께, 고려 문벌귀족사회의 형성이 일단락된 시기(김창겸 2008: 132-3)였기 때문이다. 또한 현종 대는 커다란 변화를 수반한 시기로서(김당택 2008: 231), 고려, 송, 요(거란)를 주축으로 하는 동아시아 국제질서가 균형을 이룬 시기기도 하였다(이정훈 2011: 178). 현종 자신도 여러모로 주목되는 인물이다. 그는 어린 시절의 역경을 극복하고, 정변을 통해 왕위에 올랐으며, 태조 다음으로 많은 14명의 후비를 거느렸고, 그 이후 고려의 국왕들은 모두 현종의 자손들이었다. 현종 대 이후부터는 왕위계승에 있어서 원칙적으로 태자책봉과 부자계승이 관철되었다(김기덕 2001: 263). 그리고 『현종실록』을 쓴 최충(984~1068)은 현종을 고려를 중흥시킨 군주(『고려사절요』3: 59b8-9)로, 고려의 학자-관리였던 이제현(1287~1367)은 현종 대를 고려의 번성기(『고려사』9: 37a6-37b7)로 간주하였다.

현종은 즉위 이전, 승려로 있었을 만큼 특히 불교와 밀접한 관계를 가지고 있었으며, 현종 대는 불교가 크게 융성하여 불사도 많이 이루어졌다(최성은 2009: 209). 현종과 불교와의 관계에 대한 기존의 연구는 그 중요성에도 불구하고 별로 많지 않은[92) 가운데, 그에 의한 현화사 창건 배경과 법상종과의 관계에 집중되었으며(조경시 2007: 175), 현종이 왕위에 오르기 전 승려로서 살았던 법상종 계통의 숭교사에 대한 고찰도 다루어졌다(변상희 1992: 2). 그러나 현종의 즉위 배경에는 유신들뿐 아니라, 불교교단과의 관계도 고려되어야 하나, 기존의 연구에서는 현종 즉위 이전 불교 교단과의 관계에 대한 규명이 시도되지 않았다. 그리고 현화사의 창건도 현종의 입장을 넘어 최항으로 대표되는 정치세력의 영향도 고려되어야 한다(변상희 1992: 3).

Ⅰ. 현종과 불교

현종과 불교계는 깊은 관련을 맺고 있었는데, 그 첫 번째 동기는 그의 어린 시절의 어려운 삶과 관련이 있었다. 현종은 사실상 고아로 태어난 셈이며, 현종의 이종 사촌인 목종 대(980~1009)에는 태조 왕건의 손녀이자 경종(955~81)의 왕후며, 현종의 이모인 천추태후의 핍박으로 어려운 시절을 보냈다. 현종은 대량원군으로 책봉될

---

92) 현재 가장 많이 인용되는 불교계 학술지인 『佛教學報』(이재형 2011.05.11)에는 고려 현종의 불교 관련 논문은 전무하다.

당시 13세였으나, 목종이 왕위에 오르자 천추태후가 섭정을 하였고, 목종 말에 이르자 그녀는 자신과 김치양과의 사이에 태어난 아들을 후사로 삼기 위해 유일한 왕위계승권자인 대량원군을 승려로 만들었다. 대량원군은 처음에 숭교사에 가 있다가, 목종 9년(1006)에는 삼각산의 신혈사에 머물게 되었다. 당시 천추태후가 비밀리에 사람을 시켜 여러 차례 그를 해치려 하였으나, 신혈사 승려의 도움으로 그는 불의의 사변을 면하였으며,[93] 그 후 목종 12년(1009) 정변에 의해 현종으로 즉위하였다(『고려사』4: 1a1-b20).[94] 따라서 현종과 불교와의 밀접한 관계는 그가 즉위하기 전에 몸담았던 사찰과 후원 세력의 영향이 컸다.

현종은 창사, 불탑 수리(『고려사』4: 12a7-8, 4: 26b3-4), 사리 신앙, 불교미술,[95]) 도첩 수여(『고려사』4: 26b3-4) 등의 불사를 진행하고, 불교미술의 융성을 기하고, 풍수설을 신봉[96]하기도 하였다. 그러나 현종과 불교와의 관계는 『초조고려대장경』 조판, 불교행사 개최 및 승단의 정비 등으로 대표 되지만(조경시 2007: 175-209),[97])

---

93) 이와 관련, 기존의 연구에서는 천추태후의 애인이었던 김치양의 파계와 도교나 토속신앙과 습합된 신앙행위에 대해 불교계가 크게 반발하여 신혈사의 승려들이 대량원군을 보호, 지지했다고 보았다(변상희 1992: 2).

94) 현종의 즉위 과정에 대한 주요 연구업적에 대해서는 변상희 1992: 1 참조. 현종 대 정치세력의 동향과 연관된 치국책에 대해서는 최병헌 1981 참조.

95) 현종 대에는 불교미술도 새로운 전기를 맞은 것으로 보인다. 현존하는 고려시대 석조 미술품 가운데 현종 대의 것이 다수 존재하며, 또한 그것들은 조형적 우수성을 보이고 있을 뿐 아니라, 화려하고 귀족적이었다(최성은 2008: 209-30). 현존하는 140여 점의 고려불화 중 발원자가 알려져 있는 작품은 10여 점으로, 발원자는 왕실 인물, 고위 문인, 무관, 교위, 선 교종의 고위 승려 및 일반 승려들이다(김정희 2001: 13-4). 일반적으로 고려의 화불은 축원, 의식에서의 사용, 소장 및 봉안 등을 목적으로 조성된 것으로 간주된다(박혜원 2010: 253-6, 박혜원 2011: 48에서 재인용).

96) 현종은 도선을 추앙하여 대선사의 호를 추봉하였는데(이범룡 1988: 34-5), 이는 그가 풍수설에 큰 관심을 가지고 있었음을 말한다. 한국불교와 풍수설에 대한 논의는 김종명 2001: 206-15; 윤홍기 2011: 207-35 참조.

97) 조경시의 연구는 신앙인으로서의 현종에 초점을 두었다(조경시 2007: 202). 현종 대의 불

특히 그의 불교와 정치와의 관계는 그에 의한 창사, 그의 재위 시에 조판된『초조고려대장경』및 그가 설행한 불교의례를 통해 가장 잘 살펴볼 수 있다.

1. 창사

현종 대에는 가장 적극적인 불사행위인 사찰 창건이 전국적으로 이루어졌는데(이정훈 2011: 198), 현종은 국토의 중요 거점 지역에 새로운 사찰들을 건립하였다(조경시 2007: 176). 특히 최사위(961~1041)는 현종의 명을 받들어 다수의 사찰을 조영하였는데(이병희 2011: 235-6), 이는「최사위 묘지 명」을 통해 알 수 있다(최성은 2008: 211). 이 묘지 명에 의하면, 최사위는 현화사, 봉은사, 수영사, 보제사, 나한전, 의왕사, 사천삼사, 영화사, 신중사, 점찰원, 미륵원, 개통사, 계성사, 정양사, 자복사, 보현경관의 창건에 관여하였다(김용선 1993, 26: 10-4).

특히 현종 9년(1018)에 시작되어 현종 13년(1022)에 완성된(윤용혁 2010: 178) 현화사는 현종이 불운하게 죽은 자신의 부모의 명복을 빌기 위하여 창건한 사찰(『고려사』4: 27a8-9)로서, 유가종계열의 중심 사원이었으며, 현화사 공사 담당자는 현종의 측근 세력(최영호 2009a: 156-63)인 최사위였다(허흥식 1984, 445: 1; 최성은 2008: 224). 현종 자신도 현화사에 대해 많은 신경을 썼다. 현종은 1020년 현화사의 승려 법경을98) 왕사로 임명하였는데(『고려사』4: 34b2-3),

교와 불사에 대해서는 최성은 2008: 210-2 참조.

98) 법경은 현종이 직접 관계를 맺은 최초의 법상종 승려인데, 현종은 1020년에 그를 현화사 초대 주지로 임명하였으며, 그는 곧 왕사가 되었다. 법경을 이은 현화사의 2대 주지는 혜소국사 정현(972~1054)이며, 3대 주지는 지광국사 혜린(984~1070)인데, 법상종은 혜린 대에서 크게 융

이는 화엄종을 견제하고 법상종을 불교계의 구심점으로 삼으려 한 것으로 보인다(변상희 1992: 36-7). 1021년에는 현종이 현화사에 가서 비면 액자를 친필로 썼으며, 이에 앞서 한림학사 주저(?~1024)로 하여금 비문을 짓게 하고, 참지정사 채충순에게 비의 후면 글을 짓고 글씨도 쓰게 하였다(『고려사』4: 36a8-b1). 그리고 1029년에는 현종이 직접 현화사에 가서 친히 새로 만든 종을 친 다음 여러 신하들에게도 종을 치게 하고, 그들에게 의복과 비단도 나누어 주었다(『고려사』4: 34b1-2).

또한 현화사에는 현화사의 창건불사와 대장경의 조성 및 인경 사업을 수행하기 위한 중앙의 임시행정기구로서 조성도감이 설치되었는데, 조성도감의 직제는 중앙행정관료들과 승록사의 승관들이 함께 임명된 형태로 구성되어 있었으며, 총 책임자인 별감에는 정2품의 최사위가 임명되었다(최영호 2009a: 156-9). 그리고 『초조고려대장경』 조성도 1021년(현종 12년) 현화사에서 시작(윤용혁 2010: 175)되고, 현화사에서 주도하였다(岡本敬二 1953, 최영호 1997: 5에서 재인용 허흥식 1990: 424).[99]

그러나 현화사 창건의 목표는 현종 부모의 명복을 비는 것이 일차적이었으며, 그 사찰의 창건은 자신의 왕위 계승의 정통성에 대한 강조를 의미하는 것이기도 하였다. 중광사에는 현종의 아버지인 안종(?~996)의 진전이 설치된 것으로 추측되며, 홍경사도 같은 목적으로 지어진 사찰이었다. 그리고 현종 대에는 승려에 대한 지원도 상당하였는데, 현종 대에 크게 대우받은 승려는 왕사, 국사였으며,

성하였다(조경시 2007: 189-91).

99) 고려 현종 때 현화사 조성도감의 조직체제에 대해서는 최영호 2009a: 157 참조.

주로 선종과 법상종 계통의 승려가 임명되었다. 특히 현종과 깊은 관련을 맺은 불교계는 법상종 계통의 사찰, 승려가 돋보인다(이병희 2011: 234-8).

2. 불교의례 개최

현종은 22년간의 재위기간을 통하여 연평균 0.33회의 불교의례를 개최하였다. 그의 재위 시에는 연등회 2회, 팔관회 1회, 장경도량 1회, 인왕도량 4회, 축수도량 1회, 반승 2회가 열렸다.

특히 현종은 성종 대(92~1031)에 폐지되었던 연등회(『고려사』4: 4b5-6)와 팔관회(『고려사』4: 6a1)를 즉위 2년(1010)에 부활시켰는데, 그것은 최항(?~1024)의 건의에 의한 것(『고려사』93: 30b34)이었다. 현종은 1010년 윤 2월 갑자일에 연등회를 다시 열었다(『고려사』4: 4b5-6). 1011년 2월 기미일에는 행궁에서 연등회를 열었는데 이때부터 2월 보름이 연등 행사일로 정해졌다(『고려사』4: 7b4-5).[100]

그리고 현종은 팔관회를 1010년 11월 15일 부활시키고, 궁전의 위봉루에서 음악을 들었다(『고려사』4: 6a1). 팔관회가 언제부터 공휴일이 되었는지는 명확하지 않다. 그러나 팔관회 개최일이 11월 15일로 확정된 것은 현종 때(1009~31)였으므로, 이때 공휴일로 확정된 것 같다. 팔관회는 고려 초기에는 매우 성황을 이루었으나, 현종 이후에는 점차 약해지고 있었다는 주장이 있다(이홍직 1984: 1616b-17a; 정

---

100) 고려시대에는 정규연등회, 임시연등회, 불탄일연등회 3종류가 있었다. 여기서의 연등회는 정규연등회를 뜻하며, 불탄일연등회는 고려 후기의 산물이었다. 이에 대한 논의는 김종명 2001: 123-30 참조.

세훈 1996: 15). 그러나 이러한 주장은 사실과는 다른 것으로 나타난다.

국왕이 주도하여 장경도량과 인왕도량 및 반승이 실시된 것도 현종 대가 처음이었으며(홍윤식 1988: 60; 김형우 1992: 47; 조경시 2007: 195[101]), 인왕도량, 축수도량, 반승은 현종 대 이후 정례화 되었다 (이병희 2011: 232). 또한 1012년에는 축수도량을 항구 의식으로 정 하였다(『고려사』4: 12b5-6). 1012년에는 승려들을 내전에 모아 놓고 『런왕징』을 강의하였으며(『고려사』4: 12a8-9), 1018년에는 10만 명 의 승려들에게 음식을 먹였다(『고려사』4: 26b5). 1020년에는 사자좌 100개를 설치하고, 궁정 안뜰(『고려사』4: 33b5-6)에서, 1021년에는 구정(『고려사』4: 35b5-6)에서 각각 3일간 『런왕징』을 강의하였다.

3. 『초조고려대장경』 조판[102]

(1) 역사

대장경은 일정한 규칙에 따라 불교전적을 모아 편집한 것을 의미 한다. 대장경의 산스크리트어인 "트리피타카"(tripiṭaka)는 원래 "세 개의 광주리"를 표현한 단어였으나, 후에 그것은 모든 불교전적을 의미하는 경, 율, 논의 삼장을 뜻하게 되었다. 동아시아에서 삼장이

---

101) 조경시는 반승이 1회 열려 총 11회의 불교의례가 현종 때 개최되었다고 한다.

102) 이 부분은 Kim 2002: 155-7 및 김종명 2008: 248-52의 번역, 요약문이며, 따라서 특별 한 경우가 아니면, 이 책에서 출처는 따로 밝히지 않았다. 『초조고려대장경』의 호칭, 일본 난젠지 (남선사) 『초조고려대장경』의 서지적 분석, 부인사의 위상과 『초조고려대장경』 소장 배경, 몽고 침입과 부인사 대장경의 소실, 고고자료로 본 부인사지의 현황과 변화 등을 포함한 『초조고려대 장경』과 부인사 관련 연구성과에 대해서는 『한국 중세사연구』 28(2010)의 관련 부분 참조. 「대 장경: 2011年 고려대장경 천년 기념 국제학술대회」(대구 인터불교 호텔, 2011.6.27～9)는 최근에 개최된 초조고려대장경 관련 대표적 국제학술대회. 그리고 최근 고려대장경연구소에서는 『고려 초조대장경복원간행본』을 발간하여, 관련 연구에 중요한 계기를 제공하였다.

란 단어가 처음 나타난 것은 6세기 성우(승우)가 편찬한『추산장지지』(출삼장기집)에서였다. 그러나 10세기 중기 이후 삼장은 동남아시아의 상좌부(Theravāda) 불교 전통의 불교 전적을, 대장경이란 말은 대승불교 전적을 의미하게 되었다. 따라서 모든 불교전적을 의미하는 대장경이란 단어는 중국의 당나라(618~907) 이후에 쓰이기 시작한 것으로 생각된다.

10세기 중국에서 불교문헌들의 편찬과 인쇄는 국가의 책임 아래 이루어졌는데(Shi 2011: 483), 세계 최초의 대장경은 중국 송나라의 타이쭈(태조, 960~76)가 971년에서 시작하여 983년에 완성한『수반다장징』(촉판대장경)이며,[103] 이 대장경은 오늘날 한역대장경의 세계기준이 되고 있다(落合俊典 2011: 27).[104] 이『수반다장징』은 송나라의 불교문화 중 가장 뛰어난 것이며, 여러 가지 다른 판본 중에서도 가장 가치가 큰 것으로서 후대의 한문대장경의 모본이 되었는데, 730년에 편찬된『카이위엔스자오루』(개원석교록)에[105] 수록된 불교전적 5,048종을 480개의 함에 담은 것을 원전으로 사용한 것이었다. 이『수반다장징』은 한국과 일본을 포함한 중국의 이웃 나라 불교 발전에도 큰 영향을 미쳤다. 984년에는 일본에 전해졌으며, 고려도 이를 공식적으로 요청하여 가질 수 있게 되었으며, 서하(1032~1227)에도 전해졌다. 송으로부터 고려로의 대장경 수입은 초기부터 고려가 사신을 통해 요청하고 송이 이에 대응하여 주는 형

---

103) 이 대장경은 현존하진 않는다.

104) 동아시아에서 생산된 대장경들의 유포에 대해서는 Zhang 2011: 240-69(영문); Zhang 2011: 270-95(한글) 참조. 일본에서는 에도시대(1603-1868) 초기에 장경 판각이 시작되었는데, 이것이 뎬가이판이다(章宏偉 2011: 427-8).

105) 부류별 경전 분류는 지승의『카이위엔스자오루』가 처음인데, 여기에는 법성의 상주 불변을 강조하는 불전이 많이 포함되어 있다(신규탁 1998: 353-5).

태로 이루어졌는데, 983년 이후 1022년까지 일곱 차례 정도 확인되며, 『수반다장징』의 본장과 속간 대부분은 991년에 고려에 도입되었다. 그리고 고려는 『초조고려대장경』의 완성을 위해 송과 요[거란]의 대장경을[106] 추가적으로 확보하려는 노력을 지속적으로 경주하였다(석길암 2011: 393).

고려시대의 불교는 정부의 후원 아래 황금기를 이뤘는데, 특히, 대장경 인쇄는 국가적 지원 사업의 대표적인 예였다. 고려는 10세기말에 대장경을 중국 송나라로부터 수입하여, 이를 바탕으로 11세기에는 한국 최초의 대장경인 『초조고려대장경』을 조판하였다.[107] 이 『초조고려대장경』은 991년 북송에 사신으로 갔던 한언공이 중국 황제로부터 받아 가져온 『수반다장징』을 바탕으로 새롭게 고려에서 판각한 것인데, 학자들은 연구 결과, 고려의 이 대장경이 『수반다장징』을 복각하면서, 약간의 개수를 거친 것으로 파악하였다.[108]

(2) 조성 연대 및 구성

『초조고려대장경』의 조성 연대는 명확하지 않다(윤용혁 2010: 175). 그러나 일반적으로 1011년(현종 2년)에 조판이 시작된 것으로 추측되는데(李富華 2011: 451), 그 대부분은 1029년(현종 20년)에 조성

---

106) 한문본 『셰단다장징』은 1054년에 완성되었는데(김종천 1987: 451), 『거란장』 또는 『요장』이라고도 한다. 요나라 성쭁(성종, 982~1031) 시대에 판각이 시작되었으며, 싱쭁(흥종, 1031 ~55) 시대에 579질로 최종적으로 정형화되었다(李富華 2011: 460).

107) 『초조고려대장경』의 연구사에 대해서는 강순애 2000: 255, 『초조고려대장경』의 특색에 대해서는 조경시 2007: 194 참조. 그리고 불교전적은 고려시대에서 출판된 책들 가운데서 가장 중요한 위치를 차지하고 있었다(An 1976: 33).

108) 따라서 『초조고려대장경』은 중국에서 간행된 가장 초기 형태의 『수반다장징』을 이해하기 위한 매우 중요한 자료집이다(船山 徹 2011: 364-5).

되었으며, 완성은 1087년(선종 4년)[109]에 이루어진 것으로 보고 있다. 따라서 『초조고려대장경』의 조성은 1011년부터 1087년까지 76년간에 걸쳐 이루어진 셈이다. 『초조고려대장경』은 "천"자 함부터 "범"자 함까지 모두 570함, 5,924권으로 구성되어 있었다. 그리고 수기는 그의 『고려국신조대장교정별록』(이하 교정별록)에서 국본을 『국전본』과 『국후본』으로 나누었는데, 전자는 현종 때의 송본을 저본으로 삼은 경전이고, 후자는 문종 때의 단본에 의거한 경을 의미하는 것으로 보인다(김종명 2006a: 287).

(3) 특징

고려의 국력을 쏟아부어 간행된(落合俊典 2011: 20) 한역대장경인 『초조고려대장경』 조판은 세계 인쇄술사의 획기적 사건이기도 하였다.[110] 이 대장경은 동양에서 송의 『수반다장징』과 거란(907~1125)의 『세단다장징』에 이어 세계에서 세 번째로 완성된 것이었으나, 내용과 수록 범위 면에서 특징들을 가지고 있었다.

첫째, 『초조고려대장경』은 단순히 북송의 대장경을 복각한 것은 아니었다. 중국의 대장경과 한국의 대장경은 그 내용과 배열 순서에 있어서 차이를 보이고 있어 『초조고려대장경』은 『수반다장징』의 개선본인 셈이다. 즉, 『초조고려대장경』은 근 70여 년에 걸쳐 국내에

---

109) 1021년(현종 12년)에 시작되어 문종 대 혹은 선종 4년(1087)에 완성(윤용혁 2010: 175)된 것으로 보기도 한다. 『초조고려대장경』에 대한 전체적 정리에 대해서는 천혜봉 1994: 103-21 참조.

110) 751년 신라에서는 다라니 경전의 목판 인쇄본이 간행되었는데, 이것은 현존 목판 인쇄본으로서는 세계에서 가장 오래된 것이다(Lee 1993: 423; Lee 2012: 214).

전하던 불경들을 참고하고, 부분적으로 고려에만 잔존하던 불경들을 새로 입장시켜 완성한 것이었다. 둘째, 『초조고려대장경』의 수록 범위는 당시까지 개판된 것 중 가장 포괄적인 한역 대장경이었으며, 그때까지 동아시아에서 편찬된 대장경 중 가장 우수한 대장경이었다. 난죠분유(남조 문웅, 1849~1927)는 『수반다장징』의 목록을 편찬하고 번역한 학자였는데, 그도 『초조고려대장경』은 적어도 일본에서 현존하는 여러 가지 대장경들 중 가장 오래되었을 뿐 아니라, 가장 우수한 대장경이었다고 주장하였다.

(4) 현존본

『초조고려대장경』은 1087년 최종 조성 후, 1220년경 부인사로[111] 옮겨져(윤용혁 2010: 173, 186), 보관되어 있었던 것으로 간주되고 있다. 그러나 1087년부터 1220년까지 이 대장경이 어디에 보관되어 있었는지, 활용도는 무엇이었는지 등에 대해서는 아직까지 잘 알려져 있지 않다. 더욱이 부인사에 보관되어 있던 이 대장경은 1231년 몽고군 침입으로 대부분 불타 없어졌으며(한명숙 2011: 163),[112] 소실될 때까지의 약 2세기 동안 존재한 이 대장경이 어떻게 활용되었는지도 정확하게 알 수 없다(Lancaster 2011: 299). 『초조고려대장경』은 몽고의 침입으로 인해 대부분 불타 없어져 버렸기 때문에 거

---

111) 『초조고려대장경』의 보관처가 대구의 부인사가 아니라 개경의 부인사란 견해도 있다(윤용혁 2010: 191-2).

112) 『초조고려대장경』의 소실 연대를 1232년(고종 19년)으로 보는 견해도 있다. 그리고 부인사 방화의 주체가 몽고군이 아니라, 고려인이란 견해도 있으나, 근거가 약하며, 몽고군이라고 보는 것이 타당하다(윤용혁 2010: 173-96).

의 남아 있지 않은 것으로 알려져 왔으나, 그 일부가 발견되어 현재 국내와 일본 교토의 난젠지(남선사)에 약 1,800권 정도, 즉 전체의 약 1/3이 현존하고 있다(落合俊典 2011: 21).[113]

Ⅱ. 현종의 불교관

현종의 불교관을 직접 알 수 있는 자료는 드물다. 그러나 현종의 관심 불경, 주저의 「개성 현화사 비」(허흥식, 중세 상, 1984: 441-5), 이규보의 「대장각판 군신 기고문」, 현종의 어린 시절 사찰과의 관계, 그와 관련된 불사들, 불교의 정치적 역할에 대한 그의 견해 및 당시 관리들의 불교 이해 등을 통해 현종의 불교관을 직간접적으로 살펴볼 수 있다.

1. 불보관

채충순은 현종 대 정책의 방향 설정에 큰 영향을 발휘한 인물이었는데, 그의 「고려국 영취산 대자은현화사 비음기」에는 불교의 정치적 역할에 대한 그의 견해가 나타나 있다. 이 비음기에 의하면, 그는 유교, 불교가 왕도정치 구현에 다 같이 중요한 역할을 하는 것으로 간주하였다. 즉, 왕도정치란 인과 효에 근거한 정치인데, 불교 역시 『푸무언중징』(부모은중경)에서 효를 강조하고 있어, 불교의 정치적 역할이 유교와 다를 바 없다는 것이다:

---

113) 이 현존본들은 고려대장경연구소 데이터베이스(www.sutra.re.kr)에서 열람 가능하다(落合俊典 2011: 26).

신[채충순]은 성인이란 지극한 모범이 되는 분이라고 들었습니다…… 불법은 마음에 있는 것이니, 경건하게 닦으면, 복의 인연으로 능히 나아갈 것입니다. 이른바 3교는 각각이지만, 그 근원은 같은 것입니다…… 유교에서 인과 효에 앞서는 것은 없는 까닭입니다. 따라서 선왕께서 이르시길, "효란 덕의 근본이며, 가르침이 그로 인해 생기는 것이다. 이 때문에 선왕은 효로써 천하의 이치를 삼으신 것이다…… [또한] 천하는 화평하며, 재해는 생기지 않았던 것이다. 부처님은 곧 『부모은중경』도 설하셨는데, 갖춘 것은 책 중의 취지와 같았으니, 다시 수고롭게 쪼개어 베풀 필요가 없는 것이다. 유교와 불교의 두 가르침은 모두 효를 핵심 가르침으로 한다고 할 수 있다."[114]

이 인용문에 의하면, 현종 대의 관리들은 불교의 핵심은 마음 수양에 있으며, 그 내용은 유교의 핵심인 효로 간주하고 있었음을 알 수 있다. 이 점은 성종 대의 최승로의 시각과 같은 것이며, 따라서 고려시대 지식인들의 일반적인 인식이었다고 할 수 있다. 그리고 그들은 유교를 치국의 수단으로 간주하기는 했으나, 인생의 완전한 가르침으로 보지는 않았으며, 대신, 불교를 구복 중심의 개인 구원론으로 이해했음을 뜻한다. 현종의 아버지 성종 대(960~97)의 이지백(?~?)의 아래와 같은 증언을 통해서도 당시의 고려 지식인들이 불교를 정치적 방편으로 이해하고 있었음을 알 수 있다:

전 민관어사 이지백이 이르기를, "국토를 경솔히 적국[거

---

114) 臣聞 聖人之至鑒也…… 佛法在心 虔敬則福祿克就 所謂雖各主三教 而共在一源眞理 內融化門 外顯者 所以於儒則 無先其仁孝 故 先生云 孝者德之本歟 教之所由生也 是以先王 之 以孝理天下也 其教不肅 而成其政不嚴 而天下和平災害不生矣於 佛則亦說 父母恩重經 其 如卷中之旨也 更不勞剖宣 可謂儒釋二門 皆宗於孝……(허흥식, 중세 상, 1984, 447: 12-448: 2).

란]에 할양하는 것보다는 차라리 선대로부터 전하여 오던 연등, 팔관, 선랑 등 행사를 다시 거행하고, 타국의 색다른 풍습을 행하지 말며, 그럼으로써 국가를 보전하고 태평을 누리는 것이 좋지 않겠습니까? 만일 그렇다고 생각하신다면, 응당 먼저 신명에게 고한 후에 항전이냐 화의냐 하는 문제는 오직 임금님께서 결정하십시오"라고 건의하였다. 성종은 그것을 옳게 여겼다.115)

현종 스스로도 승려의 전사 행위에 대해 포상하였다:

지난해[1010] 거란이 서경을 포위하였을 때, 승려 법언이 정의를 위하여 용감성을 발휘하였으며, 나라를 위하여 생명을 바쳤으니 그에게 수좌의 관직을 추증하여야 하겠다.116)

현종은 현성사 등의 절을 짓고, 팔관회, 연등회 등의 불교의례들을 부활시키거나, 항식화시켰으며, 당대의 최대 불사인 『초조고려대장경』도 조판하였다. 그러면 현종이 이러한 불사를 일으킨 동기는 무엇이었을까? 현종 대에 이루어진 많은 불사들의 일차적 목적은 왕실의 영원성에 대한 희망 때문이었다. 이는 1021년(현종 12년)에 건립된 「개성 현화사 비」에서 그 비문을 쓴 채충순이 "불사를 크게 하는 것은 조상의 업을 영원히 연장시키기 위한 것이다…… 내 임금님의 효도는 만대에 흘러 전해질 것이다"117)라고 한 데서 잘 드러난다. 또한 채충순의 말을 통해서는 그 당시의 고려인들도 불교의 기능

_____

115) 前民官御事李知白奏曰 與其輕割土地亐之敵國, 曷若復行先王燃燈八關仙郎等事 不爲他方異法 以保國家致大平乎 若以爲然則 當先告神明然後 戰之與和 惟上裁之 成宗 然之(『고려사』94: 1b16-3b5).

116) 去年契丹圍西京 沙門法言見義奮勇 忘生徇國 可贈首座(『고려사』4: 9b7-8).

117) 佛事大作 祖業永延…… 吾君孝道 萬代流傳(허흥식, 중세 상, 1984, 447: 1-3).

을 기복 차원에서 이해했음을 알 수 있다:

> 신[채충순]이 듣기로 성인의 지극한 거울은 유교 책에 감춰
> 져 있으니, 뜻을 세워 부지런히 닦으면, 정교가 일어납니다.
> 불법은 마음에 있으니, 정성을 드리고, 공경하면, 복록이 능
> 히 따르는 것입니다.[118]

따라서 현종과 관련된 많은 불사들도 같은 맥락의 산물임을 알 수
있는데, 특히 창사와 사리신앙에 대해 살펴보기로 하자. 현종에 의
한 창사 이론에는 음양설도 작용하였는데, 이와 관련, 「개성 현화사
비」에서는 다음과 같이 기록하고 있다:

> [현종이……] 귀법사에서 자신의 아버지 안종의 시신을 맞
> 이하여 받들고, 음양의 이치에 잘 맞는 경성 교외에 모신 후,
> 영취산에 이 절[현화사]을 세웠다(허흥식 1984, 443: 5-13).

또한 현종은 1021년 경주 고선사의 금란가사와 불정골 및 창림사
의 불아를 가져다가 내전에 두게 하는 등(『고려사』4: 25b8-9), 불사
리를 신앙화하였다.[119] 그리고 경신년 10월에, 죽은 왕후의 성스러
운 고향인 황주 남면에서도 감득되어, 진신사리가 출현하였으며, 돌
아가신 임금의 산릉 근처에 있던 보명사 안에서도 다시 신령스러운
치아가 출현하였다[120]고 한다.

---

118) 臣聞 聖人之至鑒也儒書韞志勤修則政教是興 佛法在心虔敬則復祿克就(허흥식, 중세
상, 1984, 447: 12-3).

119) 현종 연간의 불사리 신앙 관련 기사에 대해서는 조경시 2007: 180-1 참조.

120) 庚申歲十月內 於皇妣聖鄉黃州南面感得有 眞身舍利出現…… 皇考山陵之近處 有菩明
寺內 更得靈牙出現(허흥식, 중세 상, 1984, 449: 7-9).

2. 법보관

　「고려국 영취산 대자은현화사 비음기」, 『초조고려대장경』 조판, 대장경 소 등에 의해 현종의 법보관을 살펴볼 수 있다. 이 비음기는 현종의 명을 받아 채충순이 기록한 것이므로, 이 비음기에는 현종의 견해가 반영되어 있다고 할 수 있다. 이 비음기에 의하면, 현종은 유교와 불교의 효용성을 긍정하고, 특히 효와 업의 측면에서 불교를 이해한 것으로 나타난다. 그는 "안으로는 불교를 좇고, 또 밖으로는 유풍으로써 교화한다"[121]라고 하여, 불교를 내적 수양론으로, 유교를 정치 이념으로 간주하고 있었는데, 이는 최승로의 견해와 같은 것이다. 따라서 현종은 유불에 대한 고려인들의 전통적 시각을 이은 것으로 보인다. 그리고 그가 내적 수양론으로서 불교를 수용하긴 했으나, 그 내용은 유교적 효를 강조하기 위한 것이었다. 이와 관련, 현종도 유교, 불교, 도교의 삼교의 기능이 효사상 선양에 있는 것으로 보았다:

> 이른바 비록 각자 3교를 주로 하나, 공히 같은 근원의 진리를 가진다. 안으로는 화합하는 길이고, 밖으로는 드러내는 것이다. 유교에서 인과 효보다 앞서는 것은 없기 때문이다. 선생께서는 효란 덕의 근본이며, 교로 말미암아 생기는 것이라고 하셨다. 이 때문에 선왕들은 효로써 천하를 다스렸다. 교가 엄숙하지 않으면, 정치가 엄숙하지 않게 된다.[122]

---

121) 內遵以佛教 又外化以儒風(허흥식, 중세 상, 1984, 448: 7).

122) 所謂雖各主三教 而共在一源眞理 內融化門外顯者也 所以於儒則 無先其仁孝 故先生云 孝者德之本賦 教之所由生也 是以 先王之以孝理天下 其教不肅而成其政不嚴(허흥식, 중세 상, 1984, 447: 14-7).

현종은 "부처는 또한『부모은중경』을 설하였으니, 갖추어진 것은 책 중의 뜻과 같다"[123]고 하였는데, 그는 불전이 효를 주요 내용을 한다는 점에서 이 불전을 중시하였다. 그리고『진광밍징』을 인용하면서, "모여진 업 때문에 사람 가운데 태어나게 된다"[124]고 한 점에서 현종은 업설을 믿고 있었음을 알 수 있다.

문종 대에『파화징』은 지식인의 불교 이해의 기본 소양 경전이었으며, 그 내용은 소신공양, 부처 공경, 수레 비유, 영험담 등이었다. 그리고 고려 왕실에서『파화징』에 특별한 의미를 두게 된 전통은 현종 때부터 시작되었는데(박광연 2009: 74-87), 그 이유는 현종의 아버지가『파화징』의 내용 중, 화성을 만들어 나그네들을 쉬게 한 이야기에 감동되어 실천하려 했으나, 뜻을 이루지 못하고 죽자, 현종이 그 뜻을 이어받았기 때문이다(허홍식 469-70, 박광연 2009: 74에서 재인용). 따라서 현종의『파화징』에 대한 관심은 이 경의 내용 중, 비유담에 있었으며, 그 사상적 핵심인 회삼귀일 등에 있지는 않았다.

「대장각판 군신 기고문」에는『초조고려대장경』의 조성 동기가 나타나 있는데,[125] 이 기록에 의하면, 현종은 불력에 의한 외적 퇴치의 목적으로 대장경 조성을 시작하였다:

> 옛날 현종 2년[1011]에 거란의 군주가 대거 군대를 일으켜 정벌을 하였을 때, 현죄[현종]께서는 남쪽으로 피난을 하셨습니다. [그러나] 거란군은 오히려 송악에 주둔하여

---

123) 佛則亦說父母恩重經 其如卷中之旨也(허홍식, 중세 상, 1984, 447: 16-448: 1).

124) 金光明經云因集業故生於人中(허홍식, 중세 상, 1984, 448: 2-3).

125)『초조고려대장경』의 판각 동기는 여러 가지로 주장되어 왔는데, 불력에 의한 거란 침략 방지, 고려 문화의 우수성 과시, 불력에 의한 정치력 화합, 왕과 국가를 위한 공덕 쌓기, 임금의 효성 등(김종명 2008: 251)이 그것이었다.

퇴각하지 않았습니다. 이에 [임금님께서는] 곧 많은 신하
들과 더불어 최고의 큰 원을 내서서 대장경판본 각성을
맹세하셨으며, 그 이후 거란병은 스스로 물러났습니다.126)

채충순의 아래 증언을 통해서는 불경의 인쇄는 추선을 위해서였
음을 알 수 있다:

성스러운 임금님께서는 또 마음을 내고, 원을 세우시어,
국가를 위해 축원하시고, 사직의 안정에 더욱 힘을 기울
이셨습니다…… 또한 원을 세우시기를 양친의 명복을 빌고
자 하셨으며…… 공인에게 명하여 대반야경 600권과 삼본
『화엄경』, 『금광명경』, 『묘법연화경』 등을 조성케 하여,
그 인판을 이 절[현화사]에 두었습니다.127)

11~12세기 고려의 문신이며, 12시인 중의 한 사람이었던 정지상
(?~1135)의 「전 대장경 소」를 통해서도 대장경 전독의 목적이 세속
적 기복 추구에 있었음을 알 수 있다:

사직의 영원무궁함과 백성들의 부유한 삶을 위해 삼가 전
례에 좇아 궁궐 안 회경전에서 이달 모일부터 시작하여,
대략 몇 날 몇 밤 동안 정밀하고 엄정하게 도량을 개설합

126) 甚矣 達旦之爲患也 其殘忍凶暴之性 已不可勝言矣 至於癡暗昏昧也 又甚於貪獸 則
夫豈知天下之所敬有所謂佛法者哉 由是凡所經由 無佛像梵書 悉焚滅 於是符仁寺之所 藏大藏
經板本 亦掃之無遺矣 嗚呼 積年之功 一旦成灰 國之大寶喪矣 雖在諸佛多天大慈之心 是可忍
而孰不可忍耶…… 今與宰執文虎百僚等 同發洪願 已署置句當官司…… 昔顯宗二年 契丹主大
擧兵來征 顯祖南行避難 丹兵猶屯松岳城不退 於是乃與群臣 發無上大願 誓刻成大藏經板本
然後丹兵自退(『이상국집』25: 18b7-19b5, 『고려명현집』1, 1986: 272-3).
127) 聖上又發心立願 爲祝邦家 鼎盛社稷益安…… 立願爲欲追薦 二親冥福…… 命工人彫造
大般若經六百卷 幷三本華嚴經 金光明經 妙法蓮華經 等 印板着於此寺(허흥식, 중세 상, 1984,
450: 11-6).

니다. 본존 석가여래 부처님을 수위로 하여, 한자리에 모인 성현들을 공양합니다. 더불어, 이름 있는 스님들을 초청하여 대장경의 특별한 공덕을 전독하려 합니다······ 또 정지상은 특히, 종묘사직의 편안함과 나라의 영원한 태평을 위하여, 공손히 옛 법을 좇아, 천성전에서 이달 10일 저녁을 시작으로 하여, 약 6주야 동안 대장경을 전경하는 도량을 개설합니다. 의식을 장엄하게 갖추고 교주 석가여래를 우두머리로 한 모든 성현들을 공양하여 장래에 복이 이루어지기를 빕니다······ 경은 겨우 12부를 읽어 넘겼는데, 이로움은 이미 대천세계에 두루 미칩니다. 엎드려 원하건대, 재앙은 햇살 앞에 눈 녹듯 사라지고 복은 오직 천만 가지에 이르러서 하늘의 아들 된 자[임금]는 크게 장수의 경사를 누리게 하시고, 영원토록 백성을 보존함에 [백성들은] 임금의 덕을 칭찬하고 그리워하는 경사를 앉아서 받게 하소서(김종명 2006a: 292-3).

이 기록은 현종 대보다 후대의 기록이기는 하나, 전자가 전례와 옛 법에 좇아 장경도량을 개설한 점에서, 적어도 현종 이래의 전통을 이은 것으로 볼 수 있다. 따라서 현종에게 불교와 불전은 인생교육제도 및 그 교재로서가 아니라, 외침과 천변 재앙 방지를[128] 비롯한 그의 세속적 목적 달성을 위한 한 수단으로 기능하였다.

---

128) 현종은 "천하가 평화롭게 다스려지면, 재해가 생기지 않는다"(理天下和平 災害不生矣)(「고려국 영취산 대자은현화사 비음기」, 허홍식, 중세 상, 1984, 447: 16)고 하였다. 고려시대 재이와 관련된 연구성과에서는 주로 『고려사』세가 및 천문 오행지 등의 자료에 나타난 재이의 양상과 대책 및 그 의미에 대한 분석에 초점이 맞춰져 있었다(한정수 2006: 136). 고려시대 천재지변의 양상을 표로 정리한 데 대해서는 한정수 2006: 140-1 참조.

3. 승보관

현종은 특히 선종을 포함한 승단을 후원하였는데, 그 동기는 그의 정치적 상황과 관련되어 있었다. 현종은 어린 시절 대군으로서 선종, 법상종, 화엄종 계통의 사찰과 연계되어 있었음을 고려하면, 그의 불교관도 같은 맥락에서 형성되었음을 추정해 볼 수 있다. 현종 즉위 이전에는 화엄종이, 현종 대 현화사의 창건 이전에는 선종이, 그 이후에는 법상종이 왕실의 지원을 받았다(변상희 1992: 3). 천추태후와 김치양은 화엄종과 밀접한 관계를 맺고 있었다(변상희 1992: 19). 천추태후의 화엄종에 대한 후원으로 종세가 약화된 선종 사찰인 신혈사에서는 천추태후의 핍박으로부터 현종을 보호하여 왕위에 오르게 함으로써 종세를 회복하고자 하였다. 당대의 실력자인 천추태후의 압력에도 불구하고 현종을 보호할 수 있었던 것은 목종과 선종 승려로서 국사였던 홍법이 신혈사 노승과 연결되어 있었기 때문이다.

현종은 즉위하자 선종 승려에게 귀의하고(조경시 2008: 187), 선종을 후원하였는데,[129] 그 이유는 그가 대량원군 시절에 선종 사찰인 신혈사에 머물면서 보호 받았던 것에 대한 배려의 차원으로 보인다(변상희 1992: 34-5; 조경시 2008: 189). 그 이후에는 문벌 세력의 대두와 함께, 교종이 선종을 대치하면서, 법상종이 왕실의 후원을 받게 된 것으로 간주된다. 한편, 정치 지향성을 보인 고승도 있었다. 고려 전기 유가업 승려들의 『파화징』 관련 활동은 고려시대 불교의

---

129) 현종이 자신의 즉위에 기여한 선종에 대한 후원에 대해서는 변상희 1992: 32-3 참조.

존재 양상과 승려들의 사회적 역할을 보여주는 좋은 사례인데, 고려시대 유가업의 기틀을 다져가던 지광국사 해린(1038~96)은 국왕의 인정을 받기 위해 노력하였다(박광연 2009: 88).

요약하면, 태조처럼, 현종은 부처를 자비를 가진 초월적 신격 존재로, 불교를 유교처럼, 효와 인을 강조한 기복적 가르침으로 간주하였다. 그리고 그의 법보관은 업설을 바탕으로 하고 있었으며, 그의『초조고려대장경』조판의 목적도 외적 퇴치란 세속적 기복 차원에서였다. 그의 승보관도 정치적 유용성이란 관점의 산물이었다.

Ⅲ. 치국과 불교

현종 대의 정치 이념은 유교였으며, 그의 개혁정치는 현종의 의지에 의해 주도되었고, 유교적 관료군이 강력한 후원세력으로 작용하였다(김창겸 2008: 153). 그러나 그의 시대는 적극적인 불교 후원 정책이 전개되어, 유교 일변도로 정국이 운영되지는 않았다. 그리고 현종은 태조 이래의 역대 국왕을 적극 받들었기(이병희 2011: 245) 때문에, 현종의 치국책도 태조의 경우처럼, 후원과 통제의 양면에서 진행되었으나, 내외의 정치적 이슈와의 관계 속에서 분석될 필요가 있다.

1. 시대 배경

현종 즉위 당시 고려의 대내외적 상황은 몹시 불안정한 상태에 있었다. 대내적으로 현종은 즉위 이래 외침과 자연재해 등으로 어려움을 겪었는데, 1012년 전쟁 때문에 백성들의 삶이 어려웠을 때(『고려사』4: 11b4-7)와 1016년 가물과 충해가 거듭되었을 때 일상 식사의 반찬 수를 줄였으며, 술 마시기와 음악 연주도 금하였다(『고려사』4: 21b1-3). 이런 상황 속에서 성종 대에 수립된 지배체제가 부정되면서 정상적인 기능을 발휘하지 못하고 있었다(이정훈 2011: 179). 현종 대의 정치는 내적으로는 그의 측근세력과 공신세력과의 갈등, 외적으로는 거란으로부터의 외침이 중요 문제였다.

(1) 내치

1) 유교 이념

현종 대의 정치 이념은 유교였으며, 현종 대 유교 관련 정책은 종전의 것을 계승하면서, 과거제가 비교적 활발하게 운영되었다(이병희 2011: 226). 따라서 현종 대의 정치는 유교 관인 층이 주도가 된 왕도정치를 추구하였으며(변상희 1992: 45; 김당택 2008: 246),[130] 현종의 개혁 정치의 목적은 왕권강화와 부국강병을 위한 유교정치의 실현에 있었다(김창겸 2008: 148-54). 그리고 국왕이 내린 교는 국왕이나 국가의 정책방향을 보여주는데, 현종 대에 내려진 교는 모두 39건에 달하며, 유교적 성격을 보이는 것이 많다. 이것은 국가의 정책이 유교이념을 따르고 있음을 나타내는 것이다(이병희 2011: 228).

2) 현종의 왕권

현종 대 초반은 강조를 중심으로 한 소수에 의해 권력이 독점되

---

130) 현종 대에는 문신들의 정치적 지위를 반영하면서, 신라의 유학자인 설총(b. 7세기 중기)과 최치원이 높이 평가되었다(김당택 2008: 244).

어, 현종은 정국 운영에서 소외 또는 배제되고 있었다. 그러나 강조가 거란에 포로로 잡혀 간 이듬해에 현종은 그 일파를 제거하고, 왕권 강화의 기반을 닦았다. 현종의 옹립 세력인 경주계 유신에 의한 정치 주도는 현종의 왕권 강화를 가져왔으나(변상희 1992: 39-40), 당시의 정치적 상황은 여전히 불안한 상태에 있었다. 1014년의 기록에 의하면, 상장군 김훈, 최질 등이 반란을 일으켰으나, 처단되었으며, 북산의 여러 사원 승려들이 군란을 일으켜 서울로 온다는 뜬소문이 돌자, 서울에서는 크게 놀라 경계를 삼엄하게 하였다(『고려사』 4: 17a9-b4).

김훈과 최질 등의 무신 세력을 제거한 현종 6년(1015) 이후의 정국은 현종이 주도(남인국 1999: 52-3)한 것으로 주장되지만, 현종의 왕권은 그의 재위 중기까지도 강하지 못했던 것으로 보이는데, 동궁관의 설치는 그 한 증거다. 현종은 그의 재위 13년(1022)에 태자의 교육과 신변 보호를 위한 관원과 재원을 배속시킨 동궁관을 설치(『고려사』77: 19a1-3)하였는데, 즉위 과정의 고난과 빌미가 된 거란의 제2차 침공의 경험을 통하여 왕권 강화 및 왕위의 부자 계승의 필요성을 절감한 결과였다(김창겸 2008: 131-9).

요약하면, 현종 대의 정치 이념은 유교였으며, 과거제도를 통해 등장한 유학자들이 정계의 핵심을 이루고 있었다. 현종은 혼인 관계를 통해, 그리고 그의 옹립세력 및 측근세력에 힘입어 왕권 강화를 시도하였으나, 현종의 치세 초 중기까지의 그의 왕권은 강하지 못했다.

3) 지배 세력

현종 대 변화와 관련하여 주목할 사항은 당시 정치 지배 세력의 성격이다(김당택 2008: 231).[131] 현종 대 정국을 주도한 인물은 강력한 왕권을 행사한 현종 자신과 그를 추대한 공신계열 및 왕권 강화를 도와준 유교적 관료 집단이었다(김창겸 2008: 152-3). 현종 대에는 다양한 부류의 관인이 정책 결정에 참여하였는데, 과거에 급제한 인물이 정계의 중심인물로 부상해 가던 시점이었다(이병희 2011: 217).

현종 대 정책의 방향 설정에 큰 영향을 준 관인은 현종을 추대한 인물(황보유의, 최항, 최사위, 채충순, 유진, 장연우), 현종 묘정에 배향된 인물(최항, 최사위, 왕가도, 강감찬), 재추를 역임한 인물, 지공거를 역임한 인물, 동궁관을 역임한 인물을 들 수 있다. 특히 배향공신은 국정운영의 핵심인물로서, 강감찬, 최항, 최사위, 왕가도는 현종 대에 가장 크게 활동하면서 정책 결정에 중요한 구실을 한 관인이다. 특히 최항은 현종을 추대한 핵심 인물이었다. 그리고 최사위가 세우거나 보수한 사찰 수는 매우 많았다. 왕가도는 현종 6년 무신란의 주역인 김훈, 최질 제거 시의 핵심 인물이었으며, 현종 12년 외방의 불사리를 모셔 오는 일을 맡았다. 현종 묘정에 배향된 이들 4인은 모두 유학을 깊이 이해하고 있었다(이병희 2011: 217-24).

그러나 현종 대에는 그의 옹립 세력과 측근 세력이 정치적으로 대립을 하고 있었다. 현종 대에 지배체제 개편을 주도한 인물은 최항(fl. 11세기 초), 최사위, 장연우, 채충순, 주저, 황보유의, 김맹 등이었으며, 이들은 대체로 현종을 추대하거나 호종하는 데 공이 있었던 관료들이었다(이정훈 2011: 195-6).[132] 그들은 강조를 끌어들여 현

---

131) 이 주제의 연구에 대해서는 김당택 2008: 232 참조.

132) 현종의 옹립에 주도적 역할을 한 인물들은 지방제도 개편에도 적극적이었는데(김당택

종 옹립에 성공하였다(김당택 2008: 235).

경주계 유신이 중심이 된 현종 추대 세력은 초기에는 권력의 핵심부에서는 제외되고 있었는데(변상희 1992: 39), 그 이유는 강조가 정권을 장악하고 있었기 때문이다. 현종 원년 강조가 거란군에 의해 살해된 후에는 최항과 채충순이 고위직에 올랐으며, 무신을 중용하지 않음으로써 무신란을 초래하고, 진압한 것도 그들이었다(김당택 2008: 236-8). 따라서 현종 18년(1027년)까지는 옹립 세력이 정치적 주도권을 가진 것으로 보이는데, 현종의 옹립 세력은 현화사와도 깊은 관계를 맺고 있었다(김당택 2007: 102-3).

현종은 군사적 능력을 갖춘 측근세력 형성에 적극적이었는데, 이는 그와 옹립세력과의 관계가 원만하지 못했음을 뜻한다. 현종의 측근세력은 자신들의 정치권력 장악을 위해 현종의 왕권 강화에 주력했다(김당택 2007: 99-100). 그리고 현종은 기존의 족내혼뿐 아니라, 군부 실력자와 당대의 유력가문 및 옹립세력 가문의 여자들을 포함하여 폭넓은 혼인관계를 맺었는데(김창겸 2008: 146), 이처럼 현종이 많은 후비를 취한 것은 그들을 자신의 세력으로 흡수하기 위한 것이었다(김당택 2007: 99).

(2) 외치

현종 대의 외치는 거란과의 전쟁으로 대표된다. 현종은 왕위 계승상 정통성에 문제가 있었고, 이는 그의 재위기간 동안 최대의 약점

2008: 241), 현종 대에 개편된 지방제도는 고려지방제도의 근간이 되었다(이기백 1968: 199).

으로 작용한 듯하며, 그의 정통성 문제는 거란의 2차 침입의 빌미가 되었다(김창겸 2008: 142-4). 거란의 침입은 성종(981~97) 말년부터 시작되었는데,[133] 현종 대의 거란 침입은 1010년(현종 1), 1018년(현종 8)의 두 차례에 걸쳐 대규모로 진행되었다. 특히 현종 즉위 직후인 1010년에는 개경이 함락되어 왕이 나주까지 피난하는 고초를 겪었으며(윤용혁 2010: 176), 피난 도중에는 도적과 향리의 침입, 절도사의 행패에 시달렸는데, 이는 현종이 국왕으로서의 역할을 제대로 하지 못했음을 뜻한다(이정훈 2011: 193). 그리고 1011년에는 대묘와 궁궐과 민가들이 모조리 불탔으며(『고려사』4: 6b5-6), 1014년에는 거란군이 통주를 공격하였고(『고려사』4: 18b9), 1018년에는 샤오쉰닝(소손녕)이 10만 대군으로 침공하였으며(『고려사』4: 28b8-9), 1022년 고려는 다시 거란의 연호를 사용하였다(『고려사』4: 38a4).

따라서 현종 대 초기부터 중기까지는 거란으로부터의 외침에 시달렸던 시기였다.

2. 불교 정책

현종 대의 정치 이념은 유교였으나, 현종 대는 불교계도 활기를 띠었으므로, 유교 일변도로 국가가 운영되지는 않았는데(이병희 2011: 241), 이는 「개성 현화사 비」를 통해 알 수 있다:

---

133) 채충순은 "성종문자대왕 말년 계사 겨울에 도를 모르는 거란이 까닭 없이 군사를 일으켜 우리 강토를 소란스럽게 하고, 난을 책동하였다"(成宗文懿大王之季年也 癸巳冬凶契丹不道 無故興兵 侵擾我封疆動亂)(허흥식, 중세 상, 1984, 443: 1-2)라고 하였다.

안으로는 불교로써 좇으며, 밖으로는 유풍으로써 교화하
니, 안팎이 융합하는 것은 옛날이나 지금이나 밝게 통하
는 것이다.134)

즉, 국정에 있어 유교와 불교는 모두 필요하다는 것이다. 따라서
현종은 지배체제를 뒷받침해 줄 사상적 기반으로 유교만이 아니라
불교도 중시(이정훈 2011: 198)하였음은 확실하며, 유교 일변도에서
벗어나 불교가 사회이념상으로 큰 자리를 차지할 수 있도록 하는 데
도 현종의 공이 컸다(이병희 2011: 242). 즉, 국왕의 권위는 기본적
으로 유교가 뒷받침하였지만, 불교도 그러한 기능을 하였는데, 특히
불교는 내적수양을 위한 가르침으로 기능하였다.

현종은 왕위에 오르기 전에 이미 불교와 깊이 연결되어 있었으며
(이병희 2011: 230), 즉위 초부터는 적극적인 치국책을 펴 나갔다
(조경시 2007: 177-8). 현종은 주요 전통적 불교의례들을 부활시키
고, 새로운 불교의례들을 항식화시켰으며, 「훈요」도 현종 이후 공개
적인 정치이슈가 되었다(Vermeersch 2008: 91-2).135) 그러나 현종
의 치국책은 태조의 경우처럼, 후원과 통제의 양면에서 시행되었다.
고려 불교정책의 기본은 승단을 국가 통제 아래 두는 것이었으며,
이 점에서는 현종도 예외가 아니었다.

『고려사』「형법지」[85: 1-47]에 수록된 불교 관련 편년 기사는 38
조에 달하는데, 현종 대의 승려 관계 기사가 많다(이병희 2011: 239).
승려 규제책도 유교주의를 표방한 성종 대보다 현종 대에 훨씬 많았

---

134) 內遵以佛教 又外化以儒風 內外含融 古今洞曉(허흥식, 중세 상, 1984: 448).

135) 현종은 고려 건국 이래 선대왕들의 업적을 기리기 위해 『칠대실록』을 편찬하였는데, 이
과정에서 태조의 「훈요」이 다시 나타났다(김창겸 2008: 148-9).

으며(조경시 2007: 200), 그 내용은 술 빚기 금지, 개인 주택을 절로 만들기 금지, 부녀자의 여승 되기 금지, 백성 재물 탈취 금지 등이었다(『고려사』85: 8b3-10a1).[136] 현종은 또한 승단 통제를 통해 승려의 계율 준수를 요구하였는데(조경시 2007: 176), 불교계가 본분을 벗어나거나 계율에 문제가 있을 때 통제와 제한을 가하였다(이병희 2011: 239). 이러한 규제책들을 제외하면, 현종은 불교를 다양한 방면에서 후원하였는데, 그가 불교를 후원한 가장 큰 이유는 정치적 이유로 나타나며, 이는 불사의 동기, 『초조고려대장경』 조판의 동기, 불교의례 개최의 목적 등을 통해 알 수 있다.

(1) 불사의 동기

창사와 사리 신앙 및 불교 미술 등의 현종에 의한 불사의 동기도 정치적 산물이었다. 현종의 즉위 배경에는 삼각산 내의 사찰 승려들과 밀접한 관련이 있으며, 이러한 관계는 현종 대 이후 왕권의 후원 세력으로서 법상종 사찰인 현화사를 중심으로 강화되어 갔다(변상희 1992: 38-9). 현종 대 법상종의 발달과 현화사 창건에는 현종 자신의 의지뿐 아니라, 현종의 추대세력이었던 최항과 최사위 등의 문벌 귀족들의 영향도 컸다(변상희 1992: 43). 특히 현종 때 법상종이 대두할 수 있었던 것은 그것이 국가의 통치질서를 확립하기 위해 필요한 계율을 강조했기 때문이다. 따라서 현종과 유교적 관인층들은 계율 사상을 가진 법상종을 적극 후원하여 왕권강화와 통치질서의

---

136) 현종 대에 실시한 승려 규제에 대한 논의는 김영미 2002 참조.

확립을 꾀하였던 것으로 보인다(변상희 1992: iii).

현종은 사리 신앙도 강조하였는데, 그가 사리를 신앙화한 것은 정치적 정통성 확보와 부처의 권위에 의한 왕권의 신성화 및 사회 안정을 목적으로 한 것이었다(조경시 2007: 175-6). 현종 대에는 고려 초기의 석조미술에서는 보기 어려운 획기적인 기법과 도상이 사용되었는데, 이러한 특징도 국왕으로서의 권위를 확고하게 하고자 했던 현종의 의지의 산물(최성은 2008: 238)로 간주되고 있다. 그러나 현종의 사찰 관련 불사가 신하들의 동의 아래 이루어진 것만은 아니었다. 1020년의 기록에 의하면, 현종이 안서도(해주)의 둔전 1,240결을 현화사에 시납하였는데, 이에 대하여 양성[상서성과 중서성]에서 재삼 반대하였으나, 왕이 이를 듣지 않았다(『고려사』4: 34a5-7)고 한다. 따라서 현종의 불사들은 현종 자신의 의지가 바탕이 되었다고 할 수 있다.

(2) 대장경 조판 동기

『초조고려대장경』은 강한 정치적 동기를 가지고 조성된 것으로 보인다. 이 대장경의 발원 동기에 대해 기존 학계는 현종의 불교신앙,[137] 현종 자신의 부모의 명복을 빌기 위한 것, 불교 자체의 발전이란 문화적 동기, 거란 침입 방지,[138] 현종 고비의 추선, 왕실과 국

---

137) 현종 자신이 왕위에 오르기 전 승려였을 뿐 아니라, 채충순도 자신의 「현화사 비음기」에서 『진광밍징』을 인용해 국왕의 탄생이 제불다천의 보호 속에서 가능하였다고 한 점(이병희 2011: 241), 『초조고려대장경』 조성에 절대적인 영향을 미친 『수반다장징』을 만든 송의 타이종(태종, 976~97)과 『세단다장징』을 완성한 요의 싱쭝(김종천1987: 450-1)도 독실한 불교신자였다는 점에서도 그렇다.

138) 이 견해는 윤용혁 2010: 175에서도 반복되고 있다.

가의 안녕, 왕실의 권위 제고 등의 다목적 대립충돌 세력의 화합과 문화적 통일(김종명 2008: 251) 등으로 다양하게 주장해 왔다. 이러한 주장들은 나름대로 일리가 있는 것으로 보인다. 일례로, 현종이 자신의 부모에 대한 추선을 위해 대장경을 조성했다는 견해도 기록에 의할 때,[139] 타당성을 가진다. 또한 중국의 예에 의할 때, 대장경 조성이 문화적 우수성의 산물이란 점도 수긍이 간다. 명대『베이촨 다장징』의 편찬, 보급에 참여한 사람들의 동기는 다양했는데, 종교적 헌신이란 동기도 작용했지만, 지역의 자긍심 앙양 등의 비종교적 동기가 종종 더 중요한 역할을 하기도 하였기(Zhang 2011: 294) 때문이다.

현종 대의『초조고려대장경』의 조성은 거란의 침입에 대한 종교적 대응으로 일반적으로 이해되고 있다(윤용혁 2010: 176; 조경시 2007: 194). 즉,『초조고려대장경』은 정치적 대응의 산물이란 견해며, 나도 이 견해에 동의하는데, 그 이유는 다양하다. 첫째,『초조고려대장경』조성이 현종의 대내외의 정치적 환경이 어려웠고, 자신의 왕권도 강하지 못한 상태에 있었다는 사실은 현종 자신이 불자로서 불력의 가호를 바라는 정치적 동기가 가장 컸을 것으로 생각된다. 둘째, 유가승이 중시한『다보러징』,『진광밍징』,『파화징』은 외적 격퇴와 관련된 진호국가의 내용을 담고 있는 경전들(최영호 1997: 50)로서, 유가종 사찰인 현화사 창건 때 인판 조조되었다. 셋째, 대장경 조판의 동기가 정치적이었음은 당대의 문장가 김구(1211~78)의「선경전 행 대장경 도량 음찬시」에서도 당시의 고려인들은 대장경 조판

---

139) 又立願爲欲追薦 二親冥福(또 추천을 하고, 양친의 명복을 빌기 위해 원을 세웠다)(조선 총독부, 상, 1919, 249: 11).

의 효과가 수많은 군사보다 나았다고 한다:

　　한 장경이 오로지 백만 군사보다 나을 것이니, 따라서 천
　　마외도라도 엿보지 못하리라…… 각황[부처님]이 내리시는
　　힘을 믿으면, 병기가 저절로 자취를 감추리.140)

　　넷째, 『재조고려대장경』에는 『진광밍 쮀이성왕징』(금광명 최승왕
경), 『허부진광밍징』(합부금명경), 『진광밍징』 등이 입장되어 있는
데(Lancaster 1979: 87, 467), 이 가운데 『진광밍 쮀이성왕징』과 『허
부 진광밍징』은 현종 때 입장된 것으로 간주된다(이기영 1976: 12).
특히 『진광밍징』은 『파화징』 및 『런왕징』과 함께 호국삼부경(최영
호 1997: 50)으로 기능해 왔으며, 사천왕에 의한 국가의 보호와 현
세 이익적 신앙의 강조는 『진광밍징』의 주요 내용 중의 하나였다(정
승석 1989: 53). 따라서 현종 때 입장된 두 종류의 『진광밍징』도 정
치적 산물로 생각된다.

　　대장경 조판과 관련된 정치적 동기는 중국과 티베트에서도 발견
된다. 송나라의 『수반다장징』은 국제 우의를 위해 거란, 고려, 일본
등의 인접 국가에 기증되었는데(김종천 1987: 450), 이 사실은 대장
경이 정치적 기능을 가지고 있었음을 뜻한다. 중국에서는 수 세기에
걸쳐, 큰 사찰이나 정부의 명령의 의해 조성된 대장경들도 많았는데
(Lancaster 2011: 300), 이 대장경들의 기능 또한 다르지 않은 것으
로 보인다. 중국 명나라(1368~1644)의 『페이주안다장징』의 편찬은
중국 불경 편찬과 보급의 전형적 형태 중의 하나며, 만력 연간(1573~

---

140)　一藏全勝百萬師 故應魔外不容窺…… 端信覺皇分着力 定敎兵騎不留蹤(동문선 14,
16a2-7).

1620)에는 연 평균 두 편 이상의 경전을 중국에 보급하였는데(Zhang 2011: 293), 이때 만들어진『페이주안다장징』의 유포 후원자는 불교 신자였던 츠성(자성) 태후(1545~1614)와 그의 아들 완리(만력) 황제(1573~1620)였으며, 그들이 이 대장경을 유포한 목적은 종교적이라기보다는 정치적인 것이었다(Zhang 2011: 270-5).

1584년의 호칙에서 완리는 "나는 불교 가르침이 이 경전에 모두 포함되었다고 생각한다. [그래서] 만약 불교경전을 좋은 사람으로 변화시키거나 이끌기 위해서, 또 미혹된 사람을 구제하기 위해 사용한다면, 나라[지역]를 보호하고 사람들을 돕는 데 유용할 것이다"[141]라고 하였다. 이 인용문에 의하면, 완리는 대장경에 포함되어 있는 불교의 내용 이해를 통해 국가와 사회가 더 나아질 수 있음을 주장하였다. 그러나 대장경의 제일의적 목표가 불교 이해에 있는 것은 아니었다. 경전 배포를 통한 황제의 첫 번째 희망은 황실의 안정과 질서를 지키는 것(Zhang 2011: 275-6)이었기 때문이다. 1587년 츠성태후가 "황제와 태자가 영원히 이 세계를 유지하기를 바라며, 신하들은 충성스럽고 아이들은 효를 실천하기를 바란다"[142]라고 한 점도 이를 지지하고 있다.

또한 13세기 티베트의 구 날탕(Snar-thaṅ)판 대장경도 승속의 통일된 권력을 유지하던 싸꺄빠[1182~1251?]의 주도 아래, 신흥 왕조의 중앙 집중을 강화할 수 있는 국가 이념의 한 부분으로서 정치적 목적을 가지고 조성되었다(신상환 2011: 180-7).

---

141) 朕惟佛氏之敎 其在經典 用以化導善類 覺悟群迷 于護國佑民 不爲無助(Jizushanzhi 8: 474, Zhang 2011: 275에서 재인용).

142) 祝皇帝皇儲而永禦萬邦 顧臣忠子孝(Jizushan zhi 8: 475, Zhang 2011: 275에서 재인용).

『초조고려대장경』도 불교 이해 및 연구를 위해 기능했다는 증거는 없다. 이 목적이라면, 우선 대장경의 구득이 쉬웠어야 할 것인데, 그렇지는 못했을 것으로 보이며, 조판된 대장경은 불교 연구를 위한 교재로서보다는 '기복을 위한 숭배의 대상'으로서 안전한 곳에 보관되어 있었을 것으로 추정되기 때문이다. 중국의 명대『베이쫜다장징』의 경우, 질적으로도 뛰어났지만, 공급량은 매우 한정되어 있어, 당시 승려들 사이에서도 이 대장경을 얻기 위한 경쟁이 치열하였다(Zhang 2011: 294)는 점은 이러한 견해를 지지한다.

(3) 불교의례의 목적

현종은 불교의례들을 왕실의 권위를 높이고, 국가의식 함양과 왕권 신성화로 이어지도록 하였는데(조경시 2007: 198), 민심 규합과 국가 주도의 대민 지배를 강화하고자 연등회, 팔관회를 부활시키고, 다른 불교의례들도 설행하였다(조경시 2007: 176). 현종이 연등회와 팔관회를 부활시킨 것은 강력한 왕권 수립(이태진1995: 19)과 사회 통합을 기대한 것(이병희 2011: 231-2)이었으며, 인왕도량을 개설한 것은 국가와 백성을 구제하고자 한 것이었는데(조경시 2007: 197), 이는 향리층의 협조 구하기 이외에 당시 지배적 종교사상인 불교를 통해 대민 지배를 강화하려 한 결과로 보인다(이정훈 2011: 199). 그러나 잦은 토목공사와 군비증강으로 백성들의 부담이 가중되면서 민심이 크게 동요하였다(이정훈 2011: 200).

현종의 불사와 관련해서는 최항의 역할이 주목된다. 최항은 현종 즉위년에 왕의 사부가 되었으며, 이후에도 계속 권력의 중심에 있으면서, 자기 집에 불상과 불경을 만들어 두고 승려처럼 사는 등, 불교에 깊은 관심을 가지고 있었으며, 최항은 현종 3년에는 황룡사탑의 수리를 청원하고 직접 그 감독을 맡기도 하였다(『고려사』, 93: 31a1-3). 그리고 팔관회 부활이 최항의 건의에 의해 이루어진 점에서, 현종 대의 전반적 치국책에 미친 그의 영향도 컸을 것으로 보인다(이병희 2011: 232).

(4) 토착 신앙 강조

현종 대는 유교와 불교 이외에도 토착 신앙을 강조하는 등 다양한 측면에서 국가 운영의 이념을 모색한 시기였다(이병희 2011: 242). 또한 1021년의 기록에 의하면, 기우를 위해 토룡을 만들어 놓고 무당들을 모으기도 하였으며(『고려사』4: 35b6-7), 명산대천의 신들에게 눈을 빌기도 하였다(『고려사』4: 22b9).

현종은 그의 선조 왕들처럼, 천견재이설에 입각해 있기도 하였는데, 이는 1009년 "정성이 지극하면, 재앙을 면할 수 있고, 화가 복으로 전환될 수 있다고 할 만하다"(『고려사』4: 3b6-7), "하늘의 감시가 소명하여 경고를 암시하였을 때 내가 심각히 반성함으로써 재앙을 제때에 방지하였거니와"(『고려사』4: 4b2-3), 1012년에는 "내가 덕이 없는 탓으로 종묘에 천벌이 미치게 되었다"(『고려사』4: 13b6-7)고 한 그의 말을 통해 알 수 있다. 따라서 현종은 천재지변 등이 발생하였을 때는, 이를 해결하고자 종교적 신앙에 의존하였다. 1011년 한재가 오래 계속되자, 종묘에서 기우제를 거행하는 한편, 시장을 옮기고, 가축도살을 금지하였으며(『고려사』4: 8a2-3, 48b6), 1012년에도 한재가 들자 관리에게 명령하여 억울한 판결을 재심사하게 하고, 죄수들을 석방하며, 신사와 산천에 기도하게 하였다(『고려사』4: 12b9). 1016년 가을 농사가 거의 성숙되어 가던 때에 누리가 발생하자, 현종은 형벌이 잘못 적용된 결과로 판단하고, 류형 이하의 죄수들을 일정한 조건 밑에 출옥시키고, 송사 처리를 빨리 할 것을 명하였다(『고려사』4: 21a7-9).

요약하면, 현종은 유교를 정치 이념으로 택하였으며, 유교적 이념 달성을 위해 다양한 종교 전통에도 의존하였는데, 현종의 치국책도 같은 맥락의 산물이었다. 또한 현종은 유교와 불교뿐 아니라, 무교와 천견재이설도 같은 목적으로 이용하였다.

맺음말

현종 대의 정치 이념은 유교였으며, 그의 정치적 측근들도 유교 관료였다. 현종의 치국책도 이러한 시대적 배경으로 전개되었으며, 현종은 백성들의 호응을 얻기 위해 불교를 적극 활용하였는데, 불교의 공덕사상에 크게 주목한 것으로 보인다(이병희 2011: 239). 다만, 즉위 이전 승려로서의 삶을 산 독특한 개인적 이력은 그로 하여금 불교에 대한 호감도를 높였을 가능성은 크다. 그리고 『초조고려대장경』 조판을 비롯한 그의 불사는 불력에 의한 그의 정치적 목적 달성을 위한 수단으로 기능하였으며, 무교와 천견재이설도 기능 면에서 다르지 않았다.

제3장
고종의 불교관과 치국책

이 장의 목표는 고종의 불교관과 치국책을 검토하기 위한 것이다. 고종 대의 고려는 권신들의 발호와 여진과 몽고로부터의 외침으로 특징지어진 시대였으며, 자연재해도 빈번하게 발생하고 있었다. 고종의 불교관과 그의 정치와의 관계는 그가 직접 개최한 불교의례와 자신의 재위기간에 조성된 『재조고려대장경』을 통해 살펴볼 수 있다.

Ⅰ. 고종과 불교

1. 불교의례 개최[143)

고종은 고려의 모든 임금들 중 재위기간도 46년간으로 가장 길었으며, 불교의례를 직접 개최한 횟수도 가장 많았던 임금이었다. 그는 자신의 재위기간을 통해 182회의 불교의례를 개최하였는데, 이는 연 평

---

143) 이 부분은 김종명 2001의 관련 부분을 요약 수정한 것이다.

균 3.9회에 달한 것이었다. 이는 고려 전 시대를 통해 임금이 불교의례에 참가한 평균 횟수 2.08회를 훨씬 상회하는 것이다. 고종은 고려의 대표적 불교의례들인 팔관회, 인왕회, 연등회, 소재도량을 자주 개최하였으며, 특히 신중도량과 공덕천도량도 가장 빈번하게 개최하였다.

13세기 초기부터 1392년 고려가 망할 때까지도 임금들은 팔관회를 개최하기는 하였으나, 그 횟수는 현격하게 감소하였음에도, 고종은 자신의 재위기간 동안 13회에 걸쳐 팔관회를 개최하였는데, 이는 연 평균 0.28회에 해당하며, 이는 고려의 임금들 중 2번째로 이 불교의례를 많이 개최한 것이었다. 고종은 자신의 재위기간 동안 21회에 걸쳐 인왕회를 개최하였는데, 이는 연 평균 0.46회에 달하는 것이다. 그는 자신의 집권 전반기에는 다른 불교의례들은 개최하고 있었으나, 인왕회에는 별 관심이 없었다. 그러나 집권 후반기인 1252년에는 6번, 1253년에는 5번의 인왕회를 개최하였으며, 인왕회 시에는 많은 수의 반승도 행하였다.

고종은 그의 재위기간을 통해 27회(연 평균 0.59)의 연등회를 개최하였는데, 몽고군의 침입으로 수도를 강화도로 옮긴 후에도 이 불교의례는 개최되었다:

> [1234년 2월] 계미일 연등회일에 왕이 봉은사로 갔다. [이때에] 고 참정 차척의 집을 봉은사로 만들었으며, 백성의 집을 철거하여, [임금의] 수레가 지나갈 길을 넓혔다. 당시는 비록 천도의 초창기였지만, 대체로 구정과 궁전과 절의 이름은 모두 송도의 이름을 본떴고, 팔관과 연등과 행향과 도량도 한결같이 옛 법식을 따랐다.[144]

---

144) 癸未燃燈 王如奉恩寺 以故參政車倜家爲奉恩寺 撤民家以廣輦路 時雖遷都草創 然凡

그리고 1249년부터 1259년까지의 10년 동안은 계속된 몽고의 침입 때문에 고려 사회가 특히 혼란스러울 때였으나, 고종은 해마다 예외 없이 연등회를 개최하였다. 더욱이, 1253년부터 1259년까지의 기간에는 고려의 운명이 위급한 상황에 처하게 되어 매년 설날이면 임금이 신하들로부터 받곤 하던 축하인사까지도 생략되고 있었다. 그런데도, 연등회는 계속 개최되고 있었으며, 임금은 친히 그 의례에 참석하였다.

고종은 1215년부터 1255년까지 41년간에 걸쳐 43회의 소재도량도 개최하였는데, 그가 개최한 횟수는 고려 전 시대를 통하여 열린 소재도량 횟수의 약 1/3에 달하였다. 그의 재위기간을 통하여 그는 연 평균 0.93회의 소재도량을 개최하였는데, 이는 고려의 모든 국왕들 중 2위에 해당하는 것이다. 특히, 1227년, 1249년, 1254년, 1255년에는 2회, 1217년, 1223년, 1228년, 1230년, 1234년, 1236년, 1243년에는 3회, 그리고 1228년에는 4회나 열렸다. 고종 때의 개최 기간은 3일부터 7일까지였으며, 보통은 5일간이었다.

신중도량은 고종 때 가장 많이 열렸으며, 이 의례의 명칭은 신중도량, 천병신중도량, 화엄신중도량 등 여러 가지였다. 이 의례가 인도나 고려의 이웃나라들인 중국과 일본에서는 발견되지 않으므로, 이 의례는 고려에서만 열렸던 것으로 추정된다. 고려 역사상, 최초의 신중도량이 개최된 해는 1218년이었으며, 그 후에는 왕명에 따라 부정기적으로 개최되었는데, 가장 빈번히 열렸던 시기는 1249년부터 1256년까지였다. 이 외에도 고종은 운우도량을 개최하고, 무당을

毬庭宮殿寺社號 皆擬松都 八關燃燈行香道場 一依舊式(『고려사』23: 27b8-28a2).

불러 기우케 하는 등의 의례 활동을 하였다. 그는 보살계도 받았으며, 현성사, 봉은사, 왕륜사, 묘통사, 건성사, 복령사, 선원사 등의 사찰도 자주 방문하였다.

2. 『재조고려대장경』 조판[145]

몽고군이 13세기에 고려를 침공하자, 고종 대의 고려 정부는 『초조고려대장경』을 바탕으로 제2차 대장경 판각을 완성하였는데, 이것이 현재 경상남도 합천 해인사에 남아 있는 『재조고려대장경』이다. 이 『재조고려대장경』은 한민족이 이룩한 문화적 성취 2위에 올라 있으며,[146] 현재 국보 제32호로 지정되어 있을 뿐 아니라, 2007년에는 국제교육과학문화기구(UNESCO)에 의해 세계기록유산(Memory of the World)으로 등록되었으며(김종명 2008: 203), 전산화도 완료되었다.[147] 『재조고려대장경』의 명칭은 다양하며,[148] 그 중 가장 오래된 것은 『해인사대장경』이다.[149] 이 대장경의 명칭은 종래 『팔만대장경』, 『재조대장경』, 『해인사대장경』 등으로 불려 왔고, 근래에

---

145) 이 부분은 김종명 2008: 198-243의 요약 수정본이다.

146) 1위는 한글창제다(윤용혁 2010: 174).

147) 『재조고려대장경』의 전산화본은 http://www.sutra.re.kr 참조. 그러나 이 전산화본은 최종 사용자의 입장을 고려하지 못한 점 등의 문제점들이 노출되었는데 이에 대해서는 Kim 2006b: 181-202 참조. 근대 역사학 연구방법이 도입된 1900년대부터 현재까지 『재조고려대장경』을 대상으로 한 연구업적은 130여 편의 논문, 단행본 5권, 조사 보고서 2편 등이 있다(최종호 2005: 295-6), 관련 연구업적들에 대한 논의는 김윤곤 1996: 45; 배상현 1997: 58-60, 강순애 2000: 255-6; 김종명 2008: 204-5; 최영호 2009b: 135-45 참조.

148) 『재조고려대장경』에 대한 다양한 명칭에 대해서는 오용섭 1998: 70-4 참조.

149) 오용섭은 그의 논문 초록과 본문에서 "팔만대장경"(『재조고려대장경』)과 "해인사 장경판고"를 혼동하고 있다(오용섭 1998: 63, 65). 오용섭은 팔만대장경이 1995년 유네스코 세계문화유산에 등재되었다(오용섭 1998: 65)고 하나, 1995년 등재된 것은 해인사 장경판전이다.

는 『강화경판고려대장경』, 『고려고종관판대장경』, 『고려신조대장경』 등으로 명명해야 한다는 의견도 있다.

『팔만대장경』도 『재조고려대장경』의 또 다른 명칭인데, "팔만대장"이라는 명칭이 최초로 사용된 신빙성 있는 문헌은 1470년에 필사된 『(천안)전씨세보』다. 이후 16~17세기까지 "팔만대장경"은 보통의 불교대장경을 일컬었으나, 17세기 초부터는 『초조고려대장경』의, 18세기 중엽 이후에는 『재조고려대장경』의 명칭이 되었다. 『재조고려대장경』의 판각 작업은 1236년부터 1251년까지 15년(한명숙 2011: 163) 또는 16년간에 걸쳐 진행되어,[150] 81,258장의 판목(121장은 중복됨)에[151] 새겨진 것인데, 1,511종, 6,805권으로 구성되어 있으며, 「정장」과 「보판」으로 분류되기도 한다.[152] 『재조고려대장경』은 「정장」이

---

150) 이 기간은 『고려사』의 기록(권24 고종 38년[1251] 9월 임오[25일])에 대한 오해의 산물로 보고, 판각 기간을 1237~48년 사이의 12년 동안으로, 그 준비 기간까지 합할 경우, 1233년에서 1248년까지 16년이 소요되었다(박상국 1983: 177-206)는 주장도 있다. 그리고 종래 대장도감은 강화에, 분사도감은 경남의 남해에만 있었다고 주장되어 왔다(김윤곤 1996: 66). 그러나 1990년대 이후 해인사 등 여러 사찰에도 분산되어 나누어져 설치, 운영되어 온 것이 밝혀졌으며, 경주의 동천사도 경전의 교정 공간으로 활용되고, 각성사업에도 참여하였다(최영호 2006: 95-100). 해인사는 11세기 말부터 사원 내부에 경판의 판각시설과 그 인적·물적 기반을 갖추고 있는데(최영호 2002: 117), 『재조고려대장경』 조성 당시에도 경판 조성 능력을 갖춘(김윤곤 1996: 67), 각성 장소 가운데 한 곳이었다(최영호 2002: 106). 또한 13세기 중엽 경주 지역에도 분사동경대장도감을 비롯한 대장경판 조성 공간이 개설되었을 개연성이 높으며, 당시 경주의 화엄종 소속 동천사는 대장경의 수정, 교정 공간으로 기능하였다(최영호 2006: 102-3).

151) 『재조고려대장경』 조성에 참여한 각성인 수는 연 인원 2만 7,000여 명(최연주 2005: 60)으로, 강화에서 조성된 『재조고려대장경』의 각성인은 총 3,600여 명으로 추산(배상현 1997: 75)되고 있으나, 통계의 신뢰성 문제가 제기되고 있다(최연주 1998: 120). 그리고 각성사업은 고종 24년(1237)부터 29년(1239)까지는 대장도감에서만 시행되었으나, 고종 30년(1240)을 기점으로 대장도감과 분사도감에서 이원적으로 실시되었다(최연주 2005: 60-1). 그러나 16년간 조성된 경판 전체 판각량에서 분사도감에서 조성된 판각량은 10%에 불과하였다(최연주 2005: 60-1). 대장경 판목은 느티나무 74%, 소나무 22%, 상수리나무 4%로 구성되어 있는데, 특히 법보전의 대장경은 모두 느티나무로만 조판되었으며, 소나무는 동서사간고의 대장경 조판에 많이 사용되었고, 상수리나무는 수다라장의 대장경에서만 발견되었다(김선아 박상진 1995: 20-2). 경판 중량은 경판에 따라 그 변동이 매우 심하여, 거의 2배에 달하는 중량의 차이도 있는데, 이는 경판 길이와 중량의 차이뿐 아니라, 사용재료의 수종에 따른 비중의 차이 때문이다(박소윤 박상진 1995: 27).

152) 『재조고려대장경』을 「정장」과 보(유)판으로 구분하는 대신, 「내장」과 「외장」으로 구분할 것을 제안한 데 대해서는 김윤곤 1999: 140-1, 159-61 참조. 『재조고려대장경』의 편제는 「내장」은 전통 체제를 따르고, 「외장」은 불교문화의 발전과 교계의 변화를 수용하여 입장할 수 있도

주류를 이루고 있으며, 「정장」은 총 1,497종, 6,558권의 경으로 구성되어, 639개의 함에 수록되어 있다. 그러나 「정장」에는 선종 서적과 한국 명승들의 저작은 포함되어 있지 않으며, 「보판」은 1392년에 완성된 것으로『선문염송』등의 선적이 들어 있고, 원효를 비롯한 한국 고승들의 저술인『금강삼매경론』등 15종이 포함되어있다.153)

『재조고려대장경』은『수반다장징』을 바탕으로 한 것이었다. 중국 송나라의『수반다장징』이후 조성된 다섯 가지 한역대장경 중,『스시다장징』(사계대장경),『지사다장징』(적사대장경)만이 현존하는 완질의 대장경들이다. 그러므로『재조고려대장경』은 현존하는 완질의 한문대장경 중 양적으로 가장 방대하며, 전체 한역대장경 사상사에서도 원나라의『홍파쓰다장징』(홍법사대장경) 다음으로 양이 많은 대장경이다.『재조고려대장경』은 또한, 일본에도 전파되어 이것을 저판으로 하여 여러 판이 조성되었다. 특히, 일본판 한문대장경인『다이쇼신슈다이조쿄』(대정신수대장경)(1924~32)는 983년의 『수반다장징』이후 동아시아에서 편찬된 약 30종류의 한문대장경 가운데 세계에서 가장 널리 이용되고 있는 것이지만, 이것의 편찬에는『재조고려대장경』이 큰 영향을 미쳤다. 또한,『재조고려대장경』은 중국의『핀쟈징서다장징』(빈가정사대장경)(1910~3) 편찬 시에도 모델이 되었다.

『재조고려대장경』은 외교 품목으로서도 중요하였다. 고려시대 창

록 이중 구조로 구성되어 있는 것이 큰 특색이다(김윤곤 1999: 174).

153) 이들 15종의 불전은 모두 신라, 고려 및 중국의 고승들의 논저로서 화엄교학과 선종 연구에 중요한 것들이다(김윤곤 1999: 141-2). 그러나 「보판」에는 극히 일부의 선적만 남아 있어 동아시아에서 이룩된 선종 전적이 수록된 정도를 충실하게 파악할 수 없다(허흥식 1996: 23-24)는 한계가 있다. 그리고 「보판」에는 의천에 의해 배제된 균여의 저술과 선종서가 실린 대신, 유가종 관련 저술은 제외되었으나, 당시 불교계의 현실이 잘 반영되어 있다(허흥식 1990: 432-3).

왕(1388~9) 원년부터 일본은 대장경을 청구하기 시작하였으며,[154] 대장경이 한일 관계사에서 큰 비중을 차지하게 된 것은 조선에 들어와 일본 국왕이나 서부 지방의 호족들이 대장경을 요청하면서부터였다. 조선의 태조(1392~8)에서 세종 연간에는 39회의 내청이 있었으며, 당시의 한일 관계를 좌우한 것은 대장경 또는 대장경판이었다 (이재창 1966: 121-6).『재조고려대장경』이 동아시아의 불교학 연구뿐 아니라 인문학의 발전에 미칠 영향은 크다. 산스크리트어로 기록되었던 거대한 양의 불교전적들이 거의 사라진 지금,『재조고려대장경』은 인도의 고전 사상을 담고 있는 중요한 지적 창고로서뿐만 아니라, 인도, 중국, 한국, 일본, 베트남, 티베트 및 몽고의 문화사를 이해하는 데도 중요한 가치를 지니고 있기 때문이다.

특히,『다이쇼신슈다이조쿄』는『재조고려대장경』을 모본으로 하여 편찬되었으나, 후자에는 포함된 경전이 전자에서는 빠진 것들도 있다. 이 불전들은 7세기부터 15세기 사이에 지어진 것들로서, 여기에는 불교어 사전, 중국 황제가 지은 불교관련 시와 게송,『재조고려대장경』목록, 중국 선사의 오도송 해설집, 선불교 사서, 대장경 목록, 공안집, 균여(923~73)의 화엄학 주석서, 참회서 등이 포함되어 있다. 이 불전들의 중요성은 이 불전들이 불교철학, 종교학, 문헌학, 문화학, 언어학 및 문학 등 다양한 분야의 연구에 기여할 가능성이 크다는 점에 있다.

『재조고려대장경』은 4동의 목조건물로 이루어진 장경판전에 보관되어 있는데,[155] 이 장경판전은 고려 고종(1213~59) 때는 대장경판

---

154) 일본의 대장경판 청구에 대해서는 김종명 2008: 259-61 참조.

155) 장경판전의 창건 시기는 명확하지 않으나, 조선 초 대장경판이 해인사로 옮겨질 때 지어

당(『고려사』24: 3a1)으로 불렸으며, 해인사대장경판당(『성종실록』(18/11/8), 장경판고, 장경각, 보안당 등으로도 불린다.[156] 그러나 『고려사』에는 『재조고려대장경』 관련 기록 자체가 소략(허흥식 1990: 430)하며, 고종과 이 대장경과의 관계를 보여주는 기록도 아래 인용문 정도에 불과하다. [1251년 9월] 임오[일]에 왕[고종]이 성 서문 밖의 대장경판당에 가서 백관을 이끌고 분향을 하였다. 현종 때의 판본은 임진년[1232]의 몽고 침입으로 불타, 왕이 여러 신하들과 함께 다시 발원하여 도감을 세웠는데, 16년 만에 준공되었다.[157] 즉, 고종은 재위 마지막 해에 백관을 거느리고, 『재조고려대장경』이 보관되어 있던 대장경판당에 가서 분향을 하였으며, 현종 때 만든 『초조고려대장경』이 외침으로 불타, 대장도감을 세워, 다시 대장경 조판 사업을 시작한 후, 16년 만에 그 일을 마무리하였다는 것이다.

Ⅱ. 고종의 불교관

고종의 불교관을 알 수 있는 자료는 많지 않다. 그러나 불교의례, 『재조고려대장경』의 내용, 고종의 말 등의 단편적인 증거들을 통해 그의 불교관을 살펴볼 수 있다.

진 것으로 추정되며, 대장경판고 중수 기록은 15세기 말에서 16세기 초기까지(김선아박상진 1995: 19)로 나타난다.

156) 장경판전의 역사, 구조, 사상적 의미 및 특징에 대해서는 김종명 2008: 247-71 참조.

157) 壬午 行城西門外大藏經板堂 率百官行香 顯宗時板本燬壬辰蒙兵 王與群臣 更願立都監 十六年而功畢(『고려사』24: 3a1-3).

1. 불보관

고종은 부처를 자비심을 가진 초월적 능력자로 인식하고 있었다. 고종 대의 학자 관리였던 민지(1248~1326)는 왕과 부처를 동류로 보면서, 양자의 세상에서의 기능은 서로 다르다고 보았다. 이러한 민지의 견해는 당시 지식인들의 견해를 대표한 것으로 보이지만, 정치적 실권을 잃은 군주였던 고종 스스로의 부처 이해는 다른 것으로 나타난다. 민지의 견해와는 달리, 고종에게 부처는 자신과의 동격이 아니라, 믿음의 대상이었다. 이러한 사실은 고종의 후예인 공양왕(1389~92)의 말을 통해서도 알 수 있는데, 그는 "내가 부처와 신을 섬기는 것은 나라를 부유하게 하기 위한 것이고, 백성을 오래 살게 하기 위한 것이며, 나를 위한 것이 아니다"158)라고 하였다. 공양왕에게도 부처는 부국 안민을 위한 섬김의 대상이었다. 그리고 고종은 부처를 자비심을 가진 신격화된 존재로 이해하고 있었으며, 고려 지식인들의 시각도 다르지 않았는데, 이는 이전 시대 이래의 전통이었다. 고려 전기의 김부식(1075~1151)은 그가 지은 「소재도량 소」에서 소재도량의 이론적 기초는 부처의 자비심을 믿는 데 있다고 하였다:

> 하늘의 도는 높고 밝아서, 말없이 비상한 재변을 암시하며, 부처님의 자비심은 깊고 두터워서, 능히 두려움이 없어지게 하는 권능을 베풀 수 있습니다.159)

---

158) 我之事佛神 爲富國也 爲壽民也 非爲我也(『고려사절요』 35: 21a8-9).

159) 乾道高明 黙示非常之變 佛慈深厚 能示無畏之權.(『동문선』 110: 20b5).

고려의 문신 권근(1352~1409)도 인왕법석에 대한 그의 「인왕법
석소」에서 부처의 자비에 의해 적들이 패하고 임금이 장수하기를 바
랐으며, 변계량(1369~1430)도 그의 「낙산사 행 소재도량 소」에서
부처의 자비에 호소하고 있었다:

　　위대하신 부처님께서 나라를 보호하는 자비가 다한다 해
　　도 그 끝이 있겠습니까?160)

　고종은 또한 불교를 전통, 기복종교 및 정치적 방편으로 인식하고
있었다.

(1) 전통

　고종은 불교를 선대로부터의 중요한 전통으로 인식하였다. 그 자
신의 말에 의하면, 불교 신앙은 태조 이래의 유습이었다:

　　할아버지 성인[태조]으로부터 전적으로 불교의 은밀한 보
　　호에 의거하여 [왕조의] 기틀을 보호해 왔다.161)

　고려의 임금들이 불교를 전통의 차원에서 중요시한 것은 고종의
경우에만 한한 것이 아니라, 고려 전 시대를 통한 상식이었다.

---

160) 偉覺皇護國之慈曷有其極(『동문선』 113: 8a9).

161) 自祖聖以來 全仗佛敎密護延基(『고려사』 26: 4b2-3).

(2) 기복종교

고종은 고려의 모든 국왕들 가운데, 불사에 대한 관심이 가장 깊었던 왕이었으며, 그와 관련된 불사의 주목적은 기복이었는데, 그가 행한 대표적 불사는 불교의례 개최와 『재조고려대장경』 조판 등의 불전 인쇄를 들 수 있다.

1) 불교의례 인식

고종은 재이[162] 방지 등을 목적으로 많은 불교의례들을 개최하였다. 고려 말 성리학의 도입 이전까지 재이 등의 국난 극복을 위해 개최된 의례들은 주로 불교의례에 의존하였는데(김기덕 2001: 278), 고종은 그 전형적인 예였다. 특히 소재도량은 한국 역사상 가장 많이 개최된 불교의례 중의 하나로서 고려에서만 발견되는 밀교식 불교의례였는데, 이 의례는 고종 대에 다수 개최되었다. 이 의례는 임금의 후원 아래 궁전이나 왕실과 밀접한 관계를 맺고 있던 절에서 천재지변, 외침 등과 같은 내우외환을 막기 위해 3~5일 혹은 그 이상의 기간에 걸쳐 열린 의례였으며, 그 이론적 배경은 고려인들이 천문관인 천견재이설이었다.

특히, 그 의례는 내우외환으로 인한 국난의 시기에 가장 많이 개최되었으나, 일차적 개최목적은 불력에 의지하여 임금의 장수를 기원하거나, 임금의 정신적 위안을 도모하려는 것이었다. 농업이 주력

---

162) 12세기 이후 잦은 천문상의 변동과 재이가 잇따랐는데, 고려에서의 이러한 변화는 12세기 중엽 이후 한랭 횟수와 한난 횟수가 급격히 높아진 지구의 기상변화와도 관련이 있다(한정수 2006: 136-43). 특히 『고려사』의 「오행지」에 나타난 12세기 이후의 기상 관련 이변을 표로 정리한 데 대해서는 한정수 2006: 142 참조.

산업이었던 고려 사회에서 천재지변의 방지는 임금의 장수를 위한 필요조건이었을 뿐 아니라, 고려 문신들의 글을 통해서도 이는 증명되기 때문이다. 고려 당시의 문신들도 소재도량을 개최한 일차적인 목적이 왕의 장수를 기원하는 데 있었다고 주장하고 있다. 김부식 (1075~1151)의 「소재도량 소」는 그 일례다:

재앙이 오는 것을 예방하려면, 반드시 우러러 불교에 기탁해야 하겠습니다. 불사를 베풀고…… 이 정성이 깨달음의 빛에 통하기를 바랍니다. 엎드려 원하옵건대 일만 신령이 보호하시고 백 가지 복이 와 이루어져서 반드시 이 작은 몸[임금]으로 하여금 영원토록 강녕의 길운을 보전하게 하소서.163)

변계량(1369~1430)도 그의 「낙산사 행 소재도량 소」에서 소재도량의 일차적 목적은 왕의 장수 기원에 있었다고 기록하고 있다:

위대하신 부처님께서 나라를 보호하는 자비가 다 한다 해도 그 끝이 있겠습니까? 저 소재[임금]는 재앙을 만나 두려워서 어찌 할 줄을 몰라, 이에 간절히 귀의하여 큰 이익을 받기 바랍니다…… 비록 윗자리에 있으면서 능히 밝지는 못하오나 임금 됨이 쉽지 않은 것임을 압니다…… 환란이 나기 전에 막자면, 오직 가피(부처님의 도움)에 의지할 뿐입니다. 엎드려 원하노니…… 그 안녕함이 오직 영원토록 이어지고, 백성은 안락하며, 물질은 풍부하고, 병란은 끝나 시절이 태평하게 되기를 바랍니다.164)

---

163) 欲豫防於厄會 須仰托於法門 式展…… 此精誠通於覺照 伏願 萬靈保護 百福來成 須令眇末之軀 永保康寧之吉(동문선110: 20b5-21a7).

164) 偉覺皇護國之慈曷有其極 余小子遇災而懼 罔知所爲 玆切依歸 冀蒙饒益…… 雖未能

이 인용문의 "오직 가피에 의지할 뿐"이란 데서 알 수 있듯이, 고려 후기의 소재도량은 임금의 정신적 피난처의 기능을 하였다고 할 수 있다. 따라서 소재도량 개최의 표면적 이유는 천재지변과 외침 방지를 표방하면서 열렸으나, 그 의례의 일차적 목적은 부처의 힘에 의지하여 임금의 장수와 왕실의 영원무궁함을 기원하면서 임금의 정신적 위안을 도모한 데 있었다고 할 수 있다. 그러나 고려 후기로 접어들면서, 지배층 사이에는 공덕을 쌓는 것을 선업으로 보던 긍정적 시각이 부정적 시각으로 변하였으며, 불교의례에 대한 평가도 변하기 시작하였다(안지원 2011: 134).

2) 정치적 방편

앞에서 인용된 "할아버지 성인[태조]으로부터 전적으로 불교의 은밀한 보호에 의거하여 [왕조의] 기틀을 보호해 왔다"는 고종의 말을 통해 그도 자신의 선조 왕들처럼 불교를 정치적 방편으로 보았음을 알 수 있다. 또한 이규보의 다음과 같은 기록도 이를 증명하고 있다:

> 아! 세상이 쇠퇴하여 풍속이 야박해지자, 고관과 재상이 된 이들은 순수한 인·의·예·악만으로는 민속을 교화시킬 수가 없어, 반드시 불교의 가르침을 써서 사람의 마음을 안정시키고, [사심을] 끊게 한다. 기름진 땅은 삶으로 인해 윤택해지고, 그럼으로써 나라를 진정시키며, 성벽의 견고함을 만드는 것이니, 이 또한 집정자가 사용하는 하나의 기발한 책략인 것이다.[165]

居上克明 亦少知爲君 不易…… 防患於未然 惟仰憑於加彼 伏願…… 其寧惟永 民安物阜 兵戢時康(동문선113: 8a9-9a2).

165) 嗚呼 世及下衰 風俗澆漓爲公卿宰輔者 不可純以仁義禮樂化民成俗 必參用佛法 靜截

2. 법보관

(1) 불전에 대한 인식

고종에게는 불경 및 불전 출판의 목적도 세속적 기복에 있었으며,
『재조고려대장경』조판도 고종의 주도 아래 진행된 기복 추구의 산
물로 간주된다. 일례로,『진광밍징』은 고종 때 입장된 것으로 간주
되는데(이기영 1976: 12-7), 이 경은 호국 경전으로 간주되어 왔다.
고종은 그가 1264년에 내린 칙서에서『런왕징』의 기능이 호국안민
에 있다고 하였다:

> 『인왕반야[경]』은 오로지 나라를 보호하고 백성을 안정시
> 킬 수 있는 가장 훌륭한 가르침이다.166)

고종과 가까웠던 승려와 관리들도 같은 견해를 견지하고 있었다.
원감국사 충지(1226~93)는 그의 「축 대가 소재 인왕 천수 지론 사
종 법석 소」에서 인왕법석은 호국을 위해 개최되었다고 한다. 이규
보도 비슷한 견해를 개진하였는데, 그는 불교가 귀한 재물이나 축성
물보다 국익에 도움이 된다고 하였다:

> 구슬과 옥과 돈은 쉽게 없어지는 것이라, 만족할 만한 승
> 보보다 못하고, 성곽과 못과 도랑과 구덩이도 쉽게 위태

人心 膏潤由生 於以鎭國 以作金城之固 此亦執政者之一段奇策也(『이상국집』, 25: 11b7-12a1,
『고려명현집』 1: 269).

166) 夫仁王般若 偏爲護國安民最勝法文(『고려사』 26: 4b3-4).

로워지는 것이라, 만족할 만한 법력보다 못하다.[167]

정안은 『재조고려대장경』이 집중적으로 조판되던 시기인 1243
년부터 1246년에 걸쳐(박상국 2007: 183-4), 『파화징』, 『화엔징』의
「행원품」, 『진강징』, 『포쉬유슈스왕성치징』(불설예수시왕생칠경),
『금강삼매경론』, 『선문염송』 등 6종의 불전을 개인적으로 간행하였
는데, 그의 의도는 자기 조상의 극락왕생과 영험 얻기 등의 기복 차
원이었다.

많은 조성 예를 보이는 사경과 불화도 한결같이 왕생의 공덕을 강
조하여 제작되었으며, 고려 후기의 선승들도 보현신앙 실천을 통한
정토왕생을 목표로 하고 있었다. 재가 지식인의 적극적인 불교 활동
과 공덕신앙은 지속적으로 전개되어 14세기 고려 불교신앙의 중심
을 이루게 되었으며(정병삼 2009: 408-27), 고려 말에 이루어진 사
경들도 대부분 현세 복락과 사후 극락왕생의 기원을 공통 내용으로
하고 있었다(권희경 2006: 67-90).

(2) 교리에 대한 이해

그의 선대 임금들처럼, 고종의 불사의 이론적 배경도 업설이었다.
그리고 밀교와 수미산우주설은 그가 관심을 보인 또 다른 불교 교리
로 나타난다. 『고려사』의 왕실 관련 기사로 이루어져 있는 「세가」에
는 밀교 관계 기사가 아주 많아, 고려 왕실의 밀교에 대한 관심이 컸

---

167) 珠玉錢貝易耗也　不若僧寶之爲足　支城池溝壍易危也　莫如法力之爲足(『이상국집』
34a9-b1, 고려명현집1, 1986: 368).

음을 알 수 있다.168) 고종이 많은 관심을 기울인 불교의례 중의 하나인 소재도량도 밀교의례였다. 그리고 『재조고려대장경』에도 밀교 관련 경전이 다수 포함되어 있으며, K 1089-K1256와 K 1262-K 1498에 해당하는 불전들이 그것들인데, 이 경전들은 모두 고종 대에 입장된 것이다(이기영 1976: 12-7). 따라서 밀교는 고종의 관심사 중의 한 부분이었다고 할 수 있다.

고종이 수미산우주설을169) 믿었는지를 알 수 있는 직접적인 자료는 없다. 그러나 그의 명령에 의해 이규보가 지은 「대장각판 군신 기고문」의 "삼십삼천의 모든 불교를 보호하는 신령스러운 관리들께 기원하여 고합니다"라 한 기록을 통해 그 일단을 살펴볼 수 있다. 여기서의 삼십삼천은 수미산우주설의 욕계 삼십삼천을 뜻하기 때문이며, 따라서 고종도 이 설을 인지하고 있었다고 할 수 있다.

3. 승보관

(1) 승려관

그의 선대 왕들처럼, 고종도 승려를 수행자나 구도자로 보기보다는 공덕 쌓기나 국익에 도움을 주는 주술사로 인식하고 있었다고 생각된다. 고종이 많은 불교의례를 개최하고, 외침 방지의 수단으로 『재조고려대장경』 조판 발의를 한 점을 고려할 때, 그렇다.

---

168) 한국불교 나아가 동아시아 불교의 특징을 더 잘 이해하기 위해서는 밀교에 대한 더욱 심층적인 검토가 필요하지만, 이 주제에 대한 연구는 소수에 불과하다(김종명 1998: 269).

169) 불교 이외의 우주관, 수미산우주설 및 이 설과 석불사(석굴암)와의 관계에 대한 논의는 김종명 2008: 169-89 참조.

(2) 승려의 태도

고승들은 고종의 그러한 태도에 적극 부응하였다. 불교에서는 인간 평등을 강조하며, 승려는 그러한 가르침을 평생토록 수용하려는 사람이다. 그러나 고종 대의 승려들 가운데는 불교 계율 중 제1 금계인 불살생계에 반하는 주장을 하는 고승들이 있었는데, 진각국사 혜심(1178~1234)은 그 일례다. 그는『재조고려대장경』조판 사업이 진행 중이던 때에 지눌에 이어 수선사를 이끌며 간화선을 펴고 있었는데(정병삼 2009: 426), 그는 동시에 다음과 같이 충군애국을 강조하였다:

> 각자 일찍이 처음 보리심을 낼 때는 일신이 홀로 해탈을 구하기 위해서가 아니다. 방금 전쟁이 날마다 다투어 일어나, 온 세상 사람들이 괴로이 서로 죽이고 있는데, 머리를 숨기고 평온하게 앉아서 스스로 편안함만 즐긴다면, 지혜는 있으나 자비심이 없으니, 어찌 보살이라 하겠는가? 감히 청하노니, 정성과 힘을 모아 전쟁을 막을 것이며, 임금님을 사랑하고 나라를 걱정하는 마음[가짐]을 목마른 듯하라.[170]

혜심의 이 게송은 1231년 제1차 몽고군의 침입이 개시된 시기에 조정에서 사신을 파견하여 행해진 진병법회와 관련된 상황에서 읊은 것으로 추정되는데, 국가적 위기에 궐기할 것을 주창하고 있다. 그리고 혜심의『진각국사어록』에는 진병을 위한 법어가 세 번 수록

---

170) 各曾初發菩提心 不爲一身求獨脫 方今干戈日競起 四海人民苦相薩 藏頭穩坐愛自便 有智無悲豈菩薩 敢請蕆誠力鎭兵 愛君憂國心如渴(舞衣子 慧諶,「爲鎭兵作偈告衆」, 舞衣子詩集上卷(韓國佛敎全書 6: 50a4-7)).

되어 있는데,[171] 세 번의 진병법회 시기는 1227년에서 1230년 사이, 1231년에서 1232년 사이, 1233년 7월로 추정된다.

혜심이 보리심과 자비로움과 진병과 애군우국을 동일한 가치체계로 보는 것은 대단히 주목되는데, 이는 다훼이(대혜, 1089∼1163)가 그의 『다훼이위루』(대혜어록)에서 보리심이 충의심과 같다고 한다든지, 애군우국 정신을 강조한 것과 동일하다. 이러한 인식은 1227년 혜심이 『선문염송』을 간행하면서 작성한 서문에서도 잘 드러난다. 혜심은 고려에서 선종이 국가의 운수를 늘리고 지혜로운 논리로 이웃 군사를 물리치는 데 기여하였으며, 『선문염송』도 그러한 전통을 토대로 간행되었고, 그 목적도 간화선의 내용에 중점을 두기보다는 국가의 복을 빌기 위한 것[172]이라고 명시하였다.[173] 혜심은 또한 『진강징』을 수지함으로써 얻게 되는 신이와 영험도 강조하였다(정병삼 2009: 426). 혜심은 기본적으로 선승이며, 그의 전공인 선의 특징이자 목적은 자기의 본성에 대한 투철한 깨달음과 그것의 현실화에 있었다.

그러나 고종을 비롯하여 불교의례 개최에 큰 관심을 보였던 고려 임금들은 부처의 자비력에 호소하고 있었을 뿐, 그들이 선불교의 실천적 표현형태로서 불교의례를 이해한 것 같지는 않다. 그리고 당시의 선사상계는 천인감응설을 받아들이지 않았으나(김일권 1999: 13-4), 천인감응설은 소재도량의 중요한 사상적 배경으로 작용(김종

---

171) 「鎭兵上堂」(韓國佛敎全書6: 7c1), 「中使孫元裔 請鎭兵上堂」(韓國佛敎全書 6: 12b17), 「七月自河東還本社慧修棟樑設鎭兵法會」(韓國佛敎全書 6: 14a22-4).

172) 以禪道延國祚(선도로써 국운을 늘린다), 「禪門拈頌集序」(韓國佛敎全書 5: 1a15).

173) 남송의 임제종 선승들이 북방민족의 침략에 대응하면서 표방한 국가의식, 민족의식은 13세기 고려, 일본, 베트남 역사에서 공통적으로 나타나는데, 간화선이라는 사상적 배경을 공유하고 있었다(조명제 2006: 14-9).

명 2001: 251-2; Kim 2007c)하였다는 점도 이 주장을 뒷받침해 주고 있다. 또한 고종은 내우외환을 가뭄 초래의 원인으로 이해하고 있어, 천견재이설은 그가 행한 불교의례의 중요한 사상적 배경으로 간주된다(동문선 110: 21a8-22a3).

고려의 사찰들은 전통적으로 노비도 소유하고 있었으며, 13세기의 고승들도 이를 당연시한 것으로 나타나는데, 1281년의 기록에 의하면, 원오국사는 노비문서도 작성하였다(조동섭 2009).[174] 특히 고려 후기에는 승려들 중 봉군된 예들이 있는데, 이는 고려 후기 국왕들이 종파를 일반 관청처럼 이해하고, 승려들에게 직책을 수여하여 승정을 전담하고 불교계를 개혁하기 위한 새로운 방식이었다(이정훈 2011: 92-120). 같은 맥락에서 14세기의 고려 불교계를 주도한 선승들도 비불교적·비합리적 근거 위의 정치지향성을 보였는데, 보우도 그 좋은 예다(조명제 2006: 23-4). 혜심, 원오, 보우는 모두 국사로서 자신의 시대를 대표하는 승려들이었다. 따라서 그들이 모두 정치 지향성을 보였다는 것은 당시 불교계의 일반적인 정황을 설명한다고 볼 수 있다.

Ⅲ. 치국과 불교

고종 대의 정치적 실권은 최씨 일가의 손안에 있었으며, 고종의 왕권은 약하였다.[175] 따라서 이 시기 군주의 역할은 왕실이 주관하

---

174) 송광사 성보박물관에서는 보물 제572호로 1281년 원오국사가 작성한 노비문서 등을 포함한 고문서를 디지털화해 연말부터 일반에게 공개하기로 했다(조동섭 2009).

175) 무신정권과 국왕에 대한 최초의 견해는 1960년대의 이기백(1991: 198-9)에서 찾을 수 있으며, 김당택(1987)은 무신정권과 국왕에 대한 주목할 만한 연구업적을 남겼는데, 그는 무신정

는 여러 가지 의식을 집전하고, 유교적 이상에 따라 왕도정치를 하는 군주의 상을 만족시키는 데 있었다(Shultz 1999: 39-40). 그리고 당시의 국가는 내란과 외침으로 어려운 상황에 있었으며, 특히 몽고의 침략으로 수도는 강화도로 천도한 상태에 있었다. 따라서 고종은 태조와 현종 등 그의 선조 국왕들과는 달리, 후원과 통제란 차원에서 치국책을 운영하지는 않았으며, 명목상의 군주로서 전통 및 자신의 신앙심에 따라 적극적으로 불사에 참석한 것으로 이해된다. 그러나 그의 치국책은 자신의 정신적 안정의 수단으로 기능하였다.

1. 고종의 왕권

고려의 정치체제는 후기에 크게 변하여, 집권기관인 도당을 정점으로 하여 중앙 관부와 양계의 행정체제가 성립하였다. 도당을 근거로 한 재상권의 강화는 왕권의 약화를 초래하였으며, 고려 후기의 왕권은 도당의 제약을 완전히 받았다(변태섭 1976: 33-5). 그리고 모든 군주는 많게든 적게든 그 지위에 따른 권위를 가지고 있다. 그러나 군주에 따라서는 그 권위가 형식적일 수도 있고, 실질적일 수도 있다. 군주는 그 지위상 최고의 정치적 명령권자지만, 실제로 신하들이 그의 명령에 복종하지 않고 있고, 군주는 단지 그 신하들이 결정한 바를 왕명으로 공포하는 정도의 역할밖에 못 하는 경우를 생각할 수 있는데, 고려 무신집권기의 군주들이 여기에 해당한다(정경현 1992: 103).

권을 국왕의 권위와 관련시켜 논하였다(나만수 1990: 4).

최씨 무신 집권기의 왕권에 대해서는『고려사』의 신종(1197~1204)에 대한 평이 참고가 된다(김당택 1987: 136):

신종은 최충헌[1149~1219]에 의해 왕위에 올랐는데, [왕]의 삶과 죽음, 폐위와 등극이 모두 그[최충헌]의 손에서 나왔다. [최충헌의] 무리들이 [신종을] 쓸모없는 그릇[실권 없는 사람]으로 만들어 신하와 백성 위에 세워, [신종은] 나무 인형과 같을 뿐이었으니, 안타깝구나![176]

국왕의 권위가 "나무 인형"과 같았던 상황은 신종의 경우에만 해당되는 것이 아니라, 최씨 집권기의 모든 국왕에게 해당되었으며(김당택 1987: 137), 고종은 그 전형적인 예였다. 고종은 왕위를 계승했을 때, 재위는 하지만 통치는 하지 않는다는 조건을 받아들였으며, 그 스스로도 자리 보존에 급급했다(Shultz 1999: 37-42).

반면, 고종 스스로의 증언과 역사가들의 고종에 대한 평가 등에 의해 판단할 때, 고종의 왕권은 약했으며, 고종은 자신의 재위 말년까지 최씨 정권 세력에 눌려 허수아비와 같은 존재였다. 이와 관련, 그는 1253년 다음과 같이 증언하였다:

내[고종]가 삼한의 왕위에 있은 지 41년이 되었다. 1216년부터 1231년까지 인근의 적이 침략하여 시끄러웠으며, 병화와 어려움이 연이었다. [이에 나는] 오로지 진양공 최이(혹은 최우, ?~1249)에게 완전히 의존하였다.[177]

---

176) 神宗爲崔忠獻所立 生殺廢置 皆出其手 徒擁虛器 立於臣民之上 如木偶人耳 惜哉(『고려사』21: 18a7-9).

177) 朕臨莅三韓 四十有一載 自丙子辛卯以來 隣敵侵擾 禍亂相仍 專賴晉陽公崔怡(『고려사』129: 47b4-6).

고종은 재위기간에 비해 실제 통치기간은 짧았으며, 그의 재위기간 동안 실질적인 통치자는 최씨 가문 중심의 무신 지도자들이었다. 따라서 무신정권 시기 고려의 왕들은 그 재위가 상당히 불안하였으며,[178] 사실상, 허수아비 같은 존재(변태섭 1976: 36)여서, 왕이 말단 관료를 불러도 등청하지 않을 정도로 유명무실한 존재였다(김기덕 2001: 275). 고종도 왕권을 제대로 행사할 수 없었는데, 1255년의 기록은 이를 잘 보여주고 있다. 좌창 별감 윤평은 북쪽 사람이었는데, 왕[고종]이 두세 번 불러도 오지 않고, 사흘이 지나서야 왔으므로, 왕이 매우 노여워하여, 집정에게 명하여 그의 관직을 빼앗으려 하다가, 도리어 한탄하며, "오늘 내가 비록 그것을 빼앗는다 하더라도, 내일이면 반드시 복귀될 것이니, 어떻게 그를 처벌하겠는가"라고 하면서, 단지 그를 추궁하도록 명하였다.[179]

고종을 포함한 무신집권기의 고려 왕들에게도 권위가 없었던 것은 아니다. 최충헌은 명종(1170~97) 등의 왕을 폐위시키고, 신종(1197~1204), 희종(1204~11), 강종(1211~3) 및 고종(1213~59) 등의 왕을 옹립(김당택 1987: 137)할 정도로 전권을 행사하였다. 그럼에도 불구하고, 집권 최씨들은 자신들이 왕이 되지는 못하였다. 집권 무신들이 당시의 왕씨 국왕들을 폐위시키지 못한 데는 이유가 있었는데, 그것은 그들이 비록 최고의 권력을 장악하고 있었다 하더라도, 최고의 권위까지 가지지는 못했기 때문에 그들은 형식적이긴 하지

---

178) 고종 대를 비롯하여, 1107년에서 1270년 사이 고려 중기의 왕권과 지배정치 연구에 대해서는 Shultz 1999: 29-50 참조.

179) 左倉別監 尹平 北人也 王再三召之不至 越三日內進 王怒甚 欲令執政 奪其官 翩然嘆曰 今日我雖奪之 明日必復之 何懲之 有命責之(『고려사』절요24: 23b4-7). 이 사실은 『고려사절요』(17: 23a7-10)에도 축약된 형태로 기록되어 있다.

만, 군주의 존재를 존중하여 그의 권위에 의존함으로써(정경현 1992: 103), 자신들의 지배의 정당성을 확보하려 하였기 때문이다(김당택 1987: 162; Palais 1999: 95). 이기백도 최충헌이 왕씨의 왕권을 존속시킨 이유를 문벌 전통에 대한 강한 사회적 집착을 버릴 수 없었기 때문이라고 하였다(나만수 1990: 4). 즉 국왕은 당대의 정치 세력을 대표하였을 뿐 아니라, 고려왕조의 상징적 존재였기 때문에, 국왕의 살해는 정적들에 의한 격렬한 공격의 대상(김당택 1987: 143-6)이었기 때문이다.

전통적 신분 사회에서 무신 세력이 자신들의 미천한 신분에 대한 잠재의식과 고려왕조를 상징하는 국왕의 권위를 무시할 수 없었을 뿐 아니라, 민중들도 무신집권기에 그들의 불만을 민란으로 표출하면서도 반무신정권적 태도를 분명히 한 것도 왕씨 고려왕조의 유지와 국왕의 권위를 뒷받침하는 간접적 배경이 되었다(나만수 1990: 31-3). 이 경우의 군주의 권위는 형식적 권위라 할 수 있는데(정경현 1992: 103), 고종은 그 전형적인 경우였다. 최씨 무신정권은 몽고와의 접촉 시에도 국왕을 대화 창구로 삼았다. 최이가 직접 몽고와 교섭하는 일은 없었으며, 오히려 몽고의 그와의 대화 노력을 그는 철저하게 기피하였다(김당택 1987: 160). 따라서 고종은 권력은 약했으나, 권위는 가지고 있었으며, 이를 바탕으로 자신의 치국책을 전개해 나간 것으로 판단된다.

2. 역사적 배경

고종 대의 고려는 무신정권하의 민란과 몽고로부터의 외침으로 특징지어진 시대였다. 고려시대의 민란은 무신 정권기에 주로 발생했는데, 무신 집권 말기인 고종 3년(1216)부터 고종 18년(1231) 몽고의 1차 침입 전까지 8건의 민란이 발생하였으며, 그 발생 원인은 경제적 수탈과 생계 곤란이었다. 그리고 1231년부터 1237년까지도 7차의 민란이 발생하였다. 특히 1231에는 몽고병이 민가를 불태우고, 살인을 하는데도 최우는 사병에 의한 자위에 급급하여 개경은 노약자만 남은 채 민심이 흉흉하였다. 1232년 정월에 발생한 관노군의 난은 최씨 정권을 포함한 전쟁 지도층에 대한 하층민의 항의였으며, 항몽 전선에서는 정부와 협력관계에 있던 초적들이 같은 해 7월 6일 고종이 강화도로 천도한 바로 그날에는 개경의 관노비와 연합하여 난을 일으켰다. 그리고 민란이 장기화된 고종 40년 이후에는 병화에다 흉년까지 겹쳐 그 참상이 극도에 달하였으며, 환도 이후의 민란은 반정부, 반몽고의 태도를 보였다(유경아 1988: 396-413).

몽고(원나라)는 30여 년간 6차례에 걸쳐 고려를 침공하였으며, 그 결과 고려는 80여 년간 원의 간섭을 받았다(황인규 2002: 58). 특히 1231년(고종 18년)부터 1273년(원종 14년)까지는 대몽항쟁기(유경아 1988: 394)였는데, 1231년의 침입으로 인해 고려는 1232년 강화도로 수도를 옮겨야 했으며, 강화 정부는 1270년까지 존재하였다. 최씨 정권은 1231년 몽고의 1차 침입에 대항하는 과정에서 전투 중지와 항복을 강요하여, 지도층과 민중 간의 괴리를 조성한 가운데, 최우는 천도를 반대한 김세충을 처단하면서까지 6월 16일 천도를 결정하고 그날 자신의 가재를 강화도로 옮겼다. 그러나 "최이는 드디어 왕[고종]에게 빨리 궁전을 떠나 강화도로 갈 것을 요청했으나, 왕은 주저하면서 결심하지 못하였다"180)는 기록처럼, 고종은 강화

천도에 찬성하지 않았으며, 최이는 방을 통해 "제 기일 내에 강화로 떠나지 않는 자는 군법에 의해 처벌한다"[181]고 한 점에서 강화 천도는 최씨 정권의 독단에 의해 이뤄진 것으로 판단된다. 유승단, 김세충뿐 아니라, 일반 백성들도 반대 여론이 더 강했던 것으로 추측되며, 천도에 찬성한 이들도 자신들의 권력 유지 차원이었다. 따라서 최씨 무신정권에게 있어 강화천도는 몽고 침략으로부터의 도피였을 뿐 아니라, 초적과 지방 반란민들의 반최씨 정권 투쟁으로부터 정권의 안전과 보존을 도모하기 위한 방편이기도 하였다(유경아 1988: 400-5).

고려의 대몽항쟁은 강화도로 피신한 지배층을 대신하여 일반 백성들이 주축이 되어 이루어졌는데(민현구 1979: 41),[182] 최씨 무신 정권은 본토에 남아 있던 고려민에게는 산성으로의 피난 등의 소극적인 항전책만 제시하고 있었으며(최중호 2005: 293), 반몽 항쟁을 전개해야 할 정부가 백성들을 버리고 강화도로 도망하자, 본토민은 반정부적이 되면서 스스로의 생존권을 지켜야 했다. 따라서 강화 천도 이후의 민란은 반최씨 정권 투쟁이었을 뿐 아니라, 대몽 항쟁이기도 하였다(유경아 1988: 402). 그러나 지방의 군현민들은 몽고 침략의 제일선에 노출되어 있었고, 최씨 무신 정권의 수탈로 인해 현실적 삶은 더욱 열악하였으며(최영호 2002: 125), 1237년부터 1253년까지도 최우의 동생들이 백성들을 수탈하고 있었다. 결국, 천도 이후 3대에 걸친 최씨 정권은 민생의 궁핍을 가속화시켰다(유경아 1988: 405-8). 따라서 고종 대는 국내외적으로 국난에 시달리면서,

---

180) 怡 遂請王 亟下殿 行江華 王猶豫未決(『고려사』129: 38b6-7).

181) 不及期登途者以軍法論(『고려사』129: 38b8-9).

182) 최씨 정권의 민란 진압과는 반대로, 민란 참가자들이 정부에 대항해 몽고군과 연합한 적은 없어, 이들의 봉기는 반 최씨 정권 투쟁보다는 반몽 항쟁의 성격이 더 강했다(유경아 1988: 405).

국왕과 지배층은 그들의 의무인 민생 안정에 실패했다고 볼 수 있으며, 『재조고려대장경』은 이러한 시대적 상황 속의 산물이었다.

3. 치국책

고종의 선왕들인 태조와 현종은 후원과 통제의 양면적 치국책을 폈다. 그러나 고종은 그들과는 달리, 군주로서의 실권이 없었기 때문에, 치국책도 그들과는 달랐다. 더 정확하게 말하면, 고종의 경우, 스스로가 주도적으로 이끌어 간 치국책은 현존 자료에 의하는 한, 잘 보이지 않는다. 대신, 그는 태조나 현종에 비해 스스로의 불사에 매진한 것으로 나타난다. 고종과 관련된 대표적 불사는 불교의례 개최와 『재조고려대장경』 조판이었으므로, 이 두 가지 불사를 기준으로 그 기능을 분석해 보면, 고종의 불사들이 그의 정신적 위안 수단으로 기능하였음을 알 수 있다.

(1) 불교의례의 기능

1232년 강화도로 천도가 이루어진 후에도 불교의례 개최는 성행하였는데, 이와 관련, 전기한 1234년 2월 계미일의 『고려사』 기록에 의하면, 고종은 당시 연등회 개최를 위하여 고인이 된 어느 관리의 집을 절로 만들어 봉은사라고 이름 지었으며, 연등회 날에는 그가 수레를 타고 그 절에 갈 수 있도록 길을 내기 위하여 백성들의 집을 철거하였고, 사찰의 이름과 의례의 형식은 구례에 준하였다.

고종은 특히 소재도량 개최에도 가장 큰 관심을 기울이고 있었는데, 그가 그 의례를 한 해에 3번씩 개최했던 1217년에는 거란 침략, 1223년에는 왜구 침략과 지진 발생이 있었다. 그리고 한 해에 4번이나 그 의례가 열렸던 1228년에는 외침과 지진 발생이 있었다. 1230년에도 3회의 소재도량이 개최되었는데, 이해에는 심한 흉년이 들어 많은 사람들이 굶어 죽었으며, 그들의 시체가 길을 덮을 정도였다. 강화로 천도 후, 고려가 여전히 어려운 상황에 있었던 1234년, 1236년, 1243년에도 각각 3회의 소재도량이 열렸다. 1254년과 1255년에도 두 차례씩의 소재도량이 열렸는데, 특히, 1255년에는 큰 흉년이 들어 많은 사람들이 굶어 죽었으며, 또한, 몽고군의 침입으로 해골이 들에 널려 있을 정도였다.

신중도량이 가장 빈번하게 개최된 1249년부터 1256년까지는 몽고의 침략 때문에 고려 정부가 강화도로 수도를 옮긴 상태에 있었다. 그리고 민란이 장기화된 1253 이후에는 병화에다 흉년까지 겹쳐 그 참상이 극도에 달하였다(유경아 1988: 406-7). 1257년 고려는 여전히 국난 속에 있었으나, 실권을 잃었던 고종이 국난 해결을 위해 취한 행동은 절 등에서 기도하는 것이 고작이었다.[183] 군주는 자주적 통치권자로서 하늘에 대한 각종 의례와 국가 운영을 해 나갈 수 있다는 것이 중세적 왕권의 특징이었으며, 재이에 대한 대책은 일반적으로 군주의 수성과 수덕을 위한 조치를 취하는 것이었다. 그 방법은 고종 대까지도 전반적으로 유교, 도교, 불교, 무속적 소재 방안인 각종 도량과 법석, 재초 등의 실시였으며, 이는 군주의 의지에 의해 그대로 행해졌다.

---

183) 時內外蕭然 計無所出 但祈禱佛宇神祠而已(이때 서울과 지방이 소란하였으나, 계책으로 나온 것은 없었으며, 단지 절과 신사에서 기도만 할 뿐이었다(『고려사』24: 31a3-4)).

특히 고종 대의 기상 관련 이변의 수치는 전반적으로 높게 나타났으며, 그 내용은 가뭄, 냉해, 폭우, 기근 등이었다. 그러나 고종 대를 포함한 원 간섭기에는 군주의 수덕 노력은 격감하였고, 다만 재초 및 도량 등에 의한 소재 노력이 집중되었다(한정수 2006: 142-58). 따라서 군주로서의 실권을 잃은 채, 외침과 천재지변 등에 의한 국난의 시대를 살던 고종에게 불교의례는 '정신적 위안수단'으로 기능하였다(김종명 2001: 325-6). 그리고 이 주장은 그가 왕위에 있으면서 강화도에 도읍하고 있던 38년 동안 개최하였던 불교의례들이 소재도량, 신중도량 등 '진호국가'행사와 소재기복행사가 대부분을 차지하였다는 점에 의해서도 입증된다(김형우 1994: 110).

요약하면, 고종에 의한 불교의례 개최는 태조를 비롯한 고려의 다른 왕들과는 달리, 왕권 강화의 산물로 볼 수는 없으며, 불교의례의 일차적 기능이 왕실의 정신적 위안 수단으로 기능한 중국의 일반적인 경향과 맥을 같이하는 것이다. 고종과 관련된 불교의례의 재원도 그 의례가 고종의 사적 관심의 산물이었을 가능성이 더 큼을 보여준다. 고종은 지방에서 법회가 열렸을 때, 백성들로부터 그 법회 비용을 거두지 않고, 근처 지방의 내고에서 은 300냥을 내게 하여 비용에 충당케 하였다. 그리고 1314년의 기록도 불교의례 개최에 사용된 비용은 궁중의 창고에서 지출되었음을 밝히고 있다.[184] 그러나 고종은 왕실의 여러 의식이나 행사에 중요한 역할을 맡았지만, 단지 그것뿐이었고, 국고에 대한 권한도 상실하여, 최씨 일가가 왕실의 재

---

184) 왕실이 의례비용을 부담한 기록은 조선시대에서도 발견된다. 1420년(세종 2년)에 빈전에서 개최된 칠칠재와 기신재의 비용은 궁가본판이라 하여 왕실의 사비로 충당되었다(이영화 1993: 29).

산을 통제하고 조정하는 데까지 이르렀다(Shultz 1999: 38-41).[185]

또한 1254년의 기록에 의하면, 고종은 과거 300여 년 동안 국가 위기가 자주 발생된 이유를 악운 탓으로 돌리면서, 그의 돌아가신 조상신들에게 그 악운을 없애 달라고 기원하였다(『고려사』14: 17a8-19a3). 이로 보면, 고종은 자신의 운명을 스스로 개척해 나가려 한 주체성을 가진 군주도 아니었으며, 군주로서의 과실도 자기 내부가 아니라 외부적 요인으로 돌리고, 그 해결책도 외부에서 찾은 나약한 왕이었던 것으로 보인다.

고종 대는 고려의 다른 시기처럼, 불교의례뿐 아니라, 다른 종교 전통도 국정의 일부분으로 기능하였는데, 특히 도교와 불교가 습합된 전통인 구요에 대한 신앙이 최고조에 달한 것도 고종 대였다(김일권 2002: 93). 따라서 고종에게 있어서도 불교는 유일한 의지 수단은 아니었으며, 중요한 정신적 위안 수단으로 기능하였다고 할 수 있다. 그리고 고종에 관한 한, 『재조고려대장경』 조판의 의미도 같은 맥락에서 찾을 수 있을 것으로 생각된다.

(2) 『재조고려대장경』 조판의 주체와 기능

『재조고려대장경』의 조판과 관련, 조성 사업의 주체뿐 아니라, 조성 공간, (분사)대장도감의 위치, 경전의 구성 체계, 조성의 목적 등의 다양한 분야에 대해 연구자들 사이에 여전히 합일점을 찾지 못하

---

185) 고려 후기 금석문에 의하면, 무신정권 시대에는 선회가 증가하고, 참법이 강조되었다. 그리고 당시의 중요 사찰이었던 선원사는 최충헌의 원찰이었으며, 창복사는 최우의 원찰이었다(안지원 2011: 126-39).

고 있다(최영호 2009b: 138). 또한 『재조고려대장경』의 역사에 대해서는 많이 알려져 있지만, 그 목차와 배열의 특성 등에 대해서도 부분적으로만 알려져 있으며, 경판의 내용에 대한 연구는 거의 이루어지지도 못했다. 따라서 향후 『재조고려대장경』의 역사는 시간, 공간 및 사람들이란 관점에서 연구되어야 한다(Lancaster 2011: 300-3)는 주장이 제기되고 있다. 이러한 한계 속에서 『재조고려대장경』의 조판 주체와 기능에 대해 살펴보자. 이 두 가지 주제는 고종의 치국책과 직결되어 있다고 생각되기 때문이다.

1) 주체

『재조고려대장경』에 대한 연구가 시작된 1920년대부터 현재에 이르기까지 조성 주체 문제는 핵심 연구 내용의 하나였는데(최영호 2009a: 148-51), 기존 연구성과에 의하면, 『재조고려대장경』의 조성 주체는 국가, 국민, 왕실, 최씨 정권 등으로 주장되어 왔다. 아래에서는 이들 각 주장에 대해 검토해 보자.

① 기존 견해

가. 국가

『재조고려대장경』의 조성 주체가 국가란 주장은 대장경 조성사업은 공적 중앙행정체계에 의해 진행되었다는 점을 근거로 하고 있다. 즉 이 대장경은 고려국대장도감과 고려국분사대장도감이라는 임시기구에 의해 조성되었는데,[186] 대장도감은 국왕과 재추 심의회의를 통해 설치·운영되었기 때문에 최씨 무신정권의 사적 체계가 아니라, 공적 중앙 행정 체계였으며(최영호 2009a: 148-55), 따라서 『재조고려대장경』도 국가의 공적 행정체계의 산물(최영호 2009b: 137)이며, 대장도감 운영의 최고 책임자인 별감도 고위 관료가 임명되었다(최영호 2009a: 147-78)는 것이다.

나. 국민

각성사업은 국가적 사업으로 국왕을 비롯한 왕족, 상류 관료층, 불교계를 포함한 국민 전 계층의 참여로 추진(김윤곤 1993: 최영호 1995: 123에서 재인용 배상현 1997: 65; 최연주 2005: 35)되었기 때문에, 『재조고려대장경』 조판의 주체는 국민들이란 주장이다.

다. 왕실

국왕을 『재조고려대장경』의 조성 주체로 보는 근거 중의 하나는 전기한 1251년 9월 임오일의 『고려사』의 기록이다. 즉 『재조고려대장경』 조판은 고종과 여러 신하들이 발원한 결과란 것이다. 그리고 왕실과 유가종(최영호 1997: 49) 및 수기(배상현 1997: 65)와의 밀접한 관계 등도 국왕을 『재조고려대장경』 조성의 주체로 보는 또 다른 증거들이다. 즉 분사도감에 의한 경판 조성 사업에는 국왕의 권위와 결정이 개입되어 있었으며, 유가종 승려들은 최씨 무신정권의 극복과 국왕권 회복 및 강화를 위한 염원과 실천 차원에서 각성사업

---

186) 고려는 독자적 제도인 임시관청인 도감류의 관청을 새로 만들었는데, 도감은 고려 정치제도 운영의 특징을 잘 보여주는 제도다. 이 도감은 고려가 제도 운영에서 합의를 중시했다는 점을 잘 보여준다(박재우 2011: 204-17). 『재조고려대장경』 조판은 강화도의 대장도감에서 주로 이루어졌으나, 일부는 지방의 분사(대장)도감에서도 이루어진 것으로 보인다. 이 점은 이규보의 『동국이상국집』에 실려 있는 「동국이상국집 발미」를 통해 알 수 있으며, 대장경 조판에 사용된 10여 종의 나무 중, 후박나무 등은 남해에서만 생산된다는 점도 이를 뒷받침해 준다(김종명 2006a: 298).

에 참여하였고, 수기는 왕실과도 밀접한 관계를 가진 인물이었다는 것이다.

라. 최씨 정권

최씨 무신정권이 대장경 조성 사업을 주도했다는 견해는 1970~90 년대의 보편적 견해였으며(최영호 2009b: 144), 그 내용은 동기, 주도, 재정, 완성, 보관 등 다방면에서 그러하다는 것이었다. 특히 『고려사』의 「열전」 '최충헌'전에 부가된 최이(?~1249)와 『재조고려대장경』과의 관계에 대한 기록은 다음과 같다:

> 역대로 전해 내려오던 진병대장경판이 모두 오랑캐에 의하여 불타 버리고, 나라에서는 사고가 많아서 다시 만들 겨를이 없었다. [그런데 최이는] 도감을 따로 세우고, 자기 재산을 바쳐 조판을 거의 절반이나 하여 나라에 복과 이익을 주었으니, 그 공적을 잊기 어렵다. 아들 시중 [최]항은 가업을 이어 임금을 돕고 난을 제어하였으며, 대장경판을 위해 재물을 시주하고 노역을 감독해서, 완성을 알리고 축하식을 거행하여, 온 나라가 복을 받게 하였다.[187]

기존의 연구자들은 이 기록을 근거로 최씨 무신정권을 조성의 주체로 이해해 왔다(정병삼 2009: 407; 최영호 2009a: 152). 즉 대장경조판이 당시의 집권자 최이의 주도 아래 착수, 진행되었으며, 그의 아들 최항(?~1257)에 의해 완성되었다(민현구 1979: 46; 민현구

---

187) 歷代所傳 鎭兵大藏經板 盡爲狄兵所焚 國家多故未暇重新 別立都監 傾納私財 彫板 幾半 福利邦家 功業難忘 嗣子侍中沆 遹追家業 匡君制難 大藏經板 施財督役 告成慶讚 中外 受福(『고려사』129: 30a3-7).

1987: 317)는 것이다. 이 외에『재조고려대장경』에 대한 재정적 지원이나 장소가 모두 조계종 사원이나 당시의 집권 최씨 세력과 관련성이 큰 점(허흥식 1989: 391),『재조고려대장경』조조 후의 보관 장소도 최씨가의 원당이었던 선원사에 보관된 점[188]「보판」조성의 동기도 최씨 정권의 수복을 비는 내용이 큰 비중을 차지하고 있는 점(大屋德成 1926: 298-312; 민현구 1979: 47) 등도 최씨 무신정권을 이 대장경 조성의 주체로 본 또 다른 주장들이다. 그러나 기존의 주장들은 나름대로 일리도 있으나, 동시에 한계성도 가지고 있어, 아래에서 이를 검토한 후, 새로운 견해를 제시하고자 한다.

② 새 견해

국가를『재조고려대장경』조판의 주체로 보는 시각은 국왕을 배제한 점에서 한계가 있다. 고려의 임금들도 백성을 나라의 뿌리로 보고, 여러 가지 천변재이를 자신의 부덕으로 소치로 여기면서, 자신의 일차적 의무를 백성들의 안정된 삶을 보장하는 데 있다고 증언하고 있었으며(『고려사』18: 18b6-7, 19: 25b5-6, 20: 22a5), 고려 사회에서도 천명설은 수용되고 있었다. 따라서 멍쯔의 설은 고려의 임금들에게도 적용되었다고 할 수 있다. 또한, 고려 무신정권의 실력자들이 여러 명의 왕들을 옹립하기도 하고, 폐위시키기도 한 사실은 임금이 명목상의 국가수반이었을 뿐, 실제로는 임금이 곧 국가로 간주되지는 않았다는 또 하나의 반증이 된다. 임금이 곧 국가를 의미

---

188) 고종 32년(1245)에 창건된 선원사는 강화도 시절의 대표 사찰(황인규 2002: 59-60)로서, 최씨 무신정권의 원찰이었는데(최영호 2009b: 155), 수선사와『재조고려대장경』조성과의 관계는 밀접하였다(최연주 2005: 58)는 것이다.

했다면, 군부의 실권자가 국가인 임금을 좌지우지하지는 못했을 것이기 때문이다.

국민을 주체로 보는 시각에도 한계성이 있다. 중국 한문 대장경의 주체는 승려, 왕족, 관리, 일반 신도 등으로 다양하였으며(김종천 1987: 450-62), 명나라 『베이짠다장징』 편찬에는 황실 내의 황제, 황녀, 환관에서부터 지역 사회의 지방 관료, 상인, 평민에 이르기까지 다양한 세력들이 참여하였다(Zhang 2011: 294)는 점에서 이 주장도 일리는 있다. 그렇다고 하여, 대장경 조성의 주체가 국민의 대다수를 차지한 백성이었던 것은 아니다. 그리고 고려 임금들이 백성을 나라의 뿌리로 보았음에도 불구하고, 그 나라의 뿌리가 나라의 주인임을 뜻하는 것은 결코 아니었으며, 오히려 그들에게 백성은 어린아이와 같이 무식한 존재들로서 교화의 대상이었다. 또한 중국과는 달리, 『재조고려대장경』은 고려가 강화도란 작은 섬으로 천도를 한 특수한 역사적 배경의 산물이며, 당시 고려 국민의 대다수는 육지에 남아 있었다는 점에서도 국민을 이 대장경 조성의 주체로 보는 이 주장은 설득력을 얻기 어렵다.

왕실이 주체란 주장에는 나도 동의한다. 기존의 이 주장에 대한 문헌적 근거는 앞에서 인용한 1251년 9월 임오일의 『고려사』 기록이었다. 이 기록에 의하면, 현종 때의 『초조고려대장경』이 몽고의 침략으로 불타 없어졌기 때문에, 왕이 신하들과 함께 발원하여 도감을 세우고, 『재조고려대장경』 조성을 발원한 후, 16년 만에 완성되자, 대장경판당에 가 분향을 하였다는 것이다. 따라서 대장도감과 『재조고려대장경』 조성의 일차적 원인을 고종으로 볼 수 있다. 이규보의 「동국이상국집 발미」에서도 대장경은 분사대장도감에서 임금의

칙명을 받아 조성되었다고 하였다:

> 신해년(1251), 고려국 분사대장도감에서 임금의 칙령을
> 받아 새겨 만들었다.[189]

이 기록들 외에도, 고종이 행한 다양한 불사와 그 연장선상에서
이 대장경이 조판된 점 등을 고려할 때, 이 대장경의 주체는 고종으
로 생각된다. 최씨 무신정권을 『재조고려대장경』조판의 주체로 보
는 데 대한 비판은 적지 않은데, 대장경판 판각과 관련된 기존의 연
구성과는 최씨 정권의 역할이 과장되어 있다는 것이다. 고종의 존재,
대장도감의 운영 주체, 조판 참가자, 재정 원, 「정장」의 불전 종류,
당시 고려인들의 반응, 보관 장소, 최이의 유학자와의 교류 등을 검
토할 때, 최씨 정권을 대장경 조성의 주체로 볼 수 없다는 견해는 타
당한 것으로 이해된다.

최씨 무신정권은 고종을 폐위하진 못했다. 따라서 『재조고려대장
경』조판에 미친 최씨 무신정권의 영향력이 컸던 것은 분명하지만,
그렇다고 하여 조판의 주체를 그들로 보기에는 무리가 따른다. 또한
대장경 조판이 한창 진행될 때 최이는 도감의 운영 주체도 아니었으
며(최영호 2009a: 153),『고려사』(24: 3a1-3)에 의하면, 운영 주체도
고종으로 나타난다. 그리고 이규보의 「대장각판 군신 기고문」에는
판각에 관여한 사람들에 대한 정보가 포함되어 있다. 대장경을 판각
할 때, 임금과 신하의 기고문을 정유년[1237]에 지었다:

---

189) 辛亥歲 高麗國分司大藏都監 奉勅雕造(「東國李相國集跋尾」1a8-9, 民族文化推進會
編, 1996: 261).

국왕 휘는 태자, 공, 후, 백, 재추, 문무백관 등과 함께 목
욕재계하고, 끝없는 허공계와 시방의 수 없는 모든 부처
님과 보살님과 천제석을 수반으로 하는 삼십삼천의 모든 불
교를 보호하는 신령스러운 관리들께 기원하여 고합니다.[190]

이 인용문에 의하면, 『재조고려대장경』 판각에는 고종과 고위관
리들이 대거 포함되어 있었으며, 따라서 최씨 무신정권도 이들 가운
데 일원이었을 것으로 생각된다. 대장경 조성과 관련된 최씨 무신정
권의 역할이 제한적이었으리란 다른 증거들도 있다. 『재조고려대장
경』의 대부분을 차지하는 「정장」에는 무신정권과 친화력을 가진 선
종 서적은 없다. 그리고 무신란은 기존 불교계를 장악하고 있던 교
종세력에게 치명적 타격을 가한 사건이었다(안지원 2011: 125).

그러나 『재조고려대장경』은 무신정권기에 조성되었으며, 교종 세
력들이 그 조성에 적극적으로 참가하였다. 조성사업을 주도한 계통
은 교학 위주의 화엄종 계열이었는데, 당시 고종과 밀착되어 있던
(최영호 2002: 129) 승통 수기(?~?)는 화엄종 소속의 개태사 주지
로서, 『재조고려대장경』 조판의 주역 중의 한 사람이었다(배상현 1997:
63). 고려 초기 이래 왕권과 밀접한 관계를 맺고 있던 화엄종 계열의
해인사(최영호 2002: 128)도 이 대장경 조판에 참가하고 있었고(김
윤곤 1998: 102), 13세기 중엽의 화엄종단도 고려 왕실의 안녕을 빌
고 있었다(최영호 2006: 109-10). 그리고 고종의 명을 받아 「대장각
판 군신 기고문」을 지은 이규보도 대장경 조성에 깊이 간여하였으
며, 수기와도 가까운 관계였고, 그의 손자 이익배(?~1292)도 분사

---

190) 國王諱 謹與太子公侯伯宰樞文虎百寮等 熏沐齋戒 祈告于盡虛空界十方無量諸佛 菩
薩及天帝釋爲首三十三天一切護法靈官(『이상국집』 25: 18b1-3, 『고려명현집』 1986, 1: 272).

도감에서 활약하였다(강순애 2000: 260).

분사도감은 『재조고려대장경』 조성의 중심 역할을 하였는데, 특히 남해 분사도감을 맡은 정안은 대장경 재원의 반을 제공할 만큼 큰 경제력을 제공하였다(정병삼 2009: 411):

남해분사도감판 『재조고려대장경』 조성의 재원은 반은 국가가, 나머지 반은 정안이 사재로 부담한 것으로 나타난다. 이와 관련, 『고려사』는 다음과 같이 기록하고 있다:

> [정]안은 [최]이가 권리를 전횡하고, 남을 시기하는 것을 보고, 해를 피하고자 하여, 남해로 물러났는데, 불교를 좋아하여 이름난 산과 뛰어난 사찰을 찾아다녔다. [그리고] 사비를 내어 국가와 절반씩 나누어 장경을 간행하기로 약속하였다.191)

경상도 안찰부사 전광재도 사재를 시납하였고(최영호 1995: 178), 각계각층의 보시도 있었다(김윤곤 1998: 102). 따라서 최씨 무신정권도 대장경 조판을 위한 일부 재정 부담은 하였지만, 그렇다고 하여, 그들이 이 사업 예산을 주도했다고도 볼 수 없다.

13세기 중엽 최씨 무신정권의 불사에 대해 관료, 지식인, 승려, 군현민 등 사회 각계에서 상당한 비판과 저항도 있었다(최영호 2009b: 153). 특히, 최항이 『위엔지에징』을 새길 때, 김구에게 그 발문을 짓게 했는데, 김구(1211~78)는 이를 거부하고 시를 지어 다음과 같이 비판하였다:

---

191) 晏見怡專權忌克 欲遠害 退去南海 好佛 遍遊 名山勝利 捨私費 與國家約中分藏經刊之(『고려사』 100: 28b6-8).

벌은 노래 부르고 나비는 춤추며, 온갖 꽃들이 새롭게 피었으니, 이 꽃들은 창고 속의 보배를 간직하고 있구나. 종일토록 읊조리며, 원각경을 설교하느니 입 다물고 늦은 봄 경치나 구경하세.[192]

그러나 이를 본 최항은 성을 내어 그를 좌천시켰다(『고려사』106: 14a3). 전기한 최이의 사위인 정안은 『재조고려대장경』 조성 사업을 실질적으로 주도한 인물이었으며, 자신이 중심이 되어 다른 불서 간행 사업도 주도하였다(정병삼 2009: 407). 그리고 대장경 판각을 위해 사재를 시납한 정안도 무신정권에 대해서는 비판적이었으며, 왕정복고 의식도 소유한 사람이었다(최영호 2006: 100). 『재조고려대장경』은 조성된 후, 최씨 정권의 원찰인 선원사에 보관되어 있었다고 하나, 이 대장경 조성과 선원사의 관계를 직접 알 수 있는 자료는 없다(최연주 2005: 48). 더욱이 선원사는 대장경판의 90% 이상이 판각된 시점에서 창건되었기 때문에 대장도감의 위치가 선원사가 아님도 밝혀졌다(최영호 2009b: 155-6). 최씨 무신정권은 유학자들과의 교류도 활성화시키려고 노력하고 있었는데, 이와 관련된 기록은 다음과 같다:

> [최]이의 문객에는 당대의 명유들이 많았는데, 그들을 3개 조로 나누어 교대로 서방에서 숙직하게 했다.[193]

따라서 최씨 무신정권이 『재조고려대장경』 조성을 개인 차원에서

---

192) 蜂歌蝶舞 百花新惣是華 藏 藏裏珍 終日啾啾說圓覺 不如 緘口過殘春(『고려사』106: 13b9-14a3).

193) 怡門客 多當代名儒 分爲三番 遞宿書房(『고려사』129: 32b4-5).

주도했다고는 볼 수 없다(최영호 2009b: 154). 그리고 이 대장경 조성이 최씨 집권자들에 의해 주도되고, 그 목적도 그들의 원당을 장엄화하는 데 있었다는 주장은 문제가 있다(배상현 1997: 67)는 지적도 타당하다. 오히려 최씨 무신정권은 실권은 없으나, 권위는 가졌던 국왕으로서의 고종이 주도한 불사였던 『재조고려대장경』 조판에 대해 정치적 차원에서 동조한 것으로 보인다. 즉, 이 대장경 조판은 고종이 최씨 정권의 강화도 천도 계획에 원래 반대했으나, 결국 그들의 천도 계획을 수용해 준 데 대한 최씨 정권의 보상 차원의 산물일 수도 있다.

2) 기능

『재조고려대장경』의 조성 배경으로는 선종의 획기적 발전, 선교 양측의 경전 중시, 화엄종의 전통 확립 노력 등(민현구 1979: 50)의 견해가, 이 대장경의 역할에 대해서는 당시 무신 정권의 정권 유지 수단(오용섭 1999: 196), 대몽항전의 구심체 역할(최중호 2005: 297), 민심 수습(최중호 2005: 293-4), 문화적 우월성 과시,[194] "호국불교"의[195] 산물 등의 다양한 견해가 제시되었다. 이규보의 「대장각판 군신 기고문」(허흥식 1990: 423)과 수기의 『고려국신조대장교정별록』(이하 교정별록)은 『재조고려대장경』의 조판 경위를 알 수 있는 중요

---

194) 중국의 한민족과 기타 각 소수민족들은 신앙심 고취와 국위 선양을 위해 대장경 조조에 노력하였다(김종천 1987: 465).

195) 한국 역사상 국가와 불교 사이의 밀접한 관계는 "호국불교"라는 개념을 낳았다. 이 개념은 역사상 자연재해나 외침으로부터 국가가 위기에 처했을 때, 불교가 국가를 보호하는 역할을 했다는 주장을 뜻하며, 한국불교의 특징 중의 하나를 표현하는 단어로 쓰여 왔다. 그러나 '호국불교'에 대한 개념 정의는 분명하지 않으며, 더욱이 한국불교 역사상 불교의 역할을 검토할 때 다른 해석도 가능하므로 이 개념은 재검토될 필요가 있다(Kim 1995: 23-55; 김종명 2001: 282-6).

한 자료들이다(동국역경원 1996: 16-7). 또한, 이 대장경의 연도별 각 성량과 사상성에 대한 분석도 이 주제에 대한 실마리를 제공해 주고 있다. 이 문헌적 증거들에 의하면, 『재조고려대장경』은 공덕 기원과 정치적 필요성의 산물로 나타난다.

① 공덕 기원

고종은 1213년 즉위 후부터 소재도량 등을 비롯한 불교의례들을 개최하였으나, 『재조고려대장경』 조판은 고종이 즉위한 후 20여 년이 지난 1236년에야 시작되었다. 그 이유는 무엇일까? 적어도 몽고 침략이 시작된 1231년 이전까지는 몽고 침략에 비교될 만한 큰 국가적 사안은 발견되지 않는다. 또한 현종처럼, 왕실 조상에 대한 추도 등이 이 대장경 조판의 동기였다는 문헌적 증거도 없다. 이규보는 그의 「대장각판 군신 기고문」에서 『초조고려대장경』 판각의 동기가 거란군 격퇴란 공덕 기원에 있었다고 하면서, 『재조고려대장경』 조판의 의미도 다르지 않음을 다음과 같이 말하였다:

> 그런즉 대장경도 한 가지고, 전후 판각한 것도 한 가지며, 임금과 신하가 같이 서원한 것도 한 가지인데, 어찌 그때 [현종 2년, 1011]만 거란 군사가 스스로 물러가고, 지금의 달단은 그렇지 않겠습니까? 다만 여러 부처님과 많은 하늘 신들이 어느 정도 보살펴 주시느냐에 따라 달려 있을 뿐입니다. 진실로 정성을 드리는 바가 이전 조정에 비해 부끄러워할 바가 없으니, 원하옵건대, 모든 부처님과 성인과 현인 및 삼십삼천의 신들께서는 [저희들의] 간곡한 서원을 잘 살펴서 신통한 힘을 빌려주시기 바랍니다. 그리하여 완악한 오랑캐로 하여금 멀리 도망하여 다시는 저

희 국토를 짓밟는 일이 없게 하며, 전쟁이 그치고 서울과 지방이 평안하며, 대왕대비와 태자께서 만수무강을 누리시고, 국운이 만세토록 유지되게 해 주신다면, 제자 등은 마땅히 노력하여 더욱 불법을 보호하고, 부처님 은혜의 만분의 일이라도 갚겠습니다. 제자 등은 간절히 비오니, 밝게 살펴 주시기 바랍니다.[196)

『초조고려대장경』이 조성된 약 200년 후, 고려인들은 『초조고려대장경』의 의미를 외난으로부터 사직의 안녕을 기원하는 것으로 인식하고 있었는데, 이규보의 기원문도 이를 뒷받침하고 있다(윤용혁 2010: 178). 이규보는 이 기고문을 70세 때인 1237년 왕의 칙명을 받아 지었으며, 대장경 조성에도 깊이 간여하였다. 따라서 그의 기고문은 나름대로 신빙성을 가지고 있다고 할 수 있다. 그러나 고종의 왕권은 유명무실하였고, 왕위에 대한 집착은 컸으며, 불사에는 열심이었다는 점에서 이 기고문의 내용은 고종의 '희망사항'의 다른 표현이었을 가능성이 크다. 또한 이규보는 이 기고문을 쓸 당시, 강화에서 경제적으로 어렵게 살면서, 승려가 되고 싶다고 술회하는 등 불교에 심취하면서 『렁옌징』을 가까이한 점(오용섭 1999: 203)에 비추어 볼 때, 그의 증언은 일종의 말잔치에 머물렀을 가능성도 배제할 수 없다. 이러한 예는 사상적으로 숭유배불로 특징되는 조선시대 말에도 발견된다. 당시 노, 영, 미, 일 등 열국의 식민지 각축전이란 국난 상황에서 고종(1852~1919)의 칙명에 의해 대장경 출판이

---

196) 然則大藏 一也 先後雕鏤 一也 君臣同願 亦一也 何獨於彼時丹兵自退 而今達旦不爾耶 但在諸佛多天鑑之之何如耳 苟至誠所發 無愧前朝 則伏願諸佛聖賢三十三天 諒懇迫之祈 借神通之力 使頑戎醜俗 斂蹤遠遁 無復踏我封疆 干戈載戢中外晏如 母后儲君 享壽無疆 三韓國祚 永永萬世 則弟子等常更努力 益護法門 粗報佛恩之萬一耳 弟子等無任懇禱之至 伏惟炤鑑云云(『이상국집』 25: 19b5-20a4, 『고려명현집』 1986, 1).

이루어졌는데, 이 출판은 고종의 선조들의 명복과 국태민안을 기원하기 위한 국가적 사업의 일환으로 이루어진 것(양계봉 1990: 200-2)이었다.

그렇다 하여, 당시의 대장경 출판이 실질적으로 국태민안의 역할을 한 것은 아니었다. 더욱이 정안의 경우는 불전 편찬의 실질적인 기능을 잘 보여주고 있다. 정안은 국가적 성격과는 다른 개인적 차원에서도『파화징』,『화옌징』의「행원품」,『진강보뤄보뤄미징』(금강반야바라밀경),『포쉬유슈스왕성치징』,『금강삼매경론』,『선문염송』등 6종의 불서들을 간행하였는데, 그의 불서 간행의 의도도 공덕 신앙의 결과였다. 정안은『파화징』의 간행을 통해 왕실의 장수와 몽고군의 와해, 국가 지도자로서의 최우에 대한 기원 및 자신의 가족의 극락왕생을 기원하고 있었다. 그러나 그의 일차적 기원은 국가의 안녕이지만, 더욱 심층적인 기원은 자신의 극락왕생이었다.『금강삼매경』,『선문염송』등 그에 의한 선적 간행의 목적도 다르지 않았다. 즉 정안에 의해 간행된 경전들은 그 종류와는 상관없이, 모두 그 간행 목적은 정토왕생을 기원하기 위한 것이었다(정병삼 2009: 415-27). 또한 고려 후기 불화 조성 목적도 일반적으로 공덕 기원이었다(정병삼 2009: 63-4).

따라서 고종의『재조고려대장경』조판도 같은 맥락의 산물로 보이며, 이 대장경 조판은 외침이란 국가 대란과 국가적 차원의 사업이란 점이 차이점으로 생각된다. 또한『고려사』에는『재조고려대장경』관련 기록이 소략한데, 그 이유는 최씨 정권이 멸한 후, 최씨가 권신 또는 역신으로 간주되었기 때문으로 생각된다. 더욱이 교학적 전통이 강조된「정장」은 실용성이 적어 고려 말, 조선 초에는 장식용으로 사용되었으며(허흥식 1990: 430), 고려 말의 사상계에도 받아들여지지 못했다(허흥식 1989: 391-30). 이 점도 『재조고려대장경』 조판의 목적이 정치적이었음을 반증한다.

②『교정별록』

『교정별록』에 기록된 수기의 말과 『재조고려대장경』「정장」의 선종 서적 부재는 이 대장경의 기능이 정치적 필요성에 있었으며, 불교사상적 요청의 산물이 아니었음을 증명한다.[197] 고려조 불교계에서 처음 작성된 교감목록[198]인 『교정별록』[199]의 편찬자 수기가 그 책을 편찬하면서 한 말도 『재조고려대장경』의 성격을 살피는 데 유용하다. 수기는 그 시대의 현존하던 경전을 가장 중시하였으며(강순애 2000: 288), 위경이라 하더라도 당시 인기가 있던 불전은 『재조고려대장경』에 포함시켰다.[200] 그러나 수기는 당시의 그러한 현실을 안타깝게 생각하며, 후세에서라도 그러한 전통이 바로잡히기를 희망

197) 반면, 일본이 조선 정부에게 대장경을 청구한 원인은 정치적, 군사적 의도가 아니라, 숭불과 백성을 이롭게 하기 위함 등의 불교적인 것이었다(이재창 1966: 123).

198) 목록에 대한 아이디어는 중국에서 나온 것으로 추정된다(신규탁 1998: 347).

199) 『교정별록』은 30권으로 구성되어 있으며, 교감 내용은 79건, 70함, 66경이었다. 그러나 이 책은 처음부터 계획된 것이 아니라, 교감 결과의 조합물이었다(오용섭 1999: 209-10). 그러나 수기는 그가 『재조고려대장경』 판각을 위해 불전을 수집, 편찬하는 일을 맡았을 때, 그가 세운 선택 및 편찬 원칙에 따라(Pak 1981: 50) 의천의 『신편제종 교장총록』을 무시한 채, 중국의 전통 목록인 『카이위안스자오루』에 의존하여(Lancaster 1979: xv), 『교정별록』을 편찬하였다. 따라서 의천록에 수록되었던 불전의 대부분은 역사상 사라지게 되었으며, 의천이 수집한 불전의 목록만 남게 되었다(Lee 1993: 423). 이러한 한계성에도 불구하고 『교정별록』은 『재조고려대장경』에 입장된 불전 연구뿐 아니라 『재조고려대장경』 그 자체의 연구에도 필수적인 문헌이다(사회과학원 1992, 14: 307-314). 『교정별록』의 내용에 대해서는 김종명 2006a: 285-309 참조. 『교정별록』의 연구사에 대해서는 강순애 2000: 256 참조.

200) 위경은 인도나 서역 이외의 지역인 중국이나 한국, 일본에서 찬술된 경전류를 말하며, 인도와 중국의 문화적 차이를 극복하고, 유교계와 도교계의 비판으로부터 불교계를 보호하기 위해 찬술되었다(이자평 2011: 96-7). 불교 위경의 가치, 정의, 문제점 및 연구방법론에 대해서는 Buswell 1990: 1-30 참조. 중국의 위경들 중 상당수는 조선을 포함한 한국불교사상 중요한 역할을 하였다.

하였다:

> 30권의 이 경[『마토우루오차포밍징』(마두나찰불명경)]은 본
> 조(고려)에서 성행된 지가 오래되었고, 나라의 풍속도 이
> 경에 기대서 복을 짓는 사람도 많이 있으니, 지금 갑작스
> 럽게 이것을 대장경에서 삭제한다면 그들 대중은 반드시
> 성을 낼 것이다. 그러나 이것을 만약 모두 그대로 남겨둔
> 다면, 이치로 보아도 옳지 못한 일이다…… 마음으로 거짓
> 되고 허망한 것인 줄 알면서도 힘으로 바로잡을 수 없으
> 니 말법시대의 폐단이 이 지경에 이르렀단 말인가? 가슴
> 아픈 일이다. 단지 한 가지 이치는 있다…… [후세의] 사람
> 들로 하여금 그 명분과 주객을 알게 하는 것이다.[201]

이는 『재조고려대장경』에 입장된 경전들의 입장 기준이 시대의
필요성이었음을 뜻하며, 고종과 수기와의 밀접한 관계를 고려할 때,
특히 정치적 필요성이 강조된 것으로 보인다. 일반적으로 고려의 무
신들은 경전 읽기를 크게 강조하지 않은 선종과 친화성이 있었다고
한다. 또한 『재조고려대장경』의 조판이 그 이전의 것과 다른 점은
무신 정권과 밀접한 관계에 있었던 조계종의 정치, 경제적 지원 아
래 이루어졌다는 점(허흥식 1990: 427)이라고도 한다. 그러나 『재조
고려대장경』의 대부분을 차지하는 「정장」에 선적은 포함되지 않았다.
　지눌 이후의 고려 불교계는 선불교가 주류를 이루었으며, 지눌이
주석한 수선사에서 간행된 불교서적의 대부분은 지눌의 저술을 비
롯한 선적들이었다. 그리고 이 불전들은 1205년을 전후하여, 특히

---

201) 此三十卷經本朝盛行行來日久 國俗多有倚此而作福者 今忽刪之 彼必衆怒 若俱存之
理 亦未可…… 心知僞妄 力不能正 末法之弊一至於此 傷哉 但有一理…… 使人看其名 分其主
客(교정별록 30: 724a14-20).

1210년대와 1240~50년대에 집중적으로 출간되었는데(최연주 2005: 39-47), 특히 후자의 시기는『재조고려대장경』판각량이 가장 많을 때였다. 그러나「정장」에서 선종 서적이 철저히 배제된 점은 현실성이 배제된 결과였다(허흥식 1990: 430).202) 이 점은 전광재의 말을 통해서도 증명된다. 전광재는 1248년에 경상관찰사 겸 대장도감의 분사도감직을 맡았으며, 대장경 조성을 위해 사재도 기부한 사람이었는데, 그는 다음과 같이 말했다:

> 나[전광재]는 평소에 내전[불전]을 믿었는데, 특히『남명천화상송증도가』(난밍톈허상쑹정다오거) 1부에 더욱 마음을 두고 있었다.203)

그가 선호한『난밍톈허상쑹정다오거』는 선적이다.

따라서 선종의 획기적 발전을『재조고려대장경』조성의 배경으로 주장한 견해(민현구 1979: 50)는 재고를 요한다.

③ 연도별 각성량

『재조고려대장경』의 실질적 역할을 추정할 수 있는 또 다른 방법은 연도별 각성량과 역사적 배경을 검토하는 것이다. 연도별 판각량은 모두 달라 해마다 일정량의 판각 계획에 의해 판각된 것은 아니었다(박상국 2007: 36). 1243~8년까지는 전체 대장경판의 약 70%가 조성되었으며(김윤곤 1998: 87),204) 1243년(고종 30년)과 1244

---

202)「정장」의 사상성을 알기 위해서는 원효와 의천에 이르는 폭 넓은 교학 전통에 대한 이해가 필요하다(허흥식 1990: 435).

203) 최영호 1995: 174에서 재인용.

년(고종31년)에는 가장 많이 각성되었는데, 특히 1244년에는 전체의 약 1/4에 해당하는 24.7%가 각성되어, 이해는 가장 활발하게 대장경 조판이 이루어진 해였다(최연주 2005: 80). 따라서 대장경판 조성이 집중적으로 이루어진 1243~8년 사이의 역사적 배경을 검토해 보면, 조성의 이유를 아는 데 도움이 될 수 있을 것이다.

1243년부터 1248년까지도 몽고군의 침략은 계속되는 가운데, 고종은 소재도량(3회), 연등회(2회), 운우도량(1회)의 불교의례를 열었으며, 현성사(3회), 봉은사(4회), 왕륜사(3회), 묘통사(2회), 건성사(2회), 복령사(2회), 선원사(1회) 등의 사찰을 자주 방문하였다. 또한 그는 보살계를 받았으며, 무당을 모아 기우하였다(『고려사』23: 36a-40a). 따라서 『재조고려대장경』 조성의 의의는 외침을 비롯한 국난 극복을 위해 고종에 의해 시도된 사찰 방문, 반승, 불교의례 개최, 보살계 수지, 무당에 의한 기우 등의 다양한 방법 중의 하나였다는 데 있을 것으로 보인다.

맺음말

13세기에 이루어진 『재조고려대장경』 조판은 고종의 불사의 일환으로서 그가 주도적 역할을 하고, 무신정권의 묵시적 동의 아래, 공적 체계에 의해 이루어진 국가적 사업으로 요약된다.

고종 대에도 전통은 중요시되었고, 전통 사회에서 국왕은 국가의 주체로서 불교를 포함한 풍속의 운명을 좌우하는 입장에 있었다. 따

---

204) 고종 30년(1243)부터 35년(1248)까지 대장도감과 분사도감에서는 전체 경판량의 53%와 10%가 각성되었다(최연주 2005: 66).

라서 고종은 최씨 무신정권하의 고려에서 정치적 실권은 상실하였으나, 국왕으로서의 권위는 보유하고 있었으며, 이를 바탕으로 고종은 최씨 정권의 동조 아래, 왕실재원에 의해 고려 역사상, 나아가 한국 역사상 그 유례를 찾아보기 어려울 정도로 많은 불사를 진행할 수 있었다. 특히『재조고려대장경』조판이 시작된 1236년부터 이 사업이 마무리된 1251년까지 고려는 외적으로는 대몽항쟁기였으며, 내적으로는 대부분의 고려 백성들, 특히 고려 본토에 남은 사람들의 삶은 몹시 곤궁한 상태에 있었다. 그리고 고종은 피난지 강화에서조차 연등회, 소재도량, 신중도량 등도 자주 개최하였다. 그리고 국난 상황에서도 고종이 국왕으로서 직접 수립한 계책은 없었으며, 그가 할 수 있었던 것은 기도뿐이었다.

따라서『재조고려대장경』조판 사업은 고종의 불사의 일환으로서 그리고 기도의 한 방법으로서 그의 주도 아래 진행되고, 최씨 정권과 일부 관료와 승려 및 백성들의 참여 아래 이루어진 것으로 파악된다. 그러나 그 조성의 목표는 거란군 격퇴라는 정치적 필요성에 있었으며, 불교사상적 요청의 산물은 아니었다. 이 대장경의「정장」에 수록된 불전은 모두 교학 전적이며, 당시 불교계의 주류였던 선사상 관련 전적은 포함되어 있지 않았다. 반면, 많은 밀교 경전이 포함되어 있었는데, 이는 신비성과 주술성을 강조한 결과였다. 조성 후의 대장경도 불교 연구를 위해 사용된 것이 아니라, 안전한 곳에 보관된 채 국난 타개 등을 위한 공덕용으로 기능하여, 불교사상적 발전에는 별로 기여하지 못하였다.

제3부 조선시대 국왕의
불교관과 치국책

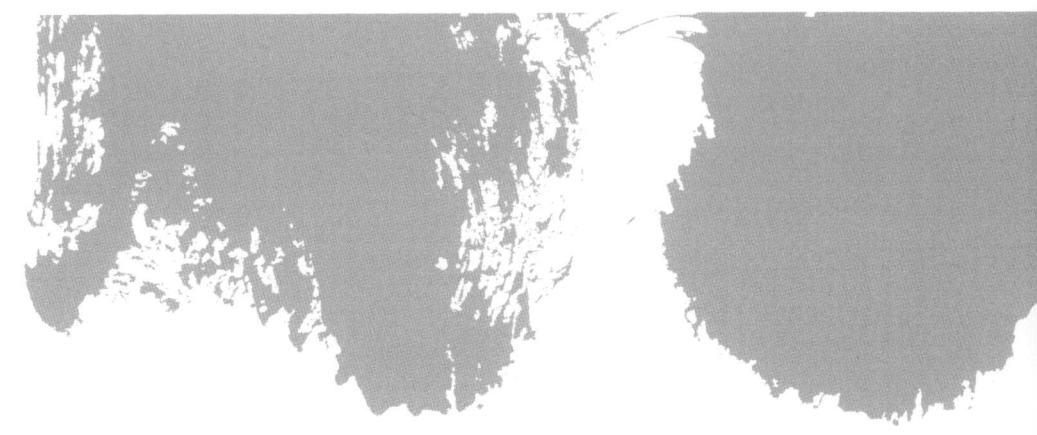

들어가는 글

　　제3부에서는 유교 중심의 조선사회에서 임금들의 불교관과 치국책을 검토한다.[1] 조선의 왕들은 학자군주로서, 그들은 기본적으로 유학자며, 그중에서도 성리학자였다(정옥자 2009: 11-2). 따라서 조선 초기의 지성사 및 정치사상사 연구도 주로 유교와 성리학에 중점이 두어져 온 반면(박정숙 1996: 35), 불교 관련 연구는 여전히 미진한 상태에 있어,[2] 유교와 불교를 비롯한 다른 종교와의 관계에 관한 분석으로 발전될 필요가 있다(김준혁 1999: 36-7; 부남철 2003: 48-9)는 지적이 제기되고 있다.

　　그리고 조선시대는 숭유억불의 시대였으나, 조선시대의 불교는

---

　　1) 조선시대 연구 자료는 삼국시대나 고려시대에 비해 훨씬 풍부하며, 『조선왕조실록』, 『승정원일기』, 『비변사등록』, 『삼봉집』, 『용재총화』, 『양촌집』, 『목은집』, 『성호사설』, 『식우집』, 『퇴계전서』, 『나암잡저』, 『홍재전서』, 『담헌서』, 『번암선생집』, 『여유당전서』 등의 문집 등이 이에 해당한다.

　　2) 정조가 당시에 이단으로 분류된 불교 등에 대해 어떻게 생각했고, 어떻게 대응했는가에 대한 검토로는 부남철 2003: 47-65, 420 참조. 여말선초의 이단은 불교를 지칭하였으며, 조선 후기의 이단은 곧 천주교를 말했다(부남철 2003: 50). 특히 정조는 불교를 포함, 상도에 어긋나고 선왕의 법언이 아닌 모든 것을 이단으로 간주했다(부남철 2003: 51).

이제까지 생각되어 온 것보다 사회적 영향력도 훨씬 컸다(권연웅 1993: 279). 왕실 구성원을 비롯하여, 유신들과 일반 백성들도 불교를 믿고 있었으며, 승려 수도 적지 않았다. 또한 승단에 대한 정부의 재정적 후원도 상당하였다. 그러나 조선시대의 불교는 관련 자료가 삼국시대나 고려와는 달리 많이 현존하고 있음에도 불구하고, 한국과 해외에서 가장 덜 연구되고 가장 덜 이해된 분야로서(Buswell 1999: 159), 이 시대 불교사 연구성과는 여전히 만족스럽지 못한 채 남아 있다(김상현 2002: 265). 그리고 이능화(1918; 2002), 高橋亨(1929), 한우근(1993) 등 기존의 관련 연구는 배불정책을 주로 다루고 있어,[3] 조선시대 국왕의 불교관에 대한 연구는 이제까지 거의 없었다.

기존의 조선불교 연구에 의하면, 불교는 조선의 개창과 함께 모순과 불합리의 대명사가 되어 한 순간에 사라진 듯한 선입견을 낳았으며, 이런 맥락에서 조선불교는 '산승불교시대' 또는 '산중불교시대'로 일컬어져 왔다. 그러나 16세기 후반 퇴계 이황(1501~70)과 그 문하의 유성룡(1542~1607) 등의 배출로 영남사림의 본 고장이 된 안동의 경우, 전통적으로 불교적 전통이 강해 불우[4]도 많았는데, 당시 안동의 대표 사찰 폐사의 경향은 뚜렷한 입지상의 특징을 가진 것이었다. 안동의 경우, 사세가 큰 지역 대표 사찰의 폐사, 사람들의 접근성이 좋고 규모와 격식을 갖춘 평지 사찰의 폐사, 사찰 유형 불우의 집중 폐사 결과로 암자의 비율이 증가하는 특징을 나타내었다. 16세기 안동에 존재한 불우 110개 중 본부에 있던 것은 45개소(양혜원 2010: 23-40)로 전체의 약 40%에 해당하였다. 이는 당시의 불교를 산중불

---

3) 조선시대 치국책에 대한 연구에 대해서는 김혁준 1999: 36-7 참조.
4) '불우'란 사, 찰, 암 등 제반 유형의 불교 관련 건물을 아우르는 용어다(양혜원 2010: 32).

교로 간주할 수 없는 한 예가 된다.[5]

조선시대 불교의 쇠퇴로 사원이 감소하는 추세에서 경상도는 조선 전기에서 말기까지 사원이 계속 증가한 유일한 지역이었으며(오경후 2007: 204), 경주 지역의 불우의 수도 조선시대에 대체로 증감의 변화가 없었다(오경후2007: 218). 조선시대의 왕실과 불교와의 관계에 대해 통설에서는 두 가지로 주장되어 왔다. 한 가지는 왕실 불사는 사적 차원이었다는 견해(한우근 1993: 105)며, 다른 한 가지는 왕실 불사는 왕실 정치의 한 분야(남희숙 2004: 9)란 견해다. 그러나 이 문제는 각 국왕의 내 외치와의 관련 속에서 더욱 구체적으로 검토될 필요가 있다. 여기서의 분석 대상은 세종, 세조, 문정왕후 및 정조다. 조선의 건국자 태조(1392~8) 이성계(1335~1408)는 사대주의, 배불숭유, 농본주의를 건국이념으로 삼았다. 그러나 그는 조선 불교 수난사의 출발점이 되는 개국 초에도 불교의 전통성, 대중성 확보 및 자신의 신불 등의 관점에서 호불 정책을 폈는데,[6] 이는 정치적으로는 그와 뜻을 같이한 개혁파 유신들의 배불 입장[7]과는 다른 것이었다(이봉춘 1990: 119).

태조 대의 각종 불사 설행은 전적으로 태조의 신불에 의한 것이었는데, 그 내용은 흥천사 등의 창사, 사탑 중수, 불교의례 개최, 인경

5) 조선시대 말 관리였던 박시순(1848~1907)은 배불 상소를 올리면서도, 그의 『면불일기』에서는 그가 다스리던 면천군(현재의 충청도 당진군 소재)에 질병이 만연하자 승려를 모셔 재를 지낸 기사가 기록되어 있다(김경수 2012: 180-95).

6) 태조가 불교계를 옹호하기만 한 것은 아니었다. 그는 스스로 사찰 간 재산 싸움, 승려들이 인경 등을 이유로 한 경비 징수, 승려의 음주 행위 등의 폐단을 바로잡으려고도 하였다(이봉춘 1990: 101-3). 따라서 그도 전대의 국왕들처럼 불교에 대한 후원과 통제의 양면 정책을 사용하였다.

7) 특히 정도전(1342~98)은 『불씨잡변』을 지어 불교를 인륜의 적으로 보고 배불론을 전개하였으며, 성리학을 통치 기반으로 확립시켰다. 조선 초의 유학자들은 국가재정의 소모와 승려의 타락을 척불의 이유로 배불론을 전개하고, 그 목적을 국가세수 증대와 유교 이념의 확대에 두었으며, 이를 위해 승니 통제, 불사폐지, 도첩제 강화 등을 시도하였다(이봉춘 1990: 79-118).

등에 이르기까지 다양하였으며, 그 규모나 빈도도 전 왕조인 고려시대에 비해 손색이 없었다. 그러나 태조의 재위기간은 6년으로 짧았으며, 개국 초의 다른 국사들과 유신들의 배불론 전개 등으로 인해, 그의 치국책이 자신의 국정에 미친 영향이 컸다고 보기는 힘들다. 또한 그의 신불은 불교에 대한 깊은 이해의 산물이라기보다는 기복 차원이었으며, 그의 신불은 태종 대를 거쳐, 세종 대 등에도 이어진 것으로 보인다. 태조 대의 정치는 태조와 그의 신임을 받은 정도전 등 소수의 재상에 의해 이루어졌으나, 유신들의 배불론도 태조의 독실한 신불로 인해 정책에까지 반영되지는 못하였다(이봉춘 1990: 79-119). 따라서 조선 역사상 불교와 정치 면에서 일정한 관계를 형성하기 시작한 군주는 세종으로 보는 것이 타당할 것이다. 세종은 배불 군주로 이해되어 왔으나, 최근의 연구성과에 의하면, 그는 초기부터 호불적 태도를 견지하고 있었다(Kim 2007a: 134-59).

　세조는 조선의 다른 국왕들과는 달리 강한 불교 보호책을 공식적으로 시행하였으며, 조선의 국왕들 중, 유일하게 불교를 자신의 정치 이념으로까지 채택한 왕이었다. 명종은 12세에 왕위에 올라 그의 어머니 문정왕후가 수렴청정을 했는데, 당시는 성리학의 현실적·정치적 기능이 약화되면서,8) 문화·사상적 측면에서도 큰 변혁을 보인 시기였다(김정희 2001: 5). 이러한 시대적 상황 속에서 문정왕후는 선교 양종을 부활시키고, 승과와 도첩제를 다시 실시하는 등 불교의 부흥을 시도했다. 정조는 가장 유교적 통치자이기를 희망했던 군주였다. 그리고 『정조실록』과 그의 문집인 『홍재전서』에는 그가

---

8) 부남철 교수는 나와의 이메일(2012.07.19)을 통해 당시도 사화 등으로 인해 사림들의 기개가 위축되기는 했으나, 성리학의 정치적 기능은 약화되지 않았으며, 지속적으로 확대되었다고 한다.

이론적으로는 이단 배척의 입장을 분명히 한 것으로 나타난다. 그러나 실제에 있어서 그는 불교에 의지했다(부남철 2003: 47-65). 즉 그는 불교가 가진 백성 교화의 효과를 인정한 결과, 자신의 왕권강화를 위해 선대와는 다른 치국책을 취하였다(김혁준 1999: 41-2).

고려 후기와는 달리, 조선에서는 실질 권력이 왕에게 복귀되어 (Palais 1999: 95), 국왕은 최고 권력자요 최고 명령권자였다. 그러나 조선은 외형상 전제왕권을 인정하고는 있었으나, 문치주의 국가면서, 중앙집권적 양반관료 국가로서(이성무 1999: 51-2), 신권이 강력한 견제장치로 기능하였다(김준석 1999: 264-5). 따라서 정치권력을 둘러싼 왕권과 신권의 대립과 갈등이 생기게 되고, 조선의 왕들은 양반에 의해 견제되어 왔으며(Palais 1974: 4), 조선 중기 이후의 정국은 군약신강이라 할 만큼 양반귀족의 세력이 강했다. 따라서 조선의 국왕은 실제로는 양반관료들의 간섭과 제동으로 그 권한을 제대로 행사하기 어려웠다(이성무 1999: 54-7). 조선시대 양반의 세습성도 조선 군주가 절대적이었다기보다 제한적이었다는 점을 시사해준다(Palais 1999: 101). 그러나 이 장의 분석 대상인 세종, 세조, 문정왕후 및 정조는 강력한 왕권을 바탕으로 자신들의 치국책을 펼쳐나갔다.

제1 장
세종의 불교관과 치국책

　이 장에서는 세종9)의 불교관과 유교사회에서 그의 치국책을 검토한다. 이를 위해 세종과 관련된 불전 및 『세종실록』10) 분석, 이 자료들에 나타난 세종의 불교관 검토 및 세종의 불교 이해에 대한 평가를 시도하고, 그의 불교관이 유교 사회에서 정치에 미친 영향을 분석할 것이다.

　친유교 반불교 정책을 표방한 세종조의 치세기간은 조선왕조뿐 아니라, 한국 전 역사상 가장 영광된 시대라고 말하고 있다(정두희 1982: 3). 세종(1418~50)은 조선의 역대 왕들 중『조선왕조실록』에 가장 많이 인용된 왕이었으며, 그가 문종실록으로부터 철종실록에 이르기까지 인용된 횟수는 2,000여 번에 달했다(정구복 1998: 23).

---

　9) 세종에 대한 연구업적들에 대해서는 Kim 2007a: 134-59; 김종명 2007a: 52-5; 김종명 2009a: 192-7 참조. 조선 정부의 불교 탄압과 이에 대한 불교계의 대응에 대해서는 Buswell 1999: 134-43 참조.

　10) 『세종실록』은 『조선왕조실록』의 한 부분인데, 『조선왕조실록』은 조선시대 정치 및 불교 연구에서 가장 중요한 자료로 활용되어 왔다(유봉학 2009: 14; 이봉춘 2002: 273; 한우근 1993: iii). 『조선왕조실록』은 한글로 번역되어 전산화되어 있으나, 번역 및 입력상의 오류로 인해 이용 시 주의가 요청되고 있다(김주원 2008: 193-243).

현재까지도 그는 한국 역사상 가장 뛰어난 임금으로 간주되고 있으며, 세종의 지식경영은 국내 CEO들이 세종에게서 가장 배우고 싶어 하는 것(박현모 2006: 99)으로 나타난다. 세종은 수많은 업적을 남겼는데,[11] 그중에서도 훈민정음(한글) 창제는 가장 뛰어난 것이었다.

불교에 관한 한, 세종은 척불 군주로 알려져 왔으나, 이와는 달리, 『세종실록』 등의[12] 기록에 의하면, 세종은 그의 재위기간을 통해 불교에 대해 호의적인 태도를 가지고 있었으며, 그의 그러한 태도는 한글 창제와 그 발전에 중요한 역할을 한 것으로 주장(김종명 2007: 51-68; Kim 2007a: 134-59)[13]되고 있다.

이 장의 주요 분석 대상은 『세종실록』, 『석보상절』, 『월인천강지곡』 등 세종과 밀접한 관련을 가진 자료들이다. 세종의 불교관은 『월인천강지곡』[14]처럼 그와 밀접한 관련을 가진 한글 불전들을 통해, 그의 유교정치관은 『세종실록』을 통해 가장 잘 알 수 있다. 세종은 스스로 불전을 짓기도 하였으며, 그것들을 한글로 번역도 하였고, 그의 신하들로 하여금 그렇게 하도록 하기도 하였기 때문이다. 『세종실록』은 그의 정치관과 불교관을 동시에 파악할 수 있는 중요한 자료다. 그리고 『세종연구자료총서 1』(1983), 『세종연구자료총서 2』(1983) 및 『불교관계 논저데이터베이스 2006』(2006)[15] 등은 세종과

---

11) 세종의 성공요인 중, 과학기술 분야에서 주도적인 역할을 한 이천(1376~1451)의 역할 규명에 대해서는 윤대식 2007: 117-64 참조.

12) 이 장에서 출처가 따로 명기되지 않은 경우의 출처는 『세종실록』을 뜻한다.

13) 훈민정음 창제와 보급과정을 중심으로 세종의 정치 리더십을 검토한 데 대해서는 정윤재 2007: 7-20 참조.

14) 이 책에 대한 연구사에 대해서는 조흥욱 1993: 2-5 참조. 이 책은 특히 문학 분야에서 많은 연구가 이루어졌으며(김기종 1998: 1), 독일어로도 번역(Sasse and An 2002)되었다.

15) 이 자료는 1900년부터 2005년까지 발표된 10만 건 이상의 한국불교 및 한국인 연구자에 의한 불교 관련 논문 및 저술 정보를 담고 있다.

불교와의 관계를 살필 수 있는 중요한 자료들이다. 그러나 이 자료들에는 본 장의 주제와 관련된 연구업적은 별로 보이지 않는다.

이 연구에서는 『세종실록』에 나타난 주제 관련 기록들을 연대별로 검토하였으며, 특히 1435년부터 1450년까지의 기간에 초점을 두었는데, 그 이유는 다음과 같다. 1435년 5월의 기록에 의하면, 세종은 업설을 믿고 있었다. 그리고 1440년에 그는 부처를 공경할 것임을 공언하였다. 1443년은 세종에 의해 한글이 창제된 해인데, 이때의 세종도 불교신자로 나타난다. 그리고 1446년 한글이 공식적으로 반포되었을 때의 세종은 독실한 불교신자로서 그의 신불 태도는 그가 죽은 1450년까지도 지속되었다.

『석보상절』과 『월인천강지곡』은 불전들 가운데서 세종의 불교관을 가장 잘 보여주는 책들인데, 전자는 세종의 명을 받은 그의 아들 수양대군(후의 세조)이 편찬한 것이며, 후자는 『석보상절』을 보고 세종이 친히 지은 것이다. 그러나 이 두 책은 기본적으로 부처의 전기들이기 때문에 이 두 책에 담긴 내용 자체보다는 이 책들에 인용된 불전들이 더욱 중요하다. 따라서 이 장에서는 이 책들에 인용된 불전들에 대한 분석도 이루어졌다.

조선 초기는 숭유억불을 표방하였지만, 왕의 성향에 따라 신불과 억불이 혼재되었던 시기였다(인용민 2008: 52). 불교에 대한 세종의 일차적 관심은 교학보다는 업설에 바탕을 둔 공덕 짓기에 있었으며, 그는 이를 통해 유교 사회의 백성들에게 효를 비롯한 당시의 사회적 가치를 강조하였다. 그러나 그의 업설에 대한 이해는 초기 불교의 인생관에 바탕을 둔 것은 아니었다.

세종은 많은 유신들의 완강한 반대에도 불구하고 자신의 불사행위를 추진하였으며, 그는 자신의 불교관 관철을 위해 선위 시도 등의 정치적 조치까지 취하였다. 세종의 불사는 그 자신의 견해, 참가자들, 참가자들의 직급 및 소속 부서, 재정원 등을 고려할 때, 공적인 행사로 나타났다. 세종의 불교관은 유교 사회에서 그의 정치와 밀접한 관련을 가지고 있었으며, 적어도 세종은 그의 치세 마지막까지 강력한 왕권을 바탕으로 자신의 이러한 종교적 신념을 실천할 수 있었던 것으로 판단된다.

이 장은 3개의 장으로 구성되어 있다. 제1장 "세종과 불교"에서는 기존의 통설과는 달리, 세종은 재위 초기부터 호불적 태도를 보였으며, 그 정도는 후기로 갈수록 커졌음을 논할 것이다. 제2장 "세종의 불교관과 분석"에서는 세종과 밀접한 관련을 가진 불전들과 불교사상에 대한 검토를 통해, 세종이 이해한 불교의 내용을 규명 및 분석할 것이다. 그리고 제3장 "치국과 불교"16)에서는 세종의 불교관이 그의 유교정치에 미친 연향을 분석할 것이다.

결론적으로 이 장의 결과는 세종과 관련된 기존의 주장들인 "세종은 즉위 초 매우 강력한 억불책을 폈다", "세종은 불교를 인정 및 보호하였을 뿐이다", "세종은 그의 재위 7년까지는 명확한 불교 인식이 없었다", "세종은 재위 말년에 호불의 모습을 보였다", "『조선왕조실록』에는 불교에 대한 억압 및 탄압의 기록이 더 많다", "한글 창제는 불교와 무관한 사업이다"란 일련의 주장들17)과는 다르며, 세종은 강력한 왕권을 바탕으로 자신의 불교관을 실천해 간 것으로 나타난다.

---

16) 세종 대의 치국책에 대해서는 한우근 1964: 71-152 참조.

17) 이 주장들에 대해서는 김종명 2007: 63-4 참조.

Ⅰ. 세종과 불교[18)

『세종실록』에는 세종과 불교에 대한 791건의 기록이 포함되어 있다. 세종 당시에도 국가의 유교 정책과는 달리 왕실 내부와 사대부 및 일반에서는 여전히 숭불적 분위기가 강했다. 왕실뿐 아니라, 사대부 간의 불교식 제례도 과반수에 이를 정도로 일반적인 현상이었다. 세종 대 중기에 해당하는 1432년까지도 불교식 상제를 따르는 사대부들은 여전히 60~70%에 달하였으며, 세종 당시 민간의 불교에 대한 신앙심도 여전히 강렬하였다. 그리고 통설과는 달리, 『세종실록』에는 세종의 배불에 대한 기록보다는 호불 또는 숭불에 대한 기록이 훨씬 더 많이, 양적으로는 4배 정도 많게 나타난다. 더욱이 1448년 정인지의 말에 따르면, 불사의 경우 세종은 중론을 취하지 않고 항상 독단적으로 결정하였다.

세종의 불교에 대한 태도는 이중적이었다. 그는 공적으로는 유교를 내세웠지만, 사적인 생활에서는 불교에 관심이 많았다. 세종의 숭불은 그의 치세에서 가장 큰 사건으로 그리고 줄기찬 시비의 대상이 되었으며, 그 계기는 왕실 상사 시 사찰의 설재, 사찰 사탑의 보수, 불당 및 사찰의 건립, 승려의 비행, 유학자의 폭행 건과 그 처리 등이었다. 이러한 상황에서 세종은 공식적으로는 자신이 불교 신자가 아님을 여러 차례 강조하였으며, 이러한 주장은 그의 재위 초기부터 후기까지 계속되었다. 또한 1421년에는 불교가 조선 사회에서 거의 사라졌다고 세종 스스로가 말하고 있었다.

---

18) 이 부분은 김종명 2009 198-204의 요약 수정문이다. 따라서 여기에 등장하는 인용문들의 출처는 별도로 명기하지 않았다.

『세종실록』에 나타난 세종 대의 척불 내용은 사찰 노비 제거, 불교 상례 금지, 연종환원 폐지, 도성 안 경행 폐지, 대궐 연등 금지, 세종 자신의 탄신 축수재 금지, 근정전 어좌의 진언 제거, 승사 이외의 중외 연등 금지 등이다. 조선 초기의 억불정책의 핵심은 불교사원의 경제적 기반인 토지와 노비의 박탈, 사원 및 승려 수의 삭감, 국가의례에서 불교의례의 추방이었으며, 이러한 정책은 태종과 세종대에 추진되어 상당한 성과를 가져왔다고 한다. 그러나 척불에 성공하였다는 태종도 말년에는 유불 공유의식을 가지고 있었으며, 세종은 재위 초기부터 후기까지 배불보다는 호불의 태도를 훨씬 더 견지하고 있었다.

또한 태종 대처럼 세종 조의 경우에도 도첩에 관한 법규는 엄격했으나, 실제로는 유명무실했다. 승려 수도 적지 않았으며, 사찰 경제력도 약하지 않았다. 1439년의 기록에 의하면, 조선시대의 승적에 등록된 승려 수는 수만 명이 되었다. 조선에는 개간한 밭이 많지 않았음에도 불구하고, 경외의 사찰들이 소유한 밭은 7,982결(1결＝방 35보, 1보＝70cm, 약 150만 평)이나 되었다. 유신들의 줄기 찬 척불 건의에도 불구하고 세종은 불교를 완전히 없애지는 않았으며, 그 공식적인 이유는 불교가 가진 선대 이래의 전통 때문이었다.

또한 세종이 그의 재위 초기부터 신하들의 척불 건의를 받아들이지 않았다는 기록들도 많이 나타난다. 사간원의 불교 억제책 불허, 왕실 가족을 위한 금자 사경 허용, 승선, 승비, 승록 혁파 건의 불허, 승려들의 정월 초하루 등의 하례 참석 금지 건의 불허, 여항의 초파일 연등 금지 불허, 수륙재 설치 허용, 재 허용, 불사 허용, 배불건의 불수용, 관원의 사찰 침해 금지, 도첩 회수 불허, 사녀들의 일재 금지 불허, 불골 회부 불허, 불가 물건 궁중 배치 반대 불허, 효령대군의 숭불에 대한 신하들의 반대 불허, 반승 반대 불허, 안거회 반대 불허, 승려에게 감면해 준 다량의 군자미 반대 불허, 승려들의 시왕도 판매 처벌 불허, 안거회 금지 법제화 불허, 석왕사 곡식 하사 반대 불허, 승려와 싸운 유생 구금 해제 불허, 사찰에서 행패 부린 유생 추국, 유생의 개경사 출입 금지, 유신들의 왕실 가족 불사 반대 불허, 불사 정지 요청 불허, 불당 설치 반대 불허, 경찬회 재반 반대 불허, 공양재 정지 불허, 관리의 예불 행위 처벌 불허, 기우 시, 감찰의 예불을 항식으로 삼도록 한 명령 철회 불허, 불당 철폐 및 불상 이운 요청 불허 등은 그러한 예들이며, 이러한 경향은 중후대로 갈수록 고정화 되다시피 한다.

따라서 전체적으로 세종의 척불 내용은 몇 가지에 한정되어 있었다. 세종 중기의 기록에 의하면, 세종의 척불 내용은 내원당 철폐, 종문 감소, 승도의 성시 출입 금지, 연소자 출가 금지 등이었다. 이는 세종이 불교의 큰 폐단 서너 너덧 가지를 없앴다는 정창손(1402~87)의 말을 통해서도 증명된다.

따라서 일반적으로 알려진 것과는 달리, 세종 초기에 엄격한 배불 정책이 시행되었다고는 할 수 없으며, 오히려 그는 재위 초기부터 호불의 태도를 견지하였던 것으로 나타난다. 세종 초기부터 왕실 가족을 위한 불교의례 개최는 거의 일상사였으며, 『세종실록』에는 이와 관련된 기록들이 빈번하게 등장하고 있다. 유신들의 강력한 반대에도 불구하고, 왕실 안에서의 활발한 불교신앙은 세종조의 한 현상이었으며, 세종 대 초기부터 후기까지 왕실의 구병 등을 위한 법석, 칠칠재, 대상재, 백재, 기신재, 수륙재 등은 지속적으로 개최되었다.

불사는 왕실의 사적인 일로서 설행되었으며, 그 경비는 왕실 사재로 부담하는 경우가 많았다.

기우 등의 공식 차원의 불사행위도 세종 대의 거의 전 시기에 걸쳐 진행되었다. 1428년부터는 세종 자신의 불사행위가 등장했는데, 특히 훈민정음 창제에 착수할 즈음부터 세종은 호불의 경향을 띠기 시작하였으며, 그 언어 창제 당시에는 스스로 불교를 믿었다. 세종은 영의정을 포함한 고관들 뿐 아니라, 사헌부, 사간원, 집현전 등의 국가 주요 기관으로부터의 지속적인 반대 상소에도 불구하고, 그의 숭불 태도는 변하지 않았으며, 그들의 상소 내용이 합리성을 띤 경우에도 받아들이지 않는 경우가 많았다. 1433년 세종은 신하들이 스스로는 불사행위를 하면서도, 자신의 불사행위를 반대한 데 대해 "요새 조정에 들어와서는 귀신 제사를 금하자고 말하고 집에 물러가서는 귀신 제사에 고혹한 자가 매우 많으니, 임금 위하기와 자기 위하기의 방도가 스스로 모순된다"라고 비판하였다.

1435년 세종은 "한나라와 당나라 이래로 선악을 가린다는 자도 [불교를] 다 없애지 못하여 지금까지도 면면히 끊이지 않으니, [이에는] 반드시 뜻이 있을 것이다", "만일 이 선연[사리각 중수]을 맺는다면, 위로는 선왕의 명복이 되고, 사람과 하늘을 널리 이롭게 하여, 한량없는 도움이 될 것이며, 여러 신민들도 그 하는 일에 따라서 과보의 응험이 모두 부처의 설과 같이 될 것은 덧붙여 말할 필요도 없다"고 하였다.

1437년에는 "역대 군왕으로서 불교를 숭배해서 역년이 오랜 분도 있었고, 불교를 배척해서 연대가 더욱 짧도록 재촉한 분도 있었으니, 신진 사류가 어찌 화복과 존망의 이치를 알겠는가?"라고 하면서, 숭불 태도를 보이고 있었다. 세종의 이러한 숭불 경향은 "임금이 근년에 조금씩 숭불한다"는 1438년의 신하들의 지적을 통해서도 증명된다. 1438년부터 세종이 서거한 1450년까지의 12년간은 그와 유신들 사이의 불교로 인한 충돌로 점철된 시기였다. 1438년은 한강의 수륙재와 회암사의 대회를 계기로 불교가 흥기된 해로서, 특히 많은 배불 건의가 신하들로부터 제기되었다. 1439년에는 "예전 제왕들도 [불교의] 폐해를 다 혁파하지 못하였는데, 나처럼 덕이 적은 사람이 어찌 다 없앨 수 있겠느냐?"라고 하면서, 척불의 의지가 별로 없음을 분명히 하였으며, 이에 신하들은 "이단의 해가 이에 이르러도 [세종이] 금하지 않는다"고 불평을 제기하였다.

1441년에는 신하들이 "불교를 숭상해 믿기를 이같이 하시니," "전하께서는 만백성의 대표로서 불교를 숭상해 믿으심이 이에 이르렀으니"라고 할 정도로 세종의 숭불 경향은 더욱 짙어졌으며, 세종도 "한 당 이하 역대 임금들이 부처를 섬기지 아니한 이가 없었으니 나도 한다"라고 함으로써 스스로도 불교 신자임을 자임하였다. 뿐만 아니라, 신하들이 경찬회 금지를 요청한 데 대해 세종은 "경들이 대궐에 들어와 간한 지 오래되었고, 나는 간함을 거절한 임금이다. 옛사람이 이르기를 세 번 간하여 듣지 않으면 [벼슬을 버리고] 간다고 하였는데, 경들은 어찌 가지 않는가?"라고 하면서, 노골적으로 자신의 숭불 성향을 비호하였다.

이에 대해 신하들이 "전하께서 도리어 독단으로 모든 의논을 배척하고 [불교를] 일으켜서 높여 섬기시니" "근년에 종실의 여러 군이 부처를 받들고 궁중에서도 그러하옵더니, 오늘에 이르러서는 전하께서도 그러하시니"라 하자, 세종은 "임금의 허물을 얽고 짜는 것은 소유들의 짓이다. 그 부모들은 집에서 염불하고 경을 읽어도 그 아들이 간하여 그치게 하지 못하면서, 조정에 와서는 남의 상소로 인하여 임금의 허물을 꾸미는 것이 옳은가"라고 신하들의 이중성을 비판함과 동시에 자신의 숭불을 정당화하였다.

훈민정음이 공식적으로 반포될 시기 전후의 세종은 독실한 불교 도로서의 모습을 보였다. 1446년의 기록에 의하면, 스스로 "당나라 태종 때 황후가 붕어하자, 태자가 황후를 위해 절을 세우기를 청하였는데, 지금은 어찌 그렇게 하지 못하겠는가? ……세상 사람들이 집 안에서는 부처를 받들고 귀신을 다 섬기는데, 남을 대할 때는 도리어 귀신과 부처를 그르다 하니, 이는 내가 심히 미워하는 것이다…… 지금 중궁이 세상을 떠나 아이들이 [어머니인] 그녀를 위하여 불경을 만들려 하므로 내가 이를 허락하고…… 그대들은 불경을 만드는 것을 그르게 여기는데, 어버이를 위하여 불사를 하지 않는 사람이 누구인가?", "그대들은 고금의 사리를 통달하여 불교를 배척하니, 현명한 신하라 할 수 있으며, 나는 의리는 알지 못하고 불법만을 존중하여 믿으니, 무지한 인군이라 할 수 있겠다"라 하였다.

이에 대해 신하들은 "지금 성상께서 불법을 숭상하여 믿으시니"라 하며, 세종의 숭불을 기정사실화하였으며, 세종 스스로도 자신이 '이미 불교를 좋아하는 임금'임을 인정하였다. 세종의 숭불을 둘러 싼 세종과 신하들과의 갈등은 이어진다. 신하들이 "오늘날에 이르러 숭신하시기를 이처럼 지극히 하시니"라 하자, 세종은 "나만 불법을 숭신하고 있는 모양인데…… 뜻을 굽혀 교묘하게 꾸민 말은 내가 듣기를 좋아하지 않는다"라고 응대하였다. 이러한 상황 속에서 세종은 두 달 후인 1446년 12월 훈민정음을 반포하였다.

훈민정음 반포 후의 세종의 숭불 경향은 더욱 커진 것으로 나타난
다. 세종이 훈민정음을 창제한 후, 이 언어로 제일 먼저 번역을 시작
한 것도 불전류였으며, 이 언어로 번역된 서적의 대부분도 불전이었
다. 『석보상절』은 세종의 불심과 비호에 의해 비롯된 것이다. 세종
은 1446년 중궁이 죽자 그녀의 명복을 빌기 위해 수양대군을 중심
으로 하여 『석보상절』을 편찬케 하였는데, 『석보상절』의 훈민정음
번역은 훈민정음이 정식 반포된 1446년 이전부터 시작되어 그 후 1년
도 안 되는 사이에 이루어졌다. 이 사실은 훈민정음이 정식으로 반
포되기 이전부터 그 언어가 불교와 밀접한 관계를 가지고 있었음을
뜻한다. 『월인천강지곡』은 세종이 『석보상절』을 보고 지은 것이다.
『석보상절』과 『월인천강지곡』은 소헌왕후의 명복을 빈 불교행사에
서의 음성공양을 위하여 기획된 것이기도 하였으며, 이들 한글 불전
편찬 이후 세종의 숭불은 더욱 확고해졌다.

　1448년의 기록에 의하면, 신하들이 "근래에 불사가 점점 늘어나
고, ……전하의 부처를 좋아하는 정성이 지극할 정도에 이르렀습니
다"라 하며 걱정하자, 세종은 "경들이 육전에 의거하여 말하나, 육
전의 법은 아랫사람을 위한 것이지, 위를 위한 것이 아니다…… 나는
부덕하니까 따를 수 없다"라 하면서 받아들이지 않았다. 1449년의
기록에서는 "임금[세종]이 두 대군을 연달아 잃고, 왕후가 이어 승하
하니, 슬픔이 극에 달하여 인과화복의 말을 믿게 되었다……"고 하였
으며, 문종(1450~52)은 세종이 숭불한 것이 아니라, 연이은 상을
만나 부득이 불사를 한 것이라고도 하였다.

　그러나 세종은 자신은 '이미 부처를 좋아함'을 다시 한 번 천명하
였다. 이어 그는 기우 후 비가 올 경우, 그 보답으로 보공재 개최를

항식으로 삼도록 명령하였으며, "불가의 일은 너희들[신하들]의 알 바가 아니니, 사전만으로 논할 수 없다"고도 하였다. 또한, 기우 시, 감찰의 예불을 항식으로 삼도록 하였으며, 신하들이 보공재 개최를 반대하자, 세종은 아예 거처를 다른 곳으로 옮겨 버리기까지 하였다.

세종이 서거하던 해인 1450년의 기록에 의하면, 세종은 만년에 병 때문에 대신과 접견하지 못하였는데, 자신의 아들들인 광평대군과 평원대군이 연이어 죽고, 그의 왕후인 소헌왕후도 승하하여, 임금의 마음이 불안해진 상태에서 자신의 다른 아들들인 수양대군과 안평대군의 도움을 받아 궁금 옆에 불당을 두었다. 또한 그는『포딩신뒤뤄니징』을 베껴 중들로 하여금 독송케 하기까지 하였으며, 그의 숭불 태도에 대해 간언을 한 유신들을 미워하여 그들을 "우유"(물정에 어두운 선비) 또는 "수유"(더벅머리 선비)라고까지 비판하였다.

따라서 세종은 척불군주라는 통설과는 달리, 재위 초기부터 호불적 태도를 견지하고 있었음은 확실하다. 그리고 그의 이러한 태도는 훈민정음 창제와 전개의 중요한 요인이 되었으며, 후기로 갈수록 그의 신앙심은 더욱 심화되었다.

Ⅱ. 세종의 불교관 및 분석

세종의 불교관 가운데, 자료 관계 상, 그의 불보관과 승보관을 분명하게 알기는 힘들다. 그러나 세종 대에도 전통은 존중되었기 때문에 그의 불보관과 승보관도 삼국시대 이래의 인식에서 크게 벗어나진 않았을 것으로 생각된다. 따라서 여기서는 그의 법보관을 중심으로 그의 불교관을 살펴보도록 하겠다.

세종의 불교관은 이중적이었다. 그는 한편으로는 유교 지배 사회에서 스스로를 유교정치를 표방한 군주로 칭하면서, 불교를 이단으로 간주한 반면, 다른 한편으로는 불교에 대한 호의적 태도를 가지고 있었다. 재위 초기 세종의 불교관은 청순한 삶, 전통적 관습 등으로 대표되며, 이 시기의 세종은 업설을 부정하고 있었다. 그러나 그의 재위 후반기에는 업설을 받아들이면서, 독실한 불교도가 되었다. 그와 밀접한 관련을 가진 불전들에 나타난 그의 불교관은 공덕과 효의 강조로 나타난다. 불전에 대한 세종의 관심을 통해서는 그가 선행, 인과설, 참선, 지혜, 공 등을 포함한 부처의 가르침을 어느 정도는 이해하고 있었음을 알 수 있다. 그러나 현존 자료에 의하는 한, 세종의 불교관은 효, 망자추선, 치병, 인과, 정토왕생, 악업 제거, 기우 등의 공덕과 관련된 내용이 중심을 이루고 있다.

세종이 한글을 창제한 후, 이 언어로 번역된 최초의 책은『용비어천가』였으나, 한글 번역본의 대부분은 불교 관련 서적들이었다.[19] 세종은 한글로『월인천강지곡』을 직접 지었으며,「묘인연지곡」,「의정혜지곡」,「귀삼보」,「찬법신」,「찬약사」,「찬미타」,「찬삼승」,「찬팔부」 등의 찬불가들도 친히 지었다. 그는『증도가남명계송언해』도 펴내었다(전관응 1996: 1470a).『세종실록』(32/1/4)에 의하면, 세종은『포딩신둬뭐니징』을 1450년에 한글로 번역하였으며, 승려들로 하여금 그것을 외우게도 하였다. 그는 신하들로 하여금『석보상절』,『스자푸』(28/12/2) 등의 불전을 편찬하게도 하였으며, 승려인 신미와 친불교적 유학자였던 김수온(1410~81)으로 하여금『삼불예참문』

---

19) 한국문학에 미친 불교의 영향에 대해서는 Kim 2004a: 439-41 참조.

도 짓게 하였다. 또한 세종은 후에 문종과 세조가 된 그의 왕자들로 하여금『진강징우쟈셰』(금강경오가해)도 한글로 번역케 하였다(강신항 1987: 278).

세종이 지은 찬불가들의 내용은 주로 선행, 인과, 참선, 지혜, 불보살 찬양 등으로 이루어져 있다.『증도가남명계송언해』는 세종이 쉬엔자오(현각, 647~712)의『정다오거』(증도가)에 난밍(남명)이 노래를 붙인 것의 일부를 번역한 것이다.『포딩신둬러니징』은 치병과 재난으로부터의 구제가 주요 내용을 이루고 있으며,『진강징우쟈셰』(금강경오가해)는 존재의 본질이 공함을 강조한 책이다. 세종의 아내인 소헌왕후는 1446년에 죽었다. 슬픔에 잠긴 세종은 그의 아들인 수양대군을 비롯한 신하들에게 명하여 왕후의 영혼을 위로하기 위해 불전을 짓도록 하였으며, 그 책이 1447년에 완성되자, 그 책의 이름을『석보상절』이라고 하였다. 세종이 이 책을 직접 짓지는 않았으나, 그는 이 책의 출판을 후원함으로써, 이 책에 대한 그의 깊은 관심을 보여주었다. 그러나『월인천강지곡』은 찬불가의 제목인 동시에 서명이기도 한데, 세종이『석보상절』을 읽은 후, 친히 지은 것이었다.『월인천강지곡』의 정확한 찬술 연대는 알려져 있지 않으나, 학자들은 그것을 1448년 또는 1449년 작으로 보고 있다(김기종 1998: 25).

1. 세종의 불교관

세종은 불교의 가르침을 효, 추선, 치병, 인과, 정토왕생, 업장 제거, 기우 등의 관점에서 이해하였다.

(1) 효

조선조 최고의 사회윤리였던 효는 세종의 친찬인『월인천강지곡』에서 강조된 개념이었다. 한국의 위경인『목련경』과 중국의 위경인『다팡비엔포바오언징』(대방편불보은경)(Lancaster 1979: 40)은『석보상절』과『월인천강지곡』에 포함되어 있는데, 그 내용도 효를 강조한 것이다. 특히『다팡비엔포바오언징』은『스쟈푸』와『파화징』[20] 다음으로 인용된 분량이 많다.

(2) 망자 추선

세종과 관련된 불전의 상당수는 망자 추선의 산물들이며,『석보상절』,『월인천강지곡』,『증도가남명계송언해』등은 그러한 예들이다. 특히『석보상절』과『월인천강지곡』은 소헌왕후의 추도를 위한 불사에서 음성 공양을 위해 편찬된 책들이었다.『석보상절』의 서문에는 그 책이 편찬되게 된 동기가 다음과 같이 기록되어 있다:

> 그때까지 전해진 다양한 불전들은 축약되었으며, 그 축약본 들을 바탕으로 한 [한문] 불서도 편찬되었는데, 그것은 『석보상절』로 명명되었다. [그리고] 부처의 정각과 관련된 그림들도 [거기에] 추가되었다. 이 책은 다시 일반인들의 이해도를 높이고, 그를 통해 그들이 삼보에 귀의토록 하기 위해 한글로 번역되었다(허웅 1992: 25-6).[21]

---

20)『파화징』은 세종의 부인 정희왕후가 후원하여 판각된 불경에도 포함되어 있었다(이경하 2004: 8).

이 기록에 따르면, 『석보상절』은 죽은 왕후의 영혼 위로를 위해 처음엔 한문으로 지어졌으며, 거기에 부처의 깨달음과 관련된 그림이 추가된 후, 다시 일반인들의 불교 이해를 돕기 위해 한글로 다시 번역되었음을 알 수 있다. 또 다른 관련 기록은 다음과 같다:

> 병인년(1446)에 사랑하던 왕후를 잃고 깊은 슬픔에 빠져 있던 [나의 아버지] 세종은 나 [수양대군]에게, "전경22)은 돌아가신 이의 추선을 위한 가장 좋은 방법이다. 부처의 전기를 짓고 그것을 훈민정음으로 번역하여라"라고 하셨다. 나는 자비로운 왕명에 따라, 중국의 승우(썽유, 444~518)와 도선(다오쉬엔, 596~667)이 지은 부처의 전기들을 참고하고, 그 둘을 합쳐 『석보상절』이라 명명하였다. 그리고 사람들이 이해하기 쉽게 그것을 한글로 번역하여 임금님께 드렸다(허웅 1992: 33-5).23)

이 인용문에 따르면, 『석보상절』은 세종의 명에 의해 그의 아들인 수양대군이 중국 승려들의 부처 전기를 바탕으로, 세종의 아내이자 자신의 어머니인 고 소헌왕후의 추선을 위해 지은 것이다. 『월인천강지곡』은 세종이 친히 지은 것인데, 『월인석보』의 서문을 통해 이 책의 성격을 알 수 있다. 임금[세종]은 그것[『석보상절』]을 보시고, 그것에 대한 찬사를 지어 『월인천강지곡』이라 하였다(허웅 1992: 35).24) 이 기록에 의하면, 『월인천강지곡』은 『석보상절』에 대한 찬

---

21) 원본에 대해서는 『역주 『월인석보』』(1992)의 부록으로 첨가되어 있는 『월인석보』1992: 3ㅅ-5ㄱ 참조.

22) 전독이라고도 하며, 경전의 전체가 아니라 각 장의 일부를 외우는 의례를 뜻한다(Inagaki 1992: 343).

23) 원문은 『역주 『월인석보』』1992의 부록으로 첨가된 『월인석보』1992: 9ㄴ-13ㄱ 참조.

24) 원문은 『역주 『월인석보』』1992의 부록으로 첨가된 『월인석보』1992: 13ㄱ 참조.

사며, 별도의 불전은 아니다. 『석보상절』에는 『파화징』 전 권이 인용되어 있는데, 그 분량은 『석보상절』 전체의 약 1/3에 달한다. 반면, 『석보상절』의 기본 참고서로 인용된 대부분의 불전들은 부분적으로만 번역되어 있다. 또한 『아미튀징』(아미타경) 등도 전권이 번역되었긴 했지만, 그 불경들의 전체 분량은 소량이었다.

특히 『파화징』은 조선시대의 망자 추선을 위한 필수 불경이었는데(이능화 2002: 561), 세종이 공덕을 강조한 것은 그가 이 경에 대해 특별한 관심을 보인 데서도 잘 나타난다. 따라서 『파화징』은 고 소헌왕후의 추선을 위해 사경되었으며, 같은 목적을 가지고 『석보상절』에 포함된 것으로 볼 수 있다(김기종 1998: 49-50).

『파화징』의 번역본은 여러 가지가 있으나, 그중에서도 한국에서 가장 널리 유행한 것은 구마라지바(Kumārajīva, 구마라즙, 350~409)의 역본이었다. 일반적으로 재판이 많이 된 책일수록 그 책의 중요성은 그만큼 큰 것으로 간주된다(고익진 1975: 171). 따라서 한국불교사 에서 『파화징』이 차지하는 위치는 아주 중요하다. 특히 중국의 지에환[계환, 12세기 활동]이 지은 『먀오파렌화징랴오세』(묘법연화경요해)는 13세기 중기에 한국에 소개된 후, 조선 초기 이래 한국에서 유행한 『파화징』의 모본이 되었다. 그러나 『먀오파렌화징랴오세』는 중국에서는 주요 불전도 아니었으며, 유행한 불전도 아니었다. 한국에서의 사정은 달라, 이 책은 14세기 초기의 고려에서부터 조선 말까지 유행하였다. 유독 한국에서만 이 책이 유행한 이유 중의 하나는 공덕 강조 때문이었다(고익진 1975: 171-91).

세종 대에도 『파화징』은 유행하였는데, 그것도 그 책이 공덕을 강조했기 때문이었다. 이 불경은 『월인천강지곡』에서도 중요한 위치를 차지하고 있다. 『파화징』의 핵심사상은 제법실상, 즉 모든 존재의 참모습을 강조한 데 있다. 그러나 『월인천강지곡』에 인용된 부분은 그것이 아니라, 신비적 요소와 관련된 것이었다(김기종 1998: 75-9). 『증도가남명계송언해』도 소헌왕후의 추선을 위해 출판된 불전들 중의 하나였으며, 『월인석보』(1459)도[25] 왕실 가족의 추선을 위해 출판된 책이었다.

(3) 치병

치병을 위해 많이 사용된 『야오스징』의[26] 완본은 한글로 번역되어 『월인천강지곡』에 포함되었다(김기종 1998: 50-1).

(4) 인과

1435년의 『세종실록』에 의하면, 세종은 다음과 같이 말했다:

> 이 좋은 인연[사리각 중수]을 맺는다면, 위로는 선왕의 명복이 되고, 사람과 하늘을 널리 이롭게 하여, 도움 되는 것이 한량없을 것이다. 여러 신민들도 그 하는 일에 따라서 과보의 응험이 모두 부처의 설과 같이 될 것은 덧붙여 말할 것도 없다.[27]

---

25) 이 책은 주로 어학과 문학 분야에서 주로 연구되었으며, 사학(「토론」, 최병헌 1993: 279)과 불교학 분야에서는 별로 연구되지 못했다.

26) 한국에서의 『야오스징』신앙에 대해서는 김종명 2006c: 274-7 참조.

27) 若緣此善因, 上可追福先王, 普利人天, 饒益無垠. 凡諸臣民, 隨其所作, 果報之應, 盡如佛說, 不必贅及(17/5/20).

1435년은 세종 재위 17년째며, 그의 재위 32년간 중, 후반기 초에 해당한다. 따라서 이 기록에 의하면, 세종은 적어도 그의 후반기 초에는 인과응보설을 믿고 있었음을 알 수 있다. 또한 1449년의 『세종실록』의 관련 기록은 다음과 같다:

> 임금[세종]은 두 왕자를 연이어 잃었으며, 이어 그의 왕후도 죽었다. 그는 슬픔에 잠긴 나머지, 마침내 인과화복설을 믿게 되었다.[28]

세종의 두 왕자인 광평대군과 평원대군은 1444년에, 세종의 아내 소헌왕후는 1446년에 죽었다. 1446년에는 세종에 의해 훈민정음도 반포되었다. 훈민정음 창제의 목적은 일반 백성들의 문자 생활을 돕기 위한 데 있었으며, 이 문자로 번역된 문헌의 대부분은 불전들이었다. 그리고 "내[세종]가 이미 불교를 좋아하는 임금인데"(28/10/4)란 『세종실록』의 기록처럼, 당시의 세종은 이미 독실한 불교 신자였다. 따라서 1440년대에는 인과설을 비롯한 불교에 대한 세종의 믿음 정도는 더욱 깊어졌다고 할 수 있다.

(5) 정토왕생

『아미퉈징』, 『관우량쇼우징』(관무량수경) 및 한국의 위서인 『안락국태자전』도 『월인천강지곡』에 포함되어 있는데, 모두 정토왕생을 강조하고 있는 불서들이다(김기종 1998: 51-3).

---

28) 上連喪二大君, 王后繼薨, 悲哀懀愴, 因果禍福之說, 遂中其隙(31/2/25).

(6) 업장 제거

『디장푸사번위안징』(지장보살본연경)은 업장 참회와 제거를 강조하고 있는 불서인데, 이 책은『월인천강지곡』과 직접적인 관련을 맺고 있으며, 그 축약 번역본은『석보상절』에 포함되어 있다(김기종 1998: 51-3).

(7) 기우

『다윈룬칭위징』(대운륜청우경)은 전통적으로 기우 의례의 기본서였는데, 이 책은『월인천강지곡』과 직접적 관련을 가지고 있으며, 그 축약 번역본은『월인석보』에 수록되었다(김기종 1998: 52). 따라서 세종의 불교관은 업설에 바탕을 둔 기복 추구로 요약된다.

2. 세종의 불교관 분석

세종의 불교관의 핵심은 업설을 바탕으로 한 공덕 쌓기에 있었다. 그리고 김수온, 신미, 정효강 등도 그의 불교관 형성에 기여한 것으로 나타난다. 세종 시대에 나타난 특이한 현상 중의 하나는 왕실 가족들 사이에 불교 신앙이 되살아났다는 사실이다. 세종의 형인 효령대군은 승려가 되었으며, 세종의 아들들인 수양대군과 안평대군은 독실한 불교신자였다. 그리고 세종이 불교에 특별한 관심을 보인 이유는 업설을 바탕으로 한 공덕 짓기 때문이었다. 이는 세종의 불교에 대한 이해 수준이 높았다(최정여 1968: 39)는 주장과는 다르다.

세종의 불교관 형성에 영향을 미친 사람들은 승려, 호불 유학자 및 불교를 믿던 왕실 가족들이었다. "임금이 불사에 뜻을 둔 데는 수온의 형제가 도운 것이다"[29]란 1449년의『세종실록』의 기록처럼, 특히 승려 신미와 그의 동생 김수온의 역할이 컸다. 기화(1376~1433)는 세종 대의 대표적 승려였다. 그러나『세종실록』에는 그에 대한 기록은 없으며, 그는 세종이 불전을 훈민정음으로 번역하기 10여 년 전에 세상을 떠났기 때문에, 세종과 기화 사이의 직접적인 관계는 없었던 것으로 보인다. 반면, 만우, 신미 등은『세종실록』에 상대적으로 많이 나타나는 승려들이다. 강주승(8/1/21), 선종승(8/5/8), 회암사 주지승(25/4/27)이었던 만우에게 세종은 의복을 하사하고, 3품 관직의 녹을 공급하였으며(25/4/27), 안장 갖춘 말(25/6/2)과 옷 4령(26/5/22)도 주었다. 그러나 만우가 세종의 불교관 형성에 미친 영향이 어떠한 것이었는지는 분명하지 않다.

반면, 신미의 역할은 중요한 것으로 나타난다. 실담과 티베트어 등의 중요 불교어에 정통하였던(허일범 2002) 신미를 세종은 존경하였다(30/9/8). 그리고 "수온은 본래 부처에게 아첨하는 자이다. 그 형 중 신미가 승도를 만들어 꾸며 임금께 총애를 얻었는데,"[30] "수온의 형인 중 신미가 그 요사한 말을 주창하고, 수온이 찬불가를 지어 그 교[불교]를 넓혔다"[31]란 1449년의『세종실록』의 기록을 통해서 확인된다. 또한 1448년의『세종실록』의 기록에 의하면, 신미가 세종의 불교 신앙 형성에 큰 역할을 한 것은 분명하다.

---

29) 上之留意佛事 守溫兄弟贊之也(32/2/25).

30) 守溫, 素侫佛者也 其兄僧信眉造飾僧道 得幸於上(30/9/8).

31) 守溫兄僧信 眉倡其妖說 守溫製讚佛歌詩 以張其敎(31/2/25).

호불 유학자 중 김수온은 세종 대 왕실의 불교 신앙 형성에 가장 중요한 역할을 하였다. 김수온의 역할은 특히 중요한데, 그것은 그가 그의 형이었던 신미보다 더 일찍 세종과 관계를 맺고 있었으며, 왕자들의 불교신앙 전개에도 일정한 역할을 하였기 때문이다. 김수온은 1441년에 4년마다 한 차례씩 열린 식년문과의 과거시험에 합격하였으며, 세종의 특명으로 집현전의 출판 사업에 참여하였다. 그리고 "세종은 1446년에 신미를 처음 만났으며, 1450년에는 그를 존경"1/4/6)하였는데, 1450년의『세종실록』이 기록하고 있듯이, 신미가 세종을 만난 것은 김수온보다는 늦었으며, 그때의 세종은 이미 독실한 불교신자가 되어 있었다. 1449년의『세종실록』의 기록(31/2/25)에 의하면, 김수온은 세종이 불사에 관심을 두게 하는 데 기여하였다. 또한 김수온은『석보상절』출판의 초기 단계에서는 실무도 책임지고 있었다(이봉춘 1980: 54-5). 1448년의『세종실록』에 의하면, 김수온은 왕자들의 불교 신앙 형성에도 영향을 미치고 있었다:

> 수온은 좌우로 인연을 맺어 수양과 양평 양 대군과 교제를 가졌으며, 불교 책을 번역하기도 하였다…… 또 항상 대군을 유혹하여 이르기를, "『대학』(다쉬에)과『중용』(중융)은『법화경』(파화징)과『화엄경』(화옌징)의 정묘함에 미치지 못한다"고 하였다.32)

정효강(1432~81)도 김수온과 함께 항상 불사를 책임지면서 (31/11/1), 특히 공식적인 불교행사를 주관하였다(31/2/25).

---

32) 守溫貪緣左右 交結首陽 安平兩大君 反譯佛書 …… 又常誘大君曰 大學中庸不及法華華嚴微妙(30/9/8).

왕자들을 포함한 왕실 가족들도 세종의 불교관 형성에 기여한 것으로 나타난다. 1446년의 『세종실록』에서는 "왕후가 죽은 후, 그녀의 아이들이 그녀의 추선을 위해 불경을 베끼려 하여, 내[세종]는 그들이 그렇게 하도록 허락했다"(28/3/26)고 기록하고 있다. 1448년의 『세종실록』에 의하면, 수양대군과 양평대군은 아버지인 세종의 불교 신앙형성에 기여한 데 대해 [유학자들로부터] 비판을 받았다(30/8/5).

신미, 김수온, 수양대군 및 양평대군 등이 세종의 불교관 형성에 중요한 역할을 한 것은 분명하다. 특히 김수온의 불교 이해는 다른 이들보다 훨씬 높았으나, 당시 불교 신자들의 불교에 대한 지식은 부처의 전기에 그칠 정도로 좁고 한계성이 있어, 교학에 대한 지식은 별로 없는 것으로 보이는데, 1448년의 『세종실록』(30/9/8)은 이를 잘 보여준다. 또한, 문종실록에 따르면, 김수온은 "능엄경은 『중용』보다 낫다"[33]고 하여 불경을 유교 경전보다 더 높게 평가하고 있었다.

왕족들 가운데는 높은 수준의 불교지식을 가진 이도 있었다. 1448년의 『세종실록』에 의하면, 수양대군은 불교는 유교보다 훨씬 뛰어난 것으로 간주하였다:

> 석씨의 도가 공자보다 나은 것은 하늘과 땅 같을 뿐만 아니다. 옛 유학자들이 "불교에서는] 비록 몸을 꺾어 태우고, 찢어서 갈더라도 베푸는 바가 없다"고 하였으나, 이는 그 이치를 알지 못하고 망령되게 말한 것이다.[34]

---

33) 楞嚴經過於中庸(『문종실록』 즉위년/4/11).

34) 釋氏之道過孔子 不啻霄壤 先儒曰 "雖欲挫燒舂磨 無所施 此未知其理而妄言者也." (30/12/5).

수양대군의 이러한 불교관은 1448년 9월 8일자 『세종실록』의 기록으로 볼 때, 김수온의 영향으로 보인다. 세조와 불교와의 밀접한 관계는 『세조실록』을 비롯한 『조선왕조실록』에 많이 나타나는데, 특히 1449년의 『세종실록』의 기록을 통해서도 이를 잘 알 수 있다:

> [세종이] 수양대군 유와 도승지 이사철에게 명하여 흥천사에서 기우케 하였다. 유는…… 불교를 깊이 믿었는데, 일찍이 말하기를, "불교는] 공자의 도보다 나으며, 정자와 주자가 [불교를] 그르다고 한 것은 부처를 깊이 알지 못했기 때문이었다. 천당과 지옥과 죽고 사는 것과, 원인과 결과는 실로 이치가 있는 것이며, 결코 허황한 것이 아닌데, 불교를 알지 못하고 배척한 자는 모두 망령된 사람들이므로, 내가 따르지 않는다"35)고 하였다.

이 기록에 의하면, 수양대군은 중국의 정쯔(정자)와 주쯔(주자, 1130~1200)를 포함한 유학자들의 [불교 이해]는 틀렸으며, 그들의 불교 지식은 얕기도 한 것으로 파악하였다.36) 어떠한 종류의 불전이든 특정 불전이 채택될 때는 그만한 이유가 있기 마련이며, 그것은

---

35) 命首陽大君 都承旨李思哲 祈雨于興天寺 㻴…… 惑信釋教 嘗謂 勝於孔子之道 程朱非之 不深知佛氏者也 天堂地獄 死生因果 實有是理 決非虛誕 不知佛氏之道而斥之者 皆妄人吾不取也(31/7/1).

36) 조선 개국 초의 배불 추진은 그 이후 전개된 배불정책의 기반이 되었는데, 조선시대의 배불론은 정도전의 배불 논리에 근거한 것이었다. 정도전의 배불론은 개념의 혼돈, 논리의 비약 등도 있으나, 그것이 지니는 의미는 적지 않은데, 유교 측에는 학문적 논증을 통한 불교 비판의 기반 구축에 기여하였으며, 불교 측에는 불교계의 현실적 폐단에 대한 통렬한 지적뿐 아니라, 불교의 사회 윤리성 및 종교성에 관한 각성을 촉구한 점에서 기여한 측면이 적지 않기 때문이다(이봉춘 1990: 117-20). 그리고 조선시대의 배불론은 퇴계 이황(1501~70)에 의해 정점에 이르게 되었으며, 그것은 적어도 조선시대 말까지 정설이 되었다. 그러나 퇴계는 그가 평생토록 사숙한 중국의 주시(주희, 1130~1200)가 10년 이상 불교를 공부한 것과는 달리, 불교를 공부하지도 않은 채, 불교를 비판한 전형적인 인물이었으며, 극단적 배타성을 특징으로 한 그의 배불론은 논리성과 합리성을 결한 것이었다. 이에 대해서는 김종명 2005: 121-46 참조.

당시의 신앙형태나 사상적·사회적 배경을 반영하고 있다(남희숙 2004: 7)는 주장이 있다.

그러나 공덕 중심의 세종의 불교 이해는 그의 불교관 형성에 영향을 미친 사람들의 그것과는 다른 것으로 나타난다. 그 이유 중의 하나는 불교에 대한 그의 단호한 태도에 있었던 것으로 보인다. 1448년의 『세종실록』(30/7/19)에 의하면, 유학자인 정인지(1396~1478)는 세종은 불사에 관한 한, 여론을 받아들이지 않고 독단적으로 행하였다고 한다. 사실, 세종은 당시의 영의정 황희37)의 간언도 용납하지 않았다. 또한 대간은 자신들보다 관직이 높은 고관들도 탄핵할 수 있었기 때문에, 대간의 활동은 당시의 권력구조를 설명할 수 있는 한 기준이 된다. 그러나 불교에 관한 한 세종은 대간의 간언도 받아들이지 않았다(정두희 1982: 59-60).

또 다른 이유는 세종의 치세 후기의 슬픈 가족사 때문으로 간주된다. 이 사실은 1448년부터 1450년까지의 『세종실록』의 기록(30/8/5, 31/2/25, 32/1/18)을 통해 알 수 있다. 세종은 그의 왕후와 아들들이 죽자, 정신적 안정을 위해 수양대군과 안평대군의 도움으로 궁전 옆에 사찰도 세웠다. 따라서 세종의 불교관의 핵심은 공덕 짓기에 있었으며, 그것은 업설을 바탕으로 하여 전개된 것이었다. 세종의 『석보상절』의 성격도 이론적이라기보다는 종교적이며, 그 내용도 비합리적인 요소들로 주로 구성되어 있다(김기종 1998: 48-54). 「팔상도」는 『월인천강지곡』의 내용을 구성하고 있으며, 「전법」 부분이 가장 많은 부분을 차지하고 있다. 이 「전법」 부분은 부처와 그의 제자들

---

37) 세종시대 황희의 재상 리더십에 대해서는 이한구 2007: 165-202 참조.

의 가르침과 법문, 출가 및 부처의 전생 등으로 이루어져 있다. 가르침의 주요 대상은 비불교도며, 가르침은 불보살의 기적 행하기를 통해 이루어지고 있다.

법문은 「전법」의 가장 큰 부분을 구성하고 있으나, 그 내용은 『석보상절』과 크게 다르지 않다. 『포쉬싱잔』(불소행찬)이 사성제와 팔정도를 비롯한 불교의 기본 가르침을 강조한 반면, 『월인천강지곡』은 신이적인 면들을 더 강조하고 있다(김기종 1998: 10). 『월인천강지곡』의 내용은 『석보상절』의 그것과는 비슷하지만, 『월인천강지곡』이 신이성, 재미 및 효를 더욱 강조하고 있는 것은 『석보상절』과의 차이점이다(김기종 1998: 75-80).

Ⅲ. 치국과 불교

유교사회에서 세종의 치국과 불교는 일정한 관계를 가졌던 것으로 나타나며, 그의 불교관은 세종 개인에 국한된 것이 아니라, 15세기 유·불교체기의 시대적 반영(이성무 2001: 32)이기도 하였다. 세종은 민생 해결과 소통을 통한 교화에 최선을 기울이면서 국가경영을 한 것(정윤재 2007: 11-3)으로 간주되는데, 그는 『월인천강지곡』을 비롯하여, 효를 강조한 불전들을 일반인들이 쉽게 이해할 수 있도록 한글로 출판 또는 번역게 하였다. 불사에 참가한 관리들과 그들의 직급 및 소속부서의 중요성도 세종의 불교관과 정치의 밀접한 관계를 반증한다. 또한 세종은 자신의 불사행위가 유신들의 반대로 벽에 부딪혔을 때는 선위 시도, 이어 등의 방법으로 정치적 대응을 하였으며, 세종에 의한 불사의 경비도 궁극적으로는 국민의 세금에

의한 것이었다. 그리고 효제를 중시한 유교국가인 조선왕조는 양로
정책을 적극 펴 나갔는데, 이 정책은 세종 이후 구체적으로 추진되
었으며, 이는 세종의 유교정치 이념과 관계를 가졌던 것으로 간주
(권오영 2007: 77-9)되고 있다. 따라서 세종의 불교 신앙은 공공성
을 띠고 있었을 뿐 아니라, 효로 대표 되는 유교 사회의 정치에도 일
정한 영향을 미치고 있었다.

『세종실록』을 통해 사관들은 "세종은 '유교를 숭상하셔서 풍화를
일으키셨고'"(32/2/22), "말년에 불사를 한 것에 대해 혹 말하는 사
람이 있으나, 한 번도 향을 올리거나 부처에게 절한 적은 없고, 처음
부터 끝까지 올바르게만 하였다"(32/2/17)고 함으로써, 세종의 불사
활동을 유교적 입장에서 축소시켰다. 또한 세종의 불교에 대한 태도
는 이중적이었으며, 그는 공식적으로는 유교를 좋아했으나, 사적으
로는 불교에 관심이 있었다(이성무 2001: 31-2)는 주장도 있다. 그
러나 세종의 불교에 대한 태도를 공적 의무와 사적 생활이란 관점에
서 이해할 수는 없다. 조선 초기의 임금과 왕족들의 호불은 정치의
한 부분이기도 하였으며(금장태 1999: 580-1), 세종의 불교 이해는
세종 자신의 개인적 문제만은 아니었기 때문이다. 세종의 숭불 역시
당시의 정치의 한 부분이기도 하였으며(남희숙 2004: 9), 특히 세종
당시의 불사에 관련된 이들은 임금, 왕자, 관리, 정부 기관 등으로
다양하였다.

우선, 임금은 국정의 최고 책임자였을 뿐 아니라, 국가의 풍습을
좌우하는 공인이기도 하였다. 그리고 불교에 대해 호의적이었던 세
종의 왕자들도 정치에 참여하고 있었다. 세종의 불교 신앙에 대해
반대하는 유신들도 많았으나, 세종의 명을 받아 불사에 참가한 관리

들도 적지 않았으며, 그 가운데는 정1품인 좌·우의정 등의 최고위 관리도 있었다. 또한 사헌부 등의 주요 정부 기관도 세종의 명에 따라 그러한 불사에 참가하고 있었다.[38] 세종 당시의 불사에 관련된 이들 및 소요 경비의 출처를 고려하면, 세종의 숭불과 그의 불사는 개인적 활동으로만 볼 수 없음은 분명하다. 또한 세종 이후의 세조 대의 불교 정책도 왕권 강화와 밀접한 관련을 맺고 있었다(권연웅 1993: 198).

따라서 공덕 짓기와 효를 강조한 세종의 불교관과 그의 유교정치 사이에도 밀접한 관련이 있었음은 분명하다. 세종의 왕권, 세종 대 불사의 공공성 및 세종의 정치적 대응을 중심으로 이 문제를 살펴보도록 하자.

1. 세종의 왕권[39]

세종의 왕권은 강하였다. 세종의 왕권은 그의 아버지 태종의 영향과 그의 건강 상태를 기준으로 1430년대 중반을 전후하여 두 시기로 구분 가능하다. 세종은 그의 재위 초반기에는 그의 아버지였던 태종의 영향권 아래 있었으나, 그 이후에는 강력한 왕권을 행사하였다.

세종은 1418년 즉위하자마자 그의 아버지 태종을 상왕으로 모셨으며, 즉위 후에도 모든 정사를 상왕과 의논하여 결정하였다. 세종은 태종의 정치기반을 이어받았고, 1422년까지는 그때까지 군권을 가지고 있었던 태종이 세종에게 영향을 끼쳤으며, 그 전통은 1425년

---

38) 추후 세종의 불교관에 대한 관리 집단별 반응에 대한 검토도 필요(허흥식 2007)할 것이다.
39) 이 부분은 김종명 2009a: 216-20의 요약문이다.

까지도 유지되었다. 그러나 훈민정음이 구상되던 시점인 1430년 이후, 세종은 점차 강력한 왕권을 구축하기 시작하였으며, 이를 바탕으로 그는 권신의 제재를 받지 않고, 법전의 규정에도 매이지 않았으며, 불사 개최의 경비도 자유롭게 쓸 수 있었다. 특히, 조선 건국 이후 대간의 활동이 본격화된 것은 세종 대부터였으며, 1427년에서 1430년 사이 대간의 활동은 세종 전 치세 기간을 통해 가장 활발하였다. 그러나 세종은 왕으로서의 고유한 지위를 침해하는 대간의 여하한 행위도 용납하지 않았다. 또한 세종 당시의 정치는 왕의 개인적인 능력에 의존하는 바가 더 컸다. 따라서 세종은 그의 숭불 행위와 관련해서도 강력한 왕권을 행사할 수 있었다.

세종은 그의 건강이 악화되자, 정무를 동궁(후의 문종)에게 맡겼으며, 그 기간 그는 훈민정음 창제에 전념하였던 것으로 간주된다. 세종은 그가 훈민정음을 구상하던 1430년경 이후, 강력한 왕권을 행사할 수 있었다. 그러나 그 즈음 악화되기 시작한 건강 때문에 1437년부터는 정무 수행이 어려운 상태에 있어 이때부터의 실질적인 정무 담당자는 세자였으며, 대신 세종은 불교에 더욱 심취해 간 것으로 보인다.

2. 세종 대 불사의 공공성

(1) 임금

공인인 세종의 불교 신앙을 단순히 그의 사적 활동으로만 볼 수 없는 것은 당연하다. 이와 관련, 1446년의 『세종실록』은 다음과 같

이 기록하고 있다:

> 임금이 승정원에 이르기를, "지금 왕비를 위하여 베푸는
> 재는 단지 49일이 되면 그칠 것이다. 그러나 그것은 뒤에
> 는 다시 할 수 없는 것이다. 지금 듣건대, 모여서 식사를
> 하는 승려들이 많다는 이유로 잡승들을 모두 쫓아내어 예
> 빈 판사 신자근이 개인적으로 쌀을 가져와 그들을 먹였다
> 한다. 지금 비록 흉년이 들었다 하더라도 국가에서 재를
> 베푸는데 이렇게 할 수는 없는 것이다."40)

이 기록에 의하면, 세종은 불교의례인 재를 국가의 행사로 간주하
고, 그 불사 때 반승을 쫓아낸 승정원의 처사를 힐책하기까지 하였
다. 또한 1449년 세종은 숭덕대부 이정녕에게 명하여 흥천사에서 기
우를 행하게 하면서, 스스로도 이러한 불사를 개인적인 일이 아님을
강조하였다:

> 임금[세종]이 노여움을 조금 풀고 곧 말하기를 "계전이 스
> 스로 유학자라 하여 이 일[흥천사 기우]에 마음을 쓰지 않
> 은 것으로 생각했기 때문에 [그를] 책망하였다. [그러나]
> 이제 [그가 그렇게 한 것은] 병 때문임을 알았다. 도승지
> 는 왜 [이를] 점검하지 못했는가? 이것[흥천사 기우]은 나
> 의 개인적인 일이 아니다."41)

세종은 또 기우재는 농사를 위한 것임을 강조하였다:

---

40) 上謂承政院 "今爲王妃設齋 但七七日而止 後不可得而再爲之 今聞僧徒聚食者多 故雜
僧皆黜之 禮賓判事申自謹齋私米餽之 今雖凶歉以國家而設齋 不應如是"(28/04/15).

41) 上怒稍解 乃曰 "予意季甸自謂儒者 不之致慮 故責之耳 今知移病矣 都承旨何不檢擧
乎 此非予私事也"(31/6/5).

세종이 말하기를, "나는 그대들의 생각이 얕고도 좁다고 여긴다. 이 [기우]재는 농사를 위하여 하는 것이니, 비록 열 번을 행한다 하더라도 무슨 문제가 있겠는가? 불가의 일은 그대들이 알 수 있는 것이 아니며, 제사 규정만 가지고도 논할 수 없는 것이다."42)

이 기록들에 의하면, 세종은 국가의 풍습에 영향을 미칠 수 있었던 공인으로서 불교의례를 국가의 행사 또는 공적인 행사로 간주하고 있었음을 알 수 있다.

(2) 왕자

불교에 대해 호의적이었던 세종의 왕자들은 정치에 참여하고 있었는데, 이와 관련된 『세종실록』의 기록들은 다음과 같다:

중국 사신 맹날가래 최진 등이 북경으로 돌아갔다. 진양대군 이유에게 명하여 임금을 대신하여 전별연을 모화관에서 베풀었다. 모든 관원들이 다 모화관에 나가서 공손히 전송하였다.43)

[세종이] 진양대군 유, 광평대군 여, 금성대군 유와 동부승지 이사철, 병조참판 성염조, 군기감 제조 이순몽에게 명하여 양화도에 가서 배위에서 화포를 시험하게 하였다.44)

---

42) 上曰 "吾以若等爲淺狹 此齋爲農事而爲之 雖行十度 何不可之有 佛家之事 非若等所知 不可以祀典槪論也"(31/6/14).

43) 使臣孟捏哥來 崔眞等還京 命晋陽大君珛代設餞宴于慕華館 百官咸詣慕華館祇送(15/12/12).

44) 命晋陽大君珛廣平大君璵 錦城大君瑜 同副承旨李思哲 兵曹參判成念祖 軍器監提調李

[1444년] 광평대군 여가 죽었다. 여의 자는 환지며, 호는 명성당으로서 임금[세종]의 다섯째 아들이다…… 임금이 간의와 종부의 일을 총관토록 명하였더니, 종합하고 정리하여 체제를 세웠다.[45]

이러한 사실은 고려 이래 조선까지 왕족의 정치 참여가 배제되었다는 주장(김기덕 2001: 264)과는 다르다. 그리고 진양대군 이유는 1445년 수양대군으로 이름을 고쳤는데(27/02/11), 그는 이후의 세조가 되었다. 대군 시절 그는 사신 접대 등에서처럼 정치적 활동을 하고 있었다. 특히 그와 불교와의 밀접한 관계는 1449년의『세종실록』(31/7/1)을 비롯한『조선왕조실록』에 많이 나타난다. 광평대군도 평원대군과 함께 청계사에서 불경을 외웠다(27/04/26)는 1445년의『세종실록』의 기록으로 보아 그도 불교를 믿고 있었음을 알 수 있다. 1449년의『세종실록』의 기록에 의하면, 왕족 중에서는 수양대군 이유와 안평대군 이용이 특히 불교에 대한 믿음이 강하였던 것(31/07/01)으로 나타난다. 따라서 세종의 왕자들은 정치에 참여하고 있었으며, 적어도 상당수의 왕자들은 불교를 믿고 있었다고 할 수 있다.

(3) 관리

1438년부터 1450년까지는 세종과 그의 신하들 사이에 불교를 둘

順蒙 往楊花渡船上試火砲(26/10/11).

45) 廣平大君璵卒, 璵字煥之, 號明誠堂, 上之第五子也…… 上命總簡儀宗簿事, 綜理得體 (26/12/7).

러싼 논쟁으로 점철된 시기였다(강신항 1992: 9-12). 특히 1448년부터 1450년까지의 『세종실록』(30/8/5, 31/2/25, 32/1/18)에 의하면, 세종은 자신의 건강 문제와 그의 왕후 및 왕자들의 연이은 죽음으로 인한 슬픔을 달래기 위해 궁전 옆에 불당을 지으려 하자, 유신들의 반대가 거세게 전개되었다. 1448년 7월 18일부터 8월 4일까지의 『세종실록』의 기록에 의하면, 영의정, 좌의정, 대간 등의 고위관리들 뿐 아니라, 생원들까지도 불당 설치 불가론을 주장하며, 격렬하게 항의하였다. 그러나 1448년 8월 5일에는 수양대군과 안평대군에 의해 궁금 옆에 불당이 설치되었다(30/8/5). 그리고 그 이후에는 적극적으로 불사에 참가하는 유신들도 늘어났으며, 여기에는 좌·우의정을 포함한 고위관리들도 포함되어 있었다. 참가자와 그들의 직급을 『세종실록』에 기록된 연대순으로 살펴보면 다음과 같다.

1) 참가자 및 직급

참가자는 민건(29/2/13), 정분(30/8/4, 31/5/21, 32/1/22, 32/#[46]) 1/5, 32/2/5), 이이손(31/4/21), 조극관(31/4/21), 김종서(31/5/4), 하연(31/5/4), 황보인(31/5/4), 민신(31/5/21, 32/2/5), 박연(31/5/21), 이사철(31/5/21, 31/7/1, 31/11/1, 32/1/22, 32/1/24, 32/#1/5), 이정녕(31/6/5), 하순경(31/6/5), 김수온(31/11/1), 안평대군(31/11/1), 정효강(31/11/1, 32/1/24), 이계전(32/1/22), 강희안(32/1/24), 김흔지(32/1/24), 성임금(32/1/24), 허후(32/2/5) 등으로서 왕족과 관리들로 나타난다. 특히 1449년의 『세종실록』에 의하면, 선공 제조 정분과 민신, 예조

---

46) " "는 윤년을 표시한다.

판서 허후, 참판 조극관, 참의 이인손은 세종이 진관사의 수륙사 수리 명령을 따랐을 뿐 아니라, 더욱 적극적인 의견 개진까지 하고 있었다(31/4/21). 더욱이 부지돈녕부사 민건, 대감 하순경, 김수온과 정효강은 적극적으로 세종의 불사를 도운 이들이었다. 민건은 당시의 수륙재는 부처를 위한 공양이기도 하지만, 조종을 위한 일이기도 하니, 공경해야 한다고 주장하였다. 하순경은 대감으로서는 처음으로 부처에게 예를 표하였으며, 이후로는 승려에 의한 기우재 때 감찰이 부처에게 절하는 것을 항식으로 삼게 되었다(31/6/20). 김수온과 정효강은 독실한 불교신자로서 모든 불사는 그들이 담당(31/11/1)할 정도였다.

참가자들의 직급[47]은 대군(정1품), 좌의정(31/5/4, 정1품), 우의정(31/5/4, 정1품), 숭덕대부(31/6/5, 종1품), 우찬성(31/5/4, 종1품), 좌참찬(31/5/21, 정2품), 선공 제조(31/4/21, 2품 이상), 판서(31/4/21, 31/5/21, 정2품), 부윤(31/5/21, 종2품), 참판(31/4/21, 종2품), 도승지(31/5/21, ff., 정3품), 우부승지(32/1/24, 정3품), 좌부승지(정3품), 참의(31/4/21, 정3품), 소윤(31/11/1, 정4품), 부지돈녕부사(29/2/13, 정4품), 병조정랑(정5품), 감찰(31/6/5, 정6품), 성균주부[48](32/1/24, 종6품) 등이었다. 따라서 세종의 불사에 참가한 관리들의 직급은 정1품에서 종6품까지로 나타나며, 특히 정3품 이상의 당상관이 상당수를 차지하고 있었다.

---

47) 경국대전(1485)에 의거한 조선시대 관직표에 대해서는 이홍직 1984: 2086-7 참조. 이 관직표에 나타나지 않는 부지돈녕부사, 숭덕대부, 소윤, 선공 제조, 부윤 등의 직급은 empas 백과사전(http://alldic.empas.com)을 참고하였다.

48) 이홍직(1984: 2086)에 의하면, 주부는 여러 부서에 있는 정6품의 직급이나, 성균관엔 주부가 없었다.

세종의 불사에 참가한 관리들의 소속 부서(직급)는 다음과 같았다. 종친부(군), 의정부(좌 우의정, 찬성, 참찬), 돈녕부(부사, 부지돈녕), 육조(판서, 참판, 참의, 정랑), 사헌부(감찰), 승정원(도승지, 좌우부승지), 성균관(주부), 한성부(소윤) 등으로 당시 조선정부의 중요 부서들이 세종의 불사에 참가하였음을 알 수 있다. 그리고 제조는 당상관 이상의 관원이 없는 관아에 겸직으로 배속된 관직이었으나, 숭덕대부는 1444년(세종 26) 7월에 처음 실시된 관직으로 왕녀나 왕세자녀와 혼인한 부마에게 수여된 관직이었으며, 부윤은 한양을 비롯한 6곳의 지방관청의 우두머리에게 주어진 관직이었다.

따라서 불사에 참가한 관리, 그들의 직급 및 소속부서로 판단할 때, 세종의 불사가 사적 영역에 머물렀다고는 할 수 없다.

2) 불사 참가 계기

1446년부터 1450년까지의 『세종실록』의 기록에 의하면, 관리들이 불사에 참가하게 된 계기는 세종의 명령에 의한 경우와 관리들의 자발적 참가의 경우로 구분되며, 참가 불사의 내용은 망자 추선, 불당 짓기, 기우, 치병 기도, 치병 후 감사 등이었다. 세종은 죽은 소헌왕비를 위해 이영서, 강희안 등에게는 불경을 금자로 쓰게 하고, 정효강으로 하여금 그것을 주관하게 하였다(28/3/28). 또한 세종은 불당을 짓기 위해 정분의 감독 아래 수군 수천 명을 동원케 하였으며(30/8/4), 이정녕(31/6/5)과 이사철(31/7/1)은 세종의 명으로 각각 흥천사에서 기우하였다. 특히 병과 관련된 불사가 많았는데, 세종 스스로와 세자의 치병을 위한 행사들이었다.

세종은 자신이 아플 때 관리들로 하여금 불당과 사찰에서 공작재와 관음정근을 열게 하고, 여러 신하를 나누어 보내 불우 등에도 기도를 드리게 하였다(32/1/22, 32/2/15). 세종은 세자의 병 치료를 위해서도 관리들에게 명하여 약사재를, 안평 대군 이용에게는 수륙재를 행하게 하고, 정효강이 따르게 하였으며(31/11/01), 세자가 아플 때는 치병을 목적으로 여러 신하들을 절집으로 보내 기도를 하게도 하였다(31/12/35, 32/#1/20). 세종은 관리를 사찰에 보내 구병수륙재를 열게 하고, 관리들로 하여금 불전의 경문과 발문 등도 쓰게 하였으며, 궁궐 내에서는 채식을 하게도 하였다(32/1/4). 세종은 자신과 세자의 치병 감사 의례 개최를 위해서도 관리들을 파견하였다. 그는 자신의 병이 낫자 시어소에서 보공재를 직접 베풀었으며(32/#1/2), 관리들을 보내 그 의례를 베풀게도 하였다(32/#1/5). 세자의 병이 나았을 때도 보공재를 불당과 흥천사에서 베풀게도 하였다(31/11/25, 31/12/03). 또한 조정 신하를 보내 불우 등에 은혜를 갚는 제사를 지내게도 하였다(32/2/9).

(4) 정부 기관

정부 기관이 승단 행정을 담당하고 있었다는 점도 당시의 불교가 공적인 요소를 띠고 있었음을 의미한다. 일례로, 선종과 교종의 주지 임명 방식에 대해 의정부는 다음과 같이 주장하였다:

의정부에서 이조의 정문에 의거하여 아뢰기를, "선종과 교종의 사사 주지는 각 종의 계행이 있는 자로 할 것이며, 한 사람을 뽑을 때는 세 사람 가운데서 골라 이조에 보고 하여 임명하게 하되, 임기는 30달로 한정할 것입니다."[49]

(5) 경비

세종의 불사 경비는 왕실 재원에 의했으며(31/5/20), 이는 고려의
전통을 이은 것(김종명 2001: 24-6, 293-5)으로 보인다. 더욱이 1448
년의 『세종실록』의 기록에 의하면, "국가의 물건은 곧 인군의 물건
으로서······ 모두 임금이 임의로 쓸 수 있는 것이니, 공사를 따지지
않고 써도 가하다"(30/7/21)라고까지 주장하여, 국가 자체를 국왕의
소유물로 간주하였다. 그러나 이 왕실 재원도 신하들의 시각에는 국
민의 혈세에 의한 것이었다. 따라서 국가나 재원에 대한 그들의 견
해는 세종과 달랐는데, 전기의 1448년의 세종의 말에 대해 그들은
"국가는 조종의 국가요, 전하의 사유가 아니온데, 어째서 국가 만세
를 염려하지 않으십니까?"(30/7/21)라고 항의하였다. 또한 1149년의
기록도 양자 사이의 차이를 잘 보여주고 있다:

> 사헌부에서 아뢰기를, "현재 가뭄이 극심합니다······ 지금
> 안양 등의 절을 새로 창건하여 크게 불사를 벌이는데, 비록
> 국가의 경비에는 관계되지 않는다 하더라도, [이 경비 역
> 시] 역시 백성의 고혈이오니, 금지하시기를 청합니다."[50]

결론적으로, 세종에 의한 불사는 세종 자신이 공인이었던 점, 호

---

49) 議政府據吏曹呈啓 "禪敎兩宗寺社住持 令其宗擇僧 有戒行者 一望三人 報曹差下 遞期
以三十朔爲限"(29/6/19).

50) 司憲府啓 "今旱災太甚······ 今新創安養等寺 大作佛事 雖不關於國家經費 亦是民膏 請
禁止"(31/5/20).

불왕자들도 정치에 참가하고 있었던 점, 주요 정부 부서의 고급 관리들이 불사에 참가하고 있었던 점, 승직 임명이 정부 소관이었던 점, 왕실불사 재원도 결국 국민의 혈세였던 점으로 보아 세종의 주장에도 불구하고, 세종의 개인사가 아니라 공공성을 띠고 있었음을 말해 주고 있다.

3. 세종의 정치적 대응

세종의 불사에 대한 유신들의 반대에 대해 세종은 선위 시도, 이어, 파면 등의 방법으로 대응하였으며, 그가 그렇게 할 수 있었던 이유는 죽을 때까지도 정치적 실권을 가지고 있었기 때문이다. 세종은 그의 치세 중반기 이후에는 국정의 서무 분야를 세자에게 일임하기도 하였는데, 그 이유는 칭병(26/2/20, 27/1/18, 28/5/8), 불사에 대한 신하들의 반대 방지(37/7/1) 등 때문이었다. 그러나 그는 죽을 때까지도 국가의 중대사는 자신이 직접 결재하였다. 또한 세자가 상중에 있거나, 아플 때는 국정의 작은 일까지도 자신이 직접 관여하였다. 따라서 세종은 그의 치세를 통해 실권을 가지고 있었음은 분명하다. 상류 계급의 존재로 인해 삼국시대 이래 한국의 왕권은 약한 편이었다. 조선시대의 왕권도 양반들에 의한 억제와 균형의 구도 아래 전반적으로 약했으나, 14～15세기의 왕권은 상대적으로 강하였으며 (Palais 1975: 9-12), 세종 대는 바로 이 시기에 해당한다.

(1) 선위 시도

세종은 그의 아버지 태종이 그에게 하였듯이,[51] 그의 재위기간을 통하여 여러 차례에 걸쳐 국사를 세자에게 맡기려 하였다.『세종실록』에 의하면, 태종은 세종을 세자로 책봉한 후, 군사 문제 등의 중대사를 제외하고는 국사를 세자에게 맡겼다:

> 주상[후의 세종]이 아직 장년이 되기 전에는 군사는 내가 친히 듣고 결단할 것이다. 또한 국가에 결단하기 어려운 일이 있을 때마다 정부 육조로 하여금 함께 그 가부를 의논하게 할 것이며, 나도 또한 함께 의논할 것이다.[52]

> [내(태종)가] 이미 영락 16년 [1418] 무술 8월 초파일에 친히 큰 보물을 [세자에게] 주어, 그로 하여금 기무를 오로지 맡게 하고, 오직 군사와 국가의 중대사만은 내가 친히 듣고 결단하기로 하였다.[53]

세종도 태종처럼 선위를 수차례 시도하였다. 세종의 선위 시도는 신하들의 반대로 무산(27/1/18, 27/4/28, 30/7/26, 31/7/1)되었으나, 1445년부터 1449년 사이 세종은 세자에게 왕권을 넘기려는 시도를 수차례에 걸쳐 시도하였다. 선위 시도의 표면적인 이유는 칭병과 슬

---

51) 태종이 취한 여러 조치 중, "일생 최대의 업적"으로 평가되는(최승희 2002: 136, 박현모 2007: 97에서 재인용) 것은 그가 성공적으로 왕위를 세종에게 승계시킨 것이다. 그의 왕위 승계 과정을 리더십의 측면에서 검토한 데 대해서는 박현모 2007: 97-115 참조.

52) 主上未壯之前 軍事予親聽斷 且國家每有難斷之事 令政府 六曹同議可否 予亦與議焉 (世宗實錄總序).

53) 已於永樂十六年戊戌八月初八日 親授大寶 俾專機務 唯軍國重事 予親聽斷(世宗實錄總序). 여기서의 '군국'을 전산본『세종실록』(http://sillok.history.go.kr)에서는 번역 없이 그냥 '군국'으로 하였다. 그리고 이상은은 그것을 '전시의 국가'(1988: 1201d)로 설명하고 있다.

픈 개인사가 그 이유였으나, 실제 이유는 자신의 불사에 대한 유신들의 반대에 저항하기 위해서였다.

세종은 세자에게 국정을 맡기기도 하였다. 그러나 1444년부터 1449년까지의 『세종실록』의 기록에 의하면, 세종은 국정의 서무를 맡긴 후에도 중대사는 자신이 직접 결재하였다. 1444년의 기록에 의하면, 세종은 국사를 세자에게 맡겼으나, "사소한 일이라 하더라도 내가 간여하지 않을 수는 없다"고 하면서, "훈민정음 창제 문제야 말할 것도 없다"(26/2/20)고 하였다. 1445년의 관련 기록은 다음과 같다:

> 나의[세종] 오래된 병이 떠나지 않으며, 두 아들을 연거푸 잃었으니, 하늘이 도와주지 않음이 분명하다. 병으로 인하여…… 모든 일을 다 환관을 시켜서 명령을 전하게 하매 잘못된 것이 많으니, 임금의 직책[에 있는 사람]이 과연 이래서야 되겠는가? 세자로 하여금 왕위에 나아가서 정사를 다스리게 하고 나는 물러나 앉을 것이다. 그러나 군사와 국가의 중대사는 내가 장차 친히 결정하고자 한다.54)

세종은 1445년 4월 28일에도 칭병을 이유로 선위하여 세자가 국정을 맡고, 자신은 군사 문제 등의 중대사만 결정하겠다고 하였다 (27/4/28). 1445년 5월 4일의 기록에 의하면, 세종은 세자에게 국정의 상당 부분을 맡기고 있었다(27/5/4). 1445년의 또 다른 관련 기록은 다음과 같다:

> [세종이] 의정부에 명령하기를 "……무릇 관직 임명, 과전

---

54) 予宿疾纏綿連喪二子 天之不佑也明矣 因疾…… 凡事皆令宦者傳命 錯誤者多 人君之職果如是乎 欲令世子卽位治事 予則退居 軍國重事 予將親斷(27/1/18).

의 절급, 제향, 재난과 상서, 특별한 외교 사항, 군사의 조
발, 변경의 경계, 크고 작은 형사 사건과 큰 토목공사, 일
체의 새로운 법령을 만드는 일 외의 나머지 업무는 모두
세자가 결재케 하라."55)

그리고 같은 해 5월 17일에는 세자가 비로소 서무를 결재하였다
(27/5/17). 그러나 1446년의 『세종실록』에 의하면, 세종은 여전히 중
대사를 결정하고 있었다:

사대교린에 관한 것, 변방의 경계에 관한 것, 문무 4품 이
상의 관직을 주는 것, 크고 작은 죄를 묻는 것, 군사 쓰기,
중외의 사형에 관한 것, 새로 만든 법령 중 따로 의논할
것이 있는 것 등의 일은 내[세종]가 친히 결재하겠다.56)

1449년의 『세종실록』(31/6/4)에서도 세종은 사대와 제향 때의 따
로 의논할 일, 크고 작은 군사 문제, 당상관을 제수하는 일, 죄를 묻
는 일 이외의 사무는 모두 세자로 하여금 결재케 하고 있다. 그러나
세자가 상중에 있거나(28/5/8), 병에 걸렸을 때(31/11/14)는 다른 서
무도 세종이 직접 결재하였다. 따라서 세종은 그가 죽기 전까지도
인사, 경제, 제사, 의례, 외교, 군사, 형사, 건설, 법제 등을 포함한 대
소사에 관여하고 있었음을 알 수 있다. 세종의 불사행위도 이러한
맥락에서 이해할 필요가 있다.

---

55) 教議政府曰…… 凡除授科田折給 祭享及災祥 應接他國別例事 調發軍兵 及邊警 大小
刑獄 大興土木事 一應新立條章外 其餘庶務 皆令世子斷決(27/5/6).

56) 其事大交隣 邊警 文武四品以上除授 及科罪大小 用軍 中外死刑 新立條章 內別有所
議等事 予親裁決(28/5/8).

(2) 이어

세종은 그의 불당 짓기(30/8/4), 불교의례 개최(31/7/1)를 반대한 신하들에 대한 항의의 표시로서, 그의 정무 수행과 관련, 신하들이 다른 견해를 개진했을 때(31/9/24) 또는 건강 문제(31/1/22) 등으로 인해 수차례에 걸쳐 이어하였는데, 그가 거처를 옮긴 장소는 임영대군의 집(30/8/4, 31/7/31), 금성대군의 집(31/9/24), 효령대군의 집(32/1/22) 등으로서 자신의 아들들이나 형의 집이었다. 세종이 죽은 곳도 자신의 아들인 영응대군의 집(32/2/17)이었다.

그러나 세종의 이어에 대한 신하들의 반응은 부정적이었다. 1448년의 『세종실록』은 그 이유를 다음과 같이 기록하고 있다:

> 정부와 육조에서 이어를 정지할 것을 청하였으니, 동궁에
> 게 선위하는 일이 있을까 두려워한 까닭이었다.[57]

이 기록에 의하면, 유신들은 세종이 왕권을 세자에게 넘길 것을 두려워하여 이어를 반대한 것으로 나타난다.

(3) 파면

세종은 자신의 죽은 왕비를 추모하기 위한 의례에 참석하지 않은 관리들을 파면시키기까지 하였다. 1446년의 『세종실록』의 기록은 이를 잘 보여준다. 사헌부에서 영중추 조말생 등 재신과 추신 23인

---

57) 政府六曹請 停移御 恐有禪位 東宮之事故也(30/7/26).

이 소헌왕후의 빈전에서 초하루에 개최된 의례에 참석하지 않은 데 대해 벌 주기를 청하므로, [그들을] 의금부에 가두었다가 조금 후에 석방하였으나, 3품 이하의 관원으로 참례하지 않은 사람은 모두 관직을 파면시켰다.[58]

따라서 선위 시도 및 이어 등을 통해 세종은 자신의 불사행위에 반대하는 유신들을 그가 죽을 때까지도 적절하게 통제할 수 있었던 것으로 보인다. 또한 세종이 훈민정음 창제 작업에 반대한 정창손을 파직시키고, 찬반을 거듭한 김문(?~1448)을 국문 끝에 곤장 100대에 처한 것은 자신의 정치적 희생양을 활용한(정윤재 2007: 16) 또 다른 예들이다.

맺음말

이 장에서는 세종의 불교관과 그의 정치와의 관계를 검토하였다. 이를 위해 세종과 훈민정음 불전, 그것들을 통한 세종의 불교관의 내용 검토 및 분석, 세종의 불교관이 정치에 미친 영향 등을 검토하였다. 통설과는 달리, 세종은 재위 초기부터 호불의 태도를 견지하고 있었다. 훈민정음 창제 전의 세종은 이미 숭불 군주가 되어 있었으며, 훈민정음 창제와 그의 불교관은 밀접한 관계를 가지고 있었다. 훈민정음 창제 후, 세종의 숭불 경향은 더욱 강화되었으며, 그 결과는 그의 훈민정음 불전 편찬으로 나타났다. 따라서 세종의 숭불은 훈민정음 창제와 전개의 중요한 요인이 되었다.

---

58) 司憲府請 領中樞趙末生等 宰樞二十三人 不參殯殿朔祭之罪 下義禁府 尋釋之其三品以下 不參者 皆罷職(28/7/7).

불교에 대한 세종의 일차적 관심사는 교학보다는 인과설에 바탕을 둔 공덕 짓기에 있었다. 세종은 많은 유신들의 완강한 반대에도 불구하고 자신의 불사행위를 추진하였으며, 그는 자신의 불교관 관철을 위해 선위 시도, 이어 또는 관리 파면 등의 조치를 취하기까지 하였다. 그의 불사는 세종 자신의 견해, 참가자들, 참가자들의 직급 및 소속 부서, 재정원 등을 고려할 때, 통설과는 달리 공적인 행사로 나타났다. 그리고 세종은 한글불전인『월인천강지곡』등을 통해 효를 강조함으로써, 그의 불교관은 당시의 유교정치와 밀접한 관련을 가지고 있었으며, 적어도 그는 그의 치세 마지막까지 강력한 왕권을 바탕으로 자신의 이러한 종교적 신념을 실천할 수 있었던 것으로 판단된다.

제2장
세조의 불교관과 치국책

이 장의 목적은 세조(1455~68)의 불교관과 그의 치국책을 검토하기 위한 것이다. 이 주제의 중요성은 다양하다. 첫째, 세조는 조선시대를 통해 유일하게 불교를 공식적으로 후원한 왕(권연웅 1993: 198)인 동시에, 선대 왕실의 불사를 반대해 온 유학자들로부터도 내·외치에 성공한 성군으로서 찬사를 받은 왕이었다(이정주 2006: 259). 또한 그의 시대는 조선의 전 시기를 통하여 불교가 가장 성한 시기(高橋亨 2002: 182)였다. 그리고 세조의 불사에 대한 기존의 연구는 사적 차원과 왕실 정치의 한 분야란 두 가지 관점에서 이루어져 왔다(한상설 1982: 57-62; 이병년 1986: 34; 권연웅 1993: 198; 박정숙 1996: 57-9; 금장태 1999: 580-1; 이정주 2006: 238; 인용민 2008: 26). 그러나 이 문제는 세조의 내·외치와의 관련 속에서 더 구체적으로 논의될 필요가 있으며, 세조의 불교관에 대한 연구는 여전히 미제로 남아 있다.

이 장은 3부분으로 구성되어 있다. 제1장 "세조와 불교"에서는 세조와 관련된 문헌들 및 그것들을 통한 그의 불교에 대한 견해를 검토하며, 제2장 "불교관 분석"에서는 당시의 사상적 배경을 검토하고, 세조와 관련된 문헌들에 나타난 불교 개념 및 불교 교리 등을 중심으로 세조의 불교관을 분석한다. 그리고 제3장 "치국책"에서는 세조의 불교관과 그의 내치 및 세조의 불교신앙과 외교를 중심으로 세조 대의 정치와 불교와의 관계를 검토한다.

여기서의 중요 검토 대상은 『세조실록』을 비롯한 관련 문헌들이다. 『세조실록』은 『조선왕조실록』59)의 일부분으로서, 세조 대에 관한 가장 중요한 자료며, 이 장의 일차자료기도 하다. 이 장에서는 세조 대 불교의 기능이 세조의 정통성 강화 시도 및 그의 치세 후기의 건강 악화 및 그로 인한 정신 상태의 변화의 산물이었음을 주장할 것이다.

I. 세조와 불교

세조는 조선시대 불교역사상 불교와의 관계가 가장 깊은 군주였으며, 그에 의해 이루어진 불사의 중요 부분은 원각사 건립과 정업원 중수(한우근 1993: 268), 도첩제 실시 및 간경도감 등에서의 불전 간행,60) 승려의 권익 옹호 및 불교문화 진작(이봉춘 2006: 104) 등이었다. 그리고 세조는 문무 중시, 실용성 중시, 불서 중시의 특징

---

59) 그러나 세조와 불교와의 관계에 대한 『조선왕조실록』의 내용에 대해서는 특히 주의를 기울일 필요가 있다. 일례로, 세조가 죽은 8일 후, 의정부에서 편찬한 1486년 기록은 세조의 일생에 대한 찬사로 구성(『세조실록』14/9/6)되어 있을 뿐, 세조와 불교와의 관계에 대한 기록은 전혀 없기 때문이다.

60) 한상설 1982: 56; 高橋亨 2002: 169; 이정주 2006: 241. 조선시대 불경 간행의 사례에 대해서는 박정숙 1996: 65 참조.

을 보였는데(김윤식 2004: 31-4), 세조의 홍불사업 가운데서도 특히 주목되는 것은 불전언해 사업이다(이봉춘 2006: 108). 특히 『세조실록』 등의 관련 기록, 세조와 관련된 불전 등을 통해서는 세조의 불교관 검토가 가능하다.

1. 세조와 불서

(1) 세조의 불서 간행

세조조의 도서 중 불서를 제외하면, 언급할 것이 없을 정도로 세조는 불서 중시의 특징을 보였다(김윤식 2004: 31-45). 세조는 왕자 시절부터 불서 간행에 참가하고 있었으며, 그에 의한 불서 간행은 공식 국가 기관으로서 간경도감이 세워진(『세조실록』7/6/16) 1461년 이전과 그 이후의 두 시기로 구분된다.

1) 1461년 이전

세조는 수양대군 시절인 1447년에 부처의 삶에 관한 서사시를 짓고, 그 제목을 『석보상절』이라 하였다. 이와 관련, 수양대군은 "자비로운 왕[세종]명에 의해, 나는 [중국] 남재의 승우와 당의 도선이 지은 부처의 전기를 참고하였다. 그러나 이 전기들은 [내용 상] 통일성을 가지고 있지 못해, 나는 둘을 묶어 『석보상절』이라고 하였으며, 이를 한글[훈민정음]로 번역하였다"(허웅 1992: 33-35)라고 하였다. 그리고 세조는 등극 후 및 간경도감 설치 전에 『찬중용쟈지』(선종영가집), 50부의 대장경61) 및 『월인석보』 등도 간행하였다(이병년 1986: 24-6).

2) 1461년 이후

세조는 간경도감을 세운 후 적극적으로 불서 간행에 착수하였으며(권연웅 1993: 198),[62] 그 책들을 한글로도 번역하였다(한상설 1982: 56). 간경도감에서 간행된 불서는 한문불서와 한글불서의 두 가지로 구성되어 있었다.

① 한문 불서

간경도감에서 발간된 한문 불서는 고려 불서를 재간행한 것과 간경도감에서 새로 출간한 것의 두 가지로 분류된다(이병년 1986: 26). 여기에는 상좌 불교의 계율과 교학에 대한 주석서 및 불교백과사전 등도 포함되어 있으나, 대부분은 『화옌징』, 『파화징』, 『니에반징』, 『(서우)렁옌징』[(수)능엄경], 『위엔지에징』(원각경), 『다청치신룬』(대승기신론), 선적 등의 대승불교 전적들이다(鎌田茂雄 1952: 306-16).

② 한글 번역 불서

간경도감에서 발행된 한글 번역 불서들은 12종, 30권에 달하는데, 이 불서들은 다음과 같이 분류 가능하다. (1) 세조가 번역하고 구결을 단 불서(『렁옌징』, 『파화징』); (2) 세조가 번역한 불서(『아미퉈징』; (3) 세조가 구결을 단 불서(『찬쫑융자즈』); (4) 세조의 명에 의해 한글로 번역된 불서[『진강징』, 『멍산허샹파위』(몽산화상법어), 『보뤄

---

61) 세조에 의한 대장경 50부 간행(『세조실록』3/6/20, ff.)은 전근대 한국인쇄사의 최대 과업(오지섭 2005: 319)이었다.

62) 간경도감 간행 불전은 약 30종이며, 이외 세조 대 간행 불전은 8종이다(박정숙 1996: 53-63).

신징』,『수심결』,『디장징』,『위엔지에징』](이병년 1986: 27-29), 그리고『정다오거난밍지에쑹』(증도가남명게송)도 세조가 한글로 번역한 불서의 일부며(한상설 1982: 57), 세조는 1457년에는『진강징』을 직접 베껴 쓰기도 하였다(이병년 1986: 24).

(2) 세조의 선호 불전

세조가 선호한 불전은 부처의 전기, 주요 대승불전 및 선적의 3가지로 분류된다.『석보상절』,『월인천강지곡』,『월인석보』는 첫 번째,『아미퉈징』,『진강징』,『파화징』,『렁옌징』 등은 두 번째,『찬쭝융자즈』,『정다오거난밍지에쑹』은 세 번째 집단에 해당된다.

『석보상절』과『월인천강지곡』은 부처의 전기에 대한 서사시인데, 그 내용은 대동소이하다.『석보상절』의 내용은 신비적인 것들로 주로 구성되어 있으며,『월인천강지곡』은 기적, 흥미, 효에 대한 내용이 주류를 이루고 있다(김기종 1998: 48-80). 그리고『월인석보』는『석보상절』과『월인천강지곡』의 합본이다.『석보상절』,『월인천강지곡』,『월인석보』,『찬쭝융쟈지』(선종영가집) 등은 세조의 아버지인 세종의 명령에 의해 이루어진 불전들이다. 그러므로 이 불전들은 세조보다는 세종의 불교관을 반영한 것으로 볼 수 있다. 따라서 세조의 불교관을 나타내는 불서들은 오히려 두 번째 및 세 번째 집단의 책들로 간주된다.

세조는 특히,『파화징』,『렁옌징』,『아미퉈징』을 직접 번역하였으며, 특히 전자의 두 불전에는 구결도 달았다. 또한『위엔지에징』[63)] 은 세조가 가장 좋아한 불전이었다(高橋亨 2002: 176). 그리고『아미타경언해』와『선종영가집언해』는 세조가 친히 언해한 것이다(박정숙 1996: 61).

따라서 세조의 선호 불서들은 일부 주요 대승불전과 선적들이었다.

2. 불교 이해

세조는 불교를 유교보다 질적 우위에 두었으며, 대승불전을 중심으로 한 불교 개념 및 교리에 대해 일정한 지식을 가지고 있었다.

(1) 불교와 유교 이해

세조는 수양대군 시절부터 불교가 유교보다 질적 측면에서 훨씬 우월하단 입장을 표명하였는데, 그는 "석씨의 도[불교]는 공자를 뛰어넘으며, [이 둘의 차이는] 하늘과 땅 [차이]뿐만이 아니다"[64]라고 말했다. 또한, "유[수양대군]는 석교[불교]를 혹신하였는데, 일찍이 말하기를, '[불교]는 공자의 도[유교]보다 뛰어나다'"[65]라는 기록도 이를 뒷받침하고 있다.

(2) 불전 이해

간경도감본『선종영가집언해』의 효령대군(1396～1486)의 발문에

---

63) 조선 전기의 승려 기화(1376～1433)의『대방광원각수다라요의경설의』(『韓國佛敎全書』 7: 122-69)를 바탕으로 한 이 불전에 대한 연구는 Muller 1999 참조.

64) 釋氏之道過孔子 不啻霄壤(『세종실록』30/12/5).

65) 瑈…… 惑信釋敎 嘗謂 勝於孔子之道(『세종실록』31/7/1).

의하면, 세조가 자신이 선호한 불전들을 어떻게 이해했는지를 알 수 있다. 그는 "『묘법[연]화[경]』은 여래 일승의 보물 창고다"66)라고 하였으며, 『렁옌징』은 세조의 특별한 관심을 끈 또 다른 불서였는데, 세조는 "『수능엄』은 곧 보살 만행의 첩경"67)이라 하였다. 세조에게 『렁옌징』은 실천수행서였으며, 『찬쭝용쟈지』는 세조 스스로가 구결을 가한 불서였다. 세조는 "『[선종]영가집』은 실로 후학들이 도에 들어가는 요결"68)이라 하여, 후학을 위한 필독서로 보았다.

(3) 불교 개념 및 교리 이해

세조의 즉위 초기부터 말기까지의 『세조실록』의 기록들을 통해 그가 중요시한 불교 개념들을 알 수 있다. 세조가 강조한 불교 용어들은 중도, 주객 불이, 삼독, 삼계, 공덕, 연비, 공 등으로 나타난다.

세조는 "대개 모든 일에는 중도가69) 귀한 것인데, 그대들의 말은 지나쳐서, 미치지 못함과 같다"70)라고 하였으며, "나는 생명 있는 무리들의 경우, 주관과 객관은 한 가지 근본을 가지고 있다고 생각한다"71)고 하여, 주객 불이를 주장하였다. 그는 "불가에서 말하기를, '삼독 중에 탐하는 마음이 첫머리에 있다'"72)고 하면서 탐욕 제거를 강조하고, "내가 삼계를 훤히 내다보고, 마땅히 무량 공덕을 지으려

---

66) 妙法華는是如來一乘之寶藏이시고(禪宗永嘉集諺解 上下(合本)1983: 3a-3b, pp.606-7).

67) 首楞嚴은 及菩薩萬行之捷徑이시고(禪宗永嘉集諺解 上下(合本)1983: 3a, p.605).

68) 永嘉集은 實後學入道之要訣이시니(禪宗永嘉集諺解 上下(合本)1983: 3b, p.606).

69) 현대 한국의 대표적 승려 성철(1912~93)의 중도관에 대해서는 김종명 2006b: 76-84 참조.

70) 大抵凡事 中道爲貴 若等之言 過猶不及(『세조실록』1/윤6/21).

71) 予惟有生之類 物我一本(『세조실록』2/7/26).

72) 佛家曰 三毒貪居首(『세조실록』7/12/27).

하는데, 어찌 즐겨 절을 짓고 불상을 만들어 작은 일을 자질구레하게 하겠는가?"73)라고 하면서, 불사는 그의 큰 관심사가 아님을 피력하였다.

또한 세조는 연비와 같은 고행은 재가자들에게는 좋지 못한 것으로서, 공의 뜻을 이해한 사람에게만 의미가 있으며, 중요한 것은 지극한 정성임을 강조하였다.74) 그리고 "옛 유학자들이 말하길, '비록 꺾고, 태우고, 찧고, 갈려고 하더라도[즉, 고행을 하더라도] 베푸는 바가 없다[즉, 소용이 없다]'고 하였다. [그러나] 이는 그 이치를 모르고, 망언을 한 것이다"75)란 그의 말에 의하면, 세조는 고행이 쓸데 없는 행위가 아니며, 불교의 이치에 비추어 볼 때는 나름대로의 의미를 가지고 있음도 인정하고 있었다. 그러면 세조의 이러한 불교관은 어떻게 이해될 수 있을까?

II. 불교관 분석

세조는 전통주의자(『세조실록』3/3/23), 개방주의자 및 합리주의자였다. 이러한 성격을 바탕으로 전개된 그의 불교관은『세조실록』및 세조와 관련된 불서 등에 나타난 불교와 유교 사이의 관계 및 불교의 삼보관 등에 대한 그의 견해를 통해 알 수 있다.

---

73) 予洞觀三界 當做無量功德 安肯創寺造佛, 屑屑於小者乎(『세조실록』9/9/27).

74) 古人敲骨取髓, 斷臂燃身等事, 皆蘊空者所爲……苟盡至誠 雖聚沙作佛 畫地寫偈 亦蒙饒益(『세조실록』13/11/13).

75) 大君曰 先儒曰 '雖欲挫燒舂磨, 無所施'此未知其理而妄言者也(『세종실록』30/12/5).

1. 유교 대 불교

세조는 불교를 유교보다 높이 평가하였다. 친불교 유학자로서 세조의 불교관 형성에 큰 영향을 미친 김수온과의 관계를 검토하면, 이 주제에 대한 좀 더 정확한 단서를 얻을 수 있다. "수온이 좌우를 인연하여 수양과 안평 두 대군과 결탁해서 불서를 번역하고",[76] "[수온은] 항상 대군을 꾀이기를 대학과 『중용』이 『법화』나 『화엄』의 미묘함에 미치지 못한다"[77]고 하였기 때문이다. 『다쉐에』와 『중용』은 유교사회인 조선에서 아주 중요한 책들이었으며, 『파화징』과 『화옌징』은 한국역사상 가장 중요한 불경들이었다. 앞의 인용문에서 김수온이 말한 '미묘함'의 정확한 뜻이 무엇인지는 알 수 없으나, 그가 불교서들을 유교서보다 더 우수한 것으로 간주한 것은 분명하다. 따라서 그의 영향을 받은 세조의 주장은 당시 조선사회의 사상적 지주였던 성리학에 대한 실질적 부정이었다고도 볼 수 있을 것이다.

세조는 중국 성리학의 대성자며, 조선시대 성리학자들의 롤모델이었던 주시를 포함한 유학자들이 불교에 대한 깊은 지식을 가지지 못한 것으로 비판하였다. 세조가 비판한 근거는 그들이 불교의 이치를 모른다는 것이었다. 주시는 그의 『주쯔위루』(주자어류) 「석씨」[78]에서 자신의 불교관을 피력하였는데, 여기에 나타난 그의 주장의 핵심은 유교의 이치는 궁극적 실재인 반면, 불교의 이치는 헛된 이치라는 것이었다.[79] 그러나 그가 주장한 궁극적 실재란 증명이 불가능

---

76) 守溫夤緣左右 交結首陽安平兩大君 反譯佛書(『세종실록』30/9/8).

77) 常誘大君曰 大學中庸 不及法華華嚴微妙(『세종실록』30/9/8).

78) 이 「석씨」편의 원문과 한글 완역은 윤영해 2000: 359-457 참조.

한 형이상학적 개념이며, 불교의 이치에 대한 그의 이해도 부정확한 것이었다. 또한 심성의 문제를 포함하여 주자가 자신의 논적에 대해 '불교적'이라고 비판했을 때, 그 내용은 불교철학에 대한 깊이 있는 철학적 통찰을 담고 있던 것이 아니라, 자신이 생각하는 콩쯔(551~479 B.C.E.)와 멍쯔의 도통을 지키려 한 성격이 강했다(전병욱 2007: 1). 공을 포함한 주요 불교 개념에 대한 주자의 이해 또한 정확하지 않았다(김종명 1999).80)

그러면, 세조가 불교를 유교보다 우위에 두고, 유학자들이 불교의 이치를 모른다고 비판한 근거는 무엇이었을까? 1449년의 기록을 통해 이를 알 수 있다. 즉, [이]유[수양대군]는 불교가 유교보다 낫다고 한 후, "천당과 지옥, 죽음과 삶과 원인과 결과는 실로 이치가 있는 것이며, 결코 허황되거나 거짓된 것이 아니다"81)라고 하였다. 따라서 세조가 불교를 유교보다 뛰어나다고 본 이유는 불교의 업설에 근거한 것이었다.

2. 불교관 분석

(1) 불보관

세조가 불교적 상서를 중요시한 점에서, 그도 그의 선대 국왕들처럼, 부처를 초월적 능력을 가진 자비인으로 보았다고 할 수 있다.

---

79) 이 부분에 대한 상세한 논의는 윤영해 2000: 209-46 참조.

80) 세조의 불교관은 퇴계 이황의 불교관과는 비교가 된다.

81) 天堂地獄 死生因果 實有是理 決非虛誕 不知佛氏之道而斥之者 皆妄人 吾不取也(『세종실록』31/7/1).

(2) **법보관**

세조의 법보관은 그의 불전 및 불교 교학에 대한 이해를 통해 살펴볼 수 있다.

1) 불전 이해

세조는 특히 『찬중용쟈지』를 불교 입문서로, 『파화징』을 이론서로, 『렁옌징』을 수행서로 간주하였다. 그러나 그의 불전 이해는 문제점도 가지고 있다. 『파화징』은 조선시대에 가장 유행한 불전이었으며, 천도재를 위한 필독서기도 하였다. 그러나 세조는 이 경을 "여래 일승의 보물 창고"라고 하였는데, 여래 일승은 이 경의 핵심 내용이며, 그 의미는 누구나 부처가 될 가능성을 뜻한다. 따라서 이 경에 대한 세조의 이해는 옳았다고 할 수 있다. 『렁옌징』은 일련의 수행 과정을 통한 깨달음 얻기를 강조하고 있는데, 세조는 이 책을 보살만행의 첩경으로 간주하였다. 그러나 세조가 이 책에서 관심을 가진 부분은 제6권이며, 여기서는 모든 중생을 구하는 관세음보살의 자비가 설명되고 있다. 이 부분은 깨달음을 얻기 위한 한 방편으로 간주되는 부분이며, 이 책의 핵심 내용은 아니다.

『위옌지에징』의 핵심은 자기의 마음이 곧 원각이며, 이 원각 속에 세상의 모든 이치가 들어 있다는 것이다.[82] 『위옌지에징』은 세조가 가장 선호한 불전이라고 하나, 그가 이 책에서 구체적으로 관심을 가진 부분에 대해서는 알 수 없으며, 이 책은 위경이기도 하다. 『아

---

82) 기화의 『원각경소』를 바탕으로 이 경에 대한 연구와 번역을 한 데 대해서는 Muller 1999 참조.

미퉈징』의 핵심은 아미타불과 그가 머물고 있다는 극락세계의 공덕과 장엄에 대한 설명 및 아미타불의 이름을 부르면 극락세계에 왕생함을 강조한 데 있는데, 이는 중생의 근기에 맞춘 방편설로서 자력수행을 강조한 초기불교와는 일정한 거리가 있는 것이다.『찬쫑용쟈지』는 선정 시의 주의점 및 수행 방법을 설명한 책(김무봉 1995: 1)[83]이며, 불교 교리서는 아니다.

세조는 탐욕을 비판하면서도, 수많은 공덕 짓기를 원하였는데, 세조와 관련된 상당수의 불서들은 천도와 관련된 산물들이며,『진강징』,『렁옌징』,『다청치신룬』,『멍산허샹리우둬푸쉐이』(몽산화상육도보설),『판왕징』,『파화징』,『석보상절』,『월인천강지곡』,『정다오거난밍졔쏭』,『디장징』,『화옌징』,『찬파』(참법) 및 선적 등은 그 실례들이다(高橋亨 2002: 179-80b; 이병년 1986: 24-5b; 오지섭 2005: 335b; 정병삼 2007: 136).

따라서 세조도 세종 등 조선시대의 다른 호불 군주들처럼, 그가 선호한 불서들의 교학적 내용보다는 공덕 부분에 더 많은 관심을 보였다.[84]

2) 불교 교학관

세조는 주요 불교 개념, 교리, 윤리 및 수행에 대해 일정한 지식을 가지고 있었던 것으로 보인다. 중도, 주객불이, 공, 삼계는 불교 교리, 삼독은 불교윤리, 공덕 및 연비는 불교수행과 관련된 용어들이

---

83) 이 책의 간단한 내용 설명에 대해서는 김근수 1983: [1] 참조.

84) 세조의 장남 덕종의 비며, 성종의 어머니인 소혜왕후(1437~1504)도 죽은 왕과 재직 중인 왕의 추선을 위해 불전을 복사하였다(이경하 2004: 8).

다. 그는 중도를 강조했는데, 그가 이 개념을 사용한 것은 불교의 영향이다. 당시의 주류 사상이었던 성리학에서『중용』은 강조되었으나, 중도란 개념은 쓰이지 않았기 때문이다. 불교를 제외한 동서양의 철학종교사상에서는 존재의 본질을 '신', '천명' 등의 형이상학적 실체를 통해 설명하면서, 주관과 객관의 이분성을 당연시하였다.

반면, 세조는 공을 중요 불교 개념으로 간주하고 있었으며, 그가 주관과 객관을 다른 것으로 보지 않은 점도 그가 불교 교리에 대한 일정한 이해가 있었음을 뜻한다. 세조가 고행[85]을 공 개념을 이해한 사람의 행위로 이해한 점, 삼독, 특히 탐욕 제거를 불교윤리의 핵심으로 간주한 점들은 그의 불교윤리와 불교수행에 대한 이해가 타당했음을 의미한다.

그러나 그의 불교 이해는 초기불교의 교리와 상반되는 면도 발견된다. 세조의 불교 이해는 중국에서 번역된 대승불전을 바탕으로 하고 있었다. 그리고 세조 대에 출간된 불서들 중, 독창적인 책은 거의 없었으며, 대부분은 중국에서 번역 또는 출간된 한문 불서의 한글 번역본이었다(김윤식 2004: 42). 또한 세조와 관련되거나 그가 선호한 불전들 가운데, 초기불교 관련 불전은 발견되지 않는다.『슈렁엔징』(수능엄경)도 세조가 선호 불전 중의 하나였는데, 여기서는 신이와 공덕이 강조되고 있다(이상옥[형운] 2010: 221-5). 따라서 세조가 사성제를 비롯한 부처의 기본 가르침을 제대로 이해한 것으로 보기는 힘들다. 세조는 수양대군 시절부터 극락과 지옥, 인과응보에 대한 굳은 믿음도 가지고 있었는데, 이는 그가 업설을 믿었음을 의미

---

85) 현대 한국 선승들의 고행에 대해서는 Buswell 1992: 189-99; 로버트 버스웰 2000: 242-54 참조.

한다.

그리고 효령대군은 세조의 삼촌으로서 세조의 불교 신앙 형성에 큰 영향을 미친 사람이었다. "세조가 불교를 숭신하여 중들로 하여금 거리낌 없이 마음대로 말하고, 다니게 하였으니, 반드시 이보[효령대군]의 권유가 아닌 것이 없었다"[86]는 기록은 이를 증명한다. 또한 효령대군이 그의 형인 양녕대군 이제에게 "형님은 지옥이 두렵지도 않습니까"[87]란 물음을 통해서도 효령대군이 지옥의 존재를 믿고 있었음을 알 수 있다. 따라서 업설은 세조에게도 가장 중요한 불교 교리였다.

세조는 "나는 삼계를 관찰할 수 있으며, 수많은 공덕을 짓기 원한다", "도[불교]에는 세상을 구하는 방편이 있다"[88]라고 함으로써, 불교의 정치사회적 역할을 인정하는 발언도 하였다. 그러나 그는 이와는 반대되는 발언도 하였다. 그는 세자에게, "내가 부처를 숭상하지 않은 것은 아니어서, 절을 많이 짓지 않은 것은 아니다. 그러나 이것은 모두 쓸데없는 일이다. 달마가 이르기를, '불상을 만들고, 탑을 만드는 것은 반드시 공덕이 없는 일이다'라고 하였다. [그러니] 너는 네 아버지가 부처를 숭상한 것을 반드시 다 본받을 필요가 없다"[89]라고도 하였다. 이와 관련, 성종(1457~94)도 "세조 대왕이 이 도[불교]를 비록 존중하였으나, 항상 말씀하시기를 '나는 불씨를 믿지만, 재산을 없애거나, 백성을 해칠 생각은 없었다. 후대의 왕들이 나를

---

86) 世祖崇信佛教 使僧徒肆行 未必非補之縱臾也(『성종실록』17/5/11).

87) 兄不怕地獄耶(『성종실록』17/5/11).

88) 道在方便濟世(『세조실록』10/3/15).

89) 予非不崇佛 營建寺社 不爲不多 然此皆虛事 達磨云 造佛造塔 必無功德 汝不必 盡效 乃父之崇佛也(『세조실록』9/10/11).

본받지는 말라'고 하셨다"[90]고도 하였다.

그러나 불교를 둘러싼 세조의 이러한 이중적 발언이 자신의 진의를 표명한 것 같지는 않으며, 전반적으로 그는 불교의 사회정치적 순기능을 인정한 것으로 나타난다.

3. 승보관

세조에게 승려는 신하였다. 그러나 세조는 불교계의 주축들인 승려들을 불전 번역 사업 등 그의 중요 불사에 주역으로는 참여시키지 않았다. 간경도감 초기에 이 기관에 소속된 승려들은 없었으며, 후에는 승려들도 간경도감 사업에 참여하긴 하였으나, 그들은 교정자로서 역할을 하였으며, 그들에게 정치적 역할은 주어지지 않았다. 따라서 세조는 승려들을 불사의 주축으로서가 아니라, 보조자의 입장에서 활용하였다.

요약하면, 전통을 존중하고, 개방적 및 합리적 태도를 견지하였던 세조는 유교에 대한 불교의 질적 우수성을 인정하였다. 그의 불교에 대한 지식수준은 동시대인보다 높았으며, 그는 주요 불교 교리, 윤리 및 수행에 대해서도 일정한 지식을 가지고 있었다. 또한 그는 불서 간행에도 깊은 관심을 보였다. 그러나 특히 치세 후반기의 그는 자신과 관련된 불서의 교학적 내용보다는 공덕 부분에 더 많은 관심을 보였으며, 이러한 입장에서 세조는 불교의 사회적·정치적 기능도 인정하였다. 그러나 승려들은 그의 불사의 주축이 아니라, 보조

---

90) 世祖大王雖尊此道 而常曰 予信佛氏 然不欲傷財害民 後王亦不可法我也(『성종실록』 6/5/27).

자로서만 활용되었다. 그러면, 세조의 불교 이해와 그의 치국과의
관계는 무엇인가?

Ⅲ. 치국과 불교

세조의 전반적인 치국책은 호불정책이었으며(이정주 2006: 262),
불교는 왕실의 안녕과 미래를 보장하는 종교적 신앙으로서 장려되
었다(권유경 1991: 2). 그러나 세조는 불교에 대해 우호적인 조치만
취했던 것은 아니었으며, 부녀자들이 절에 올라가는 것과 길거리에
서의 범패 행위를 금지하기도 하였다(이정주 2006: 242). 따라서 그
의 치국책은 후원과 통제로 요약될 수 있다. 특히 세조에게 있어 불
교는 조선의 다른 왕들과는 달리 정치철학이었다.

1. 내치와 불교

세조의 호불 행위를 정치적 관점에서 파악할 때, (1) 유학자들에
대한 세조의 부정적 인식이 그로 하여금 불교에 심취하게 하였으며,
(2) 조선의 다른 시대와는 달리, 세조 대의 유학자들은 세조의 호불
행위에 대해 동의하였고, (3) 세조가 가졌던 강한 왕권이 그로 하여
금 인사정책 등을 통해 그의 불교 정책 시행을 가능케 하였으며, (4)
세조에 의한 한문불전의 한글 번역 사업도 정치적 목적에서 당시의
백성들을 업설을 중심으로 한 불교에 귀의케 하려는 데 있었다. 그
리고 세조의 숭불정책은 왕권 강화와 밀접한 관계가 있었으며, 이것
은 조선시대에 전무후무한 특이한 현상이었다(권연웅 1993: 198)고

한다. 그러나 그의 치국책은 1462년을 기준으로 두 시기로 나누어 검토될 필요가 있는데, 그것은 세조의 치국책과 정치와의 밀접한 관계는 그의 치세 후기에 특히 나타나기 때문이다.

(1) 치세 초기

세조 대 초기의 대치국책의 주안점은 승려에 대한 관리들의 침탈과 억압을 방지하는 데 두어졌으며, 불교가 왕권의 정당화를 위해 이용되었다는 근거는 없다. 세조는 찬탈에 의해 왕위에 올랐으며, 이에 일부 신하들은 세조 2년인 1456년 그에게 대항하여 반란을 일으켰다. 따라서 세조 치세 초기의 주요 이슈는 주로 이 반란 문제 처리에 초점이 맞춰져 있었다.

그러나 『세조실록』을 비롯한 당시의 기록들에는 당시 세조가 자신의 정치적 목적을 위해 불교를 이용한 내용은 발견되지 않으며, 대신 그는 유학자들의 공격으로부터 불교계를 보호하기 위한 조치를 취하고 있었다. 세조가 불교를 보호하려 한 근거는 두 가지였다. 한 가지는 불교는 오랜 전통이었다는 것이며, 다른 한 가지는 유교 사회에서 승려도 백성의 일부분이란 점이었다(이정주 2006: 242-62). 특히 두 번째 이유는 세조에게서만 발견되는 사항이다. 그러나 세조의 불교 정책은 적어도 1461년까지는 그의 정치력 강화와는 관계가 없었다.

(2) 치세 후기

세조는 그의 치세 후기에 자신의 불교신앙을 정치적 목적과 결부

시킨 경향을 강하게 나타내었는데, 이러한 관계는 특히 그가 공덕 짓기에 관심을 가진 결과였다. 그는 자신의 호불 행위를 특히 인사와 사면 등을 통해 유학자 관리들의 통제와 관련시켰는데, 그의 이러한 호불 행위들은 수양대군 시절부터 이어진 자신의 종교적 취향, 자신의 치세 후기에 나타난 건강 문제 및 그로 인한 정신적 변화 및 측근 정치의 산물로 간주된다.

불교 관련 상서는 왕권이 안정된 1462년 이후에 비로소 나타난 현상이기 때문에 세조가 그의 정치적 정통성을 확고히 하려는 의도와 불교적 상서와는 관련이 없었으며, 세조가 불교적 상서를 강조한 것은 왕권의 정통성 보완과는 밀접한 관련이 없다는 것을 오히려 반증하는 것(이정주 2006: 239-62)이란 견해가 있다. 그러나 이러한 견해에도 문제는 있다. 당시의 안정성은 세조의 훈척들을 중심으로 한 전제정치의 결과며, 찬탈 군주로서 그의 정치적 안정성도 불안정한 상태에 있었을 것이기 때문이다.

명분과 정통상의 하자는 유교사회 군주에게는 치명적인 것이며, 왕위를 찬탈한 왕이 왕위를 유지하는 방법은 왕권을 강화하는 것이었다(최승희 1997: 63-5). 세조도 왕권의 전제성을 확고히 하기 위한 노력을 지속하였으며(김태영 1994: 118), 세조는 조선시대의 왕들 중 연산군(1494~1506)을 제외할 경우, 가장 전제적인 군주였다(김태영 1994: 1).

세조가 조선의 다른 군주와 다른 점은 그의 정치적 정통성 확보를 위해 유교적 이상과는 거리를 두고(정두희 1991: 72-4), 불교를 자신의 정치철학으로 택한 점이라고 할 수 있다. 세종을 포함한 조선의 군주들은 중국에 대한 사대주의를 표방하였다. 그러나 세조가 그

의 재위 3년 차(1457)에 원구단을[91] 설치(이성무 1999: 59)한 사실
은 사대주의를 표방한 조선의 다른 군주들과도 다른 점이었다.

유교적 통치를 표방했던 조선 초의 군주들은 대부분 상서에 대해
부정적인 인식을 가지고 있었다. 세종은 상서보다는 하늘의 견책을
더 의식하고 행동했다. 반면, 세조는 1462년 관세음보살의 화현을
인정하였을 뿐 아니라, 이어 이를 기념하는 사면령을 내림으로써 불
교적 상서를 공식화하였으며(이정주 2006: 239-47), 이를 실천하기
위한 수단으로 관리들에게는 인사정책을, 일반인들에게는 불전의 한
글번역본 홍포 전략을 택한 것으로 판단된다.

1462년 이후, 세조는 원구제 등 국가적으로 중요한 행사를 생략
하기도 하였는데, 이는 주체성 강조의 관점에서 볼 수도 있는 반면,
정치적 명분과 정통성을 강화하기 위한 의도적 행위로도 볼 수 있다
(최승희 1997: 66). 따라서 세조가 불교적 상서에 정치적인 의미를
부여하고, 이를 정치적으로 활용하려 한 것은 분명해 보인다.

1) 유학자에 대한 인식

세조는 유학자들에 대해 비판적 인식을 가지고 있었으며, 이러한
인식은 그로 하여금 불교에 의존케 하였고, 그 결과 그의 치세는 반
유교적 성격을 보였는데, 이는 조선시대 전체를 통하여 전무후무한
일이었다(정두희 1991: 72). 세조는 수양대군 시절부터 불교를 모르
는 유학자들에 대해 비판적 시각을 가지고 있었다. 그의 즉위 2년

---

91) 원구단에서 거행된 원구제는 하늘에 대한 제사로서, 중국의 황제만 거행할 수 있는 것이
었다. 그러나 세조는 조선시대 역사상 처음으로 1457년에 이 행사를 거행했으며, 그 이후 전통이
되었다(『세조실록』3/1/10, ff.).

(1456)에 사육신[충렬공신]사건이 일어나자, 그는 곧 집현전을 혁파하고, 경연을 정지하였다(『세조실록』2/6/2). 그리고 "성균관은 곧 썩어빠진 유생의 숲더미"[92]라 하면서, 성균관의 유학 교육에 대해서도 매우 부정적인 태도를 견지하고 있었다(김태영 1994: 120).

"유[수양대군]가 일찍이 이르기를 정[자]와 주[자]는 그것[불교]을 그르다고 하였는데, [그들은] 불씨[부처]를 깊이 알지 못한 자들이다…… 불씨의 도를 모르고도 그것을 배척하는 사람들은 망령된 사람들이다. 나는 [그들의 말을] 받아들이지 않겠다"[93]란 기록에서처럼, 수양대군 시절부터 세조는 유학자들이 불교의 이치도 모른 채 불교를 비판한다고 질타하였다. 그리고 그는 유학자들을 중도를 벗어나 극단으로 치닫는 사람들(『세조실록』1/윤6/21), 명예욕에 사로잡힌 채, 중요한 국사를 논하는 데는 도움이 되지 않는 사람들(『세조실록』9/6/22), 수박 겉핥기식 지식의 소유자(『세조실록』11/2/3) 등으로 간주하였다.

2) 불사와 유학자들

세조 대 이전의 유학자 관리들은 왕실 불사에 반대하는 상소를 지속적으로 올렸다(『세종실록』28/10/9, ff.). 그러나 그들의 그러한 태도는 세조 대에 정반대로 변하여, 세조의 불사에 대해 침묵하거나, 동조하였다.

세조는 그의 치세 이전과 치세 동안 자신의 불사에 대한 유학자들

---

92) [成均]館乃腐儒之藪也(『세조실록』10[1464]/8/21).

93) 瑈…… 嘗謂 "程朱非之 不深知佛氏者也…… 不知佛氏之道而斥之者 皆妄人 吾不取也"(『세종실록』31/7/1).

의 태도에 단호하게 대처하였는데, 그는 이미 왕자 시절에 유학자들이 불교를 존중하도록 압력을 가하였다. 그는 불교의례가 개최되었을 때, 예조좌랑 김장춘이 불상에 절을 하지 않은 것을 비난하였는데, 그 이후, 예불을 하지 않은 관리는 없었다(『세종실록』31/6/5)는 기록은 그 일례다.

1462년 이후, 세조는 불교적 상서가 나타났다는 이유로 평균 2개월마다 한 번 꼴로 죄수들에게 사면을 내렸다. 그러나 대간을 포함한 세조 대의 유학자들은 세조의 사면 행위에 대해 침묵하였다(이정주 2006: 252-3). 불교에 관한 한 세종은 대간의 간언도 받아들이지 않았는데(정두희 1982: 59-60), 세조의 태도도 이와 다르지 않았다.

세조는 "대개 내 말이 곧 법이다"[94]라고 하면서, 전제군주로서 군림하였다. 따라서 대간의 활동은 세조의 재위 초기부터 훨씬 축소되었으며(정두희 1991: 39), 이는 세조가 그의 정치 과정에서 유학자의 역할을 약화시키려 한 결과(정두희 1991: 51)로 간주된다. 사실, 세조는 대간의 간섭조차 허락하지 않았는데, 그는 "내가 등극한 후, 대간들은 그들이 말하고자 하는 것을 자유롭게 말하지 못하는 것 같다. 그러나 나는 첫째, [정치적] 어려움과 백성들의 고통에 대비해 왔다. 따라서 나는 대간의 말에 괘념치 않겠다. 둘째, 대간이 나의 불사에 대해 비판할 경우, 나는 그들을 벌할 것이다"(『세조실록』3[1457]/7/10)라고 하였다. 따라서 대간 등도 전제왕권의 시녀(최승희 1997: 66)로서 대개 시세를 쫓아가고 있었다(김태영 1994: 123).

이러한 세조의 방침에 대해, 고위관리를 포함한 유학자들은 세조

---

94) 夫吾言即法也(『세조실록』2/5/7).

의 불사에 동의하였으며, 선대의 왕실 불사에 대한 그들의 격렬했던 저항도 세조의 등극과 함께 사라졌다. 많은 유학자들은 불교 교리 토론, 불교 강의, 불서 간행, 한문불서의 한글 번역 등의 활동을 통하여 세조의 불사에 적극적으로 동참하였으며, 세조의 불사를 받아들이거나 찬양하기까지 하였다(『세조실록』1/7/8, ff.) 사실 『세조실록』에는 유학자들이 세조의 불사에 반대했다는 기록은 거의 발견되지 않는다.

오히려 집현전 직제학이었던 양성지(1415~82)는 "전통에 따라 연등은 허락 가능하다"(『세조실록』1[1455]/7/5)고 하였으며, 영의정 정인지(1396~1478)는 유학서인 『중용』을 비판하고, 불서인 『렁옌징』을 찬양하였다(『세조실록』4[1458]/2/14). 그리고 세조는 좌의정 권남(1416~65), 정인지 등의 고위관리들과 불교, 유교, 도교에 대해 논의하였으며, 정효상(1432~81) 등에게 명하여 『렁옌징』을 강의하게도 하였다. 또한 1462년의 기록에 의하면, 그는 상원사 방문 시, 관세음보살의 현현을 보았으며, 모든 수행 관료들은 그것을 축하하고, 왕은 모반 등의 중죄를 범한 사람을 제외한 죄수들에게 사면을 내렸다(『세조실록』8/5/22, ff.)고 한다.

『선종영가집언해』(초간본상)의 「봉 교조」[95]에는 이 책의 간행에 참가한 사람들의 명단이 기록되어 있는데, 여기에는 1, 2품인 찬성, 판서 등(이홍직 1984: 2086) 최고위 공직자들이 대거 포함되어 있었다. 또한 1457년 대장경 50부 간행에 참가한 사람들 중에는 세조 대의 핵심 관료들인 신숙주와 한명회도 포함되어 있었으며(오지섭

---

95) 『선종영가집언해』(초간본상)(1983): 1a-2b, 45-48.

2005: 332), 윤사로(1423~63) 등은 간경도감의 책임자들이었다(高橋亨 2002: 179). 공조판서 김수온과 도승지 노사신(1427~98)은 세조의 명으로『진강징』을(『세조실록』10/2/8), 한계희(1423~82)와 양성지는『위엔지에징』을 번역하였다(高橋亨 2002: 177). 또한 이조판서 한계미(1421~71)는 왕명으로 원각사 건립을 감독하였다(『세조실록』10/6/5).

그러면 세조는 자신의 불사 진행을 위해 어떻게 유학자들을 통제하였는가?

3) 유학자 통제책

세조는 전제군주로서 자신의 불사 진행과 관련, 유학자 관리들을 다스리기 위해 인사정책을 사용하였다. 그는 친불 유학자들은 승진을 시킨 반면, 불교에 대해 무지하거나, 자신의 불사에 반대한 관리들에게는 불이익을 가하였다. 한계미 등은 원각사 건립의 책임자들로서 1454년에(『세조실록』10/10/8), 김수온은『석보상절』을 편찬한 공로로 1459년에(『세조실록』5/2/9), 한계희와 강희맹(1424-83)은『위엔지에징』을 한글로 번역한 공로로 1465년에(『세조실록』11/3/9) 각각 승진되었다. [세조 대에 활약한 노]사신(1427~98)도 부처를 믿어 빠르게 승진하였다(『연산군일기』1/7/13).

반면, 세조는 불교에 대해 무지하거나, 그의 불사에 반대한 관리들에게는 해고, 참수, 칙령, 파직, 강등 등의 수단에 의해 불이익을 가하였다. 세조는 영의정이던 정인지를 해고하였는데, 그 이유는 세조가 불교에 관해 질문한 내용에 대해 정인지가 대답을 하지 못하였기 때문이었다(『세조실록』4[1458]/2/13). 관리 서강(?~1461)은 배불론을 편다 하여 세조에 의해 참수까지 당하였다(『세조실록』7[1461]/1/28). 또한, 세조는 불교의 삼보를 비방한 사람들은 중벌을 받으리란 칙령을 공포하기도 하였다(『세조실록』9[1463]/12/1). 세조가 그의 신하들에게 『렁옌징』(능엄경)을 강의하게 한 후, 그 결과가 좋지 못하자, "그대들이 『능엄[경]』을 받아 읽은 날이 이미 오래되었고, 내가 그대들에게 명하여 서로 강론하게 하였는데, 그대들이 내 명을 가볍게 여기고 서로 돌아보며 말이 없었다…… 그대들은 어찌하여 면전에서는 복종하고 마음으로는 그르게 여기는가?"[96]라고 하면서 어세공(1432~86) 등을 파직하였다. 더욱이 관리 김종년이 세조의 불교관에 대해 반대하자, 세조는 그를 노비로 강등시켰다(『세조실록』12[1466]/9/29).

그리고 신미처럼 세조 대에 활약한 승려들이 없는 것은 아니었지만, 세조는 불교계의 주축인 승려들을 불전 번역 사업 등의 중요 불사에도 주역으로 참가시키지 않았다. 일례로, 간경도감 초기에 이 기관에 소속된 승려들은 없었다. 후에는 승려들도 간경도감 사업에 참여하긴 하였으나, 그들은 교정자로서 역할을 하였으며(박정숙 1996: 52), 그들에게 정치적 역할은 주어지지 않았다(이정주 2006: 241).

'우화', 이향(상서로운 향기), '사리 분신'[97] 같은 상서로운 불교적 현상에 대한 기록들은 1461년부터 1468년 사이에 35회에 걸쳐 나타나는데(권연웅 1993: 206-10), 이는 세조 대 이전 시대와는 다

---

96) 汝等受讀楞嚴日已久 予命汝等相與講論 汝等輕我之命 相顧默默…… 汝等何爲面 從而心非也? 若以律論, 罪不可赦 今皆赦之 命罷世恭及鎭職(『세조실록』12[1466]/윤3/8).

97) '우화'와 '사리 분신'이 구체적으로 무엇을 의미하는지는 알 수 없다. 그러나 김수온의 문집인 『식우집』권2의 「사리영응기」에 의하면, 불사에 청련화, 황련화, 홍련화, 백련화, 황목단, 백목단, 황작약, 홍작약, 백작약 등의 꽃들이 등장하는데(김수온, 『식우집』2, 「사리영응기」, 『표점영인 한국문집총간』9, 1988: 77). 이 영인본에서 『식우집』의 쪽수는 분명하지 않아 알 수 없다), 우화는 이를 상징적으로 뜻하는 개념으로 생각된다. 그리고 사리분신은 「사리영응기」에서 부처의 자비의 결과 사리들이 연속적으로 발견된 것(pp.78-9)을 의미하는 것으로 보인다.

른 점이었다. 불교적 상서가 나타나면, 세조는 사면을 내렸으며, 신하들을 한 계급씩 특진시켰는데(이정주 2006: 232), 이러한 세조의 정책은 친왕 세력의 확보와 강화 및 민심수습책의 일환이었다(최승희 1997: 65).

사리 분신에 대한 잦은 기록은 세조의 왕권이 위험에 처한 증거라는 주장(박정숙 1996: 57-9)도 있다. 그러나 사실은 달랐다. 세조는 1453년과 1467년, 각각 이징옥(?~1453)과 이시애(?~1467)에 의한 반란을 제압하였다(금장태 1999: 580). 이들 반란에 대한 『세조실록』의 기록은 많지 않은데, 이는 이 난들이 국가의 근간을 흔들 만큼 심각한 일은 아니었음을 뜻한다. 그리고 세조의 불교 이적 강조는 그의 나쁜 건강과 그로부터 초래된 그의 정신 상태의 변화도 중요한 계기가 된 것으로 보인다.

1462년부터 세조의 건강은 나쁜 상태에 있었다. 1468년 세조는 그가 병에 걸린 지 5~6년이 지났다(『세조실록』14/7/22)고도 하였는데, 이는 그가 1462년경 발병하였음을 의미한다. 1464년의 기록에 의하면, 세조는 병 때문에 움직이기가 어려웠으며(『세조실록』10/1/14), 그는 조회까지도 생략하였다(『세조실록』10/7/19). 세조가 불교적 상서에 더욱 관심을 가지게 되고, 사면 횟수도 늘인 일차적 배경에는 그의 나쁜 건강 상태도 일조를 한 것으로 판단된다. 세조는 자신의 건강이 나빠지자 여생 동안 시혜를 베풀려고 했고, 이러한 입장에서 효령대군을 포함한 왕실 가족들이 불교적 상서를 조작한 것으로 보이는데, 그 이유는 그러한 상서가 효령대군과 관련이 있는 장소에서만 일어났기 때문이다(이정주 2006: 263-4). 또한 세조는 국정이 곧 가정이라는 전제적 인식을 확고하게 가지고 있었는데, 훈척 중심의 정치는 세조의 특징적인 통치 행태(김태영 1994: 39-40)기도 하였다.

그러나 1468년 세조가 죽은 후에는 왕실 불사에 대한 유학자들의 태도는 완전히 변하여, 그들은 왕실의 불사에 대한 비판을 재개하였다. 1470년에 도승지 이극증(1431~94)은 성종에게 몇 명의 승려들을 환속시킬 것을 요청하였다. 이에 대해 성종(1469~94)은 "그대는 세조께서 승려를 보호하고, 그들을 가엾게 여긴 것이 잘못되었다고 생각하는가? 세조께서 돌아가신 지 아직 오래되지도 않았는데, 세상일이 이처럼 단박 변했으니, 나는 실로 마음 아파하노라"[98]라고 하였다. 더욱이 세조의 왕비가 1471년에 궁전내의 사찰이었던 내불당을 방문하려 한 데 대해서도 한명회는 반대하였다.

요약하면, 세조의 불교 신앙은 유교 사회에서 그의 정치와 직접적인 관련을 가지고 있었으며, 그는 그의 강력한 왕권을 바탕으로 인사 정책을 통해 배불론을 펴 온 유학자 관리들을 통제하였다. 그러나 세조는 승려들도 불사의 주축으로서가 아니라, 보조자의 입장에서 활용하였으며, 그의 사후 곧 왕실 불사는 유학자들의 비판에 직면하였다.

4) 불서 번역의 이유

세조가 유학자 관리들에 대한 인사정책을 통해 자신의 정치철학으로서의 불교 정책을 시행한 반면, 그가 일반 평민을 대상으로 시행한 치국책은 한문 불전의 한글 번역으로 대표된다.

세조의 불전언해사업은 불교대중화 운동, 불교의 사상적 중흥, 선교일치의 교의 확립의 성격을 가졌으며, 이를 통해 조선불교의 중흥

─────────────

98) 世祖護恤僧人爲非而然耶 世祖昇遐未久 世事頓變如此 予實痛心(『성종실록』, 1/8/28).

을 시도하고 동시에 훈민정음 보급의 목적까지 함께 고려한 것(이봉 춘 2006: 109)으로 간주되고 있다. 세조는 한문 불서의 한글 번역은 그의 아버지 세종의 뜻에 따른 것이었음을 강조했다(박정숙 1996: 64). 그리고 「석보상절서」와 「월인석보서」에서, 세조는 한문불전의 한글 번역이 일반인들이 그 책들의 내용을 더 쉽게 이해할 수 있게 하여 불교에 귀의케 하려는 데 있다고 하였다(최병헌 1993: 224-5). 또한 김시습(1435~93)도 세조가 "정무를 보는 여가에 어리석은 백성을 가르침으로써 부처의 말씀을 번역하여 백성을 깨우치고 도우려 하였 다",[99] "그 당시 상왕[세종]이 주상[세조]에게 명하여, 가곡을 해석하 고, 석보를 번역하여 일반 사녀에게 반포하게 하였다"[100]고 하여 한 글번역본의 독자는 선비와 여성까지 포함되었음을 알 수 있다.

세조가 불서를 번역한 동기는 세종의 뜻에서 비롯되었으나, 그의 번역 의도는 불교의 업설 홍포 및 그를 통한 자신의 정치적 정통성 강화를 위한 대민 정치의 일환으로 생각된다. 간경도감의 규모, 참 여인물, 간행 불서를 검토한 결과, 세조의 숭불은 정치적 목적으로 행해진 경향이 강하였으며, 언해 작업이 세종의 유업임을 강조한 것 도 정치적 목적의 산물로 간주(박정숙 1996: 64-7)되고 있는 점도 또 다른 증거다.

따라서 세조의 불교 신앙과 그의 내치는 밀접한 관계를 가지고 있 었으며, 세조는 인사정책을 통해 배불 신하들을 통제하고, 백성들에

---

99) "庶政之暇 欲醒祐生民 于譯金言以敎遇民"(「梅月堂續集 卷二, 詩, 新譯蓮經」, 梅月堂 全集1973: 三七八). 같은 내용은 『국역 매월당집』5(1980): 八에도 실려 있으며, 그 한글 역은 같 은 책 p.32 참조.

100) 興之亡之實 關於帝王之崇信也(「梅月堂續集 卷二, 詩, 車渠螺」, 梅月堂全集 1973: 八); 『국역 매월당집』5(1980): 31.

게는 한글불전을 통한 업설 홍포에 의해 자신의 정치적 정통성 확보
를 시도하였다. 또한 자신의 치세 후기의 나쁜 건강 상태와 그로 인
한 그의 정신 상태의 변화도 그의 치국책에 영향을 미쳤다. 그리고
세조의 강력한 호불정책은 측근 정치의 산물이었다.

2. 신불과 외교

세조의 외교 정책은 북으로는 중국의 명(1368~1662), 남으로는
일본과 관련을 맺고 있었다. 특히 세조의 불교를 통한 외교 정책은
일본에 대장경 사본을 준 데서 잘 나타나는데(한우근 1993: 271),
이는 문치주의 국가에서는 국방보다는 외교에 치중하였다(이성무
1999: 56)는 점에서 중요하다.

『고려사』에 의하면, 당시의 일본 지도자들은 1388년부터 대장경을
요구하기 시작하여, 16세기까지 150년간 82번에 걸쳐 대장경을 요구
하였다(나종우 1989: 336). 특히 대장경은 세조 대에 일본과의 가장
중요한 외교 품목이었다. 일본의 지도자들은 수시로 사신을 조선에
파견하였는데, 사신의 대부분은 승려들이었으며, 그들이 조선을 방문
한 일차적 임무는 조선정부로부터 대장경 사본을 얻기 위한 것이었
다. 당시 일본에서는 새로운 사찰 건축이 유행하였으며, 대장경은 개별
사찰이나 개인의 가장 중요한 상징으로 간주되었기 때문이다.[101]

특히 조선의 임금들 가운데, 일본의 요청에 대해 가장 큰 관심을
가지고 응한 왕은 세조였다. 일본의 요청을 기회로 삼아, 세조는

---

101) 일본과의 외교적 필요성의 산물로서의 대장경 인쇄에 대해서는 김종명 2008: 259-61 참조.

1457년 50부의 대장경을 인쇄하도록 명령하였는데, 이 인쇄물 중 상당수는 흥천사를 포함한 유명한 산사에 보관(『세조실록』4/7/27)되었으며, 실제로 일본에 전해 준 것이 몇 부인지는 알려져 있지 않다. 그러나 대장경이 일본과의 대단히 중요한 외교적 품목이며, 유교사회의 호불 군주였던 세조가 불교가 유행했던(한우근 1993: 77) 일본과 동질감을 느낀 것은 분명하다(『세조실록』3/5/26;『세조실록』9/윤7/21).

결과적으로 세조는 대장경을 요구하는 일본의 요구에 자주 응했으며, 그의 치세 동안 일본과의 심각한 마찰은 없었다. 사실, 삼국시대 이래 일본의 한국 침략은 한국 정부로서는 골칫거리였다. 그리고 고려 말 극심했던 왜구의 문제는 조선조의 건국 시기에도 호전되지 않았다. 통계에 따르면, 왜구의 침입은 태조(1392~98) 원년부터 세종 26년(1444)까지 52년 동안 모두 197건으로 연평균 3.8건이었고, 세종의 재임 기간에도 50여 회나 되었다(이지경 2006: 256-7). 특히 임진왜란(1592~8)은 당시의 한국을 황폐화시킬 정도였다.

군주의 대외 인식은 내치에 못지않게 중요함에도 불구하고, 한국사에서 군주의 대외정책은 그다지 주목받지 못했다. 여기서 군주의 대외 인식이라 함은 영토지리학과 교린과 국방에 대한 인식을 의미한다. 역사적으로 위대한 군주는 지리학에 정통했고, 영토의 보전에 각별한 관심을 가졌다. 영토지리학에 대한 군주의 이해는 마키아벨리의 중요한 권고 사항이었다(신복룡 2007: 114). 따라서 대장경 수여를 통한 세조의 일본과의 실용외교는 효과적이었다고 할 수 있다.

맺음말

이 장에서는 세조의 불교관과 그의 치국책을 검토하였다. 세조는 유교 중심의 조선 사회에서 유교와 유학자에 대한 비판을 견지하면서 조선의 임금들 중 유일하게 불교를 자신의 정치철학으로 택하였다. 개방주의적 학문 태도를 견지했던 세조는 불교의 질적 우수성이 유교의 그것보다 훨씬 높은 것으로 보았는데, 그 이론적 근거는 업설이었다. 따라서 그는 불교의 종교적 측면을 높이 산 것으로 생각된다. 세조는 찬탈을 통해 왕위에 오른 군주로서 정치적 정통성 확보를 필요로 하였으며, 이러한 관점에서 그의 치국과 불교가 밀접한 관계를 맺게 된 것은 그의 치세 후기였다. 내적으로 그는 불교의 상서를 중시하면서, 유학자 관리들에게는 인사정책을 통해, 일반 백성들에게는 한문불전의 한글화를 통해 자신의 호불 행위를 실행시키고 이를 바탕으로 자신의 정치적 정통성을 강화하려고 하였다. 그의 치국책은 유학자 관리들의 침묵과 동의 아래, 그의 재세 시에는 일정한 성공을 거둔 것으로 간주된다. 또한 대장경을 통한 그의 대일 외교 정책도 실용성을 가진 것이었다. 그러나 그가 죽은 후 곧 유학자들의 배불론이 재개되고, 유교정치가 부활된 점에서, 그의 치국책은 일정한 한계성을 가진 것이었다.

제 3 장
명종 대의 불교관과 치국책

　16세기 명종 대는 불교의 부흥기였으며, 불교 부흥은 명종의 어머
니인 문정왕후에 의해 전개되었다. 따라서 이 장에서는 당시 정치사
에서 중요한 역할을 한 문정왕후(김우기 1999: 797-8)의 역할을 중
심으로 명종 대의 유교사회에서의 정치와 불교와의 관계를 검토한
다.[102] 16세기는 정치, 경제, 사회, 문화, 사상 등 다양한 분야에서
큰 변화의 시기였다. 성리학의 현실적, 정치적 기능은 일련의 사화
와 조광조(1482~1519)로 대표되는 유교 개혁정치의 몰락으로 약화
된 대신, 서경덕(1489~1546), 이언적(1491~1553), 이황(1501~70),
이이(1536~84) 등 성리학의 대가들이 배출된 시기기도 하였다(김정
희 2001: 5).

　또한 명종 대는 사림과 훈구의 갈등이 본격화되었던 시기며, 문정
왕후로 대표되는 윤씨 일파를 중심으로 외척정치가 본격화된 시기
였다. 문정왕후의 아들이었던 명종은 어려서 왕위에 올랐기 때문에

---

　102) 16세기 불교정책과 불교계의 동향에 대해서는 손성필 2013: 50-174 참조.

그의 어머니인 문정왕후가 상당 기간 수렴청정을 하였는데, 그녀는 배불정책을 바탕으로 한 유교사회에서 불교를 부흥시킨 대표적 인물이었다. 그러나 그녀에 의한 불교 부흥 운동은 소수 측근들의 도움 아래 사적 성격을 강하게 띤 채 전개되었으며, 결과적으로, 그녀의 사망과 함께, 불교계의 운명도 다시 사양길로 접어들게 되었다. 문정왕후는 조선시대의 대표적 여성 정치가였다(김우기 1999: 797-806). 그러나 조선시대의 정치는 국왕과 신료들을 중심으로 하는 남성들의 활동이며, 여성들의 정치참여는 제한적이었다는 것이 통념이었다. 따라서 지금까지 여성의 정치참여 및 활동은 제대로 연구되지 못하였다.

실제로 성리학적 질서가 강조되던 사회에서 여성의 정치참여는 정상적인 형태로 인식되지 못하였으나, 여성도 공식적으로 정치에 참여할 수 있는 수렴청정이라는 제도가 있었다.[103] 기록에 의하면, 조선의 전 시대를 통하여 6명의 왕후들이 7차례에 걸쳐 임금을 대신하여 수렴청정을 한 것으로 나타나는데(김우기 2001: 169; 박혜련 2003: 58),[104] 문정왕후는 그 전형적인 예였다. 종교적 측면에서 조선은 배불시대였으나, 문정왕후는 조선시대 불교 부흥의 중심인물이었으며, 16세기 한국사회에서 불교의 영향은 이제까지 알려진 것보다 훨씬 컸다(권연웅 1993). 그러나 문정왕후의 불교관과 정치와의 관계에 대한 연구는 거의 없었다.

그런 가운데서도 문정왕후의 치국책에 초점을 둔 연구(강덕우 1994;

---

103) 정희왕후는 조선시대에서 정치에 참여한 첫 대비였는데, 그녀는 중국 송나라의 황태후 쉬엔런(선인)을 본받아 1469년부터 1476년까지 7년간 국정을 운영하였으며, 그녀의 정치적 영향력은 그녀의 섭정 이후에도 상당하였다(김우기 2001: 208-11).

104) 조선시대 수렴청정의 예들에 대해서는 박혜련 2003: 41 참조.

권유경 1991; 김우기 1994; 한춘순 2000)와[105] 명종 대 중흥 불사 연구(이종익 1990; 김영태 1993; 김상영 1994), 정치 및 치국책 등을 포함한 명종 대의 연구(장희흥 2002: 258), 보우의 삶과 사상 연구 (김상일 2008: 118; 한태식 2009: 101)도 일부 이루어져 왔다. 그러나 조선시대 불교와 정치와의 관계에 대한 선행연구업적들은 배불 정책에 초점이 맞추어져 있었다. 따라서 문정왕후 시대의 불교 이해를 위해 중요한 문정왕후의 불교관, 그녀의 호불 논리, 선호 불전과 불교 교리, 불사, 불사와 정치와 관계 등에 대한 분석은 여전히 연구 과제로 남아 있다.

여기서는 『명종실록』과 『조선왕조실록』 등을 바탕으로 먼저 문정 왕후의 불사에 대해 살펴보고, 이를 그녀가 행한 수렴청정과의 관련성 속에서 검토할 것이다. 그리고 문정왕후는 수렴청정을 통해 정치력을 발휘하기는 하였으나, 그녀와 불교와의 관계는 그녀 전후의 국왕들과는 달리, 정치적 수단으로서보다는 자신의 개인 신앙 차원에서 치국책을 펴 나간 것으로 이해된다. 따라서 이 장에서는 그녀의 불교관 자체에 대한 분석은 시도되지 않을 것이며, 1장에서는 배불 정책하의 유교 사회에서 이루어진 문정왕후의 불사를 검토하며, 2장에서는 문정왕후의 치국책과 정치와의 관계를 분석하고, 3장에서는 양자 사이의 관계에 대한 평가가 이루어질 것이다.

---

105) 문정왕후의 흥불 정책에 대한 연구성과에 대해서는 권유경 1991: 3 참조.

Ⅰ. 문정왕후의 불사

멸절의 위기에 처해 있던 조선시대의 불교는 명종 때 중흥의 계기를 맞게 되었는데 문정왕후와 승려 보우(1509~65)가 그 주역이었으며(김정희 2001: 6), 특히 명종 대의 불교 중흥은 문정왕후의 결단에 의해 가능하였다(김상현 2009: 69). 명종 대 문정왕후의 주요 불사는 선교 양종의 부활, 도첩제와 승과제도의 실시(권유경 1991: 9-30; 김상현 2009: 77) 및 화불 후원이다.

1. 양종 부활

문정왕후와 보우에 의한 불교부흥운동은 20여 년에 걸쳐 진행되었는데(김정희 2001: 9), 문정왕후의 가장 결정적인 숭불정책은 1550년(명종 5) 12월 선교양종을 다시 세운 것이다. 이와 관련 문정왕후는 다음과 같이 명령하였다:

> 선조 대의 대전에는 선교 양종제도가 기록되어 있는데, [그 목적은] 불교를 존중하기 위한 것이 아니라, 백성들이 승려가 되는 것을 막기 위한 것이었다. 그러나 이 제도가 최근 폐지되어, 이 나쁜 관행[백성들이 승려가 되는 것]을 시정하기가 쉽지 않다. 봉은사와 봉선사를 각각 선종과 교종[의 수 사찰로] 삼을 것이며, 대전의 대선취제조에 의거하고, 승려가 되기 위한 조건을 분명히 밝혀 행하라.106)

---

106) 祖宗朝 大典 設立禪敎宗 非崇佛之事 乃所以禁防爲僧之路 近來革廢 故弊將難救以奉恩奉先寺爲禪敎宗 依大典大禪取才條及爲僧條件, 申明擧行可也(『명종실록』5/12/15).

그러나 선교 양종 부흥에 대해 많은 반대가 있었다. 문정왕후가 선교 양종의 복립을 명한 1550년 12월부터 이듬해 5월까지 사헌부 등을 중심으로 반대 상소가 400여 회나 잇달았다. 그럼에도 불구하고 문정왕후는 흔들림 없이 양종 복립을 추진했다(김상현 2009: 77-8). 그리고 문정왕후와 보우의 노력으로 불교의 중흥이 이룩되자 공인 사찰이 395사로 증가되었으며, 이들 사찰에 대해서도 면세조치가 이루어졌다(권유경 1991: 54).

2. 도승제 및 승과제도 부활

문정왕후는 도승법과 승과를 부활하자는 보우의 건의를 받아들여 1552년(명종 7) 4월 식년 승과를 거행하였으며,[107] 1492년(성종 23)에 폐지된 도첩제도 부활시켰다(김정희 2001: 8).[108]

3. 화불 제작 후원

억불정책이 심했던 조선시대 초기에도 비빈, 대군들의 숭불에 의해 왕실 발원의 화불 제작은 계속되었다. 15세기에도 왕실의 후원 아래 불교미술은 제작되었는데, 이 작품들은 조선시대 불교미술의

---

[107] 764년부터 770년까지 일본의 코켄(효겸) 여제도 그녀가 총애했던 승려인 도쿄(도경, 700~72)의 권유를 받아 『햐큐만도다라니쿄』(백만탑다라니경) 사본 100만 개를 제작하겠다고 조정에 공포하였다(Shi 2011: 487).

[108] 승과는 1504년(연산군 10)에 중단되었다가, 1507년(중종 2)에 폐지되었다. 1551년(명종 6) 11월에는 도승제가 시행되어, 1552년(명종 7)에는 도첩 발급이 시작되었으며, 승과가 부활되어 휴정(1520~64)을 배출하였다(김상현 2009: 78-9). 휴정의 수증론에 대해서는 Kim 2006a: 78-108 참조.

전형이 되었으며(박도화 2002: 155), 문정왕후도 화불 제작을 적극적으로 후원하였다.[109] 배불정책이 정점에 있었던 조선 초기에도 왕비, 공주, 후비 등은 화불 제작을 후원했는데, 50점 이상의 화불이 그 시대에 제작되었으며, 그 가운데, 25점은 왕실이 후원한 것들이었다. 특히 16세기에는 다양한 주제의 화불들이 제작된 것이 특색이며, 그 시기는 삼장보살도와 같이 새로운 도상이 출현하는 등 한국 불교회화사에서 가장 중요한 전환점이 되었던 때였다. 현존 조선 전기와 중기의 화불 120여 점 중 90여 점이 16세기에 집중 제작되었으며, 그중에서도 명종 대에 가장 많은 화불이 제작되었다.[110] 이 일련의 왕실 발원 화불은 "6세기 궁중양식"이라고 불릴 정도로 당대의 화원들이 대거 참여하여 제작한 것으로 추정된다. 현존하는 90여 점의 16세기 화불 중에는 왕실 발원의 화불이 모두 16점 남아 있다.[111]

특히 문정왕후는 16세기 왕실 발원 화불 가운데 가장 많은 화불을 발원 조성하였다. 그녀는 1561년(명종 16) 저탕의 재물로 순금화 여래도 5점과 진채화 2점의 탱화를 조성하였으며, 1562년(명종 17)에는 나한도 200점을 조성하여 향림사에 봉안하였다(김상현 2009: 72-3). 그리고 1565년(명종 20)에는 보화를 희사하여 석가, 미륵, 약사, 아미타 등 화불 400점을 조성하는 대대적 불사를 행하였다(박은

---

109) 조선시대 왕실 발원 화불에 보이는 양식적 특징 규명을 위해서는 당시 명나라와의 미술 교류에 대해 살펴볼 필요가 있다. 조선전기에는 명과의 미술교섭에 의하여 명대 불교미술의 도상과 양식이 전래되어 조선전기 미술, 특히 궁정을 중심으로 이루어진 불교미술의 양식에 영향을 주었다고 보며, 이러한 양식은 16세기 왕실 발원 화불에도 그대로 나타났기 때문이다(김정희 2001: 36).

110) 현존 조선 전기의 화불은 대부분 선조 대(1567~1608) 작품이다. 조선 전기 화불의 상당수는 일본에도 전하고 있는데, 그 수는 60여 점이며, 이 가운데 연대가 확실한 것은 35점이다. 이 35점 중, 10점은 명종조의 것이며, 22점은 선조 대의 작품이다(권유경 1991: 40).

111) 16세기 왕실 발원 화불 목록에 대해서는 김정희 2001: 12 참조.

경 1998: 116; 김상현 2009: 72-3). 따라서 16세기의 왕실 발원 화불 조성에는 문정왕후의 불교중흥정책이 직간접적으로 영향을 끼쳤다고 볼 수 있다(김정희 2001: 6-14).[112)

더욱이 문정왕후는 1565년 운명 직전 대신들에게 내린 한글 교서에서 자신의 호불의 뜻을 이어 줄 것을 당부하였다:

> 이 일은 조정에 말하기가 매우 미안하나, 평소에 품고 있었던 생각이므로 아울러 말하는 것이오. 불교는 이단이기는 하지만, 조종조 이래로부터 있어 왔고, 교종과 선종도 또한 나라에서 승려들을 통솔하기 위하여 설립한 것이오. 승려들이 비록 쓸모없다고는 하나 조정에서는 꼭 내 뜻을 체득하여 옛날 그대로 보존하도록 하는 것이 좋겠소. 옛 사람이 말하기를 '평상시에는 불교를 섬길 수 없지만, 부모에게 간해도 만일 고치지 않는다면 그대로 따랐다'고 하였으니, 주상이 금지하고 억제하더라도 조정에서는 꼭 내 뜻을 따라 주기 바라오.[113)

따라서 문정왕후는 자신의 죽음 후에도 불교가 생존할 수 있기를 염원하였다. 그러나 역사의 흐름은 그녀의 뜻과는 다르게 전개되었다.

---

112) 또한 16세기 화불은 일반백성 및 왕실이 발원, 시주하여 조성되었는데, 이것은 조선시대 이전의 화불이 대부분 왕실 내지 귀족계층의 발원에 의해 조성되었던 것과 다른 점이다. 이는 불교가 일반민중의 신앙으로 여전히 자리 잡고 있었다는 것을 의미한다(김정희 2001: 13).

113) 且此事 發言於朝廷 心甚未安 平日所懷 故竝及之 釋道雖是異端 自祖宗朝以來皆有之兩宗 則亦是爲國家統領僧徒 而設之 緇流雖曰無用 朝廷須體予意 終使完舊仍存可也 古人云 常時不可事佛道 然諫父母 如不改 則從之云 主上雖禁抑異端 朝廷須從予意耳(『명종실록』 20/4/6).

II. 문정왕후의 정치

문정왕후는 17세 되던 1517년(중종 12)에 중종의 두 번째 계비로 입궁했다. 그리고 중종 29년(1534)에 훗날 명종이 된 경원대군을 낳았는데, 인종이 중종을 이어 1544년 11월 왕위에 올랐으나 1545년 7월, 8개월 만에 세상을 떠나자, 경원대군은 12세인 1545년 7월 5일 명종으로 즉위했다.

문정왕후의 남편이었던 중종(1506~44)의 후반기는 왕위계승 문제가 정치적 변수로 작용하고 있었는데, 문정왕후의 비공식적 정치활동은 이미 중종 대에 나타났으며, 그녀의 비공식적 정치참여는 중종 사후 더욱 두드러졌다(김우기 1999: 807). 인종(1544~5)은 즉위 초 모든 일을 양모인 문정왕후의 명령을 받아 시행하거나(『중종실록』 39/12/16), 문정왕후의 비위를 맞추기 위해 윤원형(1509~65)을 공조참판으로 임명하려고까지 하였다. 따라서 그녀는 수렴청정 이전부터 "여주"로 표현될 정도로 정치력을 이미 행사하고 있었다. 문정왕후의 정국 운영은 수렴청정을 통한 공식적인 형태와 비공식적 형태를 통한 정치 참여로 이루어져 있었으며, 그 결과 문정왕후는 단순한 국왕의 모후가 아닌 왕권을 초월하는 힘을 가진 절대권력자로서 활동하였다(김우기 1999: 709-810).

수렴청정은 문정왕후가 정국을 주도할 수 있었던 가장 중요한 기반(김우기 1999: 805)이었는데, 문정왕후는 명종이 어린 나이에 등극하여 수렴정치를 하였다(장희흥 2002: 260). 문정왕후의 수렴청정은 그녀의 나이 46세, 명종이 12세의 나이로 등극하던 1545년부터 시작되었으며, 명종이 20세가 되던 1554년(명종 8) 7월까지 만 9년간 계속되었다.

문정왕후가 정국을 주도하고 권력을 행사하게 된 구체적인 방법은 혈족과의 연계, 정·조 지배체제의 활용, 내관과[114] 내수사의[115] 활용 등이었으며, 그녀의 수렴청정은 큰 일에만 국왕과 함께 공식적으로 참여하는 형태로 이루어졌는데(김우기 1999: 798-810), 그 방식은 공식적 및 비공식적의 두 가지였다.

특히 문정왕후는 윤원형의 적극적인 지지를 얻어 유신들의 반대에도 불구하고 흥불정책을 장려할 수 있었다(『명종실록』6/8/24). 그리고 보우와 관련된 일과 선교 양종의 설치 등도 윤원형이 찬조하고 인도한 것(『명종실록』6/8/24)이었으며, "안으로는 문정왕후가 주상을 통제하고 불교를 숭상하였으며, 밖으로는 윤원형이 사림을 위협하고 이교를 신봉했다"(『명종실록』17/7/4)는 기록도 이를 뒷받침한다. 그리고 문정왕후의 불교 부흥 운동은 보우 등의 승려와 윤원형을 비롯한 외척들과 박한종 등의 환관의 도움 아래 20년 이상 이어졌다(Kim 2001: 8).

1. 공식 정치

문정왕후의 정치력 유지와 강화는 그녀의 공식 활동을 통해 실행되었다. 일례로, 1545년의 을사사화는 소윤에 의한 지배체제 수립의 동

---

114) 내관은 궁궐 내의 음식물 감독, 왕명의 전달, 궐문의 수직, 소제 등의 일을 맡았다(김우기 1999: 813).

115) 원래 내수소로 출발하여 왕실 사유 재산과 사찰 경제를 담당했던 내수사는 조선 초기부터 왕실 불사를 수행한 것으로 보인다(김정희 2001: 25-6). 그리고 조선시대 궐내의 불당은 내원당 혹은 내불당이라고 하였으나, 중종 대 이래로 왕실의 원당을 내원당이라 하였다. 명종 5년에는 내원당으로 지정된 사찰이 81개로 내수사에서 수호했다(『명종실록』5/3/21).

기가 되었는데, 이 사화는 그녀가 윤원형에게 비밀 명령을 내림으로써 시작되었다. 그녀의 국정 수행을 위해서는 보수 재상들을 비롯한 정부 관리들의 도움이 필요하였는데, 특히 명종 초 국정을 전담하였던 원상제는 문정왕후가 조정의 재상들의 도움을 받아 국정을 수행한 대표적인 예다(김우기 1999: 808-11). 그리고 문정왕후의 양종복립 정책에도 당시의 집권 훈척 세력의 후원이 있었다(김상현 2009: 79).

문정왕후의 수렴청정시의 논의 내용은 총 45건으로, 인사 13건, 인심 관련 9건, 형률 4건, 불교 3건, 언론 3건, 교육 3건 등이었다. 특히 가장 많은 부분을 차지한 인사의 내용은 인물의 탄핵, 논공 및 논상 등이었으며, 인심 관련 내용은 기강 확립, 인심의 불안정, 집권 세력 및 그들의 정국운영에 대한 비판, 신료들의 소극적 근무태도 등이었다. 그리고 당시의 논의 내용 중 인사와 인심 관련 내용이 많았다는 것은 당시의 정국이 안정되지 못했음을 의미한다. 문정왕후는 자신의 의지를 강력하게 표명하면서 논의를 주도하였는데, 그 무대로 경연, 인견, 면대를 이용하였다(김우기 1999: 804-5).

2. 비공식 통치

문정왕후의 정국 주도에는 비공식적 참여를 통한 정치활동도 무시할 수 없다. 집권체제의 유지와 강화를 위한 일에는 비공식적 활동의 비중이 더 컸다. 일례로, 소윤지배체제 성립의 계기가 된 을사사화의 시작도 문정왕후가 윤원형에게 내린 밀지에서 비롯되었다. 집권체제의 안정을 위한 비공식적 참여는 철렴 이후에도 계속되었는데, 인사 문제와 관련 명종에게 비공식적인 압력을 가하기도 하였다. 그녀의 비공식적 정치 참여는 중종 사후에 더욱 강화되었는데 (김우기 1999: 807-9), 그녀의 혈족과 승려 보우 및 환관의 도움이 중요한 뒷받침이 되었다.

(1) 혈족 정치

　문정왕후의 정치활동에는 특히 파평 윤씨란 혈연 관계가 중요한 배경으로 작용하였다.[116] 문정왕후는 왕권을 억제하는 한편 윤원형 (?~1565) 등 외척들을 등용하여 실권을 장악하였다. 특히 그녀가 가장 의지했던 사람은 친형제인 윤원형, 윤원로(?~1547) 형제였다. 윤원로는 문정왕후의 절대적 지원 아래 내전의 일을 자문할 정도로 중요한 역할을 하였으며, 국정에도 간여하였다. 그리고 윤원형은 훈구계 재상을 연결해 주는 매개체 역할을 하였다. 결과적으로, 그녀는 왕의 어머니 이상으로 정치력을 발휘하였으며, 왕권을 넘어선 절대자로서 역할을 하였다(김우기 1999: 798-821).

　문정왕후의 모델이었던 정희왕후가 공신과 자신의 혈족을 정치적 두 축으로 활용한 것처럼, 문정왕후는 자신의 형제들인 윤원로와 윤원형 등의 혈족에 주로 의존했다(김우기 1999: 818-21). 그리고 그녀는 왕권을 통제하면서까지, 자신의 인척을 임명하였다(장희홍 2002: 261). 특히 문정왕후의 친동생인 윤원형은 그녀의 섭정 기간 동안 실권을 휘둘렀는데(김중권 2000: 75), 그는 보우 관련 일과 선교 양종의 부흥을 주도하였다(『명종실록』6/8/24).

---

116) 이 사실은 왕족의 사환 금지는 고려 이래 조선 말까지 1000년간 지속되었다(김기덕 2001: 264)는 견해와는 다른 것이다.

윤춘년(1514~67)도 문정왕후의 치국책 형성에 일정한 역할을 하였을 가능성은 아주 크다. 그 이유는 관료로서의 그가 윤원형의 가장 큰 정치적 후원자였으며, 유불도 삼교의 일치를 주장했을 뿐 아니라, 보우를 흠모했으며, 자신의 전신은 승려 설잠이라(김상현 2009: 80) 하였기 때문이다.

문정왕후는 1553년에 명종이 친정을 한 후에도 자신의 혈족들의 후원 아래 정치적 영향력을 행사하였는데, 그녀의 영향력은 여전히 절대적이었다(장희홍 2002: 257-60).

(2) 승려 정치

조선시대 불교의 부흥은 보우의 도움을 받은 문정왕후의 노력이 일차적이었으며(김상현 2009: 69), 보우는 불교 부흥에 결정적 역할을 하였다(장희홍 2002: 264).

기록에 의하면, 보우가 문정왕후에게 소개된 경로는 다양하다. 유성룡(1542~1607)의 문집인 『서애잡기』에서는 보우를 문정왕후에게 소개한 사람은 지방 관리였던 정만종(fl. 1516~50)(김상일 2008: 126; 김상현 2009: 74)이라 하였다. 한편,『명종실록』에서는 내수사에서 보우를 문정왕후에게 소개하였다고 하였다:

> [문정]대비가 불교를 부흥시키고자 하여 사방을 둘러보아도 그 일을 담당할 만한 승려가 없어, 널리 물어 구했으나, 그러한 사람을 찾지 못했다. [그때] 요승 보우가 은밀하게 그 뜻을 알고, 금강산에서 와 능침사에 거주하면서, 자신을 고승으로 부각시켰다. 내수사에서는 그의 이름을

들고 [왕실에 보고하였으며], 궁중에서는 [그를] 살아 있
는 부처로 여기게 되었다.117)

　이 인용문에 의하면, 문정왕후는 그녀의 치국책을 수행할 승려를
찾고 있었으며, 보우 또한 정치권과의 접촉을 시도하고 있던 중이어
서, 양자의 이해관계가 일치한 것으로 나타난다. 이 기록은 1552년
의 기록이다. 그러나 문정왕후와 보우의 첫 만남은 1552년 이전이었
다. 이미 1548년에 문정왕후는 보우를 봉은사의 주지로 임명하였는
데, 당시 봉은사는 가장 대표적 사찰인 동시에 성종의 능인 선릉의
능침사기도 하였다. 또한 환관으로서 내수사의 책임자였던 박한종
(김상현 2009: 75)은 당시 보우를 문정왕후에게 추천한 장본인이었
다(장희흥 2002: 267). 따라서 문정왕후와 보우의 첫 만남은 적어도
1548년이나 그 이전이었음은 확실하다.

　보우는 유교와 불교를 결합하였으며, 그 방식도 불교의 내용을 유
교 용어의 관점에서 서술하였는데, 그의 「일정론」에서 "일"은 유교
의 "이"에, "정"은 유교의 측은지심 등의 "사단"에 해당한다고 하였
다. 그리고 그의 「경암명」에서는 미혹에서 벗어나는 구체적인 방법
에 대해서도 유교의 "경" 중심의 수양을 강조하였다. 또한 그는 자
신의 시에서 "충서", "공명", "시중" 등의 유교 개념을 통해 정만종
을 칭찬하기도 하였다(김상일 2008: 126-7). 보우는 『화옌징』을 특
히 중시하였는데,118) 그는 그 경이 모든 존재의 근거며, 유교와 도

───────────

　117) 大妃欲興佛道 顧無主張之僧 廣問博訪 未得其人 妖僧普雨 陰知其意 自金剛山來 住
陵寢寺, 僞爲高僧之迹 內需司以名聞之 宮中以爲生佛(『명종실록』7/5/29).

　118)『화옌징』은 신라시대부터 최고 경전으로 간주되어 왔으며, 고려시대에도 이러한 인식은
있었다(남동신 1993; 홍윤식 1994: 174-5, 김수연 2009: 39에서 재인용).

교와 불교도 이 경을 활용한 것에 지나지 않는다고 하였다(이병욱 2010: 200-16). 그러나 유생들은 1549(명종 4)년 9월부터 보우에 대한 모함과 공격을 시작하였는데, 그들은 보우의 등장 자체를 불교 숭배의 시작으로 인식하였다(김상현 2009: 75).

(3) 환관 정치

문정왕후는 왕의 동향을 점검하면서 자신의 정치력을 유지하기 위한 수단으로 환관들을 잘 대접하였으며,[119] 환관들은 문정왕후의 정보원으로서 그녀의 인척 정치에 공헌을 하였다(장희흥 2002: 258-61). 명종 대의 불교는 내수사의 후원을 크게 받았는데(강덕우 1994: 178), 특히 박한종은 문정왕후뿐 아니라, 명종으로부터도 총애를 받았다.

문정왕후와 박한종은 혼란기였던 1544년에 서로 만났으며, 박한종은 내수사를 통한 불교 부흥에 기여하였다(장희흥 2002: 264-9). 내수사의 책임자였던 박한종은 중대사들의 경우도 승정원을 통과하지 않고, 왕에게 직보할 수 있었으며, 내수사의 승려들과 노비를 전담하기도 하였다(『명종실록』8/3/14). 그리고 불교를 받들고 승려를 양성하는 일은 모두 박한종의 종용으로 이루어졌다고 할 정도로 그는 문정왕후의 호불책을 도왔으며, 불교를 숭상하고, 승려를 교육시킬 것을 왕에게 조언하기도 하였다(김상현 2009: 80). 또한 박한종은 문정왕후를 위해 보우를 천거하는 데 주도적 역할을 하였으며,

---

119) 제도사적 측면을 중심으로 한 환관에 관한 연구성과에 대해서는 장희흥 2002: 259-60 참조.

보우는 문정왕후의 불교 중흥에 결정적 역할을 하여, 환관으로서는 드물게 밀성군으로 임명되기도 하였다(장희흥 2002: 261-7).

혈족과 승려와 환관 정치로 대표된 문정왕후의 비공식적 정치 참여는 수렴청정 기간이 끝난 후에도 지속되었다(김우기 1999: 808-9).

Ⅲ. 치국과 불교

수렴청정을 통해 정치적 영향력을 행사한 문정왕후의 호불 정책은 어떻게 평가될 수 있는가? 그녀의 지적 수준, 경제적 기반, 정치적 성격 및 불사의 관점에서 이 문제를 검토하기로 하자.

1. 지적 수준

조선시대의 공식 문어면서, 동아시아 불교문헌의 공용어인 한문에 대한 이해력에 있어, 상류층 여인들 사이에는 상당한 차이가 있었으며, 이런 측면에서 훈민정음은 왕실을 포함한 상류층 여성들의 불교관 형성에 기여하였다. 예를 들면, 세종의 아내였던 정희왕후는 "나는 문자[한문]를 모른다"(『예종실록』1/11/28)고 말했다. 그러나 그녀는 한글은 이해하고 있었다(이경하 2004: 27-8). 반면, 윤씨[문정왕후]는 한문(『명종실록』20/4/6)과 훈민정음을 동시에 알았다. 그러나 문정왕후는 1565년 한글로 교서를 내리기도 했으며(이경하 2004: 27-8), 보우는 문정왕후를 위해 『권념요록』을 [한글로] 번역하기도 하였다(한태식 2009: 102). 따라서 문정왕후는 주로 한글을 통해 불전에 접근했을 것으로 추정된다. 그러나 그녀와 불교와의 관계는 화불 등의 불사 후원과 주로 관련되기 때문에, 그녀의 불교에 대한 심층적 이해는 결여되었을 것으로 생각된다.

2. 재정적 기반

왕실 불사가 왕실의 사적 재원으로 개최되는 것은 전통이었다. 특히 1471년 간경도감이 폐지된 이후, 왕실 불사는 사적 차원에서 전개되었다(박도화 2002: 156). 정희왕후는 개인적 신앙으로 불교에 관심이 많았으며(김우기 2001: 205-6), 성종의 어머니였던 소혜왕후(1437~1504)의 불사도 개인적 차원이었으며, 국가적 사안은 아니었다(이경하 2004: 8).

정치적 실권을 가졌던 문정왕후는 내수사를 이용하여, 강한 호불 정책을 시행하였다(김우기 1999: 813-17). 16세기에 제작된 많은 화불들도 왕실의 사유 재산에 의해 제작되었다. 이 화불의 제작에는 내수사가 깊숙이 관련되어 있었는데, 특히 문정왕후가 사적으로 내수사를 운영했을 때, 그것의 역할도 강화되었다(『명종실록』4/8/7). 문정왕후는 사원 경제의 확보를 위해 내관과 내수사를 이용하였으며(김우기 1999: 816), 1561년에 후원한 약사불화와 탱화(김상현 2009: 72)를 포함한 16세기의 화불을 비롯하여 조선 초기의 왕실을 중심을 한 불사가 대부분 내수사의 비용으로 이루어졌다(김정희 2001: 25-6). 16세기, 특히 명종 대에 이르러서는 내수사의 왕실재정 담당 기능은 더욱 강화되었는데(김정희 2001: 26), 당시 내수사는 문정왕후에 의해 사사롭게 운영되고 있었다(한춘순 1999: 192).

그러나 문정왕후의 불사 개최로 백성들은 상당한 경제적 부담을 지게 된 점(김정희 2001: 8)으로 볼 때, 그녀의 불사는 왕실의 사적 재원에 의해 후원을 받았으나, 백성들로부터도 모금을 하였음을 알 수 있다.

3. 수렴청정 분석

수렴청정을 하던 문정왕후의 정치적 위치는 왕과 다르지 않았다(박혜련 2003: 56-7). 명종 대는 문정왕후의 후원을 받던 윤씨 가문과 유학자 관리들과 공신들 사이의 갈등도 큰 시대적 특징이었다(장희홍 2002: 257). 이런 상황 속에서 문정의 정치적 권력은 국왕인 명종을 능가하였다. 일례로, "하루는 왕이 내수에게 '외친이 대죄가 있는데 어떻게 처리하는가?'라고 하였으니 대개 원형을 지칭한 것이다. 이것이 누설되어 문정왕후에게 알려지자 왕을 꾸짖어 '왕은 원형이 아니었다면 어떻게 오늘의 왕이 있었겠소?'라고 하니 왕이 할 말이 없었다"(『명종실록』20/11/18)는 기록은 그 좋은 예다.

어떤 사안이 심한 비판과 반대에 부딪힌 경우, 왕후는 그 일의 책임이 임금에게 있지 않고, 자신에게 있음을 강조하기도 하였는데, "황언징에 관한 일[120]은 모두 내가 한 일이지 주상은 모르는 일이다", "양종을 다시 설치하게 한 일은 임금과는 상관없는 일이고 모든 책임은 나에게 있다"고 한 것은 그러한 예들이다. 그리고 문정왕후의 불교 부흥 정책에 반대한 유학자들이 그녀에게 많은 상소를 제출했음에도(김우기 1999: 813), 그녀는 흔들림 없이 양종 부활 계획을 밀고 나갔다

---

120) 능침에 전해 오던 사찰의 많은 기물을 부수었던 황언징에게 식년시를 치르지 못하게 한 일(『명종실록』4/10/5)을 뜻한다.

(김상현 2009: 78). 이와 관련, 그녀는 다음과 같이 말하였다:

> 나의 뜻[선교 양종의 부활]은 분명히 정해졌으니, 어떤 상
> 황 아래서도 철회될 수는 없다. 따라서 나는 오늘 감히 나
> 의 뜻을 조정에 알린다.[121]

문정왕후의 인견과 면대의 주 참석 대상은 6조 판서 이상의 고위관료였다. 그녀는 언관의 활동을 통제하였는데, 언관의 활동에 대한 그녀의 입장은 왕권을 제약하지 않는 범위 내에서 이루어져야 하며, 언관의 독자적인 판단보다는 대신과의 상의를 통해 이루어져야 한다는 것이었다. 그러나 문정왕후의 이러한 자세는 사림파의 비판을 초래하고, 정국운영의 명분을 상당히 상실하게 되었다(김우기 1999: 812-3).

유학자 몇 명이 문정왕후의 호불 때문에 환관으로부터 맞은 적이 있었다. 그러나 환관이 한 일은 왕의 명령에 의한 것이란 이유로 오히려 비난받은 사람들은 유학자들이었다. 이러한 예는 조선시대를 통하여 명종 대를 제외하고는 발견하기 어려운 일이었다(장희흥 2007: 267). 또한 문정왕후의 국사 중, 인사 문제와 인심 얻기 문제가 많았다는 사실은 그녀의 섭정 기간의 정치 상황이 불안정했음을 의미한다(김우기 1999: 805). 문정왕후는 엄격한 여인이기도 했는데, 이와 관련, 중국의 사신은 다음과 같이 말했다:

> 윤비[문정왕후]는 천성이 엄하고도 굳세어 비록 임금을
> 대하는 때조차 얼굴 표정을 부드럽게 하지 않았다. 그녀
> 가 수렴[청정]을 한 이래 무릇 시설한 것들은 모두 왕이

---

121) 予意已定 終不可改 故今日敢言 予意於朝廷矣(『명종실록』6/1/19).

스스로 한 것이 아니었다.[122)

대왕대비가 정권을 차지한 뒤로 한 나라의 정사가 그녀가
하고자 하는 대로만 되어 한번 먹은 마음은 돌릴 수 없었
다.[123)

이러한 예들은 문정왕후가 왕권을 초월하여 그녀가 원하는 대로
할 수 있었음을 뜻한다. 문정왕후는 명종이 친정을 하게 되는 명종
8년(1553)까지는 궁중 내외를 장악하였다(장희흥 2002: 269). 명종
20년(1565) 친정과 함께 명종이 문정왕후의 정치적 간섭으로부터
벗어나려는 경향을 보이면서 문정왕후와 명종 간의 갈등은 시작되
었으나(장희흥 2002: 269), 문정왕후는 경연, 알현, 면전 만남을 통
해 관리들과의 대화를 계속 주도하였다. 이와 관련, 『명종실록』은
다음과 같이 기록하고 있다:

수렴청정을 더 이상 할 수 없었을 때조차도, 지전[문정왕
후]은 [왕명을 전달하는] 중사를 밖으로 내보냈는데, 이것
은 [왕과 함께] 두 명의 군주가 나라를 다스렸음을 뜻한
다. 더욱이 수령은 감독하고 조사할 수가 있는 것인데, 중
들의 고소에 의해 폐출되었으니, 이것은 승진과 강등의
법도가 어지러운 것이다.[124)

그러나 문정왕후가 죽은 이후에는 명종이 친권을 강화하게 되었

---

122) 妃性嚴毅 雖於待主上之時 不暇辭色 垂簾以來 凡所施設, 皆非主上所自由也(『명종실
록』20/4/6).

123) 大王大妃 專政之後 一國之事 惟其所欲 牢不可回(『명종실록』17/1/8).

124) 慈殿非垂簾之日 而遣中使於外 是政有二門也 守令在監司之考 而黜慶出於緇徒之訴
是黜陟之典亂也(『명종실록』15/4/13).

고, 사림들이 정치 일선에 나서게 되면서 환관들의 권한은 급격히 약화되었으며(장희흥 2002: 261-2), 문정왕후의 국정 참여도 궁극적으로 유학자들로부터 비판을 받으면서 그 정당성을 잃어버리게 되었다(김우기 1999: 813).

왕후에 의한 섭정은 중국의 한나라(206 B.C.E.~23 C.E.) 때 시작되었다. 그러나 역사상 수렴청정을 최초로 행한 이는 중국 당대의 저텐(측천)왕후(684~705)였으며(박혜련 2003: 44), 조선의 대비들은 중국 송나라의 대비 쉬안런을 모범으로 삼았다. 쉬안런은 재상, 언관 및 다른 관리들의 도움을 받아 국정을 잘 운영하였으며, 환관과 인척들의 영향력을 최소화시켰다(박혜련 2003: 53-4).

반면, 문정왕후는 국정 운영을 위해 자신의 혈족과 환관에 크게 의존하였으며, 문정왕후의 불교 중흥 정책은 사림파의 독주를 견제하려는 의도를 가진 것(김성준 1987: 76)이었다. 그러나 그녀는 사적 차원에서 국정을 운영한 결과, 조선의 유학자들은 여성의 정치 참여를 부정적으로 보게 되었다(김우기 1999: 823). 문정왕후의 공식적 불사였던 선교 양종 제도와 승과제도와 도첩제도도 모두 그녀의 죽음과 함께 폐지되었으며(김상현 2009: 82), 조선시대의 역사서도 문정의 국정 참여를 부정적으로 기술하면서, 그녀가 불교를 숭상하면서 왕까지도 통제했다고 비판하였다(『명종실록』17/7/4).

4. 불사 분석

불교 부흥을 위한 문정왕후의 노력은 50년이나 말라 비뚤어진 보리수가 다시 무성하게 되었다고 할 정도로 그녀의 불교 중흥은 그

역사적 의의가 있다(김상현 2009: 82)고 한다. 그러나 다른 견해들도 적지 않다.

문정왕후가 숭불정책을 추진하는 과정에서 내관과 내수사의 역할은 중요했는데, 그녀에 의한 이들의 활용은 공식적 업무 처리보다 사적 업무나 사적 성격이 강한 국가정책에 집중되었다. 불교에 대한 문정왕후의 우호적 태도는 이미 중종 대부터 보이지만, 수렴청정 이후에는 개인적 신앙을 국가정책으로 확대하려 하였다(김우기 1999: 813). 그녀의 흥불정책이 불교계에 미친 영향은 유생들의 배불 강화, 불화제작을 통한 불교의 대중화, 의승 활동의 강화, 사사전의 확대(권유경 1991: 31-54)로 주장되고 있다. 문정왕후의 호불 논리, 치국책, 선호불전 및 불사의 역할을 분석하면, 그녀는 자신의 정치적·세속적 목적을 위해 불교를 이용했음을 알 수 있다.

(1) 호불 논리

문정왕후의 호불 논리는 두 가지였는데, 한 가지는 전통 존중이었으며, 다른 한 가지는 학문에 대한 융통적 자세였다. 조선시대의 호불론자들은 불교가 과거로부터의 전통이란 이유로 불교 보호를 주장하였는데, 문정왕후도 이 점에서는 예외가 아니었다. 또한 문정왕후는 학문에 대해 융통적인 자세를 견지하면서, 당시의 정통설과 이단설을 동시에 수용하였다. 이와 관련, 보우는 그의 「봉영사 사성 중수기」에서 다음과 같이 말했다:

우리 대비전하[문정왕후]께서는 그 덕이 [중국 복희씨의

누이인]희와씨와 짝할 만하고 도는 [중국 송나라 잉쫑의
왕후인] 선인[쉬엔런]보다 뛰어나 유교를 숭상하고 불도를
소중히 여기심은 실로 과거에도 드물었고, 하늘을 섬기고
부처를 공경하심 또한 금후에도 드물 것이다.125)

문정왕후도 당시의 정통설인 유교를 받아들였다. 『내훈』을 지은
소혜왕후처럼(이경하 2004: 8), 문정왕후도 이언적(1491~1553)의
추천으로 중국 송나라의 주시가 지은 『샤오쉐』(소학)를 한글로 출판
하고, 자신의 어린 아들로서 왕위에 오른 명종에게 효도와 형제간의
우애의 중요성을 가르치기 위한 교재로 사용하였다(김중권 2000:
79-80). 문정왕후는 당시의 이단인 불교도 받아들였으며, 이와 관련
다음과 같이 말했다:

> 승도가 이단이란 이유만으로 배척하는 것은 타당하지 않
> 다.126)

또한 그녀는 자신의 이단 수용과 불상 숭상을 공익 차원에서 해석
하였다:

> 내 한 몸 돌보지 않고 오직 한때의 폐단을 구제하기 위한
> 것이니, 내버려 두어 백성이 모두 중이 되게 하는 것이 어
> 찌 금지시키고 통솔케 하여 그 폐단을 구제하는 것과 같
> 겠는가?127)

---

125) 「福靈寺四聖重修記」, 懶庵雜著(김성구 1996: 628).

126) 徒以爲異端 而斥之未便(『명종실록』6/1/19).

127) 予不顧一身 欲救一時之弊 與其置之度外 而民皆爲僧 易若禁防而使有統領 以救其弊
乎(『명종실록』6/1/19).

(2) 불교 정책

문정왕후의 치국책은 그것이 공식적임을 표방했다 하더라도, 사적 요소를 강하게 가지고 있었다. 이와 관련, 어느 사신은 다음과 같이 말했다:

> 선종이나 교종의 승려들이 입을 바지나 버선은 모두 궁중에서 지어 주었다. 인수궁의 여승이 궁중에 들어가면 대왕대비가 궁전에서 그와 마주 앉아서 말하기를 "부처님을 존경하지 않아서는 안 된다"고 하였다.[128]

문정왕후의 호불정책은 유학자들을 통제할 목적도 가지고 있었다 (김성준 1987: 76). 따라서 그녀의 치국책은 일차적으로 유학자들에 대한 정치력 확보를 위한 사적 수단으로 기능하였다고 할 수 있다.

(3) 선호 불전

자료 부족 때문에 문정왕후가 선호한 불전이 무엇이었는지를 알기는 힘들다. 그러나 보우의 말과 다른 정황 증거에 의해 그녀의 선호 불전은 공덕 및 기복과 관련된 것들이었음을 알 수 있다.[129]

조선시대에 유행한 불전들은 『관우량슈징』(관무량수경), 『진강징』, 『렁옌징』, 『파화징』, 『푸무언중징』(부모은중경), 『포숴싱잔』, 『포딩

---

128) 兩宗僧徒所着袴襪 皆自内造給 仁壽宮尼姑之入内也 大王大妃殿與之對席曰 佛不可不尊(『명종실록』10/4/23).

129) 소혜왕후에 의한 사경의 목적도 고인이 된 왕들의 추선과 현직에 있던 왕의 장수를 위한 것이었다(이경하 2004: 8).

신둬뤄니징』, 『스쟈푸』, 『야오스징』, 『창아한징』(장아함경), 『정다오 거』, 『디장푸사번위안징』(지장보살본원경) 등이었는데, 이 불전들은 공덕 기원용으로 사용되었다. 그리고 승려 학조(?~?)도 왕실의 후 원 아래 15세기 중기부터 16세기 초까지 활동하면서 『디장징』, 『천 수경』, 『정다오난밍제쑹』을 번역하고, 성종(1457~94)의 어머니인 인수대비(1437~1504)의 후원으로 출간된 『포딩신둬뤄니징』, 『오대 진언』, 『진언권공』 등에 대한 발문을 지었다. 『파화징』, 『푸쉬유슈스 왕성치징』도 조선시대 왕실의 후원 아래 출판되었다(박도화 2002: 156-9).

이 불전들은 대개 위경들이며, 하근기의 사람들을 위한 방편설로 간주되는 업장 소멸을 위한 참회나 사후 더 나은 내세 탄생을 그 내 용으로 하고 있다. 특히 『파화징』은 조선시대 초기부터 가장 인기 있던 불경이었으며, 『디장징』의 인기도 그 뒤를 이었는데, 『파화징』 의 공덕 강조와 『디장징』의 내세 구원적 내용은 당시 한국인의 관심 을 끌었던 것 같다(박도화 2002: 165). 또한 보우는 문정왕후를 위 해 『권념요록』을 번역하였는데, 이 책의 내용은 공덕과 더 나은 내 세를 강조하고 있으며(한태식 2009: 102), 보우는 1562년에는 청평 사 지장시왕도를 조성하고, 왕실의 성수를 기원하였다(김정희 2001: 20-1).

따라서 현존 자료에 의하는 한, 문정왕후가 심층적인 불교 교학적 지식을 가진 증거는 없으며, 그녀의 시대에 많은 화불이 제작된 것 과는 달리, 불전 간행 사례도 발견되지 않는다(손성필 2013: 123).

⑷ 불사의 성격

명종조의 불교신앙은 천도와 성수를 비롯한 현세 기복 중심(권유경 1991: 43)이었다. 미술의 시대 양식은 그것을 향유하는 계층의 미의식과 함께 그것을 후원하고 창출해 내는 계층의 성격에 많은 영향을 받는데, 전형적인 예가 16세기 왕실 발원 화불이며(김정희 2001: 36), 문정왕후 시대의 화불 조성의 목적은 왕실 일가의 수복 장수, 극락왕생, 병의 완치 및 세자의 탄생 기원 등(박은경 1998: 116; 김정희 2001: 14; 김상현 2009: 72-3)에 있었다.

그녀가 1560년대에 후원한 약사화불, 200점의 나한도, 400점의 화불도 국태민안, 왕의 장수, 선정, 왕자 탄생, 불일의 영원함 등을 빌기 위한 것이었다(김상현 2009: 72-3). 따라서 왕실 가족을 포함한 많은 불교 신자들에게 불전이나 화불은 불교 공부를 위한 것이 아니라, 기복용이었으며, 문정왕후도 이 점에서 예외가 아니었다. 폴 무스(Paul Mus)에 의하면, 불교예술은 항상 문헌(경전)의 발자취를 따르며, 예술가의 작품은 그가 무엇을 읽었느냐에 따라 설명된다(노장서 2011: 12)고 한다. 화불의 화가로는 승려들이 많았다. 그렇다면, 문정왕후 당시 화불을 그린 화승들의 불교에 대한 이해도 업설을 크게 벗어난 것 같지는 않다.

16세기 조선에서 전체 인구 대비 노비의 비율은 적어도 40~50%에 달했으며(김용만 1997: 10), 왕비는 그들을 불사에 동원한 것으로 보이는데, 이는 인간 평등과 자비를 강조한 불교의 정신과는 다른 것이었다.

요약하면, 문정왕후는 전통을 존중하고, 학문에 대한 융통적 자세를 가지고 있었는데, 이는 그녀의 호불 논리기도 하였다. 그리고 그녀는 한글 번역본을 통해 불전을 접할 수 있었다. 문정왕후는 왕권을 넘어서는 정치적 실권자였으며, 공덕을 쌓을 목적으로 왕실 사유 재산으로 불사를 후원하였다. 그러나 그녀의 불사는 평등과 자비란 불교 정신과는 다른 것이었다. 또한 그녀가 사적 성격이 강한 인물들의 도움 아래 시도했던 양종 제도 등은 대비 사후인 1566년(명종 21) 유신들의 요청으로 다시 혁파되었으며, 그 후 양종은 복구되지 않았다.

맺음말

이 장의 목적은 수렴청정을 한 문정왕후를 중심으로 16세기 유교 사회에서 정치와 불교와의 관계를 검토하기 위한 것이었다. 이 목적을 위해 배불 시대에서 문정왕후의 불사와 그녀의 치국책을 분석하였다. 문정왕후는 학문에 대한 융통적 자세를 견지하고 있었고, 전통을 존중하였는데, 이는 그녀의 호불 논리로도 작용하였다. 그녀는 한글 번역본을 통해 불전을 접했으며, 왕권을 능가하는 정치적 실권자로서, 공덕과 기복을 위해 왕실 사재로 불사를 후원하였다. 그러나 혈족과 승려들과 환관들의 도움으로 이루어진 문정왕후의 불사와 그를 통한 치국책은 불교의 기본 가르침과는 괴리를 가진 것이었으며, 당대와 후대의 비판의 대상이 되었다.

제4장
정조의 불교관과 치국책

이 장의 목표는 조선 역사상 세종과 함께 가장 뛰어난 왕(김준혁 1999: 41)으로 간주되는 정조의 불교관과 유교사회에서 그의 치국책을 검토하기 위한 것이다. 그 내용은 두 가지다. 한 가지는 정조와 관련된 불전 및 불교사상을 중심으로 그가 불교를 어떻게 이해했는가를 검토 및 분석하는 것이며, 다른 한 가지는 정조의 불교 이해와 그것의 정치와의 관계를 규명하는 것이다.

현대 한국사학계에서 정조와 그의 시대는 다양하게 표현되고 있다. 즉, 정조는 리더십의 모델(정옥자 2009: 11), 학자 군주(정옥자 2009: 19), 개혁 군주(유봉학 2001), 문무겸전의 통치자(Park 2009: 198),[130] 당대 최고의 유학자(김준혁 1999: 41), 한국의 르네상스를 이룩한 왕(Park 2009: 198), 조선 후기의 문예 군주(김준혁 2009:

---

130) 정조는 조선시대를 통틀어 무예를 가장 체계적으로 발전시켰으며, 1789년에는 동아시아 무술사에 큰 획을 그은 『무예도보통지』도 편찬하였다. 정조는 문약으로 나라가 망한 경우로 중국 송나라를 들었으며, 그의 위기 극복 리더십의 배경엔 문무겸전 사상과 상무정신이 있었는데, 특히 『홍재전서』17권에는 정조의 무예사상이 들어 있다(Park 2009: 198-202).

37), 권도의 정치가(박현모 2000, 부남철 2003: 50에서 재인용) 등이 그것이다. 그리고 그의 시대는 문예 부흥기(김문식 1998: 18), 한국의 르네상스기(정옥자 1991: 231; 정석종 1994: 320, 박현모 2000: 45에서 재인용). 조선 후기의 황금시대(김자현 2002: 125), 실학의 전성기(김봉진 2009: 149), 조선 후기 정치, 문화의 중흥 시대(신병주 2009: 116), 왕조 중흥의 꽃이 활짝 핀 전성기(한영우 1997: 345, 박현모 2000: 45에서 재인용), 조선시대의 가장 역동적 시기(김성윤 1998: 13, 박현모 2000: 45에서 재인용), 무예부흥기(Park 2009: 202) 등으로 불리고 있다.

정조시대에는 유교, 불교, 도교, 천주교 등이 존재하고 있었으나, 정조는 유교를 정통사상으로 간주하고, 불교에는 호감을 가진 반면, 도교와 천주교에는 반감을 가지고 있었다.[131] 정조는 스스로 참유교 군주가 되기를 원하였으며, 그러한 차원에서 배불정책을 펴기도 하였다. 그러나 그것은 이론적 차원이었다. 또한 정조가 취한 정책은 조선 후기 정치사상사에서 유교적 정치가 아닌 새로운 형태로서 주목할 필요가 있다. 정조 대는 불교가 성리학의 질곡에서 벗어날 수 있는 사상적 분위기를 맞이하였으며(김준혁 1999: 35-7), 정조는 불교에 대해 우호적 또는 묵인의 태도를 취하였고, 심지어 불교에 의

---

131) 정조는 도가를 아주 부정적으로 평가하였는데, 그는 "내가 보기에는 도가만큼 시종일관 크게 쓰인 것은 없는 듯하니, 무릇 세상의 속임수와 기교치고 노자의 지류가 아닌 것이 없다"(忚以余觀之 終始大行 莫如老道)(『홍재전서』권164, 「일득록」, 9a8-9)고 하였다. 「일득록」은 문학, 정사, 인물, 훈어 등으로 분류되어 있는데, 정사에는 나오지 않는 정조의 학문관, 역대 인물에 대한 평가, 정책 방향 등을 구체적으로 파악할 수 있는 자료다(김문식 1998: 17-8). "천주교는 윤상을 파괴하고 가정과 국가에 화를 끼치는 점으로 말하면 양주(양주, ?~?), 묵적(모디, 470?~391? B.C.E.), 노자(라오쯔), 불교의 도보다도 심한 점이 있다"(『정조실록』19/7/7)고 한 데서 알 수 있듯이, 정조는 천주교에 대해 피상적으로만 알고 있어, 그의 천주교 교리에 대한 이해의 수준은 그의 불교 교리에 대한 수준과 비교할 때, 현격하게 부족한 수준이었다. 사실, 정조는 천주교에 대해서는 잘 몰랐고, 실제로 거부의 입장이 분명했다(부남철 2003: 59).

지하기도 하였다(부남철 2003: 48-9).

정조시대에 있어 정치학적으로 쟁점이 될 만한 연구 주제는 박현모의『정치가 정조』에 정리되어 있다(부남철 2003: 48). 정조 시대에 관한 연구는 정조의 위대성에 대한 부각과 그에 대한 존경심을 불러일으키는 방향으로 서술되어 있으며(부남철 2003: 50), 정조 연구에 있어 부각된 주제는 학자 군주(정옥자 2000) 및 개혁 군주(유봉학 2001)로서의 그의 면모다. 그러나 노론의 영수 심환지(1730~1802)에게 보낸 어찰이 최근 공개된 이후, 정조는 소통의 정치지도자에서 전제군주라는 평가까지 그에 대한 평가는 다양하게 나타나고 있다. 그리고 조선 후기의 역사는 식민사관과 민중사관에 의해 부정적 편견을 견지한 채 학계의 천덕꾸러기였다(정옥자 2009: 11).

이 장은 3장으로 구성되어 있으며, 제1장과 제2장에서는 배불숭유 사회에서 정조의 불교 이해 검토 및 그것에 대한 분석이 각각 이루어질 것이며, 제3장에서는 그의 치국책을 검토할 것이다. 이 장의 주요연구 자료들은 다음과 같다.

『조선왕조실록』,『일성록』,『승정원일기』,『비변사등록』 등은 조선시대 연구자들이 가장 많이 인용하는 자료들이며, 이 점에 있어서는 정조의 경우도 예외가 아니다. 여기에 『내각일력』 등(정옥자 2009: 15)과 어정서 및 명찬서가 더 보태지기도 한다. 그러나 이러한 연대기류 자료들을 통해 정조의 학문과 사상 등을 이해하는 데는 많은 한계가 있다(김문식 1998: 18-9). 최근에는『정조어찰첩』이 발견되어,[132] 그간 정치사 연구에서 주로 활용되어 온『조선왕조실록』

---

132)『정조어찰첩』(正祖御札帖) 상(上)(2009);『정조어찰첩』(正祖御札帖) 하(下)(2009).『정조어찰첩』에 관한 연구업적들에 대해서는 새로 발굴된 정조 어찰의 종합적 검토 2009; 권두환

등의 사료로서의 한계를 새삼 확인하게 되었고, 정조시대 정치의 이면도 드러났다(유봉학 2009: 4). 그러나 이 어찰첩에서 불교 관련 용어는 발견되지 않는다.[133] 정조는 보기 드문 호학 군주로서 서적을 매우 중시하였으며(신승운 2000: 1-2), 조선의 27명의 국왕 중 사대부를 능가하는 문집을 남긴 유일한 왕으로서 180권 100책 10갑의 방대한 자신의 문집(정옥자 2009: 15)인『홍재전서』[134]도 남겼는데, 이 책은 정조 대의 사상과 문화 연구의 기본 자료다(김문식 1998: 15-8).[135] 그리고 정조시대 정치사 연구에 가장 중요한 자료인(유봉학 2009: 14-5)『정조실록』을 포함한『조선왕조실록』에는 축약된 형태로 수록되어 있는 자료가『홍재전서』에는 전문이 실려 있는 경우도 있어 후자의 자료적 가치는 더욱 높다(김문식 1998: 14).

따라서 이 장에서는『홍재전서』및『정조실록』을 일차자료로, 연대기류를 보충 자료로 활용할 것이다. 특히 정조의 불교 관련 기록 검색은 "불가", "불교", "노불", "불", "불로", "불씨", "석씨"를 주요어(백영빈 외 2003: 252-4)로 하였으며,『정조실록』에서의 검색어는 "불교" 및 "선"인데, 그 빈도수는 각각 10건 및 28건이었다.

2009: 133-51; 안대회 2009; 유봉학 2009: 1-17; 임형택 진재교 2009: 528-68 참조.

133)『정조어찰첩』(正祖御札帖) 하(下),「찾아보기」, pp.495-503 참조.

134)『홍재전서』는 두 차례의 정리 후 출판되었는데, 제1차 정리는 정조가 왕위에 있을 때인 1799년 이루어졌으며, 제2차 정리 작업은 1800년 정조가 사망한 직후에 시작되었다. 그리고 최종본은 1814년 간행되었다. 이 책의 교정 및 감인 작업에 참가한 규장각 학자들의 명단에는 영의정[김재찬]도 포함되어 있었으며, 이들은 당시의 학계를 주도하고 순조 대(1800~34) 권력의 핵심을 장악한 인물들이었다(김문식 1998: 2-5).

135) 그러나『홍재전서』의 여러 판본에 대한 검토와 보완 및『홍재전서』와 관련이 있는 단독 저술이나 기타 자료 보완의 필요성은 염두에 두어야 한다(김문식 1998: 18).

Ⅰ. 정조의 불교관[136)

정조와 불교와의 관계는 원당정책, 승역 감면정책, 용주사 창건으로 대표되는데(김준혁 1999: 36-61), 특히 그의 불교관은 그가 직접 지은 「인반 은중경 게어 잉방기체 명제신화지」, 「용주사 봉불식 게송」, 「서산대사 화상당명」, 「안변 설봉산 석왕사비」, 「제범우고」 등을 포함하여, 관련 자료들에 나타난 그의 유불관 및 불교의 삼보관을 통해 살펴볼 수 있다.

1. 유불관

정조는 유교를 의리, 주정, 정좌, 예학, 인의, 심과 성의 차이, 점오 등의 개념을 통하여, 불교를 허령, 허정, 정좌, 사욕, 인의 없음, 성＝지각＝심, 돈오 등의 개념을 통하여 이해하고 있었다. 그의 유불관은 크게 세 가지로 나타나는데, 첫째는 유교와 불교는 차이가 있다는 견해며, 둘째는 유교가 불교와 비슷하다고 본 것이며, 셋째는 유교와 불교는 동질성을 공유한다는 견해다. 따라서 그의 불교 이해도 시간적 경과와 함께, 변한 것으로 보이는데, 재위 초기에는 배불적 태도를 보이다가, 후기로 갈수록 호불적 태도를 견지한 것으로 나타난다.

---

136) 이 부분은 김종명 2012: 193-225을 통해 출간되었다.

(1) 유교와 불교의 차이점

정조는 세손 시절부터 경학과 주자학에 깊은 관심을 가지고 있었는데(김문식 1998: 10), 특히 공부방법론을 주자의 학문을 통해 습득하려 하였다. 그리고 정조는 즉위 초에는 불교가 이단이란 점을 부정하지 않았다(김준혁 1999: 42). 정조는 이치, 참선, 극기와 복례, 귀신(영혼)의 관점에서 불교를 이단으로 간주하였다. 정조는 불교의 이치와 유교의 이치가 비슷한 것 같으면서도 크게 다른 것으로 인식하고 있었다. 특히 그는 "의리를 버리고 허령을 숭상하면 공적이 되고 허무가 되니, 유교와 불교가 나누어지는 까닭은 여기에 있다",[137] "불씨는 영각을 성으로 삼고, 우리 유가에서는 실리를 성으로 삼는다. 이것이 다른 점이다",[138] "대개 노불이 이치에 가까워서 진리를 어지럽히는 것은 대략 네 가지 정도가 있다. 우리 유학에서는 영각이라고 하는데, 불씨는 원각이라고 하고…… 우리 유학에서는 진심지성이라고 하는데, 불씨는 명심견성이라고 하고"[139]라 하면서, 유교는 의리와 실리를 중시하는 반면, 불교는 공적과 허무의 가르침이기 때문에 유교가 불교보다 낫다고 보았다.

정조는 "유학의 정자는 주정의 정이요, 불가에서 말하는 허정의 정이 아니다"[140]라고 하여, 수행법에 있어서도 유교는 실리를 가진

---

137) 捨義理尙虛靈 則爲空寂 爲虛無 儒釋之所以分 實在於此(『홍재전서』64, 「經史講義」, 49a5-6).

138) 佛氏以靈覺爲性 吾儒以實理爲性 此其差處(『홍재전서』161, 「日得錄」, 26b5-6).

139) 蓋老佛之近理亂眞 略擧之有四 吾儒曰靈覺 而佛氏曰圓覺 吾儒曰虛靜 老氏曰虛無 吾儒曰眞心知性 佛氏曰明心見性 吾儒曰存心養性 而老氏曰修心煉性之類是也(『홍재전서』82, 「經史講義」, 10a4-7).

140) 這靜字是主情之靜也 非釋氏虛靜之靜也(『홍재전서』64, 「經史講義」, 21b10-22a1).

반면, 불교는 그렇지 못한 것으로 인식하였다. 그는 유교의 정좌와 불교의 참선을 구분하고, 전자가 의리를 강조한 반면, 후자는 선악 구분도 하지 않는다는 점에서 불교를 이단으로 주장하였다. 즉 이는 그가 선불교의 비윤리성을 비판한 것이었다.[141] 정조는 "극기 이외 에 별도로 복례가 있는 것이 아니다. 불씨의 학문은 극기만 하고 복 례 공부가 다시 없기 때문에 질문에 맞지 않는 것이다"[142]라고 하 여, 유불이 모두 극기의 가르침은 동시에 강조하고 있지만, 불교에 서 복례는 중요시 되지 않고 있음을 비판하였다. 이 점도 정조가 당 시 불교의 비윤리성을 비판한 것이다.

정조는 실체로서의 영혼과 귀신의 존재를 인정하지 않았다. 그는 세자 시절에 지은 『춘저록』에서 귀신의 문제에 대해 설명한 적이 있 었는데, 그는 콩쯔의 견해를 인용하면서, 그 본 뜻은 귀신을 알 수 없다는 말도 아니고, 굳이 알 필요도 없다는 것도 아니며, 귀신에 미 혹되어서는 안 된다는 뜻이라고 하였다(부남철 2003: 54). 따라서 정조는 불교의 업설을 부정한 것으로 보인다. 요약하면, 정조는 업 설을 포함한 불교의 비윤리성 및 철학적 허무주의를 비판하였다.

(2) 유교와 불교의 유사성

정조는 불교의 게송과 유학의 명문, 심학, 효사상 강조의 면에서 유교와 불교의 유사성을 주장하였다.

---

141) 『홍재전서』64, 「經史講義」, 22b4-23b2.

142) 非是克己之外 別有復禮工夫也 釋氏之學 只是克己 更無復禮工夫 所以不中節 文(『홍 재전서』124, 「魯論夏箋」, 26a6-8).

정조는 "일찍이 『법화경』의 의해를 들은 일이 있는데, 게의 의미가 이 쪽[유학]의 서문 다음의 명문과 같은 것이라고 하였으니, 유학의 명문은 진실로 범어의 게송이다"[143]라고 하여, 불교의 게송이 유학의 명문만큼 깊은 뜻을 가진 것으로 해석하였다.

또한 그는 "우리 유학의 심학은 불씨의 성학 공부와 매우 비슷한 것으로 사와 정의 나뉨이 털끝만 한 소홀함에서 일어나니, 유학을 공부하는 자는 선의 이치를 몰라서는 안 된다",[144] "밝은 명을 돌아보라는 것은 어쩌면 불씨의 '마음으로 마음을 본다는 것'(이심관심)과 가까운 것은 아니겠는가?"[145]라고 하여, 유교의 마음에 대한 학문과 불교의 성품에 대한 학문의 유사성을 지적하고, 유학자들도 불교의 성학 공부를 해야 함을 강조하였다.

그리고 정조는 "『다바오푸무언중징』(대부모은중경)은 게송으로 깨우침이 절실하고 간절하여 중생을 손잡고 인도하여 극락에 오르도록 하니, 우리 유교의 조상의 은혜를 갚으며, 인륜을 돈독하게 하는 취지와 부절처럼 들어맞는다"[146]고 하면서, 효를 강조한 점에서 유교와 불교의 유사성을 인정하였다.

---

143) 嘗聞法華之義解矣 曰揭之義 如此方之序後銘 則此之銘 固梵之揭也(『홍재전서』53, 「銘」, 16a5-6).

144) 吾儒心學 與佛氏性學工夫 酷多相似 而邪正之分 起於毫忽 爲儒者 不可不禪理(『홍재전서』163, 「日得錄」, 25a1-2).

145) 顧諟明命 得無近於佛氏之以心觀心(『홍재전서』권50, 「策問」, 41b9-10).

146) 大報父母恩重偈 敬切劓摯 導衆生以躋極樂 與吾儒報本篤倫之旨義(『홍재전서』56, 「雜著」, 1a5-6).

(3) 유교와 불교의 동질성

정조는 핵심에 있어서는 유교, 불교, 도교가 다르지 않다고 하였다. "유가, 불가, 노자를 세상에서 삼교라고 칭한다. 유자는 불가나 노자를 좋아하지 않지만, 그 조예의 깊은 곳을 논한다면 모두가 최고의 경지다"[147]라고 하여, 유불교 삼교의 일치성을 강조하였다.

정조는 유교와 불교의 일치성도 지적하였다. 정조는 유교의 주요 개념들인 심학, 무극, 태극, 만법귀일, 인욕, 심, 오성, 생지위성, 효 등은 각각 불교의 성학, 유물, 무형, 만법귀일, 인욕, 성, 불성, 작용시성, 면벽공부, 효와 다르지 않은 것으로 이해하였다. 정조는 "불씨의 이른바 '유물'은 천지에 앞서며, '무형은 고요에 근본한다' 한 것은 바로 우리 유가의 이른바 무극이며, '능히 만상의 주인이 되어 사시에 조락하지 않는다'고 한 것은 바로 우리 유가의 이른바 태극이다"[148]라고 하면서, 불교의 유물과 만상의 주인 개념은 유교의 무극과 태극 개념과 각각 상응한다고 보았다:

> "타고난 것이 본성이다"란 말은 고자의 말이다······ 주자도 '가오쯔[고자]는 성이 이라는 것을 알지 못하였으니, 근세에 불씨가 이른바 작용시성이라는 말과 대략 비슷하다'라고 하였다. 이것은 만세토록 바꾸지 못할 정론이다.[149]

---

147) 儒佛老 世稱三敎 儒者不與佛老 然若論其造詣深處 均是極層地位(『홍재전서』163, 「日得錄」, 10b4-5).

148) 佛氏所謂有物先天地 無形本寂廖 卽吾儒所謂無極也 能爲萬象主 不逐四時凋 卽吾儒所謂太極也(『홍재전서』161, 「日得錄」, 23b6-7).

149) 生之謂性 告子之說也······ 朱子亦曰告子不知性之爲理 與近世佛氏 所謂作用是性者略相似 此固萬世不易之定論也(『홍재전서』78, 「經史講義」, 13a8-10).

정조는 "도교와 불교가 이단이 된다는 것은 바로 말류의 폐단을 가리킨 것이지, 처음의 입각처를 말한 것이 아니다. 만법이 하나로 귀일 된다는 것 등에 대해 불교와 유가는 처음에는 다름이 없었다. [그러나] 불씨가 오히려 '일귀하처'란 네 글자를 덧붙여 놓은 류가 이것[말류의 폐단]이다"150)고 하여, 존재의 본질적 근원에 대한 이론은 유불이 다르지 않은 것으로 이해하였다.

정조는 인욕 억제의 문제에 있어서도 유교와 불교의 차이가 뚜렷하지 않음을 지적하였다:

> 석씨도 인욕을 끊어버리고 우리 유학도 능히 인욕을 제거하는데, 유학에서 사욕을 이기는 것은 예를 회복한다고 하고, 석씨가 욕심을 끊는 것은 인의를 막는다고 하는 것은 어째서인가? 정자는 일찍이 '인이란 혼연히 상대와 동체가 되는 것이다'라고 하였고, 불가에도 또한 마음 속에 부처와 중생이 있어 혼연히 일치한다는 말이 있다. 그러므로······ 불교가 인의를 막게 되는 까닭을 쉽게 간파해 낼 수가 없는 것이 이와 같다.151)

정조는 또 "심과 성의 구분을 말로 분명히 할 수 있겠는가? 불씨는 지각을 성으로 삼았으나, 유자들은 그렇지 않았다. 그러나 장자도 또 말하기를 '성과 지각을 합하여 심이란 이름이 있다'고 하였으니, 유심지명 곧 이 마음과 성은 다시 구분할 수 없는 것이다"152)고

---

150) 老佛爲異端云者 正指末流之弊 不在初入脚處 如萬法歸一 佛與儒初無異處 佛氏却添 一歸何處四字之類 是已(『홍재전서』163, 「日得錄」, 25a3-5).

151) 釋氏絶去人辱 吾儒亦克去人欲 而吾儒克己 則曰復禮 釋氏絶欲 則曰充塞仁義何也 程子嘗言 仁者渾然 與物同體 而佛家亦有心佛衆生 渾然齋致之語······ 佛氏之所以充塞仁義 有末易覰(엿볼처)破也如此(『홍재전서』67, 「經史講義」, 10b2-6).

152) 心與性之界分 可明言耶 佛氏以知覺爲性 而儒者非之 然張子又云 合性與知覺而有心

하면서, 심과 성을 구분하지 않음으로써 불교의 설에 동의도 하였다.

"불씨가 '생명이 있어 움직이는 것은 모두 불성이 있다'고 하였는데, 우리 유가에서 '인간과 사물은 각기 오성을 갖추고 있다'고 한 말과 같은 것이다",153) "정전에서는 '안의 욕심이 싹트지 않고, 밖의 물건에 접하지 않는 것'으로 풀이하였는데, ……[이는] 불교에서 말한 면벽공부와 같은 것이 아니겠느냐"154)라고도 하여, 정조는 불교의 불성과 유교의 오성, 불교와 유교의 공부법이 다르지 않다고 하였다.

정조는 "마음에 대해 말한 것은 [중국 선사시대의 성왕인] 요[야오]의 인심과 도심으로부터 시작되었다"155)고 하였으며, "불교에서 '마음으로 마음을 본다'고 한 것에 대하여 유가에서는 불교가 그 마음을 둘로 보는 것이라고 비판하였다. 또한 무릇 이미 도심을 주장으로 삼고 인심은 그 명을 따르게 해야 한다고 하였으니, 주장이 된 자도 하나의 마음이고, 명을 따르는 자도 하나의 마음이다. 두 마음이 없다는 근거가 어디에 있는가?"156)라고 하여 인간의 마음을 세속심의 인심과 도덕심으로서의 도심으로 구분하고, 불교의 마음 이론도 그러한 것으로 이해하였다.

정조는 도교와 불교를 이단이라고 하는 것은 바로 말류의 폐단을

之名 則是心與性 更無界分(『홍재전서』67, 「經史講義」, 12a5-7).

153) 佛氏 所爲蠢動含靈 皆有佛性 與吾儒 所爲人物各其五性 同一旨訣(『홍재전서』163, 「日得錄」, 26b4-5).

154) 程傳以內欲不萌 外物不接釋之 苟如是則必須遣外事物 斷絶思慮 其心如寒灰枯木而後 始可謂止其所矣 得無與釋氏所謂面壁工夫者類乎(『홍재전서』105, 「經史講義」, 17a9-b2).

155) 言心 自堯之人心道心始(『홍재전서』161, 「日得錄」, 26b1).

156) 佛氏之以心觀心 儒家所以譏其二心也 夫旣以道心爲主 而人心聽命焉 則主之者一心也 聽命者一心也 惡在其無二心歟(『홍재전서』106, 「經史講義」, 12a6-8).

가리키는 것이지, 그 시원을 말하는 것이 아니라고 하였으며, "부처는 자비인이었으나, 후세의 사미는 그렇지 않아서…… 실상의 밖에서 마음을 유람하고…… 정이 없는 물체에 몸을 비교하니, 마침내 우리 유학에서 마른 나무와 타고 남은 재라고 비난하는 것이다. 그러나 우리 유학에서 비난하는 것이 아니라 후세의 사미가 스스로 비난을 초래하게 된 것이다"[157]라고 하면서, 유교가 불교를 배척하게 된 것은 승려들의 폐단 때문이지 불교의 잘못된 사상 때문은 아님을 강조하였다.

특히 그는 "연등을 하면서][158] 민간에서는 절제 없이 사치를 하고, 궁중에서는 더욱 심하여"[159]라고 하여, 사치스러운 불사를 비판하였다. 또한 그는 "불교에서 이른바 큰 마음의 중생[대심중생]이라는 것을 오늘날 세상에서는 전혀 볼 수 없다"[160]고 함으로써, 불교의 쇠퇴를 불교 내부적 문제로 간주하였다. 반면, 그는 "불교가 비록 이단이나 백성과 나라에 이익이 있기도 하니, 사람의 자취가 닿지 않는 깊은 산골짜기에 만약 사찰과 승려가 없다면, 방어의 공을 누가 본받겠는가?"[161]라고 하여, 궁벽한 지역에서의 승려들의 긍정적 역할을 인정하기도 하였다. 그럼에도 불구하고, 그가 죽기 2년 전인

---

157) 釋迦之通稱曰沙彌 沙彌者息慈也 謂安息於慈悲之地也…… 後世之沙彌則不然 雲天水瓶 遊心於實相之外 氂竹黃花 比身於無情之物 而吾儒遂以枯木死灰譏之 非吾儒譏之也 後世沙彌 自詒其譏也(『홍재전서』53, 「銘」, 15a5-b2).

158) 정조는 "4월 8일 등을 다는 법이 언제부터 시작되었는지는 모르겠으나, 중국인들은 반드시 정월 대보름에 달았으며, 우리 동방은 반드시 [4월] 8일에 달았다"(四月八日懸燈之法 未知創自何時 華人則必以上元 我東則必以八日)(『홍재전서』177, 「日得錄」, 7b1-2)고 하였다. 따라서 정조 대의 연등은 4월 8일 불탄일에 시행되었음을 알 수 있다.

159) 閭巷之間 侈靡無節 宮中尤甚(『홍재전서』177, 「日得錄」, 7b3).

160) 佛氏惟所謂大心衆生者 今世絶未之見(『홍재전서』132, 故寔, 17a6-7).

161) 佛敎雖異端 而或有益於人國 凡窮山絶壑 人跡所不到處 若無寺利緇徒 誰效守禦之功(『홍재전서』177, 「日得錄」, 19a1-2).

1798년의 기록에 의하면, 정조는 "총령[불교] 일파는 도문학 한쪽을 빠뜨림으로써 끝내 이단이 되고 말았으니, 문의를 정밀하게 분석하는 일을 또한 어찌 쓸데없는 것이라 하여 소홀히 할 수 있겠는가?"[162]라고 하였다. 이는 그가 적어도 불교의 특정 학파에 대해서는 이론적으로 치밀하지 못함을 비판한 것으로 나타난다.

즉, 정조는 유교와 불교와의 관계를 차이성, 유사성, 동질성의 관점에서 이해하였다. 그는 유교가 윤리적으로 정당하며, 철학적으로 현실적 가르침인 반면, 불교는 비윤리적·허무적 가르침으로 보고 불교를 비판하였다. 그리고 그는 불교의 계송과 유학의 명문이 비슷하고, 효사상 강조의 면에서 유교와 불교의 유사성을 주장하였다. 또한 그는 유불도 삼교의 시원의 동질성, 만법귀일, 인욕 억제, 불성과 오성, 공부법, 마음 이해 등에서 유교와 불교의 일치성을 강조하였다. 더욱이 불설에 동의도 하고, 불교의 유익성도 주장하면서, 불교 쇠퇴의 원인이 그 교리에 있는 것이 아니라, 승단의 폐단에 있다고 보기도 하였다.

2. 불교관

정조는 자신의 치세 후반기까지도 불교에 대해 잘 알지 못한 것으로 나타난다. 왜냐하면, 그의 즉위 14년째인 1790년에 그는 "내가 불교사상에 대해서는 일찍 몰랐으나"[163]라고 하고, 즉위 18년(1794)

---

162) 而蔥嶺一派遺却道問學一邊 終爲異端之歸 文義之剖析精微 亦豈可以其無用而忽之耶(『정조실록』22/4/5).

163) 佛乘嘗所昧(『홍재전서』권56,「雜著」, 1a5).

에도 "내 비록 불가의 진리를 아직 익히지는 않았으나"164)라고 하였기 때문이다. 따라서 정조는 자신의 치세 후반기에도 불교에 대한 자신의 견해를 피력하고는 있었으나, 그것은 유교와의 비교적 시각에서였으며, 그때까지도 그는 불교를 이단으로 간주하고 있었다.

(1) 불보관

한국 역사상의 다른 국왕들처럼, 정조도 부처를 자비의 사람으로, 불교를 자비의 가르침으로 인식하였다. 그리고 정조는 불교의 효용성은 지역에 따라 다름을 주장하였다. "대체로 석가의 가르침은 서방 세계에는 적합하지만, 중국에는 적합하지 않으므로, 서방에서는 그 도가 행해질 수 있지만, 중국에서는 배척당하는 것이 옳다. 석가의 본뜻도 어찌 중국[인]을 모두 가르쳐 그 가르침을 따르게 하려 했겠는가? 어리석으면서도 돌아오지 못한 것은 중국의 잘못이지, 석가가 그렇게 시킨 것은 아니다"165)라고 하여, 정조는 불교가 중국에는 맞지 않는 가르침으로 간주하고, 그러한 원인을 중국 자체에서 찾았다.

(2) 법보관

정조의 불교 가르침에 대한 이해는 그와 관련 있는 불교 경전, 불교 용어, 불교 사상 등을 통해 알 수 있다.

---

164) 余雖未習佛諦(『홍재전서』53, 「銘」, 16a4-5).

165) 蓋釋迦之敎 宜於西方 而不宜於中國 在西方則行之 在中國則斥之可也 釋迦本意亦豈欲盡化中國 而從其敎也 迷而不返 卽中國之過 而非佛之使之然也(『홍재전서』116, 「經史講義」, 26a9-b2).

1) 불전 및 불교 용어

정조와 관련된 불전은 『창아한징』, 『치스인번징』(기세인본경), 『파화징』, 『화옌징』, 『뒤뤄니짜지』(다라니잡집), 『다바오푸무언중징』 등으로 나타난다. 그리고 정조는 앞에서 살펴본 무형, 만법귀일, 인욕, 성, 불성, 작용시성을 비롯하여 사제, 십이인연, 삼업, 삼계, 삼십삼천, 도리(천), 삼보리, 10선도, 7대, 10지, 십승, 현교, 일승, 법신, 만다라화, 칠보, 법성, 삼관, 37도품, 3가지(마음, 몸, 상[相]) 청정, 금륜성[왕], 비로자나[불], 무량수불, 가릉빈가, 범어, 아란야, 십지, 수미166) 8종범음,167) 사미, 삼장, 수다라, 10회향, 계율, 선정, 지혜168) 등의 불교 용어를 알고 있었다.

2) 불교 사상

정조는 전륜성왕 사상에 관심을 가졌으며, 불교의 영험과 효사상 및 보시를 강조하며, 상황윤리적 시각에서 불교 계율을 이해하고, 윤회설과 돈오설을 비판하였다.

가. 전륜성왕 사상

정조는 불교의 이상적 군주인 전륜성왕이 될 것을 꿈꾸고 있었다. 그는 즉위 19년인 1795년, 용주사에 부처를 봉안하는 「봉불기복게」을 하사하였는데, 거기서 그는 『창아한징』의 내용을 인용하여 "금륜왕이 왕가에서 태어나 재계를 받아 지녀 높은 대전에 오르자, 신료

---

166) 『홍재전서』55, 「雜著」, 13b6-20b3.
167) 『홍재전서』56, 「雜著」, 1b1.
168) 『홍재전서』53, 「銘」, 15a7.

들이 보필하며 도왔다······ 왕이 가고자 하면 곧 [금륜보]가 굴러서 금륜왕이 이르는 곳마다 따라다니며, 사천하에 널리 인민을 권면하고, 십선도를 닦게 하였는데, 이를 금륜이라 한다"[169]라고 하면서, 금륜왕을 자신의 역할 모델로 간주하였다.

정조 시대 이외의 조선에서는 성왕이란 말은 대부분 사대부들에 의해 사용된 데 비해, 정조 시대에는 정조 자신이 직접 성왕이란 말을 많이 사용하고 있었다. 성왕론은 국왕을 정치의 핵심적 주체며, 적극적 정치가로 보는 입장(박현모 2000: 46-7)임을 고려하면, 정조는 불교의 전륜성왕 개념을 불교사상을 바탕으로 한 군주로서가 아니라, 정치적 차원에서 사용하였음을 알 수 있다. 그는 왕권 강화의 차원에서 군사력 강화에 많은 정성을 기울였기 때문이다. 이와 관련, 정조 시대 노론의 영수였던 김종수는 정조가 "거만하게 스스로를 성인이라고 여기면서 뭇 신하들의 의견을 깔보기 때문에 [신하들이] 서슴없이 할 말을 하는 기상이 사라지고 있다"(『정조실록』13/11/17)고 비판하였다.

나. 영험 강조

정조는 불교의 영험성을 반복하여 강조하였다. 그리고 그는 자신의 「안변 설봉산 석왕사 비」에서 "불교는 삼교 중 가장 늦게 나왔으나, 그 영험함은 가장 현저하다. 유자들은 그것을 믿지 않지만, 종종 믿지 않을 수 없는 것이다",[170] "무학대사의 법상에다 도금을 더 한

---

169) 按長阿含經曰 金輪王生 在王家 受持戒 升高大殿 臣像輔翼 東方忽有 金輪寶現舒妙光明 來應王所 欲王卽轉 隨輪所至於四天下 菩勸人民 修十善道 是名金輪(『홍재전서』55, 「雜著」, 17a3-6).

170) 佛於三教最後出 而其靈也最著 儒者不之信 亦往往不得不信(『홍재전서』15, 「碑」,

것은 인목, 인원 두 왕후에서 시작하여 우리 자전까지 전후 세 번에 걸쳐 무신년에 했는데, 불가에서는 인과 관계를 말할 때 삼이라는 수를 많이 쓰고 있다…… 그로부터 3년 후인 경술년에 우리 원자가 탄생했으니 참으로 성대하도다. 깨달음의 진심이 암암리에 미친 것이고, 부처의 신령스러운 비춤이 후에 응한 것이다"171)라고 하여, 불교의 영험성을 인정하였다.

또한 그는 "장수를 구하는 자는 장수하게 되고, 자식을 구하는 자는 자식을 얻게 된다"172)고도 하였으며, 1795년(정조 19)에는 화산 용주사 봉불식에 복을 기원하는 게송 10수를 쓰기도 하였다. 정조는 1796년에 그가 쓴 「인반 은중경 게어 잉방기체 명제신화지」에서 "시내[같이 맑은] 마음의 선명한 달이 됨이 어찌 섣달 그믐날과 단오에 [서]운관에서 베껴 나누어 주는 허물 없애는 부적에 비할 것인가? 지금부터 양 명절에 대신 이 게송을 보도록 복사하여 주도록 하라"173)라고 하여, 부적보다 게송의 효험이 더 큼도 강조하였다.

정조는 국가적 차원에서 불탑에 시주하는 것은 개인적 기복행위보다 더 중요하다고 하였다. 정조는 태조 이성계가 왕이 될 수 있었던 것도 그러한 신비한 힘의 도움이 있었다고 믿었다(부남철 2003: 56).

25b10-26a1).

171) 若法相之加金 始于仁穆仁元后 逮我慈殿宮 前後凡三戊甲也 禪敎之因圓果熟 多以三計…… 而今三年庚戌 誕我元子 則盛矣哉 菩提之實心潛孚 蟂蟡之神照後應(『홍재전서』15, 「碑」, 26b6-10).

172) 求壽者得壽 求子者得子(『홍재전서』15, 「碑」, 26a4-5).

173) 爲溪心之印月 豈比於除夕重午雲觀搨頒之禳辟符 自今兩名日 代褪此揭 以印本篇與之(『홍재전서』56, 「雜著」, 1a7-9).

다. 보시 강조

정조는 "국가는 신과 사람을 맡고 있는 기관으로서 임금의 언동이 바로 영이 되자 모두 따르고, 한번 시주하면 세상이 태평시대가 되며"174)라고 하면서, 물질적 보시가 국가의 안정을 가능케 할 것으로 생각하였다.

라. 효 강조

용주사는 정조가 부모의 은혜에 보답하기 위해 세운 것이었다. 정조는 즉위 14년(1790)에 용주사를 창건하고, 거기서 『부무언중징』을 간행케 하면서, 앞에서 살폈듯이, 그 경의 내용이 적절하고, 중생의 극락왕생에 도움 되는 것이 유학서보다 뛰어나기 때문에, 인쇄하여 백성들에게 나누어 주도록 명령한 것은 그가 효를 강조한 좋은 예다.

마. 상황윤리 강조

정조는 "도살을 업으로 삼는 백정이 불교를 믿는다면, 어떻게 교리의 하나둘을 법승의 위아래와 비교하여 평가할 수 있겠느냐"175)라고 하여, 불교 계율에 대해서는 상황윤리적 시각을176) 가지고 있었다.

---

174) 國家者 神人之主也 接拍成令 高唱俱隨 一施支提 世入琉璃 其報佑之捷 奚耕夫紅女之竊竊(『홍재전서』15, 「碑」, 26a6-7).

175) 譬如屠家之學佛 夫豈以義諦之一二 法乘之上下 有足較絜而軒輕哉(『홍재전서』권53, 說, 7b3-4).

176) 동서양의 현대사회는 각각 유교윤리와 기독교윤리로 대표되어 왔으나, 윤리의 위기 시대에 직면하고 있다. 이러한 입장에서, 상황윤리(situation ethics)로서의 불교윤리는 새로운 윤리로서 학자들 사이에서 점점 주목받고 있다(길희성 2000: 51-72).

바. 업설 비판

정조는 "삼도나 육도에 대해 말하자면, 이것은 단지 불교의 학설 가운데 하찮은 찌꺼기에 불과할 뿐인데, 불교를 배척하는 사람들이 언제나 이것을 가지고 다투어 비판하는 까닭에 배척이 엄중하면 엄중할수록 불교의 학설이 더욱 극성을 부리게 된다"[177]고 업설을 비판하였다.

사. 돈오설 비판

정조는 "배워서 때때로 익힌다는 것은 책머리의 제일 첫째 뜻으로 배우고 익힌다는 것을 범범하게 말하였을 뿐이니, 양주, 묵적과 불씨, 노자인들 어느 누가 배우고 익히는 것이 아니겠느냐?"[178]라고 하였다. 따라서 정조는 불교의 공부방법도 점진적인 것으로 이해하고 있었다. 또한 그는 "하루아침에 환하게 관통한다는 설은 불씨[부처]의 돈오의 뜻과 유사하다. [그러나] 대개 우리 유가의 공부법은 날마다 새로워지는 방법이다…… 그 설[유가의 설]이란 모두 순서에 따라 점진적으로 나가는 뜻이요, 하루아침에 통하여 환해지는 데 이르는 것은 아니다"[179]라고도 하였는데, 이는 그가 선불교의 돈오설을 비판한 것이다.

---

177) 蓋釋迦之敎 宜於西方 而不宜於中國 在西方則行之 在中國則斥之可也 釋迦本意亦豈欲盡化中國 而從其敎也 而不返 卽中國之過 而非佛之使之然也(弘齋全書116, 「經史講義」, 26a9-b2).

178) 學而是習 開卷第一義 而泛曰學習而已 則楊墨佛老 何莫非學習歟(『홍재전서』50, 「策問」, 44a5-6).

179) 一朝豁然貫通之說 類似乎佛氏之頓悟之旨 蓋吾儒進學之說 不過曰日新又日新…… 其爲說皆循序漸進之意 非一朝通豁之爲也(『홍재전서』68, 「經史講義」, 16b1-5).

3. 승보관

정조의 승려관은 그가 직접 지은 "제범우고"의 내용을 통해 알 수 있는데, 여기서 정조는 승려의 정치적 필요성을 강조하였다:

> 한 나라를 다스리려면 반드시 그 나라를 다스리는 도구가 있어야 하며…… 우리 조정에서는 유교를 숭상하고 도를 중하게 여기는 것으로 국가를 다스리는 도구로 삼아…… 이단의 학인 도교가 마침내 전해지지 않았고, 오직 승려들만 한갓 오래된 절을 지키고 있을 따름이었다. 그러나 깊은 산골짜기의 우거진 숲속이나 큰 늪 가운데는 호랑이와 표범의 소굴이기도 하며, 못된 무리들이 서식하는 곳이기도 하여, 부서가 이르지 못하며, 소송이 있지도 아니하고, 군사력(병식)에 의지하지도 못한다. 그래서 비구대중으로 진정시켜 길이길이 큰 재난에서 보호받게 하니, 대체로 중들이 참여하여 거기에 힘을 썼다. 이것이 범우고를 짓게 된 이유다.[180]

이 인용문에 의하면, 정조가 「제범우고」를 지은 이유는 국가의 행정이 미치기 어려운 곳의 백성들을 위해 승려들이 재난 방지 등의 일정한 역할을 하고 있기 때문이었는데, 이는 곧 그가 승려의 정치적 기능을 긍정적으로 평가한 것이었다.

그리고 한국불교사의 저자 鎌田茂雄(1988: 296)에 의하면, 정조 대의 고승은 최눌(1717~90), 상언(1707~91), 의첨(1746~96), 유일(1720~99) 등

---

180) 治一國必 必有治一國之具…… 顧我朝 以崇儒重道 爲出治之具…… 異學黃老之術 遂不傳 惟緇髡之徒 徒守舊利而已矣 然而邃山深谷 穹林鉅藪之中 虎豹之所窟宅 姦宄之所巢穴而簿書之不及也 訟獄之不有也 兵食之不資也 鎭之以比丘大衆 保之以永世造劫者 蓋緇髡與有力焉 此梵宇攷之所以作(『홍재전서』56, 「雜著」3, "題梵宇攷", 24b10-25a10).

으로 나타난다.181) 그러나 정조의 관심을 끈 고승은 그 전대의 승려인 서산 휴정이었으며, 정조는 그를 아래와 같이 칭찬하였다:

> 서산대사 휴정 같은 이의 사미됨은 아마 자비에서 안식하는 뜻에 부끄러울 것이 없을 것이다……중간에는 종품을 발현하여[즉, 한겨레로서] 국난을 크게 구제하고, 의병을 창설하여 군왕을 구제한 원훈이 되었다.182)

정조가 서산대사를 칭찬한 이유는 그가 말 그대로의 고승이어서가 아니었으며, 임진왜란(1592~8) 때, 서산대사가 승병을 이끌고 항전하여 전공을 세웠기 때문이었다. 그리고 정조는 서산대사의 그러한 전공을 자비의 차원에서 이해하였다.

요약하면, 정조는 불교를 잘 알지는 못했으나, 불교의 영험성, 불전의 효사상을 강조하면서, 불교에 호의를 보였다. 그리고 승려들의 잘못이 유학자들의 비난을 자초하였다고 주장하였다. 그의 치세 초기에는 이치, 마음, 참선, 극기와 복례, 귀신(영혼)의 관점에서 불교를 이단으로 간주하였는데, 그는 이단 방지의 첩경으로 유학 공부를 열심히 할 것을 강조하였다. 그러나 그의 이단 정책은 전면적 이단 소멸 정책이 아니라, 상황에 따른 판단을 바탕으로 하고 있었다. 그리고 치세 후반기의 정조는 불교에 대해 점차 호감을 가지게 되었

---

181) 상언(1707~91)은 삼승오교에 능통했으나, 특히 화엄을 잘 하고, 염불을 일과로 삼았으며, 의첨(1746~96)은 선교 경론에 대한 유명한 사기를 많이 남겼다. 선교의 대학장이었던 유일(1720~99)은 선불교 관련 주석서를 많이 남겼는데, 그의 주석서는 불교계의 유명 주석서로 알려져 있다. 그리고 긍선(1767~1852)은 선문의 중흥주로 불렸으며(鎌田茂雄 1988: 214-5), 영월은 1800년에 진언집을 수정 간행하였다(鎌田茂雄 1988: 296).

182) 若西山大師休靜之爲沙彌也 其亦不愧天息慈之義乎……中焉顯發宗風 弘濟國難倡義旅 爲勤王元(『홍재전서』53, 「銘」, 15b2-3).

다. 그는 불교와 유교의 핵심 가르침은 같으며, 인욕, 심, 오성, 생지위성 등의 주요 유교 개념과 성학, 무형, 만법귀일, 인욕, 성, 불성, 작용시성 등 불교의 주요 개념들도 다르지 않은 것으로 이해하고 있었다. 정조는 조선의 성리학계에서 불교를 이단으로 간주한 것도 불교 자체에 문제가 있어서라기보다는 후세 승려들의 타락상이 비판의 대상이 된 것으로 보았으나, 정치력이 미치기 힘든 벽촌 지역 승려들의 정치사회적 역할은 긍정적으로 파악하였다.

Ⅱ. 불교관 분석

1. 불교 이해 분석

정조가 관심을 가진 불교는 선불교였으며,[183] 그는 선불교를 유교와의 비교적 시각에서 이해하고 있었는데, 그가 본 두 가르침 사이의 가장 큰 차이점은 유교는 실리적인 데 비해, 불교는 허무적이란 것이었다. 그러나 정조가 불교를 허무적 시각에서 이해하고, "일귀하처"란 개념을 비판한 것도 그가 실재론에 바탕을 둔 채, 불교의 공사상에 대한 이해가 부족했음을 뜻한다. 그러나 이는 정조에게만 해당되는 것이 아니라, 조선 성리학자들의 불교관 형성의 기원이 된 주시의 경우에도 해당되는 문제였다.[184] 공이란 개념은 존재의 본질과 현상을 아울러 표현하는 불교적 표현이다. 즉, 현상적 측면에서

---

183) 17세기 후반부터 18세기에는 교학 공부도 주목을 받으면서, 선교 공존 양상이 나타났다는 주장에 대해서는 김용태 2010: 243-72 참조.

184) 인생관, 존재론, 심성론, 공부방법론, 사회윤리론을 중심으로 한 주시의 선불교 비판에 대해서는 윤영해 2000: 169-340 참조.

는 존재의 있음을 인정할 수 있지만, 본질적 측면에서는 존재의 있음은 있을 수 없다는 것이다. 모든 존재는 시공간적으로 변화할 수밖에 없기 때문이다. 따라서 공이란 존재란 본질적 측면에서는 있는 것도 아니며, 현상적 측면에서는 없는 것도 아니란 뜻이다.

정조는 불교가 본질적 측면만 설명한 것으로 보았기 때문에 불교는 실을 무시하고 허만 존중한다고 이해했던 것이다. 따라서 그는 불교의 반만 이해했다고 할 수 있다. 그러나 정조의 불교 이해는 당대 유학자들의 그것보다는 한 차원 높았다. 당대 유학자들은 천주교를 불교와 같은 것으로 잘못 인식하고 있었기 때문이다. 채제공(1720~99)은 천주교를 "불교의 별파"(『정조실록』12/8/3)며, "서양학[천주학]은 실로 불서[의 내용]와 대동소이하다"(『정조실록』15/10/25)고 하였다. 이기경(1713~?)도 "영세란 불교의 연비와 같은 것"(『정조실록』15/11/13)으로 인식하고 있었다. 천주교는 신의 실재를 그 핵심 가르침으로 한다. 불교 전적들에서도 다양한 신중들이 나타나고는 있으나, 이는 실체로서의 신을 의미하는 것이 아니라, 상징적 존재들에 불과하다. 따라서 천주교와 불교는 그 핵심 가르침부터 다르다.

2. 시기별 이해 및 지역성 분석

정조가 인도를 정토로, 중국을 예토적 시각에서 보면서, 지역성에 따른 불교의 효능을 달리 평가한 것은 그 근거가 명확하지 않을 뿐 아니라, 역사적 사실과 부합하는 것도 아니다. 사성제로 대표되는 초기불교는 동서고금을 막론하고 적용 가능한 인류의 가르침일 수 있기 때문이다.

3. 불전 및 불교 개념 분석

정조와 관련 있던 불전은 『창아한징』, 『치스인번징』, 『파화징』, 『화옌징』, 『뒈뤄니짜지』, 『다바오푸무언중징』이었다.

『창아한징』의 주요 내용은 사성제와 인연설이다(전관응 1996: 1363a). 그러나 정조가 이경에서 주목한 것은 금륜왕 관련 내용이었다(김준혁 1999: 45). 따라서 정조는 이 불전을 자신의 정치적 목적에 맞게 이용한 것으로 판단된다. 『치스인번징』의 내용은 세계의 형상에 대한 설명으로 구성되어 있다(전관응 1996: 196a).

『파화징』은 『먀오파롄화징』(묘법연화경)의 약칭이며, 『화옌징』과 함께 한국역사상 가장 중요한 불경이었다. 이 경의 핵심 개념은 회삼귀일과 구원성불의 두 가지다. 회삼귀일은 모든 다양한 불설들도 깨달음을 얻기 위한 방편설이란 것이며, 구원성불은 무량한 생명을 지닌 상징적 부처상(정승석 1989: 135)과 불신의 상주 및 무량한 자비 등의 개념을 복합적으로 포함한 것이다(전관응 1996: 389a-91a). 『파화징』은 조선시대에서 가장 유행한 불전이었으며, 천도재를 위한 필독서기도 하였는데, 세종과 세조도 공덕 짓기의 관점에서 이 경에 큰 관심을 보였다. 정조도 같은 시각에서 이 경전에 관심을 표명한 것으로 보인다.

『화옌징』은 『다팡광포화옌징』(대방광불화엄경)의 약칭이며, 부처의 깨달음의 내용을 그대로 표명한 경전으로서, 그 내용은 사성제와 보살 수행 계위 등으로 이루어져 있으며(전관응 1996: 263a-b), 보살의 수행 단계를 10단계로 나누어 설명한 「십지품」은 특히 중요시되었다(정승석 1989: 360). 그러나 정조가 이 경의 내용 가운데 어느 부분에 특별한 관심을 두었는지는 알 수 없다. 조선 시대 군주들의 불경에 대한 견해는 그것이 가진 교학적 가르침 때문이 아니라, 그것을 통한 공덕 기원에 있었음을 고려하면, 정조의 이 경에 대한 태도도 크게 다르지는 않았을 것으로 생각된다.

『뒤러니짜즈』는 여러 가지의 주문을 수록한 책이다(전관응 1996: 234a). 『다바오푸무언중징』은 『푸무언중징』 또는 『포쉬다바오은중징』(불설대보은중경)이라고도 하는 위경으로서, 부모의 은혜가 넓고 깊음을 설명한 책이다(전관응 1996: 573a). 그러나 불교의 핵심 교리서는 아니다.

따라서 정조가 관심을 가진 불전은 영험성을 강조한 불전이며, 그가 경전에 관심을 보인 것도 같은 맥락의 산물이었다.

정조가 알고 있던 불교 개념에는 사제, 십이인연, 삼업, 삼계, 십지, [선]정 등 불교의 삼학과 수행 관련 개념들도 포함되어 있다. 그러나 그는 불교 교리 가운데 중요성을 띠고 있는 불교의 우주관 또는 인식론인 십이처설과 존재 속성론인 삼법인설 등에 대해서는 잘 모르고 있었던 것으로 보인다. 특히, 불교의 핵심이라 할 사성제에 대한 그의 이해가 타당했는지에 대해서도 의문이 간다. 『정조실록』에 나타난 불교 관련 단어 중, '선'이 가장 많은 28건이란 점은 정조의 불교 이해가 당시의 선불교 중심으로 이루어졌음을 뜻한다.

동아시아에서 심성에 대한 인식론적 이해는 불교가 들어오면서 본격화되었는데, 수·당대에 교학불교의 이론체계가 정립되면서 불교 심성의 이해는 일차 완성되었다(김용태 2010: 327). 조선의 군주들과 유학자들이 숭상한 성리학의 집대성자인 중국 송나라의 주시가 불교를 비판한 목적은 현실 윤리의 정립에 있었으며, 그는 동아시아의 사유체계를 불교에서 유교로 바꾸는 데 성공하였다. 주시를 필두로 한 성리학자들의 주요 비판 대상은 중국의 선종 가운데 주류였던 홍주종 계통의 마음 이해, 즉 '작용시성'에 있었다. 이 계통에 속한 대표적 선승들인 마쭈다오이(마조도일, 709~88)와 린지 이슈엔(임제 의현, ?~867)은 일상의 마음 작용에서 바로 불성을 깨칠 것을 설하였으며(윤영해 2000: 263-7), 마음의 지각작용 자체를 성으로 간주한 것은 성리학의 입장에서 볼 때 리의 절대성을 부정한 오류이자 상대주의적 가치에 함몰되어(김용태 2010: 328) 윤리의 파괴를 가져올 위험성이 있는 것이었다.

그러나 홍주종 계통의 작용시성설을 불교 일반의 심성 이해로 보는 것은 문제가 있다. 일례로, 퀘이펑 쫑미(규봉 종밀, 780~841)는 마음의 본체를 '지'로 간주하고, 이 지를 지각의 성립 근거로 보면서 홍주종 계통의 논리를 비판하였다(김용태 2010: 329). 또한 주시는 불교의 주요 개념들인 연기, 중도, 보살, 방편 등에 대한 언급도 하지 않았다. 조선의 군주와 성리학자들의 불교 이해가 주시의 견해를 넘어서진 못했으며, 이 점에서는 정조도 예외가 아니었다.

4. 불교사상 분석

정조는 불교신자 수준은 아니었으나, 불교에 우호적이었고, 부분적으로 신앙의 측면에서도 불교에 의지하려고 했다(부남철 2003: 56-7). 또한 그는 「서산대사 화상당명」, 「안변 설봉산 석왕사 비」, 「인반 은중경 게어 잉방기체 명제 신화지」, 「용주사 봉불식 계송」을 쓸 정도로 불교 이론에 대한 소양을 갖추고 있었다(부남철 2003:

57)고 한다. 그리고 정조는 불교사상에 대한 일정한 지식과 함께 자신을 깨달은 불교의 이상적 왕인 금륜왕으로서도 인식하고 있었기 때문에, 정조의 불교인식은 단순한 감정에서 나온 것이 아니라, 오랜 시간 동안 불교 경전을 읽으면서 깨우친 것으로서, 그의 불교관은 부처의 은혜에 보답하기 위한 것(김준혁 1999: 50-7)으로 주장되고도 있다.

종교를 인정하지 않는 성리학의 세계에서 종교적 필요와 갈망이 무엇에 의해 충족되었는가 하는 것은 중대한 문제인데(부남철 2003: 50), 정조시대의 불교와 관련된 주요 관심사는 기우, 망자, 악업제거, 영험, 정토왕생, 추선, 치병, 효 등의 공덕과 관련된 내용이었다. 정조가 불교를 통해 효심을 표현한 것은 죽음과 내세 등을 주자학이 해결할 수 없었기 때문이라는 시각(유봉학 2001: 66-7, 부남철 2003: 50에서 재인용)도 있다. 그러나 정조가 신앙적 차원에서 불교를 일부 수용했다 하더라도, 그의 불교신앙은 정치적 목적을 지닌 행위기도 하였다(남희숙 2004: iii). 또한 정조가 부분적으로 불교의 신비한 힘, 능력, 기복을 믿은 사실은 그가 불교를 이단으로 규정했던 그 자신의 군사로서의 역할과 임무에 관한 이론과는 어긋나는 것이었다(부남철 2003: 56).

정조가 불교윤리를 상황윤리적 관점에서 이해한 것은 타당하다. 그러나 부처를 자비인으로, 불교의 핵심을 자비로 간주하면서, 불교의 영험성과 물질 보시를 강조한 것은 검토 대상이 된다. 우선, 부처가 부처인 것은 단순히 도덕주의자로서가 아니라 그 이상의 사람이었기 때문이다. 즉, 그는 존재에 대한 바른 인식과 그를 통한 바른 삶의 방법을 제시한 인생의 큰 스승이었다. 그의 가르침의 핵심도 사성제로 간주되고 있기 때문에 자비를 불교의 핵심으로 보기도 힘들다. 정조가 강조한 불교의 영험성과 물질 보시도 불교의 기본 가르침과는 거리가 멀다. 부처는 기적 등을 반대하였을 뿐 아니라, 불교의 보시 중, 가장 중요한 것도 법보시[가르침의 보시]기 때문이다.

이익(1681~1763)과 홍대용(1731~83)의 불교관도 정조의 불교관이해에 도움이 된다. 그들의 불교 이해가 정조에게 영향을 미친 것으로 보이기 때문이다. 이익은 불교를 "임금이 없는 가르침"으로 보면서도 불교의 좋은 점은 인정하고 당시 불교계의 고통받는 현실을 개혁적인 정책으로 바꿔 보려는 생각을 가지고 있었다(김준혁 1999: 39). 그는 불교의 장점을 스승을 존경하고 도를 믿는 것, 도둑질할 마음이 없는 것, 식욕과 색욕을 끊는 것, 만물을 사랑하는 것[185]으로 보았다.

또한 이익은 "일반 백성들이 감히 간악한 행동을 못하는 것은 유교 성인의 덕화에 젖어서가 아니라, 부처로부터 벌을 받을까 봐 두려워서"[186]라고 하여, 불교의 백성 교화의 기능을 긍정하였는데, 이점에 대해서는 정조도 의견을 같이하였다. 그러나 이것은 유교가 대사회적·시대적 기능을 하지 못하고 있는 데 대한 반성의 소리였다. 이익의 견해는 불교의 양성화를 통한 국세 징수원인 백성들 삶의 안정화, 불교에 대한 통제 강화를 통한 유교의 진흥이라는 두 가지 목적을 내포하고 있었으며, 이익의 이 건의는 이후 실학자들에게 큰 영향을 주었고, 정조에게도 현실적 치국책을 취하는 데 큰 영향을

---

185) 尊師信道一也 無偸心二也 絶食色三也 慈物四也(星湖僿說13, 「人事門」, "俗儒斥佛", 22b2-3).

186) 余見閭閻之間 不敢大爲奸惡者 非聖人之化 多是畏佛冥罰(星湖僿說16, 「人事門」, "楊墨僧徒", 16b4-6).

주었다고 할 수 있다(김준혁 1999: 40).

홍대용은 젊은 시절 『렁옌징』, 『위엔지에징』 등 여러 경을 읽고, 불교에 대해 많은 관심을 가지고 있었는데, 그는 "불서는 사람의 마음을 논함에 있어 그 말 만듦이 기이하고 놀라워 사람들로 하여금 반성하고 깨닫기를 쉽게 한다"[187]고 하면서 불교사상을 높게 평가하였다. 홍대용은 시강에도 참가하여 왕세손 정조와 학문을 논하면서(김봉진 2009: 147), 주자를 비롯한 고명한 사람들이 불교의 영향을 받은 것에 대해 토론하였는데, 이 토론을 통해 정조는 불경에 대해 관심을 표시하고, "들건대 승려들이 불서를 존중하고 보호하는 것이 유자들이 경을 존중하는 것보다 낫다는데 그러합니까?" 신[홍대용]이 말씀드리기를 "그 존중하고 받들며, 아끼고, 보호하는 것이 유가들이 미치지 못하도록 머니, 유자가 되어 심히 부끄럽습니다"[188]라고 하였다.

정조와 홍대용의 대화를 통해, 당시 승려들의 불경에 대한 애호심은 유학자들의 유교 경전에 대한 애호심보다 높았음을 알 수 있다. 그리고 『계방일기』에 의하면, 정조는 24세 때인 1775년의 어느 시강에서 심성과 이기 문제를 신하들과 논의하였는데, 이때, 홍대용은 이기불상리를 강조하였으며(김봉진 2009: 155), 정조도 이러한 현실적 불교관을 수용하였을 것(김준혁 1999: 40-1)으로 생각된다.

정조는 그의 치세 후기에 불교에 대해 호감을 가진 것으로 나타났다. 그러나 지역성에 따른 불교의 효능에 대한 그의 이해는 역사적

---

187) 佛書論心 造語奇警 令人易於省悟(湛軒書, 「內集」, "桂坊日記", 2, 44a8).

188) 聞僧徒尊護佛書 勝於士子之尊經 然乎 臣曰其尊奉愛護 逈非儒家之可及 爲儒者 甚可愧也(湛軒書, 「內集」, "桂坊日記"2, 44b3-5).

사실과 부합하는 것도 아니었다. 그리고 그는 선불교 중심으로 불교를 이해하였다. 조선 성리학자들의 불교 비판은 무부무군과 같은 유교질서의 파괴와 화복설, 천당지옥설 등에 초점이 맞추어져 있었다. 따라서 정조의 이러한 불교 이해는 유학자들의 불교 이해와도 다른 것이었다.

조선의 왕들은 학자군주였으며, 그들은 기본적으로 유학자며, 그 중에서도 성리학자였다. 정조 자신도 철저한 유교의 성리학적 입장에 서 있었다. 정조가 불교에 의지하려고 했었다는 점은 부인할 수 없으나(부남철 2003: 54-60), 그의 불교는 철저한 이기적 기복신앙이었으며(이기영 1993: 215), 실제 생활 차원에서 자신이 필요한 경우에 선택적으로 종교로서의 불교에 귀의했다(부남철 2003: 56-7)는 지적은 일리가 있다.

Ⅲ. 치국과 불교

정조는 불교와 일정한 관련을 맺은 한국의 국왕들 중, 불교에 대한 이론적 논의를 가장 구체적으로 전개한 왕이었는데, 그는 유학자의 시각에서 불교를 이해하려 하였다. 탕평정치는 정조 시대를 특징짓는 가장 대표적인 용어며, 당시의 정치세력 관계와 정조의 정치이념 및 통치기법을 잘 보여주는 말이다. 정조는 당시의 총체적 위기를 극복할 수 있는 방안으로 강력한 왕권강화를 추진하였는데, 이는 '탕평정치'라는 말로 정당화되곤 하였다. 정조 시대는 공론을 형성하여 국왕의 정치를 도우려는 성리학적 붕당관의 본래적 의미가 퇴락하고, 붕당이 각 당의 이해관계를 대변하는 권력투쟁의 전위조직으로 변질된 시기였다.

다산 정약용(1762~1836)에 의하면, 정조 시대는 사사로움을 버리고, 국가의 일을 끝마치는 공적인 신하를 찾아보기가 거의 어렵고, 대신 탐관오리가 부당하게 거두고, 큰 상인과 교활한 장사치들이 이익을 독점하던 시대였다. 따라서 중국과는 달리 조선에서는 붕당론이 군주나 신하들에게 받아들여져 실제적인 정치 이념으로서 왕권의 심각한 약화와 당쟁의 이념 정쟁화를 초래하였다. 정조가 야오와 순 시절의 성왕 정치를 재해석하여 강력한 국왕 중심의 탕평론을 주장한 것은 이런 맥락에서였다.

정조는 자신의 정치 이념의 모델을 중국의 하·은·주의 삼대에서 찾았으며, 야오와 순을 준거 정치인으로 삼고, 탕평을 그의 정치 이념으로 삼았다. 정조의 개혁은 구체적으로 국가의 기강을 바로잡고 국왕의 친정 체제를 수립하는 방향으로 추진되었다(박현모 2000: 46-59). 이러한 시대적 상황 속에서 정조는 자신의 왕권 강화에 많은 노력을 기울였으며, 그의 치국책도 같은 맥락의 산물이었다.

정조는 24세이던 1775년부터 대리 청정을 하여 국가의 정사를 직접 관장하였으며, 이듬해인 1776년에는 왕위에 올라 25년간 재위하다 1800년에 죽었다(김문식 1998: 1). 그러나 정조 즉위 당시의 정치사회적 배경은 혼란한 상태에 있었다. 정조가 등극하기 전 척신들은 군부를 좌지우지하며 왕권을 견제하고 있었으며, 그는 즉위 초에도 노론계열의 홍인한(1722~76)과 그 친족들의 대항으로 왕권과 생명에 상당한 위협을 느꼈고, 이후에도 노론 대신과 정순왕후(1745~1805) 일파와의 대립이 계속되었다.

이러한 상황에서 정조는 불교를 포함한 이단에 대해 어느 정도 관용성을 보였는데, 이는 그가 이단을 인정했기 때문이 아니라, 기본과 근본적 해결을 우선시하는 유교적 통치 방식과 그 자신의 그런 통치 방향을 표현하는 군사라는 자부심의 표현으로 보인다(부남철 2003: 55). 정조의 치국책의 배후에는 왕권 강화의 의도가 내포되어 있었다. 그는 왕권 강화를 추구한 군주였고, 왕권 강화의 길이 백성들 대부분이 신봉하는 불교를 지원하는 것이 효과적이라고 판단했기 때문이다(김준혁 1999: 50).

『정조실록』과 『홍재전서』에는 정조가 이론적으로 이단 배척의 입장을 취한 것으로 나타나지만, 그의 불교 인식은 '사랑'과 '증오'의 양면에서였다. 재세 초기의 정조는 불교를 이단으로 간주하면서, 배불정책을 폈으나, 그것도 실제로 현실화되지는 않았다. 반면, 재세 후기에는 불교에 대해 호의적 태도를 보였으며, 불교를 믿기까지 하였다. 그리고 그는 불교에 가진 백성 교화의 효과를 인정한 것이며, 그 결과 자신의 왕권 강화를 위해 선대와는 다른 치국책을 폈는데,[189] 특히 원당정책, 승역 감면정책, 용주사 창건으로 대표되는 그의 불교정책은 왕권 강화를 위한 정치적 행위였다(김준혁 1999: 36-61).

(1) 원당 정책

정조가 즉위 후 첫 번째 행한 불교정책은 선대의 정책에 따라 원당 설치를 금한 것이었다. 정조가 원당 설치를 금한 것은 전국에 원

---

189) 정조와 초계문신들은 경전과 주자서를 연구하고, 그 결과를 구체적인 정책에 응용하였는데, 특히 『국조고사』의 토론을 통해 세종에서 영조(1724~76)에 이르는 역대 선왕들의 정책을 평가하고 이를 당대의 시무책으로 연결시켜 의논하였다(김문식 1998: 17).

당의 수가 무척 많았고, 원당이 탈세의 수단으로 사용되어 국가의 세수가 상당히 줄었기 때문이다. 그러나 그의 원당 금지 조처는 실제 이루어지지는 않았다. 오히려 그는 자신의 아버지 사도세자를 기리기 위해 용주사를 세운 이후에는 본격적으로 원당에 대한 지원을 시작하였다. 정조의 원당 지원은 그의 불교관이 부처의 은혜에 보답하기 위한 것일 뿐 아니라, 왕권 강화를 위한 것이기도 하였다(김준혁 1999: 46-50).

(2) 승역 감면정책

정조는 즉위 후 고역의 원인인 승역을 감면해 주는 조처를 시행했는데(김준혁 1999: 50), 남한산성과 북한산성의 의승[190] 방번전을 감한 것은 그 첫 번째였다. 임진(1592~8), 병자(1636~7) 양란 시 승군들의 뛰어난 전투 활동은 집권층에게 불교교단을 새롭게 인식시키는 계기가 되어, 승려들도 군사조직의 일원으로 참여하게 되었는데(우정상 1959, 김준혁 1999: 51에서 재인용), 승역 감면 정책은 정조에게 백성의 일부분인 승려들의 고통을 줄게 하였으며, 결과적으로 불교를 신봉했던 백성들에게 왕의 존엄성을 확인시켜 왕의 후원자로 만든 계기가 되었다(김준혁 1999: 52).

---

190) 당시의 의승군은 숙종 40년(1714)에 만들어진 승려의 군사조직이다.

(3) 용주사 창건

정조는 자신의 아버지 사도세자를 기리기 위해 용주사를 세웠다. 용주사의 창건은 정조의 강력한 의지와 그의 측근들의 동의에 의한 정치적 판단의 산물이었다(김준혁 1998: 28).

사찰은 원래 승려들의 수행 장소다. 그러나 용주사는 군사적 기능도 가지고 있었다. 용주사는 정조 20년(1795) 왕의 친위부대인 장용영 외영에 속하였으며, 의승군 전체를 왕의 직속부대로 만들어 전국의 사찰을 통제하고, 남한산성과 북한산성의 승군도 관장하였다. 그리고 용주사의 승려들은 포 쏘는 법도 배워, 외영의 군병보다 강력한 군사들이 되었고, 정조의 특별한 총애를 받아 정조 19년(1794)에는 군복을 입고 정조를 호위하며 배웅을 하기도 하였다. 특히 용주사가 장용위에 소속된 채, 강한 군사력을 보유하고 있었다는 사실은 정조의 왕권 강화 노력과 밀접한 관계가 있었던 것으로 보인다. 정조는 국가의 운영이 문치와 무략으로 이루어진다고 하였는데, 그는 이를 '문치규장'과 '무설장용'으로 표현하였다. 특히 정조시대는 조선에서 군사문제에 가장 많은 진전을 이룬 때(송기출 2009: 63)였는데, 정조의 왕권 강화의 핵심은 군사력을 장악하는 것이었다. 왕권 강화에 절대적 역할을 담당한 친위부대인 장용위는 1788년 장용영으로 확대 창설되었으며, 이는 정조의 군제개혁의 중심 역할을 담당하였을 뿐 아니라, 정조의 개혁정책 추진의 실질적 추진력(김준혁 1999: 45-58)이었기 때문이다.[191]

---

191) 정조는 독자적 재정 확보를 위해 장용영을 설치 운영한 것으로 추정되나(이달호 2009: 74), 재정운영의 측면에서는 조선 후기 사회경제적 변화에 개혁적으로 대처하지도 못했고 제도적

정조는 용주사의 사격을 높이기 위해 당파를 불문하고 신하들에게 용주사의 상량문과 권선문 및 주련문 등을 짓게도 하였다. 상량문은 남인의 영수 좌의정 채제공(1720~99)에게, 권선문과 주련문은 불교를 배척하였던 노론의 문신 이덕무(1741~93)에게 짓게 하였다.192) 관료와 백성들의 시주도 이 사찰의 건립비용에 포함되었으며, 많은 백성들도 이 절을 건립하는 데 시주를 하였다. 따라서 용주사의 창건은 외적으로 불교의 효 사상이라는 명분을 통하여 집권 유생층의 반발을 막으며, 정조의 아버지인 사도세자의 명복을 빌어 주게 하였고, 내적으로는 사도세자의 신원을 통한 정조 자신의 정통성 확보라는 왕권 강화의 일원이었다(김준혁 1999: 30-56).

특히 정조는 불교를 효 사상 강조를 통한 백성들의 교화 수단으로 삼았는데, 그 전형적인 예는 그의 『홍재전서』에 잘 나와 있다:

> 은중경도 불교 서적 중의 한 가지 법인데, 그 책에서는 부모가 애써 길러 준 은혜에 크게 보답할 것을 말하였고, 인과응보가 뚜렷하게 감응하는 구분을 낱낱이 서술하여, 상계와 아비지옥의 도설에 이르러서는 똑똑히 알 수가 있으니, 어리석은 백성들에게 보고 깨닫도록 하기에 충분하다. 그러므로 이번에 간행하는 일은 실로 감응분발하고 징계하는 뜻을 부여한 것이다.193)

개선을 꾀하지도 못했다(이달호 2009: 90).

192) 庚戌九月 華城龍珠寺成 承命製進柱聯 十六句(경술 9월 화성 용주사가 완성되었는데, [국왕의] 명을 받아 주련 16구를 지어 드렸다)(李德懋, 靑莊館全書, 卷之二十, 「雅亭遺稿」12, "龍珠寺柱聯"(재단법인 민족문화추진회 1979: 17b15).

193) 恩重經 亦佛書中一法 而其言大報父母劬勞之恩 而歷敍果報顯應之分 以至上界阿鼻之圖說 歷歷可指 足令愚夫愚婦見而知曉 故今番刊印之擧 實寓感發 懲創之意(『홍재전서』177, 「日得錄」, 14b6-10).

정조는 백성을 어리석은 사람들로 간주하고, 교화의 대상으로 인식하였으며, 따라서 불교의 업설과 효사상을 그들에 대한 통치수단으로 삼았다. 따라서 정조에게 백성은 정치의 주체가 아닌 객체, 즉 교화의 대상이었다(김문식 2009: 31). 이런 관점에서 정조는 스스로는 불교의 업설을 부정하면서도, 그 설이 백성들을 깨닫게 하는 데는 도움이 된다고 생각하였다. 또한 그는 승려를 윤리도덕적 모델, 즉 종교인으로서 인정한 것이 아니라, 그들이 주변 사회에서 가진 정치사회적 기능을 인정하였다. 따라서 정조는 불교와 승단을 철저하게 세속적·정치적 수단으로서 인식하고 있었다고 할 수 있다.

1. 치국책

(1) 유학 장려

여말선초에 성리학자들이 불교를 비판한 것은 그들의 정치적 신조에 의한 것이었으며(부남철 2000: 10), 조선에서 성리학자들의 이단 배척이 분명한 정책으로 자리 잡게 된 계기는 중종이 조광조(1482~1519)를 발탁하고 현량과를 설치하여 재야 사림을 대거 관직에 참여케 함으로써 마련되었다(부남철 2000: 17). 이러한 맥락에서 불교를 이단으로 규정한 정조는 이단 정책으로 유학 면려 및 상황에 따른 조치를 취했다:

> 이단을 물리치는 가장 좋은 방법은 우리의 도[유학]를 밝히는 데 있다. 우리의 도가 밝혀지면 이단은 저절로 물러

날 것이며, 우리의 도가 밝혀지지 않으면, 비록 그[불교]
책을 태우고, 그 집을 불사르며, 그 사람을 묻는다 하더라
도, 또한 이익이 없을 것이다.194)

즉, 정조는 유학 공부를 열심히 하는 것이 이단 방지의 첩경으로
이해하고 있었다. 정조는 또한 조선 정부가 이단을 배척해야 하는
이유를 다음과 같이 말하였다:

중원은 6합의 밖에 있어, 오히려 다하지 않는 땅이 많다.
설혹 우리 유가와 배치되는 자가 그 사이에 그루터기 싹
처럼 자라더라도 태양 앞의 반딧불과 같아 그다지 금하지
않아도, 족히 해를 끼침은 없었다. 그러나 우리나라는 그
렇지 않다. 풍토는 편벽되고 막혔으며, 산천은 험하고 한정
되어 있어, 이를 미워하나, 입은 많고, 사단은 생기니, 이것
이 조정이 [이단을] 반드시 엄금하려는 이유다.195)

이 인용문에 의하면, 땅이 넓은 중국에서는 이단이 생기더라도 큰
문제가 없지만, 땅이 좁은 조선은 그렇지 못하기 때문에 이단을 엄
금한다는 것이었다.

그러나 정조가 이단을 엄격하게 배척한 것은 아니다. 분서 대상이
된 불서는 정부 기관에 보관 중인 것에 한정시키고, 일반인의 소장
도서에 대해 그렇게 하는 것은 반발만 불러일으킨다고 자제하도록
지시(부남철 2003: 52)하였기 때문이다. 또한 모든 절의 승려를 남

---

194) 闢異端之要 不過曰明吾道而已 吾道明則 異端自闢 吾道不明 則雖火其書焚其廬坑其
人 亦無益也(『홍재전서』115, 「經史講義」, 7b1-2).

195) 中原則六合之外 猶多不盡之地界 設或與吾儒背馳者 蘗芽其間 如螢爝之於太陽不
爲禁 無足貽害 而我國則不然 風土之所偏塞 山川之所阻閡憎妬多口 釀成事端 此所以朝家之
必欲嚴禁者也(『홍재전서』43, 「批」, "兩司論邪學啓批", 17a4-7).

김없이 죽인 중국의 일례에 대해 비판을 가한 점196)도 같은 맥락으로 이해된다.

(2) 점진책

불교와 관련된 정조의 업무 처리 방식은 점진책이었으며, 그는 그 모델을 세종에게서 찾았는데, 이와 관련, 그는 다음과 같이 말했다:

> 천하의 일은 점진적으로 되지 않는 것이 없다…… 세종이 사원을 폐하고 승려가 되는 것을 금한 조치는 어찌 점진적으로 하는 뜻을 터득한 것이 아니겠는가? 그런데 의논하는 자들은 승려들이 다 농사로 되돌아가지 않았다거나, 모두 군적에 포함되지 않았다는 이유로 비난하니, 이것이 어찌 세종이 생각하지 못해서 그런 것이겠는가? 사찰이 명산을 점거하고 있은 지가 이미 한나라와 당나라 시대부터였으니, 차츰 차츰 물들어온 불교의 풍속은 하루아침에 이루어진 일이 아니다. 그런 만큼 비록 임금의 위세를 쓰더라도 아마 다급하게 조치하여 이제까지의 습속을 바꾸지 못하는 점이 있을 것이다.197)

따라서 스스로 임금인 동시에 스승임을 자임했던 정조의 불교에 대한 호의는 유학의 쇠퇴에 대한 반작용이었다. 그렇다고 하여, 그가 세조처럼 불교를 자신의 정치 이념으로 채택한 것도 아니었다.

---

196) 況崇信寇謙之之書 作此爲道敎 滅僧徒之擧也(하물며 구겸지[커우첸즈]의 책을 깊이 믿어, 이처럼 도교를 위해 승려들을 없애는 일을 하였다니 말이다)(『홍재전서』115, 「經史講義」, 7b3-4).

197) 天下之事 莫不有漸…… 世宗之廢寺院禁僧尼 其得以漸之儀乎 而論者以其不能盡歸南畝 盡拘尺籍短之 是豈世宗之未之思而然也 佛像之播擧名山 已自漢唐之世 而愚俗之所漸染 非一朝一夕之故 則雖以人主之威 其有不急之 而變作耶(『홍재전서』109, 「經史講義」, 45a6-b1).

대신 불교와 관련 있었던 전통 한국의 여느 국왕들처럼, 그도 불교를 그의 세속적, 정치적 목적 달성을 위한 한 수단으로 간주하였으며, 이 점에 있어 그는 어느 국왕보다 더 큰 관심을 기울였다. 또한 정조는 권도도 마다하지 않은 군사의 전형을 보였으며(정옥자 2009: 13), 정치적 효과를 위해 공식 기록을 개작하는 일도 서슴지 않았다(신명호 2009: 105). 그의 군사로서의 면모가 가장 잘 나타난 교육정책에 있어서도 자신이 직접 관리하는 인치 중심의 정책을 추진한 점에서 한계를 노정시켰다(김문식 2009: 19-32).

그리고 정조의 탕평책은 왕권이 강화된 집권 중반기에는 비교적 성공을 거두었으나, 집권 후기에는 장용영 설치 등으로 국왕에 대한 노론 벽파의 의구심이 커지는 등의 문제로 별 성공을 거두지 못하였으며, 공론정치를 취약게 하고, 관료들의 책임과 소명 의식을 약화시킨 부작용을 낳았으며, 세도정치의 출현 조건을 형성시켰다(박현모 2000: 45-59)는 평가를 받고도 있다. 따라서 그의 치국책도 불교 자체의 발전을 위한 정책은 아니었으며, 어디까지나 자신의 왕권 강화 또는 정치적 목적을 위한 기복 신앙 차원에서 이루어졌다고 할 수 있다.

맺음말

이 장의 목표는 『홍재전서』 및 『정조실록』 등 정조와 관련된 주요 일차자료들을 중심으로, 정조의 불교관과 치국책을 검토하기 위한 것이었다. 이를 위해, 배불숭유 사회에서 불교 이해 검토와 분석 및 그의 불교관과 치국과의 관계를 검토하였다. 정조는 유교와 불교와의 관계를 차이성, 유사성, 동질성의 관점에서 이해하였다. 그는 유교가 윤리적으로 정당하며, 철학적으로 현실적 가르침인 반면, 불교는 비윤리적·허무적 가르침으로 보고 불교를 비판하였다. 그러나 불교 쇠퇴의 원인이 교리에 있는 것이 아니라, 승단의 폐단에 있다고 보기도 하였다.

정조는 불교를 이단으로 간주하였으나, 부처를 자비의 사람으로, 불교를 자비의 가르침으로 이해하였으며, 불교가 지역적으로 한국에는 맞지 않는 가르침으로 간주하였다. 그는 전륜성왕 사상, 불교의 영험성과 효사상 및 보시를 강조하며, 상황윤리적 시각에서 불교 계율을 이해하고, 윤회설과 돈오설을 비판하였다. 그리고 승려의 정치적 기능을 긍정적으로 평가하였다.

그러나 정조가 이해한 것처럼 부처가 곧 자비인에 머문 것은 아니었으며, 불교 또한 자비의 가르침에 한한 것은 아니었다. 정조는 또한 불교의 공사상을 이해하지 못했으며, 그의 불교는 철저한 이기적 기복신앙이었다. 이러한 불교관을 바탕으로 정조는 자신의 왕권 강화에 많은 노력을 기울였다. 정조의 시대는 탕평정치 시대로서, 그의 정치는 그러한 정치적 갈등 속에서 왕권 강화에 초점이 맞춰져 있었으며, 정조에게 불교는 왕권 강화 논리의 한 수단이었다. 그러나 군사로 자임한 그가 세조나 문정왕후 때처럼, 불교를 적극적으로 후원하거나 부흥시키는 조치를 취한 것은 아니었다.

정조는 사성제와 인연설을 비롯한 주요 불교 개념들에 대한 일정한 인식은 있었던 것으로 보이나, 불교의 공 개념 등에 대한 인식 부족으로 결국 그의 불교 이해는 부정확한 것이었다. 정조는 공식적으로는 업설을 부정하였으나, 그 설의 정치적 유용성은 인정하였다.

따라서 정조에게 불교는 정치적 수단 이상의 그 무엇은 아니었으며, 그의 불교정책도 이러한 맥락의 산물이었다.

제4부 종합 분석

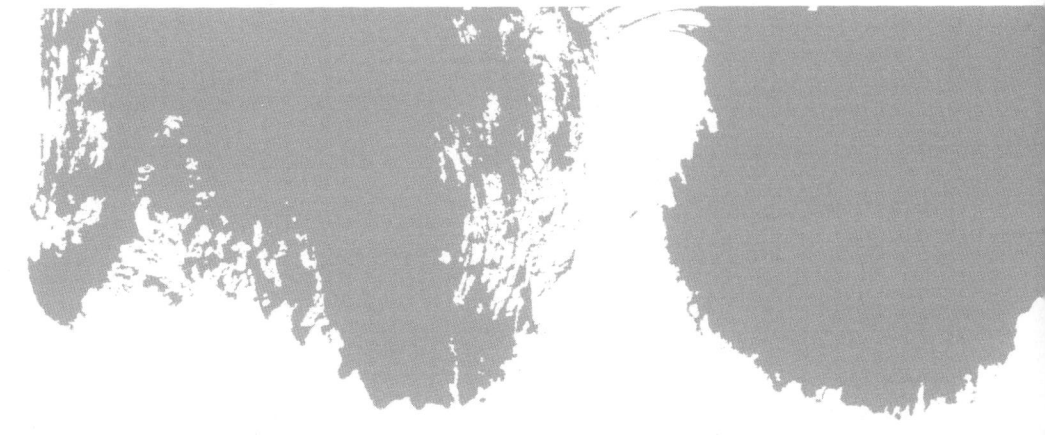

들어가는 말

한국 역사상 불교와 일정한 관련을 가진 국왕들의 불교관과 치국책을 검토한 결과, 그들의 불교관은 초기불교의 가르침과는 다르게 나타났으며, 그들의 불교정책도 이러한 인식 위의 산물이었다. 그리고 한국 불교의 형성 및 전개의 배경에는 중국불교의 영향, 전통에 대한 맹목적 존중 및 승단의 국가에 대한 예속이 있었다. 그 결과 한국불교는 정치종교, 기복종교, 기적종교로서 주로 기능하였다. 그러면, 한국 국왕들의 불교관과 치국책은 어떻게 평가될 수 있으며, 그들의 불교관과 치국책이 학계에 던지는 메시지는 무엇인가? 아래에서는 평가와 메시지의 두 측면에서 논의가 전개될 것이며, 이는 곧 이 책에서 나타난 주요 문제점들에 대한 종합 분석이 될 것이다.

I. 국왕의 불교관 평가

한국불교는 중국화 및 유교화된 형태의 불교전통에서 출발하였으며, 한국 역사상 국왕들의 불교관도 같은 맥락의 산물이었으나, 그들의 불교관은 초기불교의 내용과는 상당히 거리가 있는 것이었다.

1. 중국의 영향

한국불교의 초전은 중국을 통하여 이루어졌으며, 따라서 한국불교의 형성에 미친 중국불교의 영향은 컸다. 중국불교의 가장 일반적인 특징은 "중국불교는 역사의 진행과 더불어 멈추지 않는다"(원필성 2011: 45-6)는 것이다. 즉, 중국불교의 성격은 역사와 함께 변해왔다는 것이다. 기원후 1세기경 철저한 정치권력의 영향 아래 전래된(김진무 2010: 65) 중국의 불교는 유교와의 결합을 포함한 중국화의 길을 걸었는데, 격의불교의 탄생, 불전 번역 과정, 새로운 불교사상의 전개는 그 대표적인 예였다. 그리고 7세기 초 신라의 안함은 중국에 가서 불교를 공부한 후 신라로 돌아올 때, 우전[Khotan]의 승려 비마진제(Vimalacinti)와 농가타(Naugata) 등과 함께 왔는데, 이는 서역의 승려가 직접 신라에 온 최초의 예(장휘옥 1991: 205)였다. 따라서 7세기 초 이전까지의 신라불교는 주로 중국불교의 영향 아래 있었다고 볼 수 있으며, 이 전통의 상당 부분은 현재도 이어지고 있다.

(1) 정치권의 영향

중국인들의 기본적 사유에는 경세에 대한 전통이 내재되어 있었으며, 중국에 전해진 불교도 이 점에서는 예외가 아니었다. 중국의 역대 정치권력의 핵심이었던 황실은 적합한 통치이념 모색에 부심해 왔는데, 불교가 황실의 관심을 끌게 된 것은 후한(25~219) 때였으며, 이러한 전통은 후대에도 이어져(김진무 2010: 56-65), 수·당대의 불교는 철저하게 국가의 예속 아래 놓이게 되었다. 따라서 4세기 이래 전개된 한국의 불교도 이러한 전통의 연속선상에 있었다.

(2) 유교의 영향

중국불교는 초기부터 유교와의 융합 과정을 겪었으며, 이차돈 등의 예에서 보듯 이 전통은 한국불교의 초기 단계부터 나타났다. 신라의 승단도 예외는 아니었는데, 7세기 중기에 활동한 승려인 충담의 「안민가」은 그 한 예다. 그리고 한국불교 교학의 전성기인 7세기 말에는 유교 교육기관인 국학이 설립되었으며, 8세기 중기에는 『론위』(논어) 등의 유교서들이 지식인의 필수과목이 되었고, 8세기 말에는 독서삼품과라는 국가시험제도도 실시되었다. 유교와의 밀접한 관련성은 9세기의 고승에게서도 발견되는데, 효공왕(897~912)과 신덕왕(912~7)의 국사였던 행적(832~916)은 효공왕에게 불교가 아닌 유교에 대해 강의하였다. 행적은 선종인 사굴산파에 속했으며, 범일(810~89)의 제자였는데, 그가 국왕에게 강의한 내용은 불교가 아니라 유교였다. 이처럼, 고승에 의한 유교 강의 등은 예외적인 것이 아니라, 고승과 국왕과의 지속적인 교섭 수단이었다(Vermeersch 2008: 246).

더욱이 고려와 조선시대의 정치 이념은 유교였다. 따라서 한국 불교사의 전개 자체는 유교와의 관계성 속에서 전개되었다. 그리고 한국 역사상 강조된 충과 효는 유교적 개념이었으며, 불교는 이 개념들의 전개를 위한 조력자 역할을 하였다면, 일본은 반대로 불교를 통해 이 개념들이 강조되고, 유교가 조력자 역할을 하였다(허남린 2012: 77-82). 이 점은 양국 간의 유불교섭사에 대한 비교 연구의 필요성을 제기하고 있다.

(3) 격의불교의 영향

불교는 중국의 전통사상과 결합하였으며, 당시의 중국인들은 불교를 신선술로 생각하였는데, 이 전통은 3세기까지 계속되었다(원필성 2011: 69). 4세기의 격의불교 전통은 불교의 중국화를 잘 보여주는 또 다른 예다. 격의불교는 "외래종교인 불교를 전래자들이 중국 고유 사상과의 이질적인 면을 해소시키는 방법으로서, 중국 고유사상 가운데 불교 교리와 비슷한 개념을 이용하여 불교를 보다 쉽게 중국인들에게 접근 시키는 방법"으로 정의될 수 있다(원필성 2011: 45). 특히 광의의 격의는[1] 중국에 불교가 들어와 전개되는 불교의 중국화 과정 전체로 볼 수도 있다. 격의의 방법이 본격적으로 유행하게 된 것은 위진 남북조시대(220~589)였다.

그리고 불교가 중국의 지식인 사회에 진정으로 뿌리를 내리기 시작한 것은 5세기 초 이후 위진 현학이 절정에 이르게 되는 시기였다(이종철 2008: 62-3). 이처럼 사상적으로 중국의 고유 사유체계와 결합한 형태의 중국불교는 이후 국가의 통제 아래 놓이게 되고, 불교계는 기복 수단으로 주로 기능하게 되었으며, 이러한 전통은 한국에도 전해졌다.

따라서 4세기 이래의 한국불교는 인도의 초기불교가 아니라, 유교와 격의불교 등 중국의 고유사상체계와 결합하고, 기복종교로 자리매김한 중국불교를 바탕으로 전개되어 왔다.

2. 불보관 평가

전통 한국의 국왕들의 불교관은 그들의 부처관과 불사관으로 대표되는데, 그들의 불교관은 역사적 산물로 나타나며, 초기불교의 그것들과는 달랐다.

---

[1] 광의의 격의는 중국인들이 고유의 사유체계를 가지고 외래의 사상을 해석하고 이해하는 모든 방법을 말하며, 협의의 격의는 노장의 무 개념을 매체로 하여 불교의 반야공을 해석하고 이해하던 방법을 뜻한다(장미란 1999: 4).

(1) 부처관

전통 한국의 국왕들은 부처를 기적을 행하는 자비의 사람으로 간주하였다. 부처의 생시에도 그에 대한 신격화는 이미 시작되었으며 (Gombrich 2009: 199), 기원전 1~2세기 인도에서는 승려들도 부처를 기복의 대상으로 간주하고 있었다. 또한, 고대 불상의 옷은 아무 장식이 없는 출가 수행자의 옷이 통례였으나, 후대의 불상은 장식 달린 복장을 하게 되었는데, 이 전통은 일반적으로 5~6세기부터 본격적으로 대두된 밀교와 관련이 있는 것으로 이해되고 있다.

이 과정에서 부처에 대한 생각도 적지 않게 달라졌는데, 부처는 삶에 대한 진리를 설파한 위대한 수행자이자 스승이 아니라, 신과 같이 받아들여졌다(이주형 2004: 149). 중국에 처음 알려진 부처도 이처럼 신격화된 부처였고, 이 전통은 삼국시대 한국에도 전해졌다. 그러나 부처는 원래 기적을 행하는 사람이 아니었을 뿐 아니라, 승려들의 기적 행하기도 금지한 사람이었다. 그는 또한 단순한 자비인도 아니었으며, 오히려 인간을 포함한 존재의 본질에 대한 바른 알음알이를 통한 바른 삶 살이를 제시한 인류사의 큰 스승이었다. 그러나 역사상의 한국 국왕들은 부처의 이러한 정체성에 대한 바른 이해를 결하고 있었다.

(2) 불사관 평가

불사는 초기불교의 관심사가 아니었다. 그러나 불교의 시공간적 전개와 더불어 역사상 창사와 의례개최 등의 많은 불사가 이루어졌으며, 그 의미 또한 변화하였다.

사찰의 원래 기능은 승려들의 수행 장소였다. 그러나 한국불교 초창기부터 사찰은 주로 기복의 장소로 기능하였다. 고대로부터 조선시대까지 한국의 주요 사찰들은 왕실 또는 국가의 요청에 의해 기자, 기우, 치병, 추선, 정토왕생 등, 현세와 내세의 세속적 공덕과 복을 기원하는 장소로 주로 기능하였다. 더욱이 사찰들은 전쟁 참가 등의 군사적 역할도 수행하였고, 노비도 소유하고 있었다. 따라서 한국 역사상 전개된 사찰의 기능은 역사적 산물이며, 초기불교의 취지와는 다른 요소들이 부가된 것이었다.

빈번한 불교의례 개최는 역사상 한국불교가 가진 큰 특징 중의 하나였다. 그러나 이와는 달리, 초기불교는 당시 인도의 주류 종교였던 브라만교(Brahmanism)의 제사를 통한 인간 구원론에 반대하여 탄생된 가르침이었다. 따라서 부처 스스로는 인간 구원은 의례와 같은 외부적 요소에 있음을 부정하였을 뿐 아니라, 의례란 소용없는 것이며, 심지어 나쁜 것임을 선언하였다. 따라서 불교의례의 유행은 부처의 가르침과는 확실히 관계가 없는 것이었다.[2] 의례는 종종 필요에 의해 발명되었는데, 이러한 예는 동서양에서 모두 발견된다.

동아시아 불교의례는 불교의 중국화와 밀접한 관련 속에서 전개되었다. 중국불교사상 불교교단에서 지켜야 할 규범의 하나로서 예불을 정한 사람은 중국 동진(317~418)의 승려 다오안(도안, fl. 4세

---

[2] 이런 관점에서 영국 옥스퍼드(Oxford)대학교의 명예교수며, 초기불교의 권위자 중의 한 명인 리처드 곰브리치(Richard Gombrich)는 그의 책 *What the Buddha Taught*에서 불교의례를 다루지 않았다(Gombrich 2009: 200). 그리고 한 말의 한용운은 부처의 이름을 부르는 염불에서 벗어나, 그의 가르침과 행위를 염하는 참다운 염불을 강조하였으며(안병직 1979: 116), 성철(1912~93)은 칠성, 산신, 신중에 대한 예경 의식을 비판하고 폐지하였으며, 전래의 제사, 불공에 대해 매우 비판적이어서(문일석 1994: 129-30), 그가 살던 절에서는 재를 없애 버렸다(원택 2001: 56).

기 말)이 처음이었다. 다오안은 자신을 따르던 300여 명의 무리들의 행위를 제어할 규율을 독자적으로 제정하였는데, 그것이 중국불교사에서 승제, 청규의 선구로 간주되는 『썽니궤이판』(승니궤범)이었다 (佐藤達玄 1986: 42, 권혁란 2009: 14에서 재인용). [부처]치아의례는 스리랑카 역사상 특별한 위치를 차지하고 있는데, 이 의례는 국가가 소멸 위기에 처했을 때 발명된 것이었으며(Frasch 2008: 180), 19세기 유럽의 설화체 표현들도 권위주의 차원에서 옛 의례에 대한 중요성을 새롭게 하기 위해 고의로 만들려진 것이었다(Johannsen 2008: 127).

전통 한국에서는 불교의례들이 새롭게 탄생되기도 하였다. 고려시대에 특히 유행한 팔관회와 소재도량 등은 중국이나, 일본에서는 발견되지 않는 불교의례였다. 한국의 차 문화도 그 시대의 불교 교세에 따라 융성을 같이 했는데, 고려시대에는 중국의 청규에는 없는 다게 등이 읊어졌고, 공양물의 하나로 차가 정착되었으며, 다례가 유교사상과 융합되어 독특한 형태로 불가에 수용되었다(권혁란 2009: 9).[3]

현대 한국의 주류 불교는 선불교며, 선승은 승단의 엘리트로서, 그리고 한국은 독특한 선 전통을 가진 것으로 주장(Buswell 1992: 215-23; 로버트 버스웰 2000: 277-86)되고 있다. 그러나 현대 한국에서 불교의례는 선승이나 승단의 주 관심사는 아니다(Buswell 1992: 38-39; 로버트 버스웰 2000: 58-60). 그럼에도 불구하고, 주요 사찰의 연간 일정 계획은 의례로 점철되어 있으며, 의례는 중요한 재정 수입원으로 기능하고 있다.[4] 최근 논란이 되고 있는 해인사 천도법

---

3) 다문화에 미친 유교의 영향은 이미 중국에서도 있었다(권혁란 2009: 14).

4) 1950년대의 중국 사찰에서도 불교의례는 사찰의 주요 재정 수입원으로서 기능하였다

회 개최5)에 대한 사찰 내외의 비판도 같은 맥락의 산물이다.6)

그러나 중요한 것은 의례 자체가 아니라, 그 의미다. 인도를 넘어 불교를 최초로 소개한 아쇼카 왕이 불교에 대해 관심을 가졌던 것도 의례나 의식 등과 같은 종교의 외부적 요소가 아니라, 내적 성장과 자아실현 및 종교적 삶의 계발이었으며(케네스 첸 1994: 141), 한국 불교의 대표적 사상가들인 원효와 지눌도 범패와 염불은 구송에 그쳐서는 안 되며, 그 뜻을 파악하는 것이 중요함을 역설하였다(김종명 2007b: 177). 한국 역사상 불교의례가 불교의 취지와도 달리 기복 수단으로서 기능하게 된 데는 불교 외적 이유들이 있었을 것으로 판단되며, 따라서 이에 대한 향후 연구가 요청된다.

한국 역사상 승단은 국가의 지배 아래 있었으며, 국가는 승직 제정 등을 통해 승단을 통제하였다. 그러나 인도에서의 초기불교 교단은 국가와 상호 협력을 취하면서도, 정교분리 원칙을 취하였다. 따라서 한국사에서 전개된 불교와 국가와의 관계는 초기불교의 정신과는 다른 역사적 산물이었다.

3. 법보관 평가

(1) 불전

그레고리 쇼펜은 대승불교의 기원은 경전숭배에서 시작되었다고

(Welch 1973: 207).

5) http://www.haeinsa.or.kr/maroo/board/?tbid = newsevent&hlq = view&num = 290(2012.03.22 검색)

6) 현행 한국예불의 문제점과 방향에 대해서는 김종명 2013: 425-68 참조.

주장한다. 그에 따르면, 경전은 그 자체가 법신으로서, 후대에 경전을 공부하고 암송하거나 또는 경전을 소유하는 것 자체만으로도 한량없는 공덕을 얻게 됨을 강조한 것과 같은 논리란 것이다(성청환 2009). 중국의 경우도 당의 황제 중쭝(중종, 684~709)은 자기 어머니인 저톈우훠에게 684년 왕위를 빼앗겼으나, 705년 그녀가 죽은 후, 다시 황제가 되었는데, 그는 이를 약사불의 음덕으로 이해한 결과 승려 이징으로 하여금 산스크리트본 『야오스징』을 한문으로 번역케 하였다(Birnbaum 1989: 69-70).

삼국시대 이래 한국 역사상 유행한 경전은 거의 중국에서 한문으로 번역된 대승불전들이었다. 그러나 이 불전들은 연대, 내용, 해석 등의 면에서 상당한 문제점들이 있으며, 『런왕징』, 『푸무언중징』, 『위엔지에징』 등 중요 인기 불전들 가운데는 위경도 적지 않았다. 또한 불전들은 불교 연구를 위한 교재로서가 아니라, 기복을 위한 수단으로 기능하였다. 그러나 선행연구들에서는 이러한 문제점들에 대해 별 주목을 해오지 못했다.

1) 연대

불교연구를 위해 가장 중요한 현존 자료는 크게 불전과 유물 두 가지며, 이 두 가지 중에서도 불전은 가장 중요한 자료다(Schopen 1991: 1-4). 그러나 현존하는 불전은 그 편찬 시대와 내용 및 해석의 문제에서 자유롭지 못한 상태에 있다. 부처 시대의 인도에는 녹음 자료는 물론, [불교 관련] 저술도 없었는데(Gombrich 2009: 102), 현존 불전은 모두 그의 사후 상당 기간이 지난 후의 산물들이었다. 불설에 관한 논의가 가장 왕성하게 집단적으로 진행된 시기는 부처

입멸 후 100년이 지났을 때였으며, 불경이 처음 문자화된 것은 기원
전후였다(안양규 2003: 47-51). 현존 불전어는 팔리(Pāli), 산스크리
트(Sanskrit), 한문, 티베트어의 4가지다. 그중 가장 오래된 팔리 경
전은 기원전 1세기 후반기의 산물이며, 내용을 알 수 있는 것은 2세
기 이후의 산물(Gombrich 2009: 98)인데, 그 대부분도 기원 후 5~6
세기의 것들이다. 극소수의 예외를 제외하면, 산스크리트 불전들도
5세기 이후의 것들이다.

한국불교 전개의 뿌리가 된 한문불전의 상한선도 기원후 2세기며,
대부분은 5세기 이후의 것들인데(Gombrich 2009: 98), 티베트어 불
전들은 더 늦어 7세기 이후가 되어서야 나타난다(Schopen 1997: 23-7).[7]
따라서 현존 불전들 가운데 가장 오래된 것이 기원전 1세기를 넘지 않
는다는 사실은 이 불전들과 부처 당시와의 시간적 간격이 적어도
400년이 됨을 뜻하며,[8] 이는 곧 이 불전들의 내용을 액면 그대로 믿
을 수만은 없음을 의미한다.

중국에서 격의의 본격적인 출현은 경전의 번역과 밀접한 관련
이 있었으며, 특히 격의식 이해와 방법을 절실하게 필요로 한 분
야는 역경 분야였다. 그리고 초기의 외국 번역승들과는 달리, 동진
(317~418) 건립 이후 현학의 출현과 함께 중국 본토 출신의 역경들
은 중국의 문화와 개념에 밝았기 때문에, 중국인들이 쉽게 이해할
수 있는 중국식의 은유와 개념들을 차용하여 번역을 시도하였다(원
필성 2011: 45-54). 그리고 중국인들은 인도의 불전을 번역, 이해하

---

7) 8세기 초의 『왕오천축국전』에 의하면, 당시까지 티베트에는 국왕과 백성들이 불교를 알지
못하고 있었을 뿐 아니라, 절도 없었다(Yang 1984: 48; 정수일 2004: 263). 따라서 티베트어 불
전의 상한 연대도 7세기에서 8세기로 변경될 가능성도 있다.

8) 부처의 생몰년에 대해서는 463~383 B.C.E설과 563~483 B.C.E. 설이 있다.

는 과정에 중국 고유의 방법을 개입시켜, 불전 목록이라는 새로운 분야도 탄생시켰다(신규탁 1998: 341).

안스가오(안세고)는 약 148년에 파르티아(Parthia)에서 중국의 낙양으로 왔는데, 그는 중국에 불교가 들어온 이후 경전의 한역을 가장 먼저 시작한 승려였다(원필성 2011: 50). 그가 번역한『안반서우이징』(안반수의경),『인치루징』(음지입경)은 가장 오래된 한역 경전인데, 중국의 불전 목록에 따르면,9) 그는 대승불전을 우선적으로 취급했으며,『아한징』(아함경)을 높이 평가한 예가 없었다. 특히 공종과 성종의 경학 이론도 불전 목록에 반영되었다(신규탁 1998: 353-5).10) 또한 불교 경전 편찬은 중국 북부의 정치적·종교적 환경과 연계하여 이해해야 한다. 그 이유는 불경 편찬 사업 자체가 국가적 사업이었기 때문인데, 불경 편찬이 종교·사회·정치적 맥락에서 이루어진 오월국(Shi 2011: 488-9)은 그 한 예다.

한국에 처음 전해진 불교는 중국, 특히 승단이 국가에 예속된 채, 국가의 요청에 따른 기복에 열심이었던 북중국의 불교전통이었다. 삼국시대의 국왕을 비롯한 지식인들은 불교를 세속적 기복 추구와 충과 효를 앙양시키기 위한 수단으로 인식하였다. 그리고 역사상 한국의 국왕들이 선호한 불전 가운데 인도의 초기불교 관련 전적은 거의 없었으며, 그 대부분은 중국에서 한문으로 번역된 대승불전과 선불교 관련 서적들이었고, 그 시대도 거의 7세기 이후의 것들이었다. 그러나 전통적으로 이 책들에 대한 해석학적 접근은11) 거의 이루어

---

9) 현존하는 불전 목록 중에서 불교를 대승과 소승으로 나눈 가장 오래된 책은『리다이산바오지』(역대삼보기)다(신규탁 1998: 351).

10) 역사서에 불교가 본격적으로 언급되기 시작한 것은『웨이슈』(위서)의「석노지」일 것이다(신규탁 1998: 350).

지지 못했다.

그러나 중국에서 번역된 불전들은 격의 불교 전통을 통해 알 수 있듯이, 중국의 개념 및 사유체계 등이 반영된 결과였으며, 이는 곧 고대 한국의 지식인들이 중국에서 변화된 형태의 불교 지식은 접할 수 있었지만, 부처가 가르친 가르침 자체에는 접근하기 어려웠을 것임을 뜻한다.

인도 대승불교의 2대 철학은 중관학과 유식학이며, 이 전통은 중국에서 화엄종과 법상종으로 자리 잡았다. 그리고 원효와 지눌은 한국불교사에서 2대 철학자로 간주되고 있다. 그러나 이 책에서 검토된 국왕들이 중관학, 유식학 관련 저술이나, 원효와 지눌의 저술을 참고한 문헌적 증거는 없다. 따라서 역사상 한국의 국왕들이 대승불교를 믿고 있었다 하더라도, 이 전통의 주요 철학에 대한 지식을 가지고 있었다고 보기는 힘들다. 또한 그들에 의해 선호된 불전들의 용도도 불교 공부를 위한 교재로서보다는 일반인의 손길이 닿기 힘든 깊은 곳에 보관된 채, 기복 추구의 수단으로 사용되었다.

2) 내용

다양한 불전의 내용들도 부처의 가르침을 그대로 반영하고 있는 것으로 보기는 힘들다. 불경은 제자들의 기억에 의거해 기록된 것이기 때문에, 초기 경전이든 후기 경전이든 모두 부처가 생전에 설한 것이라고는 단정할 수 없으며, 말의 의미도 말하는 자의 의도나 목

---

11) 한국역사상 이러한 접근은 고려시대의 수기에 의해 이루어졌다. 특히 에라스무스(Desiderius Erasmus, 1466~1536)는 세계 최초의 해석학자였는데, 로버트 버스웰(Robert E. Buswell, Jr.)은 수기는 그보다 훨씬 빠른 시기의 해석학자인 동시에 세계 최초의 해석학자라고 주장한다(Buswell 2004: 129).

적, 설하게 된 상황이나 계기 등에 따라 달라질 수 있기 때문이다. 따라서 중요한 것은 그러한 의도, 의취를 파악하는 것이다.

부처 사후 역사적으로 전개된 불교의 정확한 내용을 알기 힘든 경우도 적지 않다. 일례로, 부처의 첫 설법인 "초전법륜"의 기록 시기는 2차 편집회의 때[즉, 부처 사후 100년이 지난 기원 전 3세기경]로 간주되지만, 그 개념은 주석서 이전에는 발견되지 않는다. 현재 우리가 알 수 있는 것도 내용이 아니라, 표제만인 경우도 있다. 즉, 팔정도의 '정'12)이란 단어가 구체적으로 무엇을 의미하는지도 알 수 없는 것(Gombrich 2009: 102-4)은 한 예다.

마찬가지로, 중국불교의 형성에 영향을 미친 중국 고유사상의 근원 문헌들의 내용에 대한 해석학적 분석도 필요하다. 초기의 한국불교는 중국불교의 영향이 컸으며, 중국불교는 중국의 고유사상과 결합되었고, 이들 고유사상의 근원 문헌들인 『샹슈』(상서)와 『스징』(서경) 및 『저우이』(주역)의 내용도 역사적 변형을 겪었기(심재훈 2011: 36) 때문이다.

3) 해석

경전의 내용에 대한 해석의 문제도 크다. 모든 불경은 제자들의 기억에 의거해 기록된 것이기 때문에, 초기 경전이든 후기 경전이든 모두 부처가 생전에 설한 것이라고는 단정할 수 없다(백진순 2010: 1). 일례로, 여성불성불론과 비구니팔경계를 근거로, 불교를 여성에

---

12) 곰브리치에 의하면, 부처도 사회의 승인을 중요시하였으며, 그가 팔정도의 첫 단계로 업설에의 믿음인 바른 견해(sammādiṭṭhi)를 만든 이유도 여기에 있다(Gombrich 2009: 27)고 한다. 그러나 팔정도의 바른 견해가 업설에 대한 믿음이란 곰 브리치의 견해에는 동의하기 어렵다.

대한 억압적 종교로 보는 시각이 있다. 그러나 이는 모든 중생은 불성을 가졌기 때문에 누구나 부처가 될 수 있다는 일체중생 개유불성이란 부처의 평등사상과 생명존중사상에 어긋나는 것이다.

이러한 잘못된 교리가 전해진 이유로 대부분의 불교학자들은 부처 사후 경전 결집 과정에서 당시 인도의 남성우월주위적 입장에서 성차별적 사회분위기가 반영되었거나, 불교가 전파되는 과정에서 중국이나 한국의 전통 가부장제의 영향을 받아 부처의 가르침이 의도적으로 삭제, 왜곡 혹은 축소된 것으로 본다(옥복연 2009: 58-9). 또한 불교 내에서 경전의 말씀을 전승하고자 하는 자들은 그것을 수지 암송하는 데 그치지 않고, 후속적인 해석 작업을 통해 그것의 권위를 엄호하고, 불교의 진리에 대한 독자의 이해를 증진시키고자 한다. 따라서 말의 의미는 말하는 자의 의도나 목적, 설하게 된 상황이나 계기 등에 따라 달라질 수 있기 때문에 그러한 의도, 의취를 파악하는 것이 중요하다(백진순 2010: 1-12).

4) 찬술서

후대의 승단 구성원들은 불전에 대한 후속 해석 작업을 통해 그것의 권위를 엄호하고, 불교의 진리에 대한 독자의 이해를 증진시키고자 하여(백진순 2010: 1-12), 위경이나 새로운 책을 편찬하기도 하였다. 전통 한국불교사를 통해 유행된 불전들 가운데 상당수도 위경인데, 『다청치신룬』, 『런왕징』, 『위엔지에징』, 『잔차징』, 『판왕징』, 『포바오언징』 등은 그러한 예들이다.13) 『런왕징』은 고려의 현종과

---

13) 위경의 민중 교육적 의미에 대해서는 이자평 2011: 93-124 참조.

고종이, 『위엔지에징』은 조선의 세조가, 『포바오언징』은 정조가 특히 좋아한 위경들이었다. 또한 홍포의 수단으로 새로운 책이 지어지기도 하였으며,[14] 유교와 도교와의 연관성 속에서 해석되거나(일연 1993, 105: 11), 『저우이』 등의 세속의 경전이 참조(고승학 2011: 1-11)되기도 하였다.

5) 경전의 기능

독경이나 강경의 기능도 불교 교리 이해가 아니라, 기복 또는 기적 만들기에 있었다. 선덕여왕이 병들었을 때, 승려 밀본으로 하여금 『야오스징』을 읽게 한 결과 병이 완쾌되었다는 기록, 성덕왕(702~37)의 명령에 의한 승려들의 『화옌징』[15] 독경, 승려들이 국왕의 장수, 백성의 안녕, 신하들의 화평, 풍년 등을 기원하기 위해 『디장징』 등의 다양한 경전을 읽은 것(일연 1987: 278), 경덕왕의 고승 대현 및 법해와의 대화 기록(일연 1987: 346-7) 등은 그러한 예들이다. 또한 한국의 세계불교유산에 반영된 약사신앙은 약사불에 의존함으로써 현세적 목표를 달성하려는 것이었다. 그러나 이는 존재에 대한 잘못된 인식과 잘못된 행위를 고침으로써 깨달음 얻기를 목표로 한 약사신앙의 소의 경전인 『야오스징』의 가르침과도 달랐다(김종명 2008: 267-99).

---

14) 일례로, 신라의 안함(578~640)은 참서를 지었다(장휘옥 1991: 208).

15) 『삼국유사』의 「진정사효선쌍미」에 의하면, 신라에서의 『화옌징』신앙은 천도의식과도 관련이 있었다(일연 1993, 184: 7).

(2) 교학

불교도들의 최종 목표는 깨달음을 얻는 데 있으며, 사성제를 포함한 불교의 기본 가르침은 깨달음을 얻기 위한 자력행을 강조하고 있다. 그리고 인도의 아쇼카 왕도 내적 성장과 자아실현 및 종교적 삶의 계발을 강조하였으며, 중국의 타이쫑은 대승불교의 공사상을 잘 이해하고 있었다. 타이쫑의『위즈샤오야오융』(어제소요영) 등을 검토하면, 공사상 등의 불교 교학에 대한 그의 이해가 상당히 정확했음을 알 수 있다(김종명 1998: 259-60).

그러나 전통 한국의 국왕들은 초기불교의 가르침에 대한 이해도 약했으며, 불교 교학의 역사적 변화에 대한 지식도 결여되어 있었다. 특히 그들은 중국화된 불교전통 위의 업설을 바탕으로 기복적 필요성에 따라 불교를 적용시켰으며, 이 전통은 현재까지도 이어지고 있다. 따라서 "한국인들이 불교도가 된 것은 사실이다. 그러나 실제 그들은 불교에 대해 잘 모르고 있으며, 불교란 이름 아래 사실은 불교 수입 이전의 전통신앙을 믿고 있는 것이다"(Leverrier 1972: 39)라는 지적은 여전히 타당한 것으로 생각된다.

4세기 초경 중국에 온 주파야(축법아)는 그의 제자들이 세속의 문헌은 잘 알고 있었으나, 불교 교리에 대해서는 잘 몰랐다[16]고 하였다. 그리고 불교가 중국에 들어온 이후, 윤회와 인과를 설명하기 위해 영혼의 존재를 인정하는 신불멸론도 주장되었는데, 훼이위엔(혜원, 334~416)의『사먼부징왕저룬』(사문불경왕자론)은 그 대표적 논서다.

---

16) 時依門徒並世典有功 未善佛理(「高僧傳」4, T 2060, 50: 347a19-20).

다오셩(도생, 360~434)은 무정불성론의 주창자인데, 그는 일천제를 포함한 모든 중생이 불성을 가지고 있다고 주장한 최초의 중국인이기도 하였다(Sharf 2010: 54-5). 절대적 실체를 부정하는 개념인 무아는 불교의 핵심 개념 중의 하나다. 그러나 이 개념은 중국에서 신 개념으로 변화되어 실체적 개념으로 사용되었다. 지짱처럼, 이러한 견해에 반대한 경우도 있었으나, 5세기 이후의 중국불교에서는 실체적 개념으로서의 신은 구체적으로 전개되고, 7세기 이후에는 대세가 되었는데, 이는 불교 이전의 중국 고유 사상인 도가 사상의 영향을 받은 것이었다(Park 2012: 207-24).

5세기 전반에는 인도 부파의 율장인 4대 광률이 역출되고, 사분율은 북위 때 연구가 시작되어 주로 북동부 일대에 보급되었으며,[17] 수·당대에 이르러서는 계율 연구의 주류가 되었다. 특히 다오쉬엔(도선, 596~667)은 사분율을 집대성함으로써 남산종의 종조로 추앙받았다(이주형 2009: 45). 여래장 사상은 동아시아불교의 핵심 사상 중의 하나다. 이 사상은 인도에서는 수행론 또는 그에 기반한 포교론적 측면에서 전개되었으나, 중국에서는 존재론적 관점에서 이해되었다(박보람 2011: 2-6).

그리고 신이는 초기의 중국 선승들에게도 중국인을 매료시키고 불교나 선의 정착을 가져오는 데 커다란 역할을 하였는데, 훼이자오(혜교, 497~554)가 편찬한 『가오쎵주안』(고승전) 또는 『량가오쎵주안』(양고승전)의 10항목 중에 신이가 포함된 이유도 여기에 있다. 그러나 『가오쎵주안』 이후 다오쉬엔의 『수가오쎵주안』(속고승전),

---

17) 佐藤達玄 1986: 23-37, 이주형 2009: 46에서 재인용.

짠닝(찬영, 921~1022)의『쑹가오썽주안』, 루싱의『다밍가오썽주안』
(대명고승전)(1617) 등에는 훼이자오의 편찬 항목이 그대로 답습되
고 있으나, 신이는 빠져 있는데, 선승들 사이의 신이의 중요성 감소,
불교의 정착 심화, 중국인의 불교에 대한 지적 수준 향상 등이 원인이
었다(황금연 2010: 182-3). 다오쉬엔도 불교의 대중적 홍포를 위하여
불교적 기적인 감통에도 상당한 주의를 기울였다(이주형 2009: 46-7).

리퉁쉬엔(이통현, 635~730)은 음양, 오행 및『저우이』또는『이
징』(역경)에 등장하는 많은 중국 고유의 개념들을 사용하여『화옌징』
에 관한 주석서인『신화옌징룬』(신화엄경론)을 지었는데(Koh 2011:
224-63), 이 책은 한국 선불교의 철학적 기초를 마련한 지눌의 선교
일치론 형성에 큰 영향을 미쳤다.[18] 또한 중국불교는 인도불교에는
없었던 실재론적 자아관도 8~9세기에 만들었다(신규탁 1997: 278-99).
중국 명대의 황제와 승려들도 다양한 경론에 대한 연구를 진행하면서,
선교일치론에 대한 저술들도 지었다(이부키 아츠시 2005: 230-45).

더욱이 신불멸론은 초기불교의 주요 개념 중의 하나인 무아론과
는 배치되는 이론이고, 무정불성론 및 일체성불설은 증명이 어려운
사견일 수 있다. 불교 계율과 교리도 필요에 의해 재해석되었으며,
실재론적 자아관은 무아설과도 배치되는 것이었다. 이러한 전통을
바탕으로 형성된 화엄종, 천태종, 정토종 등의 중국불교 종파들은
한국에 전래되어 7세기에는 원효, 의상, 자장 등에 의한 소위 교학불
교의 황금기를 열게 되었으며, 9세기에는 선종도 한반도에 정착되었다.

이러한 사실들은 중국 불교사상 불교의 교리들이 시대적 필요성

---

18) 이에 대해서는 Shim 1979: 91-110; Keel 1984: 28-32; Shim 1999: 75-97; Buswell 1991:
50-6; 길희성 2001: 58, ff; 심재룡 2004: 51-93 참조.

에 따라 변화되어 왔음을 뜻하며, 중국불교의 영향이 적지 않았던 한국불교 전통도 이 점에서는 예외가 아니라고 할 수 있는데, 한국불교사상 가장 독창적 사상가로 간주되어 온 원효의 『대승기신론별기』에 나타난 여래장 개념도 중국불교 논쟁사의 연장선상에 있었다 (허인섭 1999: 124-68).

그러나 한국불교역사상 가장 큰 영향력을 미친 불교 교리는 업설 (인과설, 인과응보설, 윤회설)이었으며, 수미산우주설, 밀교, 정토 신앙, 선종 등의 중국의 불교전통들도 일정한 역할을 수행하고 있었다.

1) 업설

업설은 행위와 결과 사이의 관계에 대한 이론이며, 인과응보설 또는 윤회업보설이라고도 한다.[19] 부처는 인간의 무명을 타파하여 인류 중생을 일깨우기 위해 업설을 천명하였으며, 그는 자아와 같은 증명할 수 없는 형이상학적 실재를 가정하지 않고 업을 설명했다. 부처는 당시의 다른 사상가들처럼 특정 행위가 특정 결과를 초래한다고 보지는 않았다. 그에 의하면, 업은 행위 자체에 의해서만 결정되지는 않으며, 행위자의 상태, 행위 환경과 같은 다른 요소들도 관계한다. 그리고 그는 후천적 노력에 의해 그 업의 영향력을 어느 정도 변경할 수 있음을 인정함으로써 수양을 강조하고 있다.

그러나 업설에 관한 최초의 문헌 기록은 인도에서 기원전 3세기

---

19) 브라흐만교[Brahmainism]에서는 업은 의례를 의미했으며, 의례는 똥이나 월경 등의 육체와 관련된 부정적인 요소들을 정화시키기 위한 필수적인 것이었다(Gombrich 2009: 34). 그리고 윤회사상은 초기 『우파니샤드』에 처음 나타나며, 가장 오래된 『우파니샤드』는 기원전 7세기 또는 6세기의 산물이다(Gombrich 2009: 29). 업설 관련, 국내외 주요 연구업적으로는 Kalupahana 1975; 舟橋一哉 1981; O'Flaherty 1983; 雲井昭善 1987; Reichenbach 1990; 尹浩眞 1992; 정승석 1999 참조. 고대 한국에서의 업설의 역사와 중요성에 대해서는 Kim 2009a 참조.

에 나타나며, 기원전 1~2세기의 인도 비명에 의하면, 승려와 재가자들도 기복의 목적으로 공양을 하였다(Schopen 1997: 5-7). 따라서 업설이 기복적 목적을 위해 기능한 역사는 부처 사후 200여 년 이후부터 시작되었다고 볼 수 있다.

안스가오는 중국에 업설을 처음 전파한 승려였으며, 썽자오(승조, 384~414)와 훼이위엔도 중국불교계에 업과 윤회의 개념을 소개한 인물들이었다. 썽자오는 그의 「우부첸론」(무불천론) 등을 통해 불교를 중국화하는 데 크게 기여하였으며(이병욱 2011: 51), 훼이위엔은 「사먼부징왕저론」을 통해 윤회와 인과를 설명하기 위해 영혼의 존재를 인정한 신불멸론을 주장하였다.[20]

그러나 불교가 중국에 전래되면서 업설은 중국의 전통적인 조상숭배사상 또는 효사상과 결합되었으며, 출가생활을 고수하려던 중국의 승려들은 효사상 사회에서 공격을 받게 되었다. 그 결과 중국불교계에서 효 개념은 인도불교계에서보다 더욱 중요한 위치를 차지하게 되었으며, 그 이유는 두 가지였다. 한 가지는 효사상이 정치적 중요성을 띠었기 때문이며, 다른 한 가지는 효는 사회적으로 최고의 윤리 덕목으로 간주되었기 때문이다(김종명 2001: 226-9).

업사상과 결합된 중국의 조상숭배사상은 한국에도 전해졌으며, 4세기 중반 한국에 불교가 소개된 이래, 이 사상은 그 이후 전개된 불사의 사상적 배경이 되었다. 그리고 한국에서 더욱 중요시된 것은 인간 의지의 중요성을 강조한 업설을 포함한 불교 가르침 자체보다는 전통적인 조상숭배사상이었다(김종명 2001: 229-38). 한국 국왕들의

---

20) 末木文美士 2006: 96-100, 김용태 2010b: 310에서 재인용.

업설 이해 또한 여기서 벗어나지 않았다. 국왕들의 인과설에 대한 이해는 초기 불교의 인생관에 바탕을 둔 것은 아니었으며, 중국의 정치적·사회적 환경과 결합하였던 중국불교의 전통 위에 서 있었다. 4세기 중반 한국에 불교가 처음 소개된 이래, 이 사상은 그 이후 전개된 다양한 형태의 불사들의 사상적 배경이 되었다. 그러나 전통 시대 한국인의 업설에 대한 이해는 초기 불교의 가르침에 바탕을 둔 것이 아니라, 중국화된 불교의 전통 위에 서 있었다. 안스가오는 중국에, 슌다오는 한국에(장휘옥 1991: 131) 이 설을 전파한 승려들이 었다. 이 연구의 주요 자료들에서도 업설과 관련된 기록은 상당히 많이 등장한다. 그 시기도 불교 초전부터며, 그 내용 또한 다양하다. 사회적 계층 또한 국왕, 왕족, 관리를 포함하여 다양하였으며,21) 업설에 대한 믿음은 삼국시대 이래 고려와 조선을 거쳐 현대에까지도 이어지고 있다.22)

초기불교 전공자며, 영국 옥스퍼드(Oxford)대학교의 명예교수인 리처드 곰브리치(Richard Gombrich)는 부처의 업설을 긍정적으로 평가하고 있다. 그에 따르면, 업설은 부처의 중심 사상이며,23) 부처의 다른 기본 가르침을 지탱하는 연결고리다(Gombrich 2009: 11). 또한 그는 부처가 이 업설을 통해 인류사의 가장 뛰어나면서도 독창

---

21) 왕(장휘옥 1991: 209), 왕족(일연 1993, 138: 1-2), 승려(장휘옥 1991: 145), 일반인(김부식, 하, 1986: 386a12-14).

22) 업설에 대한 높은 관심은 고려시대에도 이어졌을 뿐 아니라, 조선시대의 대표적 학자 퇴계(윤천근 1995: 148-50)와 한말의 개혁가들이었던 김옥균(1851~93)과 서광범(1859~97)도 불교의 윤회설을 믿었다(Lew 2008: 72-7). 현대 한국의 상당 수 불자들이 불교를 믿는 이유도 이 업설에 바탕을 두고 있다고 생각된다. 그리고 한국 근대의 불교개혁가인 한용운(1879~1944)에게도 큰 사상적 영향을 미친 중국의 사상가 량치차오(1873~1929)는 정신의 영원성과 그것의 훈습을 인정하였으며, 업설을 믿었다(김제란 2010: 17).

23) 곰브리치는 '무아'와 '업'을 불교의 가장 중요한 개념으로 간주한다. 그는 또 무아 개념을 불교의 가장 특징적인 가르침으로 보고, 그것과 업설과의 관련성을 강조한다(Gombrich 2009: 16).

적인 사상가 중의 한 명이 되었으며, 인류 문명사에서도 거보를 내디딘 것(Gombrich 2009: 195)이라고도 하였다.

그러나 곰브리치의 주장처럼, 업설을 부처의 기본 가르침으로 볼 수 있을지는 의문이다. 곰브리치는 불경을 해석할 때, 처음으로 해야 할 일은 그것에 대한 주석서의 견해며, 부처의 설법과 율에 대한 주석은 모두 5세기 스리랑카에서 활동한 붇다고샤(Buddhaghoṣa)의 것(Gombrich 2009: 105)이라고 주장한다. 그렇다면, 문제는 붇다고샤의 주장을 액면 그대로 믿을 수 있을 것인가 하는 점이다. 또한 곰브리치에 의하면, 고대와 근대의 주석들은 불교 전통을 동질화시킨 특징을 가지고 있는데, 그 이유는 성인이 자신의 마음을 바꿨으리란 사실을 사람들이 잘 받아들이려 하지 않기 때문(Gombrich 2009: 108)이라고 하였다. 사실이 그렇다면, 주석의 내용들도 액면 그대로 받아들일 수만은 없을 것이다.

부처의 시대와 붇다고샤의 시대가 거의 천 년의 간격을 가지고 있다는 점도 중요하다. 불교사상도 시대적 변화를 보였기 때문이다. 더욱이 곰브리치 역시 주석들도 문제점을 가지고 있으며, 그것은 범어화, 극도의 문자주의, 베다 전통의 무시(Gombrich 2009: 107)라고 하고 있다. 또 다른 문제는 선인선과 악인악과로 요약되는 업설의 내용은 객관적 증명이 어렵기 때문에 형이상학적 논쟁에 대한 과도한 집착을 경고하는 십사무기설의 정신과도 어긋난다는 점이다.

부처가 윤회를 전제로 설법을 했으며(이거룡 2011: 20-6), 업보윤회설을 현대사회의 긍정적 윤리(박경준 2011: 163-93) 또는 추체험으로 보는 시각도 있다. 서정형은 윤회가 티베트불교, 동북아불교, 남방불교에서도 유사한 형태로 설명되기 때문에, 윤회를 추체험으로 보면서 윤회의 메커니즘을 방편설로 보지 않는다. 그리고 이러한 관점에서 그는 부처와 역대 선지식들이 주장한 대로 윤회를 객관적인 현상으로 수용한다. 그러나 그의 이러한 견해는 스스로가 "윤회설이란 가설이다"라고 한 점과 모순된다. 또한 그는 "부처가 40여 년간의 설법에서 취한 태도로 보아 스스로 관찰하고 확인한 사실이 아닌 어떤 주장을 단지 유용하다는 이유에서 설했다고는 보지 않는다"고 주장하지만, "부처가 40여 년간의 설법에서 취한 태도"가 무엇이며, 그 근거는 또한 무엇인지에 대한 설명은 하지 않고 있다. 또한 그는 부처가 자아(ātman)를 부정하고 윤회를 긍정하였다(서정형 2003: 138-47)고도 주장하지만, 이 주장에 대한 근거도 명시하지 않고 있다. 따라서 그의 윤회 긍정설에는 동의할 수 없다.

대신, 나는 업보윤회설도 지식수준이 낮았던 일반인을 비롯한[24) 다양한 근기의 사람들을 포용하기 위한 방편설로 해석되는 것이 타당하다고 생각한다. 이와 관련, 서정형도 발레리 푸생(L. deLaVallee- Poussin)은 무아이론을 인간의 욕망 제거를 위한 방편설로 보았으며, 이에 대해 이의를 제기한 학자는 없었다(서정형 2003: 147)고 하였다. 또한 고대 한국 관리들의 불교 교리 이해도 전통에 대한 무조건적 믿음과 사상적 고착성의 산물로 간주된다.

불교철학적 관점에서 업설은 형이상학에 해당하여, 인간의 인식 범위를 벗어나는 것이며, 불교의 무아설과 십사무기설에도 배치된다. 특히 부처의 제자들이 부처에게 우주의 성격 등을 포함한 14가

---

24) 이러한 전통은 근현대 한국에도 이어진 것으로 보이는데, 일제 강점기(1910~45)의 기독교 지도자들과 1970년대 새마을 운동 당시의 정치 지도자들은 당시의 민중과 농민들을 무식자들로 간주하였다(양현혜 2008: 116).

지 형이상학적 질문을 하였을 때, 그는 대답 대신 침묵하였는데, 그의 침묵의 의미는 그가 추상적 논의에 시간을 소모하지 말고, 구체적 현실에 대한 바른 이해를 강조한 데 있었으며, 같은 견해를 보인 동아시아의 지식인들도 있었다.

7세기 중국의 선승들도 사후의 극락을 하근기인들을 위한 방편설로 간주하고, 그 설을 부정하였다(이부키 아츠시 2005: 66). 고려 말의 이색(1328~96)은 "승려들이 세상에서 존경받은 지는 오래되었다. 인과설이나 죄복설은 그 말단이다"(이진오 2009: 47)[25]라고 하면서, 업설을 비판하였다. 무부무군과 같은 유교질서의 파괴와 더불어 화복설과 천당지옥설은 조선의 성리학자들이 불교를 비판한 주요 논거였다(부남철 2003: 60). 조선의 성리학자들의 불교 이해는 깊지 않았을 뿐 아니라, 오히려 오해한 측면이 많았음을 고려하더라도, 그들의 업설 비판 자체는 일리가 있다. 따라서 기복불교의 이론적 근거로 작용한 업설은 방편설로 해석되는 것이 철학적으로도 타당성을 지닌다.

업설의 역사적 의미에 대해서는 권선징악의 도덕률 강조, 신라의 골품제도 뒷받침, 윤리의식 진작(김상현 1999: 278) 등과 같은 다양한 해석들이 도출되었다. 그러나 업설의 역사적 의미는 오히려 그것이 고대 이래 한국인의 주류 불교관이 되었다는 점에서 찾을 수 있다.

전통시대 이래 한국인의 업설에 대한 이해는 초기 불교의 가르침에 바탕을 둔 것이 아니라, 중국화된 불교의 전통 위에 서 있었다. 따라서 불교의 업설은 자력 구원을 강조한 반면, 한국불교사상의 불

---

25) 浮屠氏重於世久矣 徒以因果罪福者其末也(이진오 2009: 50).

사들은 조상신과 부처의 자비라는 타력 구원을 지향하고 있었다. 한
국의 세계불교유산에 반영된 업설도 인간 의지의 중요성을 강조한
업설의 의미를 반영하기보다는 전통적 조상숭배사상의 불교란 틀을
통해 표현된 것으로 파악된다(김종명 2008: 333).[26]

2) 수미산우주설

수미산우주설은 방편설이며, 초기불교의 우주관은 십이처설로 대
표된다.[27] 그러나 동아시아에서 유행하였던 우주관은 수미산우주설
이었다.

경덕왕대의 산물인 석불사(석굴암)에 반영된 불교사상은 수미산
우주설이었으며(김종명 2008: 187-9), 이를 반영한 그림으로는 11세
기의 「지광국사 현묘 탑비」의 수미산도와 1334년에 제작된 『대방광
불화엄경』권15 「현수품」의 변상도의 수미산도 등이 있다(노장서
2011: 34-5). 또한 고종의 명을 받아 이규보가 작성한 「대장각판 군
신 기고문」에도 수미산우주설과 관련된 삼십삼천이란 개념이 등장
한다. 따라서 신라 이래 고려에 이르기까지 수미산우주설은 인식되
고 있었을 것으로 생각된다.

수미산도는 한국뿐 아니라, 중앙아시아, 태국, 중국, 일본에서도
발견되는데,[28] 특히 남방불교를 대표하는 태국의 경우도 수미산우주
론은 적어도 14세기 이후 큰 영향력을 발휘해 왔다. 태국 쑤코타이

---

26) 업설의 내용, 특징, 한국적 전개에 대해서는 김종명 2008: 328-35 참조.

27) 동서양의 세계관 및 불교의 우주관에 대해서는 김종명 2008: 169-89 참조.

28) 동북아의 수미산도는 노사나불의 법계상의 형태로 많이 나타나고, 동남아의 수미산도는
부처불의 형태로 나타난다. 특히, 태국의 수미산도에는 욕계 6천 중 도리천과 사대왕천만 묘사되
는 것이 일반적이며, 특히 도리천의 모습이 강조되고 있다(노장서 2011: 12-37).

(Sukhothai) 왕국(1238~1378)의 제6대왕인 프야리타이(Phya Lithai, 1347~78)는 『뜨라이푸미까타』(Traibhumikatha, 1345)를 지었는데, 이 책에는 수미산우주설로 대표 되는 태국 불교의 우주론이 집대성 되어 있다.[29]

한국의 국왕들이 이해한 수미산우주설은 방편설이었다. 역사상 불교가 성행하던 지역에서 가장 인기 있었던 우주론은 수미산우주설이었으나, 수미산우주설은 고대 인도인들의 이상향과 신화를 참선의 보조 수단으로 재구성한 것이며, 공간적 실재를 의미한 것은 아니다. 수많은 우주설이 가장 특징적으로 전개된 것은 룽수(용수, Nāgārjuna, 150?~250?)의 『다즈두룬』(대지도론, Mahā-prajñāpāramitā-śāstra)에서였다. 그러나 상좌부와 대승불교 전통에서 전개된 수천 개 혹은 수많은 우주론들은 논리를 갖춘 설들은 아니며, 어떤 학자들은 그러한 설들을 '쓰레기'라고까지 혹평하였다.

사실, 이 설들은 신이나 우주의 원리와 같은 형이상학적 논쟁 전개를 반대한 불교의 십사무기설과 초기불교의 우주론인 십이처설과도 논리적으로 맞지 않는다. 또한 부처 스스로도 그의 가르침을 진리 그 자체로서가 아니라 세속에서 해탈로 이끄는 뗏목에 비유하였을 뿐 아니라, 그의 가르침을 듣는 이들의 다양한 정신적 능력을 고려하여 여러 가지 방편설을 교육방법론으로 사용하였다. 따라서 수

---

29) 이 책은 『뜨라이품프라루엉』 또는 『뜨라이품』으로도 알려져 있으며, 태국 역사상 가장 영향력 있는 문헌 중의 하나다. 이 책의 내용은 불교의 육도윤회설에 대한 서술로 이루어져 있으며, 윤회의 사슬을 벗어나는 것은 열반(nirvāṇa)임을 강조하고 있다. 영어로 이 책을 번역한 레이놀즈(Reynolds)에 의하면, 프야리타이는 그의 어머니를 위해 불법을 전할 목적으로 이 책을 지었으며, 최소한의 종교적 지식을 가진 자들에게 불교의 심오한 교리를 효과적으로 설명하기 위해 우주론을 선택했다고 한다. 이 책은 태국 역사를 통틀어 태국인들의 종교의식, 문학적·예술적 발전 및 사회적·윤리적 태도에 큰 영향을 미쳤으며, 불교뿐 아니라, 역사적·인류학적 관점에서도 태국어로 지어진 가장 중요하고 매력적인 문헌이라고 평가된다(노장서 2011: 12-5).

미산우주설은 이러한 교육방법론의 또 다른 형태의 전개였다고 할 수 있다.

수미산우주설에 나타난 육도윤회의 개념도 인생을 통해 다양한 어려움을 겪으며 살아가는 인간 존재들의 마음 상태에 대한 상징적 표현이었다. 이 설에 의하면, 인간은 낮은 단계인 욕계에 속하는데, 이는 수행을 통한 이상적 성격 형성이 중요함을 의미한다(김종명 2008: 182-3). 그러나 한국의 국왕들이 이해한 삼십삼천은 공덕을 주는 존재로만 나타나고 있다. 따라서 그들은 과학과도 상보적 역할이 가능한 합리적 인식론이며, 초기불교의 우주관인 십이처설에 대한 이해는 결하고 있었다.

3) 밀교

신라의 명랑(fl. 7세기 중엽)의 예에서처럼, 밀교는 삼국시대 이래 유행한 불교 전통 중의 하나였으며, 『재조고려대장경』에 입장된 불전들 중 상당수도 밀교 경전이었다.[30] 원래 밀교는 인간의 모든 행위 범주인 신·구·의 삼업의 청정화를 통해 깨달음 얻기를 핵심으로 하는 가르침이었다.

그러나 5~6세기 인도에서 밀교의 본격적인 등장과 함께, 부처는 보이지 않는 세계의 원리를 형상화한 신과 같이 받아들여졌으며(이주형 2004: 149), 한국 역사상 전개된 밀교도 기적 또는 기복의 수단으로 간주되었다. 이러한 예는 티베트에서도 발견되는데, 티베트

---

30) 『재조고려대장경』이 제작되던 시기의 고려에서는 범자로 이루어진 다수의 진언이 현존하고 있어, 실담범자가 일반적으로 사용되고 있었던 것을 알 수 있다(이태승 2011: 315). 한국 밀교에 대한 연구업적들에 대해서는 김종명 2008: 235-6 참조.

의『구 날탕판 대장경』의 내용이 신비성을 강조한 밀교로 구성된 것은 군사 대국을 지향한 정복 왕조였던 얄룽 왕조가 반대파인 뵌교보다 강력한 신통을 얻기 위한 결과였다. 그러나 이러한 전통은 교학의 후퇴를 불러 왔다(신상환 2011: 187-90).

4) 정토신앙

정토신앙은 중국의 한 불교신앙 형태였으며, 중국의 정토 신앙은 삼국시대 이래 한국에 전래되어, 한국불교의 주요 전통이 되었다. 특히 정토왕생은 4세기 이후 현재까지 한국에서 전개된 기복종교로서의 불교가 가진 중요 기능이 되어 왔다. 방편사상과 자비 등의 교의가 아미타불의 구제사상으로 발전하기 시작한 것은 룽수의『다즈두룬』이었다.

정토신앙은 중국 남조 불교의 주도적 신앙이었으며, 정토신앙 관련 주요 경전의 체계적 소개가 이루어지고, 정토신앙이 유행한 시기는 위진남북조시기였는데, 이 경전들에서는 불국토의 실재성에 대한 논의, 즉, 타방정토설에 초점을 두었다. 중국의 정토신앙은 특히 다오쉬엔에서 시작되어 샨다오(선도, 613~81)에 의해 고조되었다(김성순 2011: 214-7).

당대에 이르러 정토사상은 크게 번성하여, 많은 명승들이 정토사상에 관심을 두었다. 중국 역경사상 가장 중요한 인물 중의 한 명인 쉬엔짱(현장, c. 596~664)은[31] 미륵보살의 거처인 도솔천 왕생을 소원하였으며(이종철 2008: 128), 삼론학의 지짱(길장, 549~628),

---

31) 동아시아 역경사는 구마라지바 이전을 고역시대, 그 이후부터 쉬엔짱 이전을 구역시대, 쉬엔짱 이후를 신역시대로 나눈다(신규탁 1998: 343).

천태종의 지이(지의, 538~97)를 비롯하여 법상종의 초조인 퀘이츠 (규기, 632~82)에 이르기까지 중국의 불교학자 대부분이 정토사상 에 관심을 두었다(한명숙 2011: 175-6). 중당 이후의 중국불교에서 는 이러한 외재적 정토의 개념에 변화가 나타나서 유심정토관이 나 타나게 되는데,[32) 유심정토설의 형성에는 선불교의 공헌이 컸다(김 성순 2011: 218). 한국 불교사상 전개된 정토의 형태는 내세정토와 유심정토로 요약되지만,[33) 국왕들의 관심은 전자에 있었으며, 그 대 표적인 예는 신라의 선덕여왕에게서 발견할 수 있다. 그리고 현행 예불문을 통한 불자들의 정토 이해도 내세정토에 초점이 두어져 있 다.[34) 그러나 이 정토신앙도 역사적 산물이며, 방편설이다. 그리고 불교 철학적 측면에서도 내세정토는 증명될 수 없는 것이다. 정토사 상의 진정한 의미는 더 나은 내세 지향에 있는 것이 아니라, 현세에 서의 바른 인식을 바탕으로 한 바른 삶 살이를 강조한 데 있다(김종 명 2008: 355-62).

5) 선사상

선종은 참선에 의한 직관을 통해 깨달음－존재에 대한 인식 전환·[35) 얻기를 모색하는 불교 종파다. 참선 자체는 고대 인도에서도 있었으나,

---

32) 중국 명 말의 대표적 사상가인 리즈(이지, 1527~1602)는 『진강징』(금강경)에 심취하였으 며(Lee 2012: 52), 그의 대표 저술 중의 하나인 『펀슈』(분서)에서는 참된 마음, 염불과 독경, 계 율 준수, 출가의 의미 숙지, 사원생활의 실천, 형상으로서의 불상보다 내면적 증험과 함께 서방정 토 왕생의 의미를 강조하였다(이정수 2005: 95-121).

33) 불국사 극락전의 불상은 현세정토를 표상하고 있으며(김종명 2008: 341), 13세기 고려의 원묘요세의 백련사에서는 유심정토 수행을 하였다(김성순 2011: 220).

34) 한용운은 의의 있는 것은 법공양이며, 음식 공양이 아니라고 주장하였는데, 그의 주장을 불 교사상면에서 볼 때는 선종 위주 및 밀교와 염불의 배격이라 할 수 있다(홍윤식 1988: 328-31).

35) 한국불교사상 전개된 '깨달음'의 의미에 대해서는 김종명 2005: 609-38 참조.

불교종파로서의 선종은 중국의 산물이다. 선종 이전까지의 깨달음을 얻기 위한 일반적 수단은 불경의 이해를 통해서였다. 그러나 선종은 문자의 한계성에 착안하여, 교학보다는 참선을 깨달음의 방법론으로 택하였으며, "교외별전", "불립문자", "직지인심", "견성성불" 등은 이 종파의 가르침을 대표하는 개념들로 인식되어 왔다. 그러나 역사적 전개와 함께, 선종의 정체성도 변하였다.

선종이 한반도에 정착된 것은 9세기였으며, 이 당시부터 선승들은 주술사로서도 활동하였다. 이는 중국과 일본에서 불교가 성공한 이유는 불교가 가진 철학적 수월성보다는 불교가 '힘'(power)을 얻는 수단으로 간주되었기 때문인데, 참선까지도 그 한 예(Faure 1996: 75)였던 것과 그 궤를 같이하는 것이다. 그러나 이는 자주성과 자율성을 강조하는 선종의 정신과는 배치되는 행위였으며, 중국 송대의 예는 이를 잘 보여준다. 중국 송대에는 황제의 장수와 국가의 평화를 기원한 의례가 선종 사찰의 일상사가 되었고, 선승들도 유교와 선종 및 삼교일치를 주창했다. 그러나 이러한 행위는 자존의 정신을 핵심으로 삼고 있던 선종의 사상적 자살에 해당되는 것이었다(이부키 아츠시 2005: 147-8). 전통 한국의 선사상계 역시 이러한 비판에서 자유로울 수 없을 것으로 보인다.

한국의 선사상계는 임제종을 정통으로 인정해 왔다. 그러나 한국에 전해진 임제종의 사상은 개창조인 린지의 사상과도 달랐다. 그 이유는 임제종이 린지로부터 직접 전달된 것이 아니라, 그 후대의 여러 문인들을 통해 전해졌기 때문이다. 한국에서 유행한 선 수행법도 린지의 수행법과는 달랐는데, 그 이유는 한국에서는 지눌이 『다훼이위루』(대혜어록)를 바탕으로 한 간화선을 소개한 후, 그것이 수행법의 중심이 되었기 때문이다. 또한 임제종과 관련된 중국 승려의 저작물이 국내에 소개된 것은 경한(1299~1375), 태고(1301~82), 나옹(1320~76) 등이 중국에서 임제종을 전수받고 돌아온 한참 후의 일이다. 더욱이 임제종이 한국에 전파된 것은 조선 초에 와서야 이루어졌다(직지 2002: 77)는 주장도 제기되고 있다. 따라서 한국 역사상 전개된 선종도 그 내용, 법통, 수행법, 역사 등의 면에서 초기 선종의 취지와는 상당한 거리가 있는 셈이다.

요약하면, 전통 한국 국왕들의 법보에 대한 인식은 초기불교의 가르침과는 여러모로 달랐다. 그러나 역사상 현존하는 불전들은 그 편집 또는 찬술 연대, 내용의 정확성, 내용에 대한 해석 및 위경 등의 문제가 있다. 불전도 기복의 한 수단 또는 숭배의 대상이었으며, 불교 공부를 위한 교재로서 기능한 것은 아니었다. 많은 불사의 이론적 배경이 된 업설도 방편설이며, 그 의미도 불교 원래의 의미인 인간 의지의 중요성을 강조한 것이 아니라, 조상숭배 사상 등의 중국의 사유체계를 반영한 것이었다. 우주관의 경우도 다르지 않았는데, 초기불교의 우주관은 십이처설이지만, 역사상 한국불교를 통해 표현된 불교 우주관은 방편설인 수미산우주설이었으며, 더욱이 정치적으로는 중국의 사유체계인 천견재이설을 바탕으로 하고 있었다.

삼국시대 이래 고려의 고종 등에 이르기까지 한국의 국왕들은 신통을 강조한 밀교에도 상당한 관심을 가졌으나, 이러한 전통은 교학의 후퇴를 불러오기도 하였다. 정토왕생도 국왕들의 관심사였으나, 불교철학적 측면에서 내세정토는 증명될 수 없는 것이며, 한국에서 유행한 선종도 그 내용, 법통, 수행법, 역사 등의 면에서 초기 선종의 취지와는 상당한 거리가 있는 것이었다. 따라서 한국 국왕들의 법보관이 초기불교의 취지와는 다르게 형성된 원인과 과정 등에 대한 추후 연구가 필요할 것으로 판단된다.

4. 승보관 평가

불교는 불성에 바탕을 둔 인간의 평등성을 주창하였다(윤종갑 2011: 253).[36) 따라서 승려는 이러한 불교의 정신에 따라 인생을 살기로 맹세한 수행자를 뜻한다. 그러나 한국 역사상 승려들은 수행자로서만이 아니라, 다양한 방면의 정치적 활동도 하였으며, 특히 국왕들은 고승들을 주술사로 활용하였다.

승려들도 일반적으로 칭신하면서, 왕실의 요구에 영합한 것으로 나타나는데, 중국의 다오안, 포투청, 푸디류즈(보리류지, d. 727)(남동신 2005: 102), 신라의 원광, 고려의 이엄, 조선의 보우 등은 대표적인 예들이었다. 그러나 초기불교의 승단 정신에 비추어 볼 때, 역사상 고승들의 친왕적 또는 친국가적 행위를 긍정적으로 평가할 수만은 없다.

물론, 불교사상 모든 승려들이 국가 권력과 영합한 것은 아니었다. 중국의 경우, 불교가 소개된 후, 4세기까지는 세속 정치권에 대한 승단의 독립성 확보를 위한 일정한 노력이 있었는데, 훼이위엔의 『사먼부징왕저룬』은 그 한 증거였다.[37) 훼이위엔은 재가자와 출가자를 명확하게 구분하고, 재가자는 왕권의 영향 아래 있지만, 출가

---

36) 불교에서의 평등과 차별에 대해서는 윤종갑 2010: 184-5 참조.
37) 중국의 사문예경 논쟁에 대해서는 김진무 2010: 66-9 참조.

자는 왕권과는 무관함을 주장하였다. 그 논의 가운데 육신의 생존 문제가 중요 의제로 등장하였는데, 그는 생존 문제가 재가자에게는 중요한 사안이지만, 출가자에게는 생존은 윤회의 한 고리에 불과하므로 그렇지 않다고 하였다. 그리고 승려가 추구하는 것은 세속적 왕권이 아니라, 깨달음을 얻어 부처가 되는 것이므로, 그 지향하는 바가 재가자와 같지도 않기 때문에 재가자와 출가자를 동일 지평에 놓으려고 하는 것은 온당한 처사가 아니란 것이 훼이위엔의 논지였다(최정규 2004: 1-5).

다오쉬엔도 세속 권력에 대하여 불교교단의 자율성을 주장하였으며(이주형 2009: 46-7), 이징(의정, 635-713)도 정치권과 일정한 간격을 유지하면서, 세속 권력에 기생하는 당대의 승단을 신랄하게 비판하였다. 또한 나가르주나는 스승이란 기적이나 자비에 의해서가 아니라, 진리에 의해 중생을 구하는 사람이라고 하였다(이종철 2008: 141-50). 그리고 오월의 치엔추왕(전숙왕, 947~78)[38]의 후원을 받은 한 승려는 왕에게 전쟁에서 수많은 생명을 살해한 것에 대한 참회로서 아쇼카 왕의 훌륭한 행위를 본받으라는 조언도 하였다(Shi 2011: 487).

그러나 중국에서도 5세기가 되자 왕을 부처나 보살과 동일시한 현상이 나타났다. 오월의 통치자들이 국가를 건설하기 위해 불교 자원에 기민하게 접근했다면, 불교 지도자들 또한 사회, 정치적인 혼란기에 그들의 종교를 영속시키고 강화하기 위한 기회와 성과를 얻어 낼 수 있기를 간절히 바랐다(Shi 2011: 490).

---

38) 이현종(2005: 124)은 948~78로 본다.

중국 불교사상 처음으로 왕을 부처와 동일시한 견해를 분명하게 피력한 사람은 승려 파구오(법과)였으며, 그는 419년에 북위(386~534)의 밍위안디(명원제, 409~23)를[39] 여래라고 하였다. 567년에는 웨이위엔충(위원숭)도 북주(556~581)의 군주가 살아 있는 여래라고 주장하였으며, 수나라(581~618)의 원디(581~604)를 사람들은 천자보살로 불렀다(Farquhar 1978: 9-11).[40]

따라서 인도에서 독립적 지위를 누렸던 불교계는 중국에 들어와 남북조를 거치며 견제를 받기 시작하여 수·당대에는 완전히 국가권력에 예속되었는데, 그 대표적인 예가 승려의 칭신이었다. 짠닝(찬녕, 919~1001)은 훼이닝의 손제자인 밍샹(명상) 또는 훼이샹(혜상)이 760년에 처음 칭신하였다고 비난하였는데, 승려의 칭신은 비불교적이며, 지극히 중국적인 국가관의 산물이었다(남동신 2005: 102).

전기한 것처럼, 중국의 승단은 국가로부터의 독립성 확보를 위한 나름대로의 노력을 전개하였다. 그러나 한국의 경우 이러한 쟁론은 일어나지 않았다(최정규 2004: 5). 7세기 초 신라의 원광이 진평왕으로부터 「걸사표」작성 요청을 받았을 때, 그가 왕의 땅에서 산다는 이유로 응한 점은 그가 스스로 칭신을 하지는 않았다 하더라도, 칭신에 해당하는 인식은 가지고 있었던 것으로 생각된다.

그러나 한국불교사에서 세속의 군주가 승려에게 절하고 국사로 우대한 것은 흥덕왕대(826~36)의 홍척(?~?)에서 비롯되었으며, 국사제도는 신라 하대에 뿌리를 내렸는데, 이는 중국에서도 유례를 찾

---

39) 파르쿠하르(Farquhar)는 밍위안디 대신 타이쭈라 하였으나, 북위에는 타이쭈란 명칭의 황제는 없었다. 따라서 그가 의미한 타이쭈는 밍위안디(이현종 2005: 36, 123)를 뜻한 것으로 보인다.

40) 그러나 중국에서는 승려나 측근들이 군주를 부처로 찬미하였지, 군주 스스로가 부처로 자처하지는 않았다(남동신 2005: 86).

기 어려운 독특한 예였다(남동신 2005: 88-96). 그리고 신라의 행적(832~916)이 870년 중국 당나라에 가서 황제 이쭙(의종, 860~73)을 만났을 때까지도 칭신은 하지 않았다.

　한국에서 칭신 전통이 나타난 것은 9세기 후반이었다. 현존 자료상, 한국에서의 칭신은 886년이 최초며(남동신 2005: 104), 선승으로서 최초로 칭신한 예는 윤다(864~945)였다. 긍양(878~956)은 세속 군주들과의 만남에 적극적이었는데, 긍양의 비문에서는 칭신이 등장하며, 이는 승단이 세속권력에 예속되어 가던 시대 상황을 반영하고 있다. 혜거국사(899~974)는 그가 왕사였을 때, 칭신하였다. 따라서 9세기 말 하급 승려의 칭신 이후 반세기 만에 왕사까지 칭신하였으며, 늦어도 10세기 중반에는 모든 승려들이 칭신한 것으로 추정된다(남동신 2005: 104-6).[41]

　고려시대의 태조는 보살계를 받고, 스스로를 보살계제자로 칭하였다. 그러나 태조를 도운 선승들 가운데 상당수는 국사, 왕사들이었음에도 그들은 스스로를 신하로 간주하였으며, 이는 태조 이후의 고려조를 이어 조선조까지의 전통이었다. 근대 일본의 승단과 학계에서도 비슷한 현상은 발견된다. 특히 메이지 유신 이후의 일본 불교계는 국가 정책에 철저히 영합하였을 뿐 아니라, 1930년대 이후에는 적극적으로 협조하기도 하였다. 소수의 승려들을 제외하면, 대부분의 승려들도 같은 경향을 보였는데, 그들은 전장에서의 죽음을 무아 개념 등을 통해 정당화하고, 군주에 대한 절대적 충성을 강조하였다.

---

　41) 고려 후기에 왕사나 국사는 칭신을 하지 않았는데, 이는 국왕의 명령에 의한 것이었다. 이는 국왕이 불교교단에 대한 전권을 가지고 있었음을 뜻한다(남동신 2005: 106).

사실, 근대 일본의 초기부터 승려들은 자신들의 생존과 특권과 번영을 위해, 사자 추천의 장식불교에 전념하고, 군주에 대한 충성을 당연시하면서, 불교 수행적 삶과는 거리가 있는 삶을 살았으며, 불교 계율에도 구애되지 않았다. 그러나 이러한 사실들은 제국주의 일본에서 승려는 누구였으며, 그들에게 불교는 무엇이었던가 하는 의문을 남긴다(허남린 2012: 81-99).

그리고 이노우에 엔료(정상 원료, 1816-97)는 사회진화론을 불교와 융합시켜 일본 근대불교의 새로운 방향을 모색한 대표적 인물이었다. 그는 한국, 중국, 일본의 삼국에서 제일 먼저 사회진화론 수용을 적극적으로 실행한 인물이었으며, 그의 영향은 중국의 량치차오(양계초, 1873~1929)와 한국의 한용운(1879~1944)에게도 미쳤다. 이노우에는 "나는 학자의 위치에 있는 사람은 호국을 위하여 진리를 사랑해야 한다고 생각한다"(김제란 2010: 7-10)고 하여, 학문을 정치적 수단으로도 간주하였다. 근대 일본 불교계의 이러한 전통은 식민시기(1910~45) 한국에도 이어졌으며, 현대 한국의 승단과 불교학계도 이 전통에서 여전히 자유롭지 못한 상태에 있는 것으로 보이는데, "호국불교" 개념 강조는 그 대표적인 예에 해당한다.

군대의 목표는 전쟁 방지에 있으며, 전쟁은 살생을 수반한다. 반면, 불교 계율의 첫째 항목은 불살생이다. 그러나 한국 역사상 삼국시대부터 고려를 거쳐 조선시대까지 승군도 존재하였다. 당나라의 타이쭝이 고구려를 침범하였을 때, 고구려는 승군 3만 명을 징발하여 당나라 군사를 격퇴하였으며,[42] 고려의 최영(1316~88)은 전함을

---

42) 唐 太宗 征本國 本國發僧軍(『고려사』113: 45a4).

건조하기 위해 승도들을 모집하였다.[43] 그리고 조선의 서산대사 휴정은 임진왜란 당시 승병을 모아 전과를 올려, 당시의 국왕 선조 (1567~1608)와 유신들로부터 인정을 받았으며, 후대의 정조도 휴정의 군사적 측면의 공헌을 칭찬하였다. 이러한 전통은 민주국가인 현대의 대한민국에서도 이어지고 있는 셈이다. 결격 사유가 없는 남자 승려들은 의무적으로 입대를 해야 하기 때문이다.

요약하면, 승려는 기본적으로 수도자들이지만, 한국의 국왕들은 자신들의 정치적 목적을 위해 고승들을 주술사로 활용하였으며, 살생을 금지하는 불교계율에 반하여 삼국시대 이래 승군도 조직하였다. 특히 9세기 후반 이후의 한국의 고승들도 칭신하면서, 그러한 요구에 영합한 것으로 나타났다. 중국 승려들도 8세기 이후 칭신하게 되었으나, 그 전후에도 중국 승단은 국가로부터의 독립성 확보를 위한 나름대로의 노력을 전개하였으나, 한국의 경우 이러한 논쟁은 일어나지도 않았다. 그리고 인간 평등은 불교의 정신 중의 하나다. 그러나 역사상의 한국 고승들은 노비를 거느리고, 농사를 짓기도 하였다.[44] 따라서 한국 국왕들의 승보관도 초기불교의 가르침과는 거리가 있었으며, 고승들도 이러한 현상에 동조한 것으로 나타났다.

---

43) [崔]瑩 欲造戰艦 發諸道軍 又僧徒([최]영은 전함을 만들기 위해 각 도의 군인을 징발하고, 승도를 모집하였다)(『고려사』113: 44b6-7).

44) 기존의 불교학계에서는 승려란 일반인과는 달리 경제적 문제에도 초연한 삶을 산 것으로 간주해 왔다. 그러나 최근 4반세기 동안 가장 영향력 있는 불교학자 중 한 명인 그레고리 쇼펜 (Gregory Shopen)은 승려들도 일반인처럼 경제인으로서 생활을 하였다고 주장(Shopen 1997)하였는데, 쇼펜이 새롭게 제시한 내용은 인도 승려들의 실제 삶에 대한 재해석을 가능케 하였다는 데 있다.

5. 불교의 기능 평가

불교를 포함한 고전종교가 나타나기 전의 고대 종교들은 기복을 그 특징으로 하였으나, 부처, 라오쯔, 콩쯔 같은 동양의 성인들은 기복에는 관심이 없었다. 그러나 고전종교가 체계화됨에 따라 그것들은 세속화되었으며, 불교도 예외는 아니었다(윤이흠 2002: 22). 한국 역사상 전개된 불교의 일차적 기능도 이와 다르지 않았다.

특히 한국불교의 뿌리가 된 신라불교는 비한족계가 세운 중국 북조(ca. 317~589)의 영향을 크게 받은 채 전개되었으며(McBride 2008: vii),[45] 이 전통은 고려에도 이어졌다. 누카리야 카이텐도 그의 『조센젠코지』(조선선교사)(1930)에서 한국불교의 특징을 기복신앙에 있다고 보았는데(김용태 2010: 18), 이에 대한 국내 학계의 비판도 제기되었다. 그러나 그가 한국불교의 특징 중의 하나를 기복신앙으로 본 데 대해서는 나도 동의한다.

따라서 한국 고대의 불교가 종교로서보다는 국가의 세속적 목적을 위한 정치 종교적 이념으로 간주(Lee 1993: 136)되었으며, "한국인들이 불교도가 된 것은 사실이다. 그러나 실제 그들은 불교에 대해 잘 모르고 있으며, 불교란 이름 아래 사실은 불교 수입 이전의 전통신앙을 믿고 있는 것이다"(Leverrier 1972: 39)란 지적은 여전히 타당하다고 생각된다.

기복불교 개념은 '공덕'개념과 밀접한 관련을 가지고 있다. 그러나 부처가 강조한 것은 신 등의 외부적 힘에 의존한 공 쌓기가 아니

---

45) 신라불교가 고구려로부터 전래되었다는 기사는 대체로 타당한 것으로 받아들여지고 있으나(신종원 2001: 135), 최근에는 백제불교의 영향도 제기(최연식 2011: 67-90)되고 있다.

라, 존재의 본질과 현상에 대한 바른 앎과 실천을 통한 자력 구원이었다. 곰브리치에 의하면, 부처는 지상의 윤리에 관심을 가졌고, 공덕 개념은 그의 죽음 즈음에 생겼으며(Gombrich 2009: 36), 개인적 책임을 강조한 업설이 부처의 죽음 임시에 공덕의 전이란 개념으로 완화된 것(Gombrich 2009: 198)이라고 한다. 또한 곰브리치는 대승불교에서 부처를 신격화시키고, 많은 수의 부처와 보살을 강조한 점은 초기불교와 가장 다른 점이었다(Gombrich 2009: 199)고도 주장한다. 한국 국왕들도 대승불교의 전통 위에서 공덕 또는 기복 차원에서 불교를 활용한 점에서 그들이 이해한 불교의 기능이 사성제로 대표되는 초기불교의 그것과 달랐음은 확실하다.

결론적으로, 한국 역사상 전개된 불교의 주 기능은 기복 추구에 있었으며, 이는 초기불교의 취지와는 맞지 않는 것이다. 그렇다면, 한국의 불교전통을 기복 위주로 만든 이들은 누구였으며, 그 이유는 무엇이었는가? 이와 관련된 승려의 역할은 무엇이었는가? 이러한 전통의 철학적·역사적 의미는 무엇인가?라는 등의 질문들은 향후 중요한 연구대상이 될 필요가 있다.

Ⅱ. 국왕의 치국책 평가

　사성제로 대표되는 초기불교는 존재의 본질과 현상에 대한 바른 인식과 그 실천을 강조한 인생교육제도로서 기복 추구와는 관련성이 없었다. 그러나 한국 역사상 전개된 불교는 기복종교였으며, 이 전통은 국왕의 치국책과 깊은 관련성을 가지고 있었다. 따라서 정치와 종교 사이에는 밀접한 관계가 있다는 통설에서 한국도 예외는 아니었다. 또한 정치와 종교에 대한 초기불교의 견해는 정교분리설과 국왕계약설이었다. 그러나 전통 한국의 불교와 정치와의 관계는 초기불교의 견해와도 달랐다.

　전제주의 사회였던 전통 한국에서 불교는 국가의 통제하에 있었다. 군주의 첫째 임무는 왕실 가계의 영속성 유지였으며, 이는 한국 역사상 임금들이 불교를 믿거나 이용하게 된 가장 중요한 이유기도 하였다. 따라서 전통 한국에서 불교는 국왕의 정치적·세속적 목적 달성을 위한 수단으로 주로 기능하였으며, 국왕의 치국책도 같은 맥락의 산물이었다. 그리고 불교 초전 이래 그들이 불교를 후원한 근거 중의 하나는 '전통 존중'에 있었다.

1. 맹목적 전통 존중

전통 한국의 국왕들이 신하들의 반대에도 불구하고, 불교를 후원한 근거 중의 하나는 그것이 전통이란 것이었다.[46] 그러나 인류 역사상 만들어진 전통의 예들도 적지 않다. 과거 중국인들도 전통을 존중해 왔는데, 천명 개념 존중과 콩쯔 숭배 및 『스지』(사기)에 대한 믿음 등은 중국인들의 전통에 대한 맹목적 존중의 전형적인 예들이다. 주의 우왕(무왕, 1134~16 B.C.E.)은 기원전 1122년 천명 개념에 의해 자신의 건국을 정당화시켰으며, 그 후 중국의 거의 모든 정치가뿐 아니라, 역적들까지도 이 개념을 자의적으로 해석해 왔는데, 천명이라는 개념이 선용도 되고 악용도 된 것은 중국인들의 전통에 대한 무조건적인 수용의 결과라 할 수 있다.

그리고 콩쯔 사후에 발생한 모든 존경심도 그의 본래 의도를 곡해한 것이다. 콩쯔는 선한 행동이나 도덕적 행동이 시간과 장소에 따라서 다를 수 있다고 보았으며, 이런 맥락에서 그는 어떤 절대적 진리의 존재를 믿지도 않았다. 또한 어떤 절대적 진리가 있다고 해도, 그것에 대한 우리들의 지식은 상대적일 수밖에 없다고 믿었다(황필호 1999: 283-6).

『스지』에 대한 중국인들의 오랜 기간에 걸친 믿음도 맹목적 전통 존중이 낳은 또 다른 예다. 과거 1천년 동안 정본으로 인정되어 온

---

46) 근대 중국불교에서 불교 전통 관련 논쟁에 대해서는 김영진 2012: 9-33 참조.

『스지』의 거의 절반이 이제는 위작인 것으로 판명되었다. 만약 중국인들이 선현의 가르침이나 전통에 대한 지극한 사랑이 없었다면, 이런 실수는 처음부터 조작될 수 없었을 것이다(Hu Shih 1974: 104-31, 황필호 1999: 282에서 재인용).

그러나 전통은 만들어진 것이란 사실에 주의할 필요가 있다. 소위 전통들의 기원도 최근의 것이며, 발명된 것들도 적지 않다. 역사와 전통을 자랑하는 영국의 왕실의례는 "천 년의 전통"을 지닌 것으로 알려져 왔으나, 사실은 19세기 후반에 "만들어진 전통"임은 그 좋은 예다(에릭 홉스봄 외 2004: 7-8). 일본 메이지(명치) 시대(1868~1912)의 황실의례 또한 꾸며 낸 것이었다(다카시 후지타니 2003: 146-98). 영어권에서 일본사와 일본문학 연구의 선구자인 체임벌린(Basil Hall Chamberlain, 1850~1935)에 의하면, 충성과 애국을 강조한 20세기 일본의 종교도 "발명된 것"이었다(다카시 후지타니 2003: 21). 문제는 이런 발명된 전통들이 역사와 동떨어져 있을 뿐 아니라, 정치적 의도에 의해 조작되고 통제되며(에릭 홉스봄 외 2004: 7-8), 사람들도 새로운 이념에는 별 저항 없이, 자기에게 이익이 되는 것을 믿어 버리는 경향이 있다는 사실이다(다카시 후지타니 2003: 22).

한국인의 사상적 고착성도 맹목적 전통 존중의 또 다른 이유가 될 것으로 보인다. 조선시대의 홍대용(1731~83), 박제가(1750~1805), 정약용(1762~1836)은 당시 한국인의 고루성이 국가적 발전의 걸림돌임을 비판하였다(홍대용 2011: 15-25). 일본학자 다카하시 류도 조선시대 선 우위의 사고를 중국에 대한 사대주의와 사상적 고착성이 현저한 국민성의 탓으로 돌렸으며, 이에 대한 반론도 제기(김용태 2010a: 54)되었다. 그러나 나 역시 한국에서 전개된 종교 상황을 고려할 때, 사상적 고착성에 대한 이러한 견해에 동의한다.

고려시대의 불교 위주, 조선시대의 유교 독점, 현재의 기독교 득세와 더불어, 초기불교 관련 과목은 결여된 채, 중국불교 전적에 주로 의존해 온 현대 한국의 승가교육과정(김종명 2001: 485-518), 중국불교의 수행 전통에 바탕을 둔 현대 한국불교계의 간화선 절대주의적 경향(김종명 2010d: 227-64), 한국 개신교인들의 타 종교에 대한 근본주의적 시각47) 등은 그 전형적인 예들로 생각되기 때문이다.

물론 한국 역사상 국왕들의 호불 근거가 된 전통 개념은 당대의 상황 속에서 검토되어야 할 것이며, 현대적 시각에서만 평가되어서는 안 될 것이다. 그렇다 하더라도, 맹목적 전통 존중의 태도와 사상적 고착성은 어느 시대를 막론하고, 그대로 통용될 수는 없을 것이며, 따라서 전통 한국의 국왕들이 전통에 의존한 것은 자신의 호불성향에 대한 변명의 일 방법은 되었을지 모르나, 적합한 호불 이론은 아니었다고 할 수 있다.

2. 치국책 평가

초기불교 교단은 정치계와 독립적인 관계를 유지하였다. 그러나 전통 한국의 불교계는 역사적으로 정치계에 종속되었으며, 국왕의 불교 정책도 이러한 맥락을 바탕으로 하여 전개되었다. 특히 삼국시

---

47) 이찬수 외 2011 참조. 특히 개신교계의 훼불 행위에 대해서는 김종명 2011b: 224-31; http://jubilii. egloos.com/10601941: "봉은사 땅 밟기"(2010.10.24 검색); http://news.khan.co.kr/kh_news/khan_art_view.html?artid=01010271428251&code=40100: "봉은사에 이어 동화사 밟기"(2010. 10.27 검색). http://www.asiatoday.co.kr/news/view.asp?seq=448771: "조계사 '땅 밟기'"(2011.02.14 검색).

대의 국왕들은 불교 교리에 준해서가 아니라, 왕실 혈연 집단 유지 등의 불교 외적 요인들을 바탕으로 그들의 불교정책을 전개하였다.

불교의 발상지인 인도에서는 초기불교 교단과 정치계는 정교분리의 원칙 위에 서 있었다. 인도에서 왕권 개념이 처음 자리 잡은 것은 기원전 8~7세기인데, 당시 왕의 임무는 전쟁 수행의 리더십과 인민 보호라는 세속적 기능에 있었다. 불교가 일어나기 전 인도의 주류 종교였던 바라문교에서는 하늘의 뜻을 이어받은 인간이 왕이 된다는 왕권신수설을 주장하였으나, 불교에서는 왕권신수설을 받아들이지 않고, 사회계약설을 지지하였다.[48]

불교의 왕권과 국가의 기원설은 무력이 바탕이 된 것이 아니라, 민의에 의한 것이며, 따라서 불교가 지향한 국가는 민주공화국이었다. 따라서 왕이라 하여 절대적 권력을 지닌 자가 아니라 일반 백성들과 똑같은 평등한 지위를 지닌 자였다. 이는 오늘날의 민주주의 사고방식과 상당히 유사하다. 베리(Theodore de Bary)도 이러한 불교의 국왕계약설을 인류역사상 가장 오래된 민주주의의 형태의 하나로 평가하였다.[49] 또한 "백성이 국왕을 고용했으며, 조세란 국왕에게 지급하는 봉급"이란 의미에서 [일본의 불교학자] 나까무라 하지메(중촌원, 1912~1999)는 국왕을 '치안유지의 청부업자'란 표현을 쓰기도 하였다. 따라서 초기불교에서는 국왕을 신성시하거나, 절대적 존재로 보지 않았다(윤종갑 2011: 262-73).

---

48) 바라문교의 왕권신수설과 불교의 국왕계약설에 대해서는 조준호 2010: 18-26 참조.

49) 베리의 이 같은 평가에 대해서는 나도 동감이다. 불교의 기원지는 인도였으나, 인도에서 불교의 영향력은 12세기 이후 미미해졌으며, 이러한 경향은 현재도 지속되고 있다. 따라서 나는 초기불교의 내용에 비추어 볼 때, 인도에서 불교가 사회정치적으로 적용되었다면, 인도는 아마 세계 최초의 민주주의 국가가 될 수 있었을 것으로 생각한다.

반면, 한국에 불교가 전래된 이래 승단은 국가의 통제 아래 있었으며, 그 반대의 경우는 없었다. 그러나 불교 경전에서는 왕에게 경배하란 내용도 거의 찾아볼 수 없다. 오히려 몇몇 경전에서는 왕이 출가사문에게 경배해야 한다고 말하고 있으며, 이것이 일반적인 경향이었다(최정규 2004: 3-4).[50] 또한 부처는 왕위계승권자였으나, 왕위를 포기하고 출가자로서의 삶을 택했다는 점에서, 그는 분명 정치적 성향의 인물이기보다는 종교적 성향이 강한 인물이었으며(윤종갑 2011: 251), 그의 가르침도 불평등한 인도 사회의 계층적 차별과 모순에 대한 비판에서 출발하였다. 따라서 부처는 불교 교단이 정치권력과 유착되는 것을 금지하였는데, 이는 출가자가 정치권력에 빌붙어 권세를 행사하거나, 정치권력에 이용될 수 있는 소지를 미연에 방지하기 위해서였다.

부처는 출가자가 정치권력과 인연을 맺음으로써 재앙을 초래할 수 있는 열 가지 잘못을 상술하기도 하였다(조준호 2010: 26-8). 따라서 불교교단은 정치권력을 속성으로 하는 왕권과 대립하기보다는 엄격한 계율과 청정한 생활로 왕에게 모범을 보이고 국민들을 올곧게 선도함으로써 출가자로서의 위상을 갖추고자 하였다. 그 결과 왕권과 교권은 정교분리를 원칙으로 하여 서로 협력하고 지원하는 공생적인 관계를 유지할 수 있었다. 즉, 교단은 왕권을 비롯한 정치권력을 비판하거나 부정하지 않았으며, 왕권은 법적·경제적 측면에서 교단을 지원하였다. 불교교단이 국가로부터 특권을 받을 수 있었던 것은 교단이 이에 상응하는 청정한 생활을 하였기 때문이다(윤종갑

---

50) 정치권력과 교권과의 관계에 대한 더욱 상세한 논의는 조준호 2010: 26-38 참조.

2011: 251-80). 그러나 동아시아에서의 상황은 달랐다.

불교계가 중국역사상 국가에 의존하기 시작한 것은 오월(908~78)에서였으며(이부키 아츠시 2005: 147), 그것은 군주들의 정치적 전략의 한 산물이었다(Shi 2011: 488-9). 한국불교 승단도 국가에 예속되어 있었다. 한국의 왕들 가운데는 전륜성왕을 꿈꾼 이들이 있었으나, 이 개념에 대한 그들의 이해도 불교에서의 취지와는 달랐다. 피야세나 딧사나야케에 의하면, 공화제와 군주제의 장점을 살린 정치가 불교의 전륜성왕 정치였다. 왕권과 국가는 백성들의 필요에 의해 성립된 것으로, 백성들의 어려움과 요구사항을 잘 해결하는 데 그 목적이 있었으며, 이러한 필요성에 따른 불교의 이상적인 통치자가 전륜성왕이었다. 따라서 전륜성왕은 오계의 생활윤리를 지키면서, 국가경영을 정의롭게 운영해 갈 수 있어야 한다.

전륜성왕의 모범은 아쇼카 왕이었는데, 그는 불교에 귀의한 후, 사냥을 포기하고, 채식주의자가 되었으며, 동물복지법을 통과시켰다. 그러나 그는 불교를 국가종교로 삼지는 않았으며, 종교 상호 간의 관용과 존중을 강조하였다(윤종갑 2011: 270-4). 진흥왕과 법흥왕은 아쇼카 왕의 예에 의한 삶을 살려 노력한 것으로 보인다. 그러나 그들 이후의 국왕들은 백성 위에 군림하면서, 자신들의 정치적·세속적 목적을 위한 수단으로 불교를 이용한 것으로 나타났다.

중국의 왕통(584?~617)은 역사적 정통성의 문제를 깊이 있게 다뤘는데, 그는 정치적 정통성의 기준으로 다음과 같은 4가지를 제시하였다. (1) 하늘과 땅에 대한 제사를 봉행하며, (2) 백성들을 양육하고, 보호하며, (3) 이전의 정통성을 가진 군주의 영토를 차지하고, (4) 이전 군주의 의례와 절차를 따르는 것. 그의 주장은 꽤 설득력을 얻었던 것 같다. 중국에서 '정치적 정통성'의 과정이 완성된 것은 송나라 때였다(Wechsler 1985: 15-9). 한국에서는 정치적 정통성의 과정이 언제 완성되었는지에 대해서는 단언할 수 없으나,[51] 불교의례를 비롯한 불사에 관심이 많았던 상당수 국왕들은 앞의 4가지 조건 중 적어도 (2)항은 충족시키지 못했던 것으로 보이며, 그들에 의한 불교의례 개최도 왕권 강화나 사회 통합에 기여한 것으로는 나타나지 않는다(김종명 2001: 308).

요약하면, 한국 역사상 불교와 일정한 관계가 있었던 국왕들은 중국화 및 유교화된 형태의 불교전통을 바탕으로 불교를 이해하고 있었으나,[52] 그들의 불교관은 초기불교의 내용과는 상당히 거리가 있는 것이었다. 그들의 불교에 대한 관심도 불교 교리가 아니라, 기복의 수단으로서였으며, 승단을 지배한 국왕들의 치국책도 같은 맥락의 산물이었다. 중국의 대표적 호불 황제 양 우디의 호불은 "자신의 권력을 유지하고 민중을 착취하는 수단으로 불교의 신앙을 이용했던 것"(김진무 2010: 78)이란 비판을 받고 있는데, 이러한 비판은 한국 역사상 불교와 일정한 관련을 맺었던 국왕들에게도 적용된다. 또한 정치계와 영합한 한국 고승들의 존재 역시 그러한 전통 형성의 일차적 협조자로 판단된다. 그러나 이러한 결과를 한국불교사 전체

---

51) 정복왕조가 자주 들어선 중국보다는 한국은 귀족적 성향이 강하여, 왕권이 유약한 경우가 많았다(이성무 1999: 53-64). 그럼에도 불구하고, 한국 왕조의 평균 지속 기간이 중국 왕조의 거의 두 배에 달한다는 점에서 장구성과 안정성은 한국 왕조가 가진 특징이었는데, 이러한 특징은 국왕의 전통적 정통성을 사회 엘리트들이 강력하게 승인하였기 때문이다(Palais 1999: 88-97). 또한 한국이 세계사에서 유래가 없을 정도로 왕조의 기간이 긴 이유 중의 하나는 감찰권이 군주를 위해서만 사용된 것이 아니었기 때문(김기덕 2001: 275)이란 견해도 제시되고 있다.

52) 기존의 세계 불교학계에서는 '한국불교는 중국불교의 아류'란 시각이 강했으나, 최근에는 한국불교가 동아시아불교 발전에 미친 영향도 적지 않았다는 주장들도 개진되고 있다(Buswell 2005).

에 그대로 적용시킬 수는 없을 것으로 보이는데, 그 이유는 "조선 전기 국가의 불교정책에 따라 불교계가 침체와 부흥을 거듭했다고 하는 불교사 인식은 재고의 여지가 있다"(손성필 2012: 123)는 지적 처럼, 사안별 검토가 필요할 것으로 보이기 때문이다.

맺음말

전통 사회에서 국왕은 국가의 주체로서 불교를 포함한 풍속의 운명을 좌우하는 입장에 있었다. 따라서 이 책에서는 삼국시대로부터 조선시대에 이르기까지 불교와 일정한 관련을 맺었던 국왕들의 불교관과 치국책을 검토하였다. 제1부 "고대 한국 지식인의 불교관과 치국책"에서는 삼국시대의 법흥왕, 진흥왕, 선덕여왕, 문무왕, 경덕왕을 중심으로 지식인의 불교관과 치국책을 검토하였다. 삼국시대의 한국인들이 불교를 믿은 목적은 기복 추구에 있었으며, 이를 위한 수단으로는 공양, 기도, 계율 수지, 불경 암송, 염불, 점찰회 및 복회 개최 등으로 나타난다. 특히 임금들에 의한 불사의 이론적 근거는 업설로 나타났는데, 그들의 불사는 사상, 제도 및 신앙의 차원에서 전개되고, 세속적 기복 추구와 충과 효를 앙양시키기 위한 수단으로 작용하였다. 이는 이후의 한국불교사의 전통이 되었다.

제2부 "고려시대 국왕의 불교관과 치국책"에서는 태조, 현종, 고종 등 고려시대 국왕들의 불교관과 치국책을 검토하였다. 고려시대 국왕들의 불교에 대한 태도는 후원과 통제의 양면에서 전개되었다.

태조 대 이래의 불교는 고려를 통하여 전통이 되었는데, 이제까지 알려져 온 것과는 달리, 고려 초기부터 불교는 국교가 아니라, 주류 종교였으며, 고려의 국왕들은 유교적 시각에서 불교를 이해한 것으로 나타났다. 태조의 일차적 관심은 불교 교리가 아니라 사찰 건축 등의 불사에 있었으며, 그 주요 사상적 배경은 업설이었다. 태조는 불교 계율을 왕실의 번영과 같은 자신의 세속적 목적을 위해 적용시켰으며, 승단을 자신의 통제 아래 두었다. 반면, 국가의 경제적 후원에 보답하기 위해 불교계는 태조의 치국책에 영합하였는데, 이 전통은 고려가 망할 때까지 지속되었다.

현종 대의 정치 이념은 유교였으며, 그의 정치적 측근들도 유교 관료였다. 정치적 소용돌이 속에서 어려서 승려로 살았던 현종은 백성들의 호응을 얻기 위해 불교를 적극 활용하였는데, 그도 기복 신앙으로서의 불교에 크게 주목하였다. 특히『초조고려대장경』조판을 비롯한 그의 불사는 불력에 의한 그의 정치적 목적 달성을 위한 수단으로 기능하였다.

고종은 최씨 무신정권하의 고려에서 정치적 실권은 상실하였으나, 국왕으로서의 권위는 보유하고 있었으며, 이를 바탕으로 고종은 최씨 정권의 동조 아래, 왕실 재원에 의해 고려 역사상, 나아가 한국 역사상 그 유례를 찾아보기 어려울 정도로 많은 불교의례를 개최하였다. 국가적 차원에서 진행된『재조고려대장경』조판도 고종의 정신적 위안 수단으로서의 불사의 일환이었으나, 깊은 곳에 보관된 채, 신앙의 대상으로 기능하였다.

제3부에서는 세종, 세조, 문정왕후, 정조를 중심으로 유교 중심의 조선사회 임금들의 불교관과 치국책을 검토하였다.

통설과는 달리, 세종은 재위 초기부터 호불의 태도를 견지하고 있었으며, 훈민정음 창제와 그의 불교관도 밀접한 관계를 가지고 있었다. 그러나 불교에 대한 세종의 일차적 관심사는 교학보다는 인과설에 바탕을 둔 공덕 짓기에 있었다. 그리고 세종은 한글불전을 통해 효를 강조함으로써, 그의 불교관은 당시의 유교정치와 밀접한 관련을 가지고 있었다.

세조는 유교 중심의 조선 사회에서 유교와 유학자에 대한 비판을 견지하면서 조선의 임금들 중 유일하게 불교를 자신의 정치 철학으로 택한 임금이었다. 개방주의적 학문 태도를 견지했던 세조는 불교의 질적 우수성이 유교의 그것보다 훨씬 높은 것으로 보았는데, 그 이론적 근거는 업설이었다. 세조가 불교에 대해 호의를 보인 것은 세자 시절부터였다. 그러나 그의 치국과 불교가 밀접한 관계를 맺게 된 것은 그의 치세 후기였는데, 내적으로 그는 불교의 상서를 중시하면서, 유학자 관리들에게는 인사정책을 통해, 일반 백성들에게는 한문불전의 한글화를 통해 자신의 호불 행위를 실행시키고 이를 바탕으로 자신의 정치적 정통성을 강화하려고 하였다.

그의 불교정책은 그의 재세 시에는 일정한 성공을 거둔 것으로 간주되며, 대장경을 통한 그의 대일 외교 정책도 실용성을 가진 것이었다. 그러나 그가 죽은 후 곧 유학자들의 배불론이 재개되고, 유교정치가 부활된 점에서, 그의 불교정책은 일정한 한계성을 가진 것이었다.

문정왕후는 학문에 대한 융통적 자세를 견지하고 있었고, 전통을 존중하였는데, 이는 그녀의 호불 논리로도 작용하였다. 그녀는 왕권을 능가하는 정치적 실권자로서, 공덕과 기복을 위해 왕실 사재로 불사를 후원하였다. 그러나 혈족과 승려들과 환관들의 도움으로 이루어진 문정왕후의 불사와 치국책은 불교의 기본 가르침과는 괴리를 가진 것이었으며, 당대와 후대의 비판의 대상이 되었다.

정조는 불교와 일정한 관련을 맺은 한국의 국왕들 중, 불교에 대한 이론적 논의를 가장 구체적으로 전개한 왕이었는데, 그는 스스로를 군사[군주 스승]로 규정하면서, 유학자의 시각에서 불교를 이해하려 하였다. 그는 유교가 윤리적으로 정당하며, 철학적으로 현실적 가르침인 반면, 불교는 비윤리적·허무적 가르침으로 보았다. 그러나 그는 불교의 핵심 이론 중의 하나인 공사상을 제대로 이해하지 못하였으며, 자신의 정치적 목적 달성을 위한 수단으로서 불교를 철저히 이용하였다.

결론적으로, 한국 역사상 불교와 일정한 관계가 있었던 국왕들은 자신들이 가진 권위 또는 권력 또는 양자를 바탕으로 자신들의 불사를 행할 수 있었으며, 그들의 불교 이해는 중국불교의 전통 위에 서 있었다. 그러나 그들의 불교관은 초기불교의 내용과는 상당히 거리가 있는 것이었다. 그들의 불교에 대한 관심도 정치종교, 기복종교 및 기적종교로서였는데, 그들의 치국책도 같은 맥락의 산물이었으며, 그 배경에는 불교의 주요 가르침인 인간 평등과 불교의 첫째 계율인 불살생계 등을 어기면서까지 정치계와 영합한 고승들의 존재가 있었다.

그러나 이러한 결과는 정교유착 불식, 불교계의 반성, 맹목적 전통 존중의 탈피, 불전에 대한 해석학적 시각 견지, 승려와 유학자를 비롯한 지식인의 자세와 역할 재고의 교훈을 남기고 있다. 그리고 초기불교를 기복종교로 변화시킨 주체는 누구며, 그 변화의 배경과 과정은 무엇인가? '한국불교'는 '불교'인가? '동아시아불교'는 '불교'인가?, '아시아불교'는 '불교'인가?라는 의문들도 던지고 있다.

또한 이 연구의 결과는 국가와 종교에 대한 더욱 심층적인 연구, 초기불교와의 비교적 시각에서의 동아시아 및 아시아 불교의 성격 검토, 이제까지 국내외 학계에서 등한시되어 온 유교와 불교의 교섭 연구의 필요성도 제기하고 있다.

특히, 유불 교섭과 관련, 한국과 일본 사이의 차이점에 대한 검토 역시 중요한 연구 주제로 남아 있다. 전통 한국과 일본에서 충과 효를 강조한 것은 공통점이었으나, 그 매개체는 달랐기 때문이다. 즉, 한국은 유교적 충 효가 강조되면서, 불교가 조력자 역할을 하였다면, 일본은 오히려 그 반대였다. 더욱이 불교와 왕실과의 밀접한 관계는 한국만의 문제가 아니라, 중국과 일본 등 동아시아 국가의 일반적 현상이었으며, 업설은 동아시아불교의 초기 단계부터 가장 강력한 영향을 발휘한 교리란 점에서 특히 업설에 대한 구체적인 연구는 한국을 비롯한 아시아불교의 성격 규명을 위한 정초가 될 것으로 생각된다.

영문 초록 (Abstract)

In traditional Korea, the king controlled customs, including Buddhism. In such context, this book, composed of four parts, focused on the monarchs who were in close relationship with Buddhism in Korean history and examined their views on Buddhism and Buddhist policy from the fourth to the eighteenth centuries.

Part One, "ntellectuals' Views on Buddhism and Buddhist Policy during the Three Kingdoms Period,"examined the views on Buddhism and Buddhist policy of intellectuals, focusing on King Pŏphŭng (514-40), King Chinhŭng (540-76), Queen Sŏndŏk (632-47), King Munmu (661-81), and King Kyŏngdŏk (742-65), from the fourth to the tenth centuries. Koreans in the ancient period believed in Buddhism for praying for blessing through donation, prayer, the observance of precepts, the recitation of Buddhist canonical texts, and the performance of Buddhist rituals. Korean kings were, in particular, interested in karmic reward and retribution. Royal Buddhist events were developed in terms of belief, institution, and philosophy and they were performed for the purpose of seeking secular blessing and promoting the concepts of loyalty and filial piety. Emphasis on loyalty and filial piety aimed at sustaining royal longevity, which has become a tradition of Korean Buddhism developed thereafter.

Part Two, "ings' Views on Buddhism and Buddhist Policy during the Koryŏ Period,"discussed the Buddhist views and policy of King T'aejo (918-43), King Hyŏnjong (1009-31), and King Kojong (1213-59). Unlike known widely, from the beginning of Koryŏ, Buddhism was not the state religion but the main-stream religion, kings understood Buddhism in the context of Confucianism and their attitude toward Buddhism was both support and control. King T'aejo's primary concern with Buddhism was not with Buddhist philosophy but with Buddhist events, including the construction of Buddhist temples, and the theory of karma was a major underlying ideology behind those Buddhist events. The king made use of Buddhism for pursuing royal longevity and fulfilling his political purpose putting the monastic circles under his control. To that end, the king supported the Buddhist circles and the latter in response collaborated with the king's Buddhist policy, which had become a tradition until the end of the Koryŏ dynasty.

King Hyŏnjong took Confucianism as his political ideology and his close political aids were Confucian scholars. The king who lived as a monk in his childhood as a result of political turmoil made use of Buddhism actively to win the hearts of the people and paid a great attention to making merit through the religion. King Hyŏnjong's Buddhist events, including the carving of the

First Tripiṭaka Koreana, most of which was lost to history, functioned as a political means to fulfill his political goal depending on the miraculous power of the Buddha. King Kojong lost his political sovereignty under the rule of the military Ch'oe clan, but maintained royal authority as a king. Therefore, the king could perform various Buddhist events, including the performance of Buddhist rituals, which were performed with high frequency unprecedented in Korean history, and the carving of the Second Tripiṭaka Koreana, which is preserved in Haein Monastery, at his will supported by the royal exchequer and the Ch'oe clan. However, although it was a national level project, the Second Tripiṭaka Koreana was part of King Kojong' Buddhist events to solace his mind and served as an object of belief kept in strategic areas.

Part Three, "Kings' Views on Buddhism and Buddhist Policy during the Chosŏn Period,"analyzed the Buddhist views and Buddhist policy of King Sejong (1418-50), King Sejo (1455-68), Queen Munjŏng (1517-65), and King Chŏngjo (1776-1800), in anti-Buddhist Confucian society. Unlike commonly known, King Sejong was in favor of Buddhism from the beginning of his reign and his invention of the Korean alphabet was in close relationship with Buddhism. However, the king was primarily interested in making merit based on the theory of karma rather than Buddhist philosophy. The king emphasized the concept of filial piety through Buddhist texts translated into the Korean alphabet. From the standpoint that King Sejong' political ideology was Confucianism, the orthodoxy of his time, and filial piety constituted an essential part of Confucian ethics, it is manifest that the king' views on Buddhism were in the Confucian context.

King Sejo criticized both Confucianism and Confucian scholars and was the only monarch who took Buddhism as his political ideology in Confucian Chosŏn Korea. The king took an open-minded stance toward learning and viewed Buddhism superior to Confucianism in quality. The ideological underpinning of his favor for Buddhism was the theory of karma. King Sejo was intimate with Buddhism from the days of crown prince. However, the close relationship between his statecraft and his belief in Buddhism was a product of the latter period of his reign. Internally, King Sejo valued Buddhist auspiciousness and executed his act of favor for Buddhism through the personnel policy to Confucian officials and the translation of Buddhist texts into the Korean alphabet to the ordinary people, which was for the strengthening of his political orthodoxy. King Sejo' Buddhist policy is considered successful to a certain extent during his lifetime and his diplomacy with Japan through the Tripiṭaka Koreana was practical. However, after the death of King Sejo, Confucian scholars soon resumed their anti-Buddhist policy and revived Confucian politics, showing that the king' Buddhist policy had limitations.

Queen Munjŏng administered state affairs from behind the bamboo curtain in lieu of King Myŏngjong (1170-97), her young son-king. She took a flexible attitude of learning and respected tradition, which served as the logic of her favor for Buddhism. As the substantial power holder beyond royal power, she supported Buddhist events through the royal exchequer for making merit and praying for blessing. However, the queen's Buddhist events and Buddhist policy supported by her blood relatives, close monks, and eunuchs were far from the basic teachings of Buddhism and became a target of criticism immediately after her death. King Chŏngjo was the king who was interested in Buddhism from the philosophical standpoint most concretely among the monarchs in close association with Buddhism in Korean history. Nevertheless, the king dubbed himself a Confucian monarch- master (kunsa) and understood Buddhism from the context of Confucianism.

King Chŏngjo viewed that Confucianism was just ethically and practical philosophically, whereas he considered Buddhism unethical and nihilistic teachings. However, it appears that the king's view on the theory of emptiness, one of key Buddhist doctrines, was erroneous and instead, the king made a thorough use of Buddhism as a means to fulfill his political goal.

In conclusion, the fortune of Buddhism in Korea had depended on the will of a king. Korean kings who were closely associated with Buddhism could hold Buddhist events, including the construction of temples, the performance of Buddhist rituals and the carving of Buddhist canonical texts, depending on their traditional royal authority or political power or both and their understanding of Buddhism was based on the tradition of Chinese Buddhism. However, their views on Buddhism were far from the basic teachings of early Buddhism, including the Four Noble Truths. They were primarily interested in Buddhism to win the hearts of the people and prayed for their political purposes, blessings, and making merits. Their Buddhist policy can also be understood in the same context. Behind the scene were there eminent monks who temporized with the political circles of their time even by violating Buddhist teachings such as the equality of the humankind and Buddhist precepts including no killing.

The results of this study require us to ask the following questions: Who changed the nature of Buddhism as the life education system to a religion for blessings? What were the background and process of such a change of Buddhism? and Can "Korean Buddhism," and by extension, "East Asian," and "Asian Buddhism" still be called Buddhism? These questions remain for further research.

In addition, the conclusion of this study also leaves us the needs of the reexamination of the alliance between politics and Buddhism; the self-examination of the role of the Buddhist circles in Korean history, the self-renewal of an unconditional respect for tradition; a hermeneutic approach to Buddhist canonical texts; the investigation of the attitude and role of highbrows, including high monks; a comparative research on Korean Buddhism and early Buddhism both in content and in nature; and research on the interaction between Buddhism and Confucianism.

In particular, although the issue of the interaction between Buddhism and Confucianism in Korean history has been neglected both in Korean and in overseas academe, it is crucial for a better understanding of the nature of Korean, and by extension, East Asian Buddhism. Needless to say of China, both Korea and Japan emphasized the concepts of loyalty and filial piety in history, but the underlying ideology behind the two notions was different between the two countries: While the two ideas were emphasized in the Confucian context in Korea, they were stressed in the Buddhist context in Japan.

Moreover, the close relationship between Buddhism and the royal house was a common point found in Asian Buddhist countries and the theory of karma has been the most popular underlying ideology behind major Buddhist events supported by the royal house. Therefore, an in-depth research on the development of the theory of karma and its role and legacy in the Buddhist history of Asia will be a point of departure for a better understanding of Korean Buddhism, in particular, and East Asian Buddhism and Asian Buddhism, in general.

참고문헌

1. 일차자료

『高麗大藏經』. 1976. 전 48권. 東國大學校 出版部.

『高麗名賢集』. 1986. 전 5권. 성균관대학교출판부.

『高麗史』. 1991. 전 11권. 평양: 사회과학원고전연구실, 1962; 신서원.

『高麗史佛敎關係史料集原文』. 2001. 민족사.

『高麗史節要』. 1973. 亞細亞文化社.

『高麗初彫大藏經復元刊行本』. 2001. 고려대장경연구소.

『국역 홍재전서 弘齋全書』. 1998~2003. 전 20권. 재단법인 민족문화추진회.

『大正原版 大藏經』. 전 100冊. 臺北: 新文豊出版公司, 民國62[1973].

『東文選』. 1975. 5책. 太學社.

『梅月堂全集』. 1973. 成均館大學校 大東文化硏究院.

『普照全書』. 1989. 全南 昇州: 佛日出版社.

『禪宗永嘉集諺解』 上下(合本). 1983. 光明: 弘文閣.

『新增東國輿地勝覽』. 1981. 1959; 明文堂.

『麗季名賢集』. 1959. 成均館大學校 대동문화연구원.

『月印千江之曲]. 1978. 南廣祐成煥甲[주해]. 螢雪出版社.

『正祖御札帖』 上下. 2009. 성균관대학교 동아시아학술원 성균관대학교출판부.

『朝鮮金石總覽』. 1919. 京城: 朝鮮總督府.

『朝鮮王朝實錄』, http://sillok.history.go.kr

『標點影印 韓國文集叢刊』. 1988~2005. 전 350권. 민족문화추진회.

『韓國佛敎全書』. 1979-2004. 전 14冊: 東國大學校 出版部.

『弘齋全書: 正祖御製』. 1978. 文化財管理局藏書閣.

金富軾. 『三國史記』(上). 1986. 李丙燾 譯註. 1983; 乙酉文化社.

_____. 『三國史記』(下). 1986. 李丙燾 譯註. 1983; 乙酉文化社.

金英培 編譯. 1986. 『釋譜詳節』上, 下. 東國大學校 附設 譯經院.

金龍善 編著. 1993. 『高麗墓誌銘集成』. 春川: 翰林大學校出版部.

徐兢. 1970. 『高麗圖經』. 梨花女子大學校 史學硏究所.

成俔. 1973. 『慵齋叢話』. 남만성 역. 大洋書籍.

李能和. 2002. 『朝鮮佛敎通史』上中下. 1918; 민속원.

李智冠. 1994-9. 『校勘譯註 歷代高僧碑文』. 전 6권. 伽山文庫.

一然. 1987. 『三國遺事』. 李民樹 譯. 1983; 乙酉文化社.

章輝玉. 1991. 『海東高僧傳硏究』. 民族社.

재단법인 민족문화추진회. 1978~86. 『국역 청장관전서 靑莊館全書』. 전 8권.
　　　　민족문화문고간행회.

沖止. 1988. 『圓鑑國師集』. 秦星圭譯. 亞細亞文化社.

韓國歷史硏究會 編. 1996. 『譯註 羅末麗初 金石文』(上)(下). 혜안.

韓國學文獻硏究所 編. 1973. 『高麗史節要』. 亞細亞文化社.

許興植 編. 1984. 『韓國金石全文』. 全3冊. 亞細亞文化社.

2. 단행본

『국역 매월당집』. 1977~1980. 전 5권. 사단법인 세종 대왕기념사업회.

2011 高麗大藏經 千年記念 國際學術大會. 2011, 6. 27-29. (社)藏經道場高麗
　　　　大藏經硏究所, 金剛大學校 『佛敎文化硏究』 所, 대구 인터불고호텔.

『부인사장 고려대장경의 재조명』. 2008. 대구: 영남대 민족문화연구소.

『불교관계논저 데이터베이스 2006』. 2006. [CD-ROM]. 불교대학원대학교 불
　　　　교학연구소.

『새로 발굴된 정조 어찰의 종합적 검토』. 2009. 성균관대학교.

『세종연구자료총서』1. 1983. 세종 대왕기념사업회.

『세종연구자료총서』2. 1983. 세종 대왕기념사업회.

『역주 월인석보』1 · 2. 1992. 세종 대왕기념사업회.

『직지: 直指와 金屬活字의 발자취』. 2002. 청주: 淸州古印刷博物館.

『한국 철학사상 연구자료집(불교편)－조선시대의 불교사상-』. 2004. 2003년
　　　　도 서울대학교 한국학 장기기초연구 결과보고서.

『한국 철학사상 연구자료집(Ⅰ)』. 1998. 서울대학교 철학사상연구소.

『한글대장경』. 1999-2001. 전 318책. 동국대학교 부설 동국역경원.

姜信沆. 1987. 『훈민정음연구』. 성균관대 출판부.

鎌田武雄. 1988. 『韓國佛敎史』. 申賢淑 譯. 民族社.

＿＿＿＿. 1997. 『中國佛敎史[1]』. 장휘옥 譯. 도서출판: 장승.

高麗史學會編. 2000. 『高麗時代史論著目錄』. 景仁文化社.

高翊晉. 1989. 『韓國古代佛敎思想史』. 東國大學校出版部.

고익진. 1995. 『불교의 체계적 이해』. 1994; 도서출판 새터.

국사편찬위원회. 2008. 『다양한 문화로 본 국가와 국왕』. 두산동아.

권희경. 2006. 『고려의 사경』. 대구: 글고운.

金剛秀友(가나오카 슈유). 1978. 『佛敎의 國家觀』. 金喜午 譯. 總和閣.

金光植. 1995. 『高麗 武人政權과 佛敎界』. 민족사.

金蘭玉. 2001. 『高麗時代 賤事賤役良人 硏究』. 신서원.

金東華. 1993. 『佛敎敎理發達史』. 1977; 寶蓮閣.

金相鉉. 1991. 『新羅華嚴思想史硏究』. 民族社.

金英美. 1994. 『新羅佛敎思想史硏究』. 民族社.

金廷禧. 1999. 『朝鮮 前期 美術의 傳統性과 自生性』, 한국미술의 자생성. 한길아트

길희성. 2001. 『知訥의 禪思想』. 조합공동체 소나무.

金塘澤. 1987. 『高麗武人政權硏究』. 새문社.

김돈. 1997. 『조선전기 군신권력관계 연구』. 서울대학교출판부.

김상현. 1999. 『신라의 사상과 문화』. 一志社.

김성구[월운]. 1996. 『한글대장경 大覺國師文集 外』. 1994; 동국대학교 부설 동국역경원.

김성준. 1985. 『한국중세정치법제사연구』. 一潮閣.

金容晩. 1997. 『朝鮮時代私奴婢硏究』. 集文堂.

김용선. 2001. 『역주 고려묘지명집성』(상)(하). 춘천: 한림대학교출판부.

김용태. 2010. 『조선후기 불교사 연구: 임제법통과 교학전통』. 성남: 신구문화사.

김우기. 2001. 『조선중기 외척정치 연구』. 집문당.

김윤곤. 2002. 『고려대장경의 새로운 이해』. 불교시대사.

김정희. 1999. 『조선 전기 미술의 전통성과 자주성』. 한길아트.

김종명. 2001. 『한국중세의 불교의례: 사상적 배경과 역사적 의미』. 문학과지성사.

_____. 2008. 『한국의 세계불교유산: 사상과 의의』. 집문당.

김주원. 2008. 『조선왕조실록의 여진족 족명과 인명』. 서울대학교출판부.

김형효 외. 1996. 『知訥의 사상과 그 현대적 의미』. 성남: 한국정신문화연구원.

南廣祐・成煥甲 共譯. 1977. 『月印千江之曲』. 螢雪出版社.

南權熙. 2002. 『高麗時代 記錄文化 硏究』. 청주: 淸州古印刷博物館.

南仁國. 1999. 『高麗 中期 政治勢力 硏究』. 신서원.

다카시 후지타니. 2003. 『화려한 군주: 근대 일본의 권력과 국가의례』. 한석정 옮김. 이산.

대한불교조계종 교육원 불학연구소 대한불교조계종 종교평화위원회. 2010.

『불교와 국가권력: 갈등과 상생』. 조계종출판사.

대한불교조계종 불학연구소 전국선원수좌회. 2008. 『간화선: 조계종 수행의 길』. 조계종.

동국대학교 불교문화대학 불교교재편찬위원회. 1999. 『불교사상의 이해』. 불교시대사.

로버트 버스웰 지음. 2000. 『파란눈 스님의 한국 선 수행기』. 김종명 옮김. 1999; 예문서원.

木村泰鉉(기무라 다이켄). 1992. 『原始佛敎思想論』. 朴京俊 譯. 경서원.

朴龍雲. 1991. 『高麗時代史』. 1988; 一志社.

_____. 1999. 『고려시대사연구의 성과와 과제』. 신서원.

_____ 외. 2000. 『고려시대연구』 Ⅰ, Ⅱ. 성남: 한국정신문화연구원.

박재우. 2005. 『고려 국정운영의 체계와 왕권』. 신구문화사.

박종기. 2002. 『고려의 지방사회』. 푸른역사.

박현모. 2001. 『정치가 정조』. 푸른역사.

方立天. 1992. 『불교철학개론』. 유영희 옮김. 1989, 민족사.

백영빈 외 편. 2003. 『국역 홍재전서』. 전 18권. 재단법인 민족문화추진회.

變東明. 2002. 『韓國中世의 地域社會硏究』. 學硏文化社.

變太燮. 1987. 『高麗史의 硏究』. 1982; 三英社.

『佛敎文化硏究』院 編. 1993. 『韓國佛敎思想史槪觀』. 東國大學校出版部.

佛敎史學會 編. 1988. 『新羅彌陀淨土思想硏究』. 民族社.

서영애. 2007. 『신라 원효의 금강삼매경론 연구』. 민족사.

辛鍾遠. 1992. 『新羅初期佛敎史硏究』. 民族社.

심재룡. 2004. 『지눌연구: 보조선과 한국불교』. 서울대학교출판부.

_____외. 1999. 『한국철학사상사자료집』 Ⅱ. 서울대학교출판부.

_____외. 2006. 『한국철학자료집: 불교편 2: 고려시대의 불교사상』. 서울대학교출판부.

안지원. 2005. 『고려의 국가 불교의례와 문화』. 서울대학교출판부.

에릭 홉스봄 외 지음. 2004. 『만들어진 전통』. 박지향·장문석 옮김. 휴머니스트.

윤영해. 2000. 『주자의 선불교비판 연구』. 民族社.

윤이흠·김일권·최종성. 2002. 『고려시대의 종교문화: 그 역사적 상황과 복합성』. 서울대학교출판부.

尹天根. 1995. 『退溪學을 어떻게 볼 것인가』. 1987; 온누리.

尹浩眞. 1992. 『無我 輪廻問題의 硏究』. 民族社.

윤홍기. 2011. 『땅의 마음』. ㈜사이언스북스.

은정희・송진현. 2000. 『원효의 금강삼매경론』. 일지사.

李基白. 1978. 『新羅時代의 國家佛教와 儒教』. 財團法人 韓國研究院.

_____. 1990. 『高麗貴族社會의 形成』. 一潮閣.

_____. 1991. 『韓國史新論 新修版』. 1967; 一潮閣.

이병욱. 2002. 『고려시대의 불교사상』. 혜안.

_____. 2010. 『한국 불교사상의 전개』. 집문당.

이부키 아츠시(伊吹敦). 2005. 『새롭게 다시 쓰는 중국 禪의 역사』. 최연식 옮김. 대숲바람.

李相殷. 1988. 『漢韓大字典』. 1966; 民衆書林.

이정신. 2004. 『고려시대의 정치변동과 대외정책』. 景仁文化社.

이종철. 2008. 『중국 불경의 탄생』. 창비.

이주형. 2004. 『아프가니스탄, 잃어버린 문명: 사라진 바미얀 대불을 위한 헌사』. 사회평론.

_____. 2009. 『동아시아 구법승과 인도의 불교 유적 - 인도로 떠난 순례자들의 발자취를 따라』. 사회평론.

이찬수 외. 2011. 『종교 근본주의: 비판과 대안』. 모시는 사람들.

李哲教・李東圭 共編. 2002. 『韓國佛教關係論著綜合目錄』. 전 3권. 고려대장경연구소.

李鉉淙 編著. 2005. 『改訂增補版 東洋年表』. 1971; 探求堂.

이효걸・김형준 외. 1998. 『논쟁으로 보는 불교철학』. 예문서원.

李弘稙 博士 編. 1984. 『國史大事典』. 三榮出版社.

일연. 1987. 『三國遺事』. 李民樹 譯. 1983; 乙酉文化社.

일연학연구원 한국학중앙연구원. 2006.7.20-1. 『일연선사와 삼국유사』, 일연학연구원 국제학술대회, 한국학중앙연구원.

全觀應. 1996. 『佛教學大辭典』. 1988; 弘法院.

田溶新. 1993. 『完譯 日本書紀』. 1989; 一志社.

정구복・노중국・신동하・김태식・권덕영. 2011. 『개정증보 역주 삼국사기』. 전 4권. 성남: 한국학중앙연구원출판부.

정수일 역주. 2004. 『혜초의 왕오천축국전』. 학고재.

鄭承碩 編. 1991. 『佛典解說事典』. 1989; 民族社.

정승석. 1999. 『윤회의 자아와 무아』. 합천: 藏經閣.

정옥자. 1988. 『조선후기문화운동사』. 일조각.

_____. 1991. 『조선후기지성사』. 일지사.

_____ 외. 1999. 『정조시대의 사상과 문화』. 돌베개.

정윤재 외. 2009. 『세종 리더십의 형성과 전개』. 지식산업사.

_____ 외. 2010. 『세종과 재상 그들의 리더십』. 경기 파주: 서해문집.

趙明基. 1982. 『高麗大覺國師와 天台思想』. 1962; 經書院.

佐藤繁樹(사토 시게키). 1996. 『元曉의 和爭論理』. 民族社.

池斗煥. 1996. 『조선전기 의례연구』. 1994; 서울大學校出版部.

車柱環. 1983. 『高麗唐樂의 硏究』. 同和出版公社.

蔡尙植. 1991. 『高麗後期佛敎史硏究』. 一潮閣.

최영호. 2009. 『강화경판 고려대장경의 판각사업 연구』. 경인문화사.

崔源植. 1999. 『新羅菩薩戒思想史硏究』. 民族社.

최이돈. 1997. 『조선중기 사림정치 구조 연구』. 一潮閣.

최치원. 2009. 『계원필경집』1. 이상현 옮김. 한국고전번역원.

케네스 첸 지음. 1994. 『불교의 이해』. 길희성·윤영해 옮김. 왜관: 분도출판사.

河廷龍. 2005. 『삼국유사 사료비판』. 民族社.

韓基汶. 1998. 『高麗寺院의 構造와 機能』. 民族社.

韓㳓劤. 1993. 『儒敎政治와 佛敎-麗末鮮初 對佛敎施策』. 一潮閣.

허남진 외 편역. 2005. 『한국철학자료집: 불교편 1: 삼국과 통일신라의 불교 사상』. 서울대학교출판부.

許興植. 1990. 『高麗佛敎史硏究』. 1986; 一潮閣.

_____. 1994. 『韓國中世佛敎史硏究』. 一潮閣.

_____. 1995. 『眞正國師와 湖山錄』. 民族社.

_____. 1997. 『高麗로 옮긴 印度의 등불-指空禪賢-』. 一潮閣.

_____. 2004. 『고려의 문화전통과 사회사상』. 집문당.

_____. 2005. 『고려의 과거제도』. 일조각.

江田武雄(에다 다케오). 1952. 『朝鮮佛敎史の硏究』. 東京: 國書刊行會.

鎌田茂雄(가마다 시게오). 1987. 『朝鮮仏敎史』. 東京: 東京大學出版會.

高橋亨(다카하시 류). 2002. 『李朝佛敎』. 1929; 민속원.

南禪寺藏高麗版. 2010. 1. 25. 『初雕本大藏經調査終了報告會』(高麗大藏經硏 究所, 花園大學國際禪學硏究所共催). 京都 가든팔레스.

舟橋一哉(후나바시 이치야). 1981. 『業の硏究』. 昭和 二十九年[1954]; 京都: 法 藏館, 昭和 五十六年.

末木文美士(스에키 후미히코). 2006. 『思想としての佛敎入門』. 東京 Trans view.

雲井昭善(구모이 소젠) 編 1987. 『業思想硏究』. 昭和 54: 京都: 平樂寺書店, 昭和 62.

二葉憲香(후다바 겐고). 1980. 『國家と仏敎』. 京都: 永田文昌堂.

佐藤達玄(사토오 다츠겐). 1986. 『中國佛敎における戒律の硏究』. 東京: 木耳社.

陳寅恪(전인커). 2001. 「明季滇黔佛敎考序」, 『明季滇黔佛敎考』上. 石家庄: 河北敎育出版社.

許杭生(수항성) 等著. 1989. 『魏晋玄學史』. 西安: 陝西師範大學出版社.

忽滑谷快天(누카리야 카이텐). 1992. 『朝鮮禪敎史』. 鄭湖鏡譯. 佛紀 2522(西紀 1978); 寶蓮閣, 佛紀 2536.

Aston, W. G., trans. 1990. *Nihongi: Chronicles of japan from the Earliest Times to A.D. 697*. 1972; Rutland, Vermont & Tokyo, Japan.

Best, Jonathan W. 2006. *A History of the Early Korean Kingdom of Paekche*. Cambridge(Massachusetts) and London: The Harvard University Asia Center.

Birnbaum, Raoul Oyan. 1989. *The Healing Buddha*. 1979; Boston: Shambhala.

Breuker, Remco E. 2010. *Establishing a Pluralist Society in Medieval Korea, 918-1170: History, Ideology and Identity in the KoryŏDynasty*. Lieden Boston: Brill.

Buswell, Robert E. J. 1983. *The Korean Approach to Zen: Collected Works of Chinul*. Honolulu: University of Hawaii Press.

_____. 1989. *The Formation of Ch'an Ideology in China and Korea*. Princeton: Princeton University Press.

_____. 1991. *Tracing Back the Radiance*. Honolulu: University of Hawaii.

_____. 1992. *The Zen Monastic Experience: Buddhist Practice in Contemporary Korea*. Princeton: Princeton University Press.

_____. ed. 1990. *Chinese Buddhist Apocrypha*. Honolulu: University of Hawaii Press.

_____. ed. 2005. *Currents and Countercurrents: Korean Influences on the East Asian Buddhist Traditions*. Honolulu: University of Hawaii Press.

_____. ed. 2007. *Religions of Korea in Practice*. Princeton and Oxford: Princeton University Press.

Deuchler, Martina. 1992. *The Confucian Transformation of Korea*. Cambridge and London: Council on East Asian Studies, Harvard University.

Duncan, John. B. 2000. *The Origins of the Chosŏn Dynasty*. Seattle: University of Washington Press.

Faure, Bernard. 1996. *Visions of Power: Imagining Medieval Japanese Buddhism*, translated from the French by Phyllis Brooks. Princeton, New Jersey: Princeton University Press.

Galpern, A. N. 1976. *The Religions of the People in Sixteenth-Century Champagne*. Cambridge: Harvard University Press.

Geumgang Center for Buddhist Studies, Geumgang University, compil. 2007. *Korean Buddhism in East Asian Perspectives*. Seoul: Jimoondang.

Gombrich, Richard F. 2009. *What the Buddha Taught*. London: Equinox Publishing.

Haboush, JaHyun Kim and Martina Deuchler, ed. 1999. *Culture and the State in Late Chosŏn Korea*. Harvard East Asian Monographs 182. Cambridge, Massachusetts, and London: the Harvard University Asia Center.

Harris, Ian. 2001. *Buddhism and Politics in Twentieth-Century Asia*. Continuum International Publishing Group.

Harvey, Peter. 1991. *An introduction to Buddhism: Teachings, History and Practices.* 1990; Cambridge: Cambridge University Press.

Hobsbawm, Eric and Terence Ranger. 1992. *The Invention of Tradition.* 1983; Cambridge New York: Cambridge University Press.

Ilyeon. 2006. *Overlooked Historical Records of the Three Korean Kingdoms*, translated by Kim Dal-Yong. Seoul: Jimoondang.

Ilyon. 1972. *Samguk yusa: Legends and History of the Three Kingdoms of Ancient Korea*, translated by Ha Tae-Hung, Grafton K. Mintz. Seoul: Yonsei University Press.

Inagaki, Hisao. 1992. *A Dictionary of Japanese Buddhist Terms.* 1984; Kyoto: Nagata Bunshodo.

Ishii, Yoneo. 1986. *Sangha, State, and Society: Thai Buddhism in History*, translated by Peter Hawkes. Honolulu: The University of Hawaii Press.

Jones, Charles Brewer. 1999. *Buddhism in Taiwan: Religion and the State*, 1660-1990. Honolulu: University of Hawaii Press.

Kalupahana, David J. 1975. *Causality: The Central Philosophy of Buddhism*. Honolulu: The University Press of Hawaii.

Kantorowicz, Earnst H. 1981. *The King's Two Bodies: A Study in Medieval*

Political Theology. 1957; Princeton: Princeton University Press.

Keel, Hee-Sung. 1984. *Chinul: The Founder of the Korean Sŏn Tradition.* Berkeley Buddhist Studies Series 6. Seoul: Po Chin Chai Ltd.

Keyes, Charles F. 1987. *Thailand Buddhist Kingdom as Modern Nation-State.* Boulder and London: Westview Press.

Kim, Pusik. 2010. *The Koguryŏ Annals of the Samguk Sagi,* translated by Edward J. Shultz and Hugh H.W. Kang. Seongnam: The Academy of Korean Studies Press.

_____. 2012. *The Silla Annals of the Samguk Sagi,* translated by Edward J. Shultz and Hugh H.W. Kang with Daniel C. Kane. Seongnam: The Academy of Korean Studies Press.

Korean Studies Abroad: Profiles of Countries and Regions. 2010. Seongnam: The Academy of Korean Studies.

Lancaster, Lewis. 2011. "The Role of the Daejanggyeong in Buddhist Network", 『大藏經: 2011年 高麗大藏經 千年 記念 國際學術大會』, 대구 호텔인터불고, 2011.6.27~29: 98-304.

Lancaster, Lewis R. and C. S. Yu, ed. 1989. *Introduction of Buddhism to Korea: New Cultural Patterns.* Berkeley, California: Asian Humanities Press.

Lancaster, Lewis R., compil. 1979. *The Korean Buddhist Canon: A Descriptive Catalogue.* Berkeley Los Angeles London: University of California Press.

Lee, Pauline C. 2012. *Li Zhi 李贄, Confucianism and The Virtue of Desire.* Albany: State University of New York Press.

Lee, Peter H. 1969. *Lives of Eminent Korean Monks: The Haedong Kosŭng Chŏn.* Cambridge, Massachusetts: Harvard University Press.

_____, ed. 1993. *Sourcebook of Korean Civilization,* Volume One. New York: Columbia University Press.

Lew, Young Ick. 2008. *Early Korean Encounters with the United States and Japan.* Seoul: The Royal Asiatic Society Korea Branch.

McBride, Richard D., II 2008. *Domesticating the Dharma: Buddhist Cults and the Hwaŏm Synthesis in Silla Korea.* Honolulu: Unversity of Hawaii Press.

Mcmullin, Neil. 1984. *Buddhism and the State in Sixteenth-Century Japan.*

Princeton: Princeton University Press.

Mitchell, Donald W. 2008. *Buddhism: Introducing the Buddhist Experience*, Second Edition. New York, Oxford: Oxford University Press.

Muller, A. Charles. 1999. *The Sutra of Perfect Enlightenment*. Albany: State University of New York Press.

O'Flaherty, Wendy Doniger, ed. 1983. *Karma and Rebirth in Classical Indian Traditions*. Delhi, India: Motilal Banarsidass.

Palais, James. B. 1975. *Politics and Policy in Traditional Korea*. Cambridge, Massachusetts and London, England: Harvard University Press.

_____. 1996. *Confucian Statecraft and Korean Institutions*. Seattle and London: University of Washington Press.

Park, Jungnok. 2012. *How Buddhism Acquired a Soul on the Way to China*. Sheffield, UK: Equinox Publishing Ltd.

Reichenbach, Bruce R. 1990. *The Law of Karma: A Philosophical Study*. Honolulu: University of Hawaii Press.

Sasse, Werner and Jung-hee An, trans. 2002. *Der Mond Gespiegelt in Tausend Flüssen: Das Leben des Buddha Gautama in Verse gesetzt im Jahre 1447 von König Sejong*(Wŏrin ch'ŏn'gang chi k'ok sang). Seoul: Sohaksa Verlag.

Schopen, Gregory and Donald S. Lopez, ed. 1997. *Bone, Stones and Buddhist Monks*. Honolulu: University of Hawaii Press.

Shultz, Edward J. 2000. *Generals and Scholars: Military Rule in Medieval Korea*. Honolulu: University of Hawai'i Press.

Shim, Jae-ryong. 1999. *Korean Buddhism Tradition and Transformation*. Seoul: Jimoondang.

Thurman, Robert A. F. 1999. *Buddhism*. 3 Parts. New York: Mystic Fire Video, Tibet House New York.

Veer, Peter van der. 1994. *Religious Nationalism: Hindus and Muslims in India*. Berekley and Los Angeles: University of California Press.

Veer, Peter van der and Harmut Lehmann, ed. 1999. *Nation and Religion: Perspectives on Europe and Asia*. Princeton, New Jersey: Princeton University Press.

Vermeersch, Sem. 2008. *The Power of the Buddhas: The Politics of Buddhism During the Koryŏ Dynasty (918-1392)*. Cambridge, MA:

Harvard University Asia Center.

Weber, Max. 1947. *The Theory of Social and Economic Organization*, translated by Talcott Parsons. N.Y.: Oxford Press.

Wittfogel, Karl A. and Feng Chin-sheng. 1961. *History of China Society: Liao (907-1125)*. 1949; Lancaster Press, Inc.

Yang, Han-Sung, et. al. 1984. *The Hye-Ch'o Diary: Memoir of the Pilgrimage to the Five Regions of India*. Berkeley, California: Asian Humanities Press; Seoul: Po Chin Chai Ltd.

Yoon, Hong-key. *The Culture of Fengshui in Korea: An Exploration of East Asian Geomancy*. Lanham, MD: Lexington Books, 2006.

3. 논문

강덕우. 1986. 「조선 명종조의 외척세력에 관한 일고찰」, 인하대 석사학위논문.
_____. 1994. 「朝鮮 中期 佛教界의 動向: 明宗代의 佛教施策을 중심으로」, 『國史官論叢』 56: 151-91.
姜順愛. 2000. 「高麗大藏經校正別錄의 學術的 意義」, 『書誌學研究』 20: 253-97.
姜信沆. 1956. 「世宗의 佛經刊行」, 『國語研究』 1, 國語研究會膽寫本.
_____. 1980. 「朝鮮前期 佛典諺解와 그 思想」, 『한국불교학』 5: 41-70.
_____. 1992. 「한글 創制의 背景과 佛教와의 關係」. 『佛教文化研究』 3: 1-21.
姜希雄. 1999. 「新羅 骨品體制下의 王權과 官僚制」, 『東洋 三國의 王權과 官僚制』. 조선시대사학회 국학자료원, pp.7-27.
고승학. 2011. 「이통현의 『화엄경』해석과 저우이와의 연관성」, 한국학중앙연구원 고전학연구소 콜로키움 발표문, 성남, 한국학중앙연구원: 1-11.
고익진. 1975. 「『법화경』계환해의 성행 내력」, 『佛教學報』 12: 171-98.
권기종. 1997. 「高麗時代 禪師의 淨土觀」, 동국대불교문화연구원 편, 『한국정토사상』. 한국언론자료간행회.
권두환. 2009. 「정조어찰첩의 설득력과 논리」, 『수원화성박물관 개관기념학술대회 정조 대의 정국동향과 정조 어찰』, 경기도문화의전당 컨벤션센터: 133-51.
權延雄. 1993. 「世祖代의 佛教政策」, 『震檀學報』 75: 197-218.
권오민. 2009. 「佛說과 非佛說」, 『문학/사학/철학』 17: 118-83.
_____. 2010. 「불설과 비불설 餘滴」, 『문학/사학/철학』 21·22: 78-133.
권오영. 2007. 「조선조 왕실 양로연의 추이와 그 의미」, 2007년도 한국학중앙연구원 연구과제 학술발표회 『조선시대 嘉禮儀의 종합적 연구』 한

국학중앙연구원: 56-79.

權裕敬. 1991. 「文定大妃의 興佛政策이 佛敎界에 미친 影響」, 東國大學校碩
士學位 論文.

권인혁. 2007. 「발간사」. 한국국제교류재단. 『해외한국학백서』. 한국국제교류
재단, pp. 4-5.

권혁락. 2009. 「고려시대의 茶道와 불교의 淸規思想에 관한 연구」, 『동아시아
불교문화』 4: 3-40.

길희성. 2000. 「현대 윤리학의 위기와 상호의존의 윤리」, 『西江人文論叢』 11:
51-72.

琴章泰. 1982. 「<第3主題: 哲學部門> 世宗時代의 哲學思想」. 『報告論叢 82-2
世宗朝 文化의 再認識』. 城南: 韓國精神文化硏究院, pp. 43-60.

_____. 1999. 「세종조 종교문화와 세종의 종교의식」, 『세종문화사대계』 4,
윤리. 세종 대왕기념사업회, pp. 499-632.

김경수. 「관인이 작성산 고문서-박시순의 면불일기를 중심으로」. 전경목 외.
『호서지방의 고문서』. 성남: 한국학중앙연구원출판부, 2012, pp. 169-211.

金敬執. 2002. 「朝鮮 明宗朝의 僧科 復活」, 『韓國佛敎學』, 結集大會論文集1
(上): 263-70.

金根洙. 1983. 「禪宗永嘉集諺解 卷上에 대하여」, 『禪宗永嘉集諺解』 上・下(合本).
光明: 弘文閣.

김기덕. 2001. 「고려시대의 왕」, 『역사비평』 54: 260-82.

김기종. 1998. 『『월인천강지곡』의 배경과 구송 방식』, 동국대학교 박사학위논문.

金塘澤. 2007. 「高麗 顯宗德宗代 對契丹(遼) 관계를 둘러싼 관리들간의 갈등」,
『역사학연구』 29: 87-112.

_____. 2008. 「고려 顯宗代 과거 출신 관리의 정치적 주도권 장악」, 『歷史學報』
200: 231-48.

金武峰. 1995. 「禪宗永嘉集 諺解에 대하여」. 『禪宗永嘉集諺解』(初刊本上). 光
明: 弘文閣: 1-2.

_____. 2004. 「조선시대 간경도감 간행의 한글 경전 연구」. 『韓國思想과 文化』
23: 374-415.

김문식. 1998. 「해제」. 정조 대왕 저. 국역『홍재전서』 1. 임정기 역: 민족문
화추진회, pp. 1-20.

_____. 2009. 「정조의 교육정책」, 『정조학의 발견, 수원 화성의 국제적 비교』,
경기도 문화의 전당 컨벤션센터: 19-34.

金柄煥. 1997. 「元曉의 金剛三昧經論 硏究」. 東國大學校 大學院.

金鳳珍. 2009. 「정조와 담헌 홍대용」, 『정조학의 발견, 수원 화성의 국제적 비교』, 수원 경기도 문화의 전당 컨벤션센터: 147-69.

김상영. 1994. 「보우의 불교부흥운동과 그 지원 세력」, 中央僧伽大學論文集 3: 145-62.

김상일. 2008. 「허응당 보우의 유불일리론과 시세계 연구」, 『佛教學報』 48: 115-38.

金相鉉. 1984. 「新羅 中代 專制王權과 華嚴宗」, 『東方學志』 44: 59-91.

_____. 2002. 「朝鮮佛教史 研究의 課題와 展望」. 부록 1 『조선왕조실록』불교 사료집 완간기념 학술세미나, 『조선왕조실록과 한국불교』, 『佛教學報』 39: 265-71.

_____. 2009. 「문정왕후의 불교중흥정책」. 사단법인 한국불교학회 2009 가을 제50회 전국불교학술대회 논문자료집 『조선중기 불교중흥과 그 주역』, 동국대학교 학술문화관 덕암세미나실: 69-84.

김선아・박상진. 1995. 「海印寺 高麗大藏經 經板庫 기둥의 수종」, 한국목재 공학회 학술발표논문집: 19-24.

김성순. 2011. 「동아시아 염불결사의 연구 - 천태교단을 중심으로-」, 서울대학 교대학원 종교학과 철학박사학위논문.

김수아. 「구미 한국불교학의 산 증인 로버트 버스웰 교수의 삶과 연구업적」, 해외한국학 연구업적 리뷰, 한국학중앙연구원 해외한국학연구소 제1 회 국내학술발표회, 한국학중앙연구원, 2012. 12. 15: 1-32.

김수연. 2009. 「고려전기 금석문 소재 불교의례와 그 특징」, 『역사와 현실』 71: 33-61.

金成潤. 1994. 「正祖 哲學思想의 政治的 照明」, 『釜山史學』 25・26: 47-79.

김영미. 2002. 「高麗時代 佛敎界의 통제와 律令-승려행동 규제를 중심으로」, 『史學研究』 67: 1-30.

김영진. 2007. 「민국시기 불교사 연구에서 보이는 청대 고증학 전통과 서구 사상의 영향」, 『불교학연구』 17: 5-32.

_____. 2012. 「근대중국불교에서 '전통'의 경쟁과 개조」, 『佛教研究』 36: 35-65.

김영태. 1993. 「보우 순교의 역사성과 그 의의」, 『佛教學報』 30: 5-22.

金鎔坤. 1986. 「高麗 顯宗代의 文廟從祀에 대하여」. 변태섭. 『高麗史의 諸問題』. 三英社.

김용태. 2010. 「근대불교학의 수용과 불교 전통의 재인식」, 한국연구재단지 정 중점연구소 [동국대학교] 불교문화연구원 중간발표회(2단계 2차)

『아시아 근대불교의 다양성과 정체성』(Ⅱ) 동국대학교: 45-58.

金宇基. 1994. 「16세기 척신 정치기의 치국책」, 『조선사연구』 3: 59-104.

_____. 1999. 「文定王后의 정치 참여와 정국 운영」, 『歷史敎育論集』 23·24: 797-823.

_____. 2001. 「조선 성종 대 정희왕후의 수렴청정」, 『조선사연구』 10: 169-212.

金潤坤. 1993. 「고려대장경의 각판과 국자감시 출신」, 『國史館論叢』 46: 73-126.

_____. 1996. 「高麗大藏經의 東亞大本과 雕成主體에 관한 考察」, 『石堂論叢』 24: 45-100.

_____. 1998. 「江華經板 高麗大藏經의 內·外藏의 특징」, 『民族文化論叢』 18· 19: 73-115.

_____. 1999. 「'江華京板 高麗大藏經' 外藏에 入藏된 法界圖記叢隨錄과 宗經錄의 분석」, 『民族文化論叢』 20: 139-76.

_____. 2008. 「대구 부인사장 고려대장경판과 그 특성-특히 ≪佛名經≫을 중심으로」, 『민족문화논총』 39: 441-511.

김윤식. 2004. 「조선 세조의 학술활동과 서적 문화에 대한 고찰」, 『書誌學硏究』 29: 15-48.

김응철. 2010. 「기획/한국불교, 여기에 문제 있다. 포교와 신행, 구태를 벗어라」, 『불교평론』 42: 293-315.

김일권. 2002. 「불교의 북극성 신앙과 그 역사적 전개」, 『佛敎硏究』 18: 73-105.

김자현. 2002. 「조선시대 문화사를 어떻게 쓸 것인가?-자료와 접근방법에 대하여-」, 한국사 국제학술회의, 『한국사 연구방법론과 방향 모색』. 서울교육문화회관: 119-34.

金廷禧. 2001. 「文定王后의 中興佛事와 16世紀의 王室發願 佛畵」, 『美術史學硏究』 231: 5-39.

김제란. 2010. 「동아시아 불교의 사회진화론 수용과 비판의 두 흐름」, 한국연구재단 지정 중점연구소 [동국대학교] 불교문화연구원 중간발표회(2단계 2차) 『아시아 근대불교의 다양성과 정체성』(Ⅱ) 동국대학교.

김종명. 1992. 「불교 쟁론(23): 주자의 불교 비판」, ≪법보신문≫ 10. 13, 20: 12.

_____. 1998. 「高麗大藏經의 전산화와 인문학적 중요성」, 『佛敎硏究』 15: 243-88.

_____. 2000. 「"호국불교" 개념의 재검토-고려 인왕회의 경우」. 『宗敎硏究』 21: 93-120.

_____. 2001. 「현대 한국사회와 승가교육-교과과정을 중심으로」, 『韓國佛敎學』 28: 485-518.

_____. 2003. 「초기불교 사상 윤리성에 비추어 본 한국불교」, 『불교평론』

17: 10-33.

_____. 2005. 「퇴계의 불교관-평가와 의의」, 『宗敎硏究』 41: 121-46.

_____. 2006a. 「고려대장경의 조판」. 심재룡 외 편역. 『고려시대의 불교사상』. 서울대학교출판부, pp. 285-309.

_____. 2006b. 「성철의 초기불교 이해」. 조성택 편. 『퇴옹성철의 깨달음과 수행-성철의 선사상과 불교사적 위치』. 예문서원, pp. 71-105.

_____. 2006c. 「팔공산의 약사신앙」, 『대구경북학연구논총』 1: 267-99.

_____. 2007a. 「세종의 불교신앙과 훈민정음 창제」, 『東洋政治思想史』 6-1: 51-68.

_____. 2007b. 「한국 일상예불의 역사적 변용」, 『불교학연구』 18: 149-81.

_____. 2009a. 「세종의 불교신앙과 훈민정음 창제」. 정윤재 외. 『세종 리더십의 형성과 전개』. 서울: 지식산업사, pp. 189-224.

_____. 2009b. 「한국불교사 연구의 일 방법론 모색」, 국제한국사학회 월례 발표회, 숭실대학교.

_____. 2010a. 「세조의 불교관과 치국책」, 『한국불교학』 58: 117-54.

_____. 2010b. 「세종의 '강한 군주' 리더십」. 정윤재 외. 『세종과 재상그들의 리더십』. 파주: 서해문집, pp. 62-93.

_____. 2010c. 「세종의 불교관과 유교정치」, 『불교학연구』 25: 239-82.

_____. 2010d. 「현대 한국의 간화선: 이슈와 분석」, 『불교연구』 33: 227-64.

_____. 2011a. 「고대 한국 관리들의 불교관」, 『고전학연구』 1: 92-128

_____. 2011b. 「종교간 갈등 해소: 전제와 대안」. 이찬수 외. 『종교 근본주의』. 모시는 사람들, pp. 221-59, 273-4.

_____. 2011c. 「한국불교 고전 연구의 현황과 과제」, 『고전학연구』 1: 43-59.

_____. 2012. 「정조의 불교 이해」, 『한국문화연구』 23: 193-225.

_____. 2013. 「현행 한국예불의 문제점과 방향」, 『佛敎硏究』 38: 425-68.

金鍾天. 1987. 「中國의 大藏經刊行에 대한 歷史的 考察」, 상명대학교 논문집 19: 447-65.

金駿錫. 1999. 「18세기 蕩平論의 전개와 王權」, 『조선시대사학회』. 국학자료원, pp. 249-90.

_____. 1999. 「朝鮮 後期 正祖의 佛敎 認識과 政策」, 『中央史論』 12·13: 35-58.

_____. 1999. 「朝鮮 後期 正祖의 佛敎 政策」, 중앙대학교 석사학위논문.

_____. 2009. 「正祖의 郡制改革과 壯勇營 創設」, 『정조학의 발견, 수원화성의 국제적 비교』, 수원 경기도 문화의 전당 컨벤션센터, 2009: 37-62.

김중권. 2000. 「명종조의 사가독서에 관한 연구」, 『書誌學硏究』 19: 73-100.

김진무. 2010. 「중국불교와 정치권력」. 대한불교조계종 교육원 불학연구소 대한불교조계종 종교평화위원회. 『불교와 국가권력: 갈등과 상생』. 조계종출판사, pp. 53-87.

金昌謙. 2008. 「고려 顯宗代 東宮官 설치」, 『韓國史學報』 33: 131-67.

金泰永. 1994. 「朝鮮초기 世祖王權의 專制性에 대한 一考察」, 『韓國史研究』 87: 117-46.

金炯佑. 1992. 「高麗時代 國家的 佛敎行事에 관한 研究」, 동국대 박사학위논문.

김혜순. 2006. 「불교사상이해도와 양육신념 및 부모역할만족도간의 관계 - 사찰소속 유아교육기관의 어머니들을 중심으로-」, 『韓國佛敎學』 46: 387-419.

김혜순·백경임. 2009. 「어머니의 불교이해도와 집착이 자녀의 정서지능발달에 미치는 영향」, 『宗敎研究』 57: 253-74.

羅滿洙. 1990. 「高麗 明宗代 武人政權과 國王」, 『成大史林』 6: 3-34.

_____. 1993. 「국왕의 권위」, 『한국사』 18.

나종우. 1989. 「조선 전기 한일 문화교류에 대한 연구 - 고려대장경의 일본전수를 중심으로」, 『사상과 문화의 전개』. 新書院, pp. 315-37.

南東信. 2005. 「나말여초 국왕과 불교와의 관계」, 『역사와 현실』 56: 82-111.

_____. 2011. 「桂苑筆耕集의 문화사적 이해」, 『震檀學報』 112: 183-214.

남희숙. 2004. 「조선 후기 불서 간행 연구」, 서울대학교 박사학위논문.

노명호. 1999. 「고려시대의 다원적 천하관과 해동천자」, 『한국사연구』 105: 3-40.

_____. 2002. 「통념과 이념에 가리운 고려 사회의 체제적 특징들」, 한국사 국제학술회의, 『한국사 연구방법론과 방향 모색』. 서울교육문화회관: 61-77.

노장서. 2011. 「태국 사찰벽화에 나타난 우주도상 연구 - 뜨라이품에 근거한 도상해석을 중심으로-」, 『한국태국학회논총』 17-2: 1-44.

문찬주(성원스님). 2012. 「현대 한국불교의 정통적 수행의 원천과 국가불교 - 비판적·비교학적 검토-」, 『한국학으로서 불교학 - 학제적 접근』, 2012년 불교문화연구원 개원 50주년 기념 국제학술대회, 조계종 역사문화기념관, 11.30~12.1: 243-51.

閔賢九. 1979. 「高麗의 對蒙抗爭과 大藏經」, 『한국학논총』 1: 39-53.

박경준. 2011. 「불교 업보윤회설의 의의와 해석」, 『불교학연구』 29: 163-93.

_____. 2012. 「한국불교의 경제적 측면 一考」, 『한국학으로서 불교학 - 학제적 접근』, 2012년 불교문화연구원 개원 50주년 기념 국제학술대회, 조계종 역사문화기념관, 11.30~12.1: 269-85.

박광연. 2009. 「고려전기 유가업의 법화경 전통 계승과 그 의미」, 『역사와 현실』71: 63-91.

박도화. 2002. 「15세기 후반기 왕실발원 판화: 정희대왕대비 발원문을 중심
　　으로」, 『강좌미술사』19: 155-183.

박병련. 2009. 「세종조 정치 엘리트 양성과 인사운용의 특성」, 정윤재 외. 『세
　　종 리더십의 형성과 전개』. 지식산업사, pp. 49-94.

박보람. 2011. 「내 몸을 바로보는 두 시각」, 『여래출현과 여래장, 인도, 동아
　　시아, 티베트의 여래장 사상의 형성, 변용, 그리고 수용에 관하여』,
　　금강대 불교문화연구소: 1-14.

박상국. 1983. 「海印寺 大藏經版에 대한 再考察」, 『韓國學報』9-4: 177-206.

박성숙. 1996. 「세조 대 간경도감의 설치와 불전 간행」, 『釜大史學』20: 35-77.

박소윤·박상진. 1995. 「海印寺 高麗大藏經板의 現況」, 한국목재공학회 학술
　　발표 논문집: 25-31.

朴暎基. 1997. 「朝鮮 明宗朝 度僧僧科制에 대한 考察」, 『(彌天睦楨培博士華甲
　　記念論叢) 未來佛敎의 向方』. 합천: 藏經閣, pp. 665-85.

朴龍雲. 1991. 『高麗時代史』. 1988; 一志社.

朴胤珍. 2005. 「高麗時代 王師國師 硏究」. 高麗大學校 博士學位論文.

박은경. 1998. 「조선전기의 기념비적인 四方四佛畵」, 『미술사논단』7: 111-39.

박재우. 2011. 「고려의 정치제도와 권력관계」, 『한국중세사연구』31: 195-228.

박정숙. 1996. 「世祖代 刊經都監의 설치와 佛典 刊行」, 『釜大史學』20: 35-77.

박준재. 2009. 「정조의 무예정신 연구, 일본과의 비교」, 『정조학의 발견, 수원
　　화성의 국제적 비교』, 수원 경기도 문화의 전당 컨벤션센터: 197-213.

朴海鐺. 1996. 「己和의 佛敎思想 硏究」, 서울大學校 哲學博士學位論文.

박현모. 2000. 「正祖의 蕩平정치 연구: 성왕론의 이념과 한계」, 『韓國政治學
　　會報』34-1: 45-62.

_____. 2006. 「세종의 공론형성과 국가경영」. 정윤재 외. 『세종의 국가경영』.
　　지식산업사.

_____. 2007. 「태종 이방원의 국가경영: 왕위승계과정을 중심으로」. 조선시
　　대 왕과 재상의 리더십 결과발표회, 한국학중앙연구원: 97-115.

박혜련. 2003. 「조선시대 수렴청정의 정비 과정」, 『조선시대사학보』27:
　　33-65.

박혜원. 2011. 「고려시대 아미타내용도와 임종의례의 관련성 시론」, 『美術資
　　料』80: 45-96.

배병삼. 2005. 「세종의 시인발정(施仁發政)의 국가경영: 守領久任策의 도입과
　　실행과정을 중심으로」, 세종국가경영연구소 개소기념 학술대회, 『세

종의 국가경영과 한국학의 미래』. 성남: 한국학중앙연구원: 41-75.

裵象鉉. 1997. 「高麗國新雕大藏校正別錄과 守其-高麗大藏經의 校勘과 雕成에 반영된 13세기 佛敎界의 現實認識-」, 『民族文化論叢』 17: 57-84.

백진순. 2010. 「원측(圓測)의 인왕경소(仁王經疏)에 나타난 경전 해석 방법」, 한글본 한국불교전서 출판기념 학술대회(동국대학교 불교문화연구원), 동국대학교, pp. 1-15.

변상희. 1993. 「高麗 顯宗代 佛敎界의 變化와 그 性格」, 숙명여자대학교 석사학위논문.

邊太燮. 1976. 「高麗의 政治體制와 權力構造」, 『韓國學報』 4: 22-39.

보우. 1996. 「福靈寺四聖重修記」, 나암잡저(懶庵雜著), 김상일 역. 『大覺國師文集外』. 동국대학교부설 동국역경원.

부남철. 2000. 「한국정치사상에 있어서의 정치와 종교: 조선 성리학자의 불교 천주교 등 종교에 대한 정치적 평가와 비판」, 『韓國政治學會報』 34-2: 9-26.

_____. 2003. 「유교적 학자군주 정조의 종교정책」, 『韓國政治學會報』 37-2: 47-65, 420.

_____. 2005. 「세종의 국가경영에 있어서 불교와 유교: 신앙과 정치사이의 긴장과 통합」, 세종국가경영연구소 개소기념 학술대회, 『세종의 국가경영과 한국학의 미래』. 성남: 한국학중앙연구원: 175-198.

서정돈. 2009. 「간행사」, 『정조어찰첩 正祖御札帖』. 성균관대학교 출판부.

서정형. 2003. 「자아가 없는데 누가 윤회하는가」, 『철학과 현실』 56: 137-48.

석길암. 2011. 「宋에 대한 高麗의 佛典 供與와 그 의도」, 2011 高麗大藏經 千年記念 國際學術大會. 대구 인터불고호텔, 2011: 384-95.

성청환. 2009. 「불교 연구에서 고고학의 중요성-그레고리 쇼펜의 학문 세계」, 『불교평론』 38.

손성필. 「16·17세기 불교정책과 불교계의 동향」, 동국대학교 박사학위논문, 2013.

송기출. 2009. 「正祖의 郡制改革과 壯勇營 創設에 대한 논평」, 『정조학의 발견, 수원 화성의 국제적 비교』, 수원 경기도 문화의 전당 컨벤션센터: 63-64.

신규탁. 1997. 「불교의 중국화-규봉종밀의 자아 이해를 중심으로」, 『白蓮佛敎論集』 7: 278-99.

辛奎卓. 1998. 「大藏經의 飜譯.解釋.分類」, 『書誌學研究』 15: 339-58.

신명호. 2009. 「정조의 기록정신과 의궤」, 『정조학의 발견, 수원 화성의 국제적 비교』, 수원 경기도 문화의 전당 컨벤션센터: 95-115.

신병주. 2009. 「정조의 기록정신과 의궤(儀軌)에 대한 논평」, 『정조학의 발견, 수원 화성의 국제적 비교』, 수원 경기도 문화의 전당 컨벤션센터: 116-8.

신상환. 2011. 「티벳 대장경의 역사적 배경의 특징」, 2011 高麗大藏經 千年記念 國際學術大會. 대구 인터불고호텔: 180-94.

安啓賢. 1981. 「大藏經의 雕板」, 『한국사』 6.

안대회. 2009. 「어찰의 정치학」, 『역사비평』 87: 157-202.

安良圭. 2003. 「佛說과 非佛說의 구분: 불교 표준 경전의 시도」, 『한국불교학』 34: 45-67.

안지원. 2011. 「고려후기 금석문을 통해 본 불교의례의 새로운 동향」, 『역사와 현실』 80: 121-51.

양현혜. 2008. 「황민화 시기 개신교 실력양성론의 논리 구조」, 『종교연구』 50: 99-128.

어현경. 2011. 「초기불교 어떻게 봐야 하나: 24교구본사 선운사 산중 좌담」, ≪불교신문≫, 불기2555년 1월 29일.

吳京厚. 2007. 「朝鮮時代 慶州地域 寺院의 數的 推移와 性格」, 『新羅文化』 30: 195-224.

吳龍燮. 1999. 「校正別錄」의 完成과 入藏에 대한 考察」, 『書誌學研究』 18: 193-220.

_____. 1998. 「八萬大藏經 名稱의 由來」, 『書誌學研究』 16: 63-94.

오지섭. 2005. 「탑인절목으로 본 세조 연간 대장경 인출」, 『書誌學研究』 30: 319-40.

옥복연. 2009. 「여성은 종교지도자가 될 수 없는가」, 『참여불교』 60: 56-61.

우인수. 1987. 「조선 명종조 위사공신의 성분과 동향」, 『대구사학』 33: 49-73.

禹貞相. 1959. 「李朝佛敎의 護國思想에 대하여」, 『白性郁博士頌壽紀念 佛敎學論文集』. 東國大學校 出版部, 1959.

원필성. 2011. 「格義佛敎에 대한 再考-釋道安의 例를 중심으로-」, 『佛敎學報』 58: 45-75.

劉璟娥. 1988. 「高麗 高宗元宗時代의 民亂의 性格」, 『梨大史學』 22·23: 393-414.

유봉학. 2005. 「정조시대 사상 갈등과 문화의 추이」, 『태동고전연구』 21: 1-26.

_____. 2009. 「정조시대 정치사 연구와 사료」, 수원화성박물관 개관기념 학술대회 『정조 대의 정국동향과 정조 어찰』, 수원 경기도 문화의 전당 컨벤션센터: 1-17.

柳富鉉. 2006. 「高麗 再雕大藏經과 大藏目錄의 構成」, 『書誌學研究』 33: 167-88.

윤대식. 2007. 「'무'(武) '문'(文) 겸전의 리더십: 이천의 관료적 순응성과 정치적 수동성」. 조선시대 왕과 재상의 리더십 결과발표회, 한국학중앙연구원: 117-64.

윤용혁. 2010. 「몽고 침입과 부인사 대장경의 소실」, 『한국중세사연구』 28: 173-201.

윤종갑. 2010. 「불교에서의 평등과 차별」, 『동아시아불교문화』 5: 184-5.

_____. 2011. 「불교와 정치권력－정교분리에 관한 부처의 관점을 중심으로-」, 『동아시아불교문화』 8: 249-87.

이거룡. 2011. 「우빠니샤드와 초기불교에서의 업과 윤회」, 『불교학연구』 29: 7-44.

이경하. 2004. 「소혜왕후의 불교 옹호 발언과 젠더 권력 관계」, 『한국여성학』 20-1: 5-32.

이광호. 2001. 「제3장 세종 대의 언어정책과 훈민정음의 창제」. 한국정신문화연구원 엮음. 『세종시대의 문화』. 태학사, pp. 115-64.

이달호. 2009. 「정조의 재정운영과 화성건설」, 『정조학의 발견, 수원 화성의 국제적 비교』, 수원 경기도 문화의 전당 컨벤션센터: 65-92.

이민선. 2005. 「해외 우수 교재, 어떻게 만드나」. ≪교수신문≫ 04.25.

이병년. 1986. 「조선조 세조의 불교 진흥책에 관한 연구」, 동국대학교 석사학위논문.

이병욱. 2011. 「중국불교에 나타난 업(業)과 윤회(輪廻)의 두 가지 양상」, 『불교학연구』 29: 45-92.

이병희. 2011. 「고려 현종 대 사상과 문화정책」, 『한국중세사연구』 29: 213-63.

李逢春. 1980. 「朝鮮前期 佛典諺解와 그 思想」, 『한국불교학』 5: 41-70.

_____. 1990. 「朝鮮 開國 初의 排佛推進과 그 實際」, 『한국불교학』 15: 79-120.

_____. 2001. 「조선전기 흥불주와 숭불사업」, 『佛敎學報』 38: 43-63.

_____. 2002. 「實錄으로 본 朝鮮 斥佛疏의 경향」. 부록 1 조선왕조실록 불교사료집 완간기념 학술세미나, 『조선왕조실록과 한국불교』, 『佛敎學報』 39: 273-80.

_____. 2006. 「孝寧大君의 神佛과 조선전기 불교」, 『佛敎文化硏究』 9: 89-120.

李富華. 2011. 「高麗大藏經과 趙城藏의 대조분석을 통해 본 高麗大藏經의 성과에 대한 略論」, 2011 高麗大藏經 千年記念 國際學術大會, 대구 인터불고호텔: 450-67.

이상옥(형운). 2010. 「고승선의 선정 및 삼매에 대한 분석적 고찰」, 『普照思想』

34: 195-235.

李成茂. 1999. 「朝鮮時代의 王權」, 東洋 三國의 王權과 官僚制. 『조선시대사학회』. 국학자료원, pp. 51-85.

이성무. 2001. 「제1장 세종 대의 역사와 문화」. 한국정신문화연구원 엮음. 『세종시대의 문화』. 태학사, pp. 15-79.

_____. 2005. 「세종과 유교적 국가경영」, 세종국가경영연구소 개소기념 학술대회, 『세종의 국가경영과 한국학의 미래』. 성남: 한국학중앙연구원: 16-22.

李崇寧. 1986. 「信眉의 譯經事業에 關한 硏究」. 『學術院論文集 人文・社會科學篇』 25: 1-42.

이시이 코세이. 2001. 「화엄철학은 어떻게 일본의 정치 이데올로기가 되었는가」, 최연식 옮김. 『불교평론』 6.

李時燦. 2009. 「宋元時期 高麗의 서적 수입과 그 역사적 의미」, 『東方漢文學』 39: 309-420.

이영자. 2004. 「천인의 법화참법의 전개」, 『한국불교학 연구총서』. 불함문화사.

이자평. 2011. 「僞經의 민중교육적 의미」, 『불교학연구』 29: 93-124.

이장렬. 1995. 「正祖의 佛敎觀 變化와 佛敎政策에 關한 一硏究」, 고려대학교 교육대학원 석사학위논문.

이재범. 2005. 「나말여초 선사비문 연구현황」, 『역사와 현실』 56: 13-20.

_____. 2009. 「고려전기 금석문을 통해 본 불교」, 『역사와 현실』 71: 21-32.

李載昌. 1966. 「麗末 鮮初의 對日 關係와 高麗大藏經」, 『佛敎學報』 3・4: 113-34.

이재형. 2004. 「한글날 특집 훈민정음과 불교」, ≪법보신문≫ 09.29.

_____. 2011. 「가장 많이 인용되는 교계 저명 학술지는 佛敎學報」, ≪법보신문≫, 05.11.

이재희. 1993. 「朝鮮 明宗代 '戚臣政治'의 전개와 그 성격」, 『한국사론』 29: 57-123.

이정수. 2005. 「卓吾 李贄의 불교관-焚書를 중심으로」, 『佛敎學報』 42: 95-121.

이정주. 2006. 「세조 대 후반기의 불교적 상서와 은전」, 『민족문화연구』 44: 237-69.

李貞薰. 2009. 「고려전기 왕실 출신 승려들의 출가와 활동」, 『역사와 현실』 71: 93-125.

_____. 2011. 「고려 현종 대 거란과의 전쟁과 지배체제 개편」, 『한국중세사연구』 29: 177-212.

_____. 2011. 「고려후기 승려에 대한 봉군(封君)과 그 의미」, 『역사와 현실』 80: 92-120.

李鍾權. 1989. 「朝鮮朝 國譯佛書의 刊行에 관한 硏究」. 성균관대학교 대학원 석사학위논문.

이종익. 1990. 「보우대사의 중흥불사」, 『佛敎學報』 27: 237-72.

이지경. 2006. 「세종의 공세적 국방 안보」, 정윤재 외, 『세종의 국가경영』. 지식산업사, 2006.

이태승. 2011. 「高麗大藏經에 나타난 悉曇梵字에 대하여」, 2011 高麗大藏經 千年 記念 國際學術大會. 대구 인터불고호텔: 311-24.

李泰鎭. 1995. 「社會史적으로 본 韓國中世의 始作」, 『韓國古代史硏究』 8: 11-32.

이한수. 2007. 「세종시대 황희의 재상 리더십-정치활동을 중심으로-」. 조선시대 왕과 재상의 리더십 결과발표회, 한국학중앙연구원: 165-202.

이호영. 1976. 「괴애 김수온의 문명과 숭불성격」, 『단국대논문집』 10: 123-45.

_____. 1976. 「승 신미에 대하여」, 『사학지』 10: 41-58.

인용민. 2008. 「孝寧大君 李補(1396~1486)의 佛事 活動과 그 意義」, 『선문화연구』 5: 25-60.

임치균. 2001. 「제6장 세종 대의 서사 문학-<용비어천가>를 중심으로-」. 한국정신문화연구원 엮음. 『세종시대의 문화』. 태학사, pp. 309-61.

임형진. 2009. 「정조의 교육정책에 대한 논평」, 『정조학의 발견, 수원 화성의 국제적 비교』, 수원 경기도 문화의 전당 컨벤션센터: 35-6.

임형택·진재교. 2009. 「정조어찰첩 正祖御札帖-편지로 읽는 정조실록」, 『정조어찰첩 正祖御札帖』. 성균관대학교출판부, pp. 528-68.

장미란. 1999. 「空思想의 格義的 理解에 관한 硏究」, 동국대학교 석사학위논문.

張熙興. 2002. 「조선 명종(明宗)대 외척정치(外戚政治)와 환관(宦官) 박한종(朴漢宗)」, 『동국사학』 37: 257-82.

전병욱. 2007. 「朱子 哲學에서 '佛敎'의 의미」, 불교학연구회 2007년 춘계학술대회자료집, 불교대학원대학교: 1-17.

전성호. 2009. 「세종시대 내부통제 시스템」. 정윤재 외. 『세종 리더십의 형성과 전개』. 지식산업사, pp. 95-144

鄭景鉉. 1992. 「高麗太祖의 王權-특히 그 權威의 측면을 중심으로-」. 『擇窩許善導선생 정년기념 한국사학논총』. 일조각, pp. 100-23.

鄭杜熙. 1981. 「조선 세조-세종기의 공신 연구」, 『진단학보』 51: 131-81.

_____. 1982. 「世宗朝의 權力構造-臺諫의 活動을 中心으로」. 韓國精神文化硏究院 編. 『世宗朝文化硏究』(Ⅰ). 博英社, pp. 3-62.

_____. 1991. 「대간의 활동을 통해 본 세조 대의 왕권과 유교 이념의 대립」, 『역사학보』 130: 31-76.

_____. 2002. 「개인으로서의 '나'의 발견과 朝鮮前期史의 새로운 모색」, 한국사 국제학술회의, 한국사 연구방법론과 방향 모색. 서울교육문화회관: 101-18.

정병삼. 2007. 「몽산 저술의 간행과 16세기 불교」, 『불교학연구』 18: 119-47.

_____. 2009. 「고려 후기 鄭晏의 불서 간행과 불교신앙」, 『불교학연구』 24: 403-36.

_____. 2009. 「고려후기 體元의 관음신앙의 특징」, 『佛敎硏究』 30: 43-83.

정옥자. 2009. 「왜 지금 '정조학'인가」, 『정조학의 발견, 수원 화성의 국제적 비교』, 수원 경기도 문화의 전당 컨벤션센터: 9-16.

정윤재. 2005. 「세종의 국가경영 연구: 리더십 接近에 의한 世宗時代 新硏究」, 세종국가경영연구소 개소기념 학술대회, 『세종의 국가경영과 한국학의 미래』. 성남: 한국학중앙연구원: 16-22.

_____. 2007. 「세종의 "보살핌"의 정치리더십: 훈민정음 창제와 보급과정을 중심으로」, 조선시대 왕과 재상의 리더십 결과발표회, 『세종의 국가경영과 한국학의 미래』. 성남: 한국학중앙연구원: 7-20.

정제규. 1996. 「최언위의 불교 인식과 그 성격」, 『백련불교논집』 5·6: 313-43.

조경철. 2006. 「동아시아 불교식 왕호 비교-4-8세기를 중심으로-」, 『한국고대사연구』 43: 5-38.

조명제. 2006. 「간화선의 사회적 역할과 조계종」, 『제3차 간화선 세미나 자료집』: 7-35.

조준호. 2009. 「초기불교에 있어 국가권력(왕권)과 교권: 세간과 출세간에서의 정교분리를 중심으로」, 『인도연구』 14: 205-37.

_____. 2010. 「인도에서의 종교와 정치권력」. 대한불교조계종 교육원 불학연구소 대한불교조계종 종교평화위원회. 『불교와 국가권력: 갈등과 상생』. 조계종출판사, pp. 11-51.

조흥욱. 1993. 「월인천강지곡 연구」, 서울대학교 박사학위논문, 1993.

중현스님. 2011. 「高麗大藏經硏究所 電算化 事業 槪觀」, 2011 高麗大藏經 千年記念 國際學術大會. 대구 인터불고호텔: 103-116(한글), 117-29(영문).

崔炳憲. 1981. 「高麗中期 玄化寺의 創建과 法相宗의 隆盛」, 『韓㳂劤博士停年紀念史學論叢』.

_____. 1985. 「茶山 丁若鏞 韓國佛敎史 硏究」, 『丁茶山硏究의 現況』. 民音社.

_____. 1993. 「≪月印釋譜≫編纂의 佛敎史的 意義」, 『진단학보』 75: 219-25.

崔聖銀. 2008. 「고려 현종 대 석탑부조의 연구」, 『강좌미술사』 30: 209-46.

崔承熙. 1997. 「世祖代 王位의 취약성과 王權强化策」, 『朝鮮時代史學報』 1: 7-67.

_____. 2001. 「성종조의 국정운영체제와 왕권」, 『조선사연구』 10: 39-130.

최연식. 1999. 「균여 화엄사상 연구」, 서울대학교 박사학위논문.

_____. 2010. 「逸傳文獻과 한국불교사상사의 재인식」, 한글본 한국불교전서 출판기념 학술대회(동국대학교 불교문화연구원), 동국대학교: 33-52.

_____. 2011. 「6세기 동아시아 지역의 불교 확산 과정에 대한 재검토-百濟의 佛敎治國策과 주변 국가에 미친 영향을 중심으로」, 『충청학과 충청문화』 13: 67-90.

崔然柱. 1998. 「高宗 24年 江華京板 高麗大藏經의 刻成事業」, 『한국중세사연구』 5: 118-46.

_____. 2005. 「修禪寺와 강화경판 <<고려대장경>> 彫成」, 『大邱史學』 81: 35-63.

_____. 2005. 「江華經板 高麗大藏經의 각성인과 도감의 운영 형태」, 『역사와 경계』 57: 57-85.

崔永好. 1995. 「江華京板 高麗大藏經邊界線 소재 인명의 판각사업 참여 형태」, 『한국중세사연구』 2: 168-94.

_____. 1995. 「高麗 武臣執權期 僧侶知識人 山人의 江華京板高麗大藏經 각성 사업 참여」, 『石堂論叢』 21: 123-60.

_____. 1997. 「瑜伽宗의 江華京板 高麗大藏經 각성사업 참여」, 『釜山史學』 33: 33-53.

_____. 2002. 「13세기 중엽 江華經板 高麗大藏經 刻成事業과 海印寺」, 『한국중세사연구』 13: 105-33.

_____. 2009a. 「13세기 중엽 高麗國大藏都監의 조직체계와 운영형태」, 『石堂論叢』 43: 147-78.

_____. 2009b. 「江華京板 高麗大藏經의 조성사업에 대한 근대 100년의 연구사 쟁점」, 『石堂論叢』 44: 135-67.

최정규. 2004. 「사문(沙門)의 권위는 어디에서 비롯되는가」, 『불교평론』 21: 1-7.

崔正如. 1968. 「世宗朝 亡妃追善의 周邊과 釋譜 및 讚佛歌制作」, 『啓明論叢』 5: 27-50.

최중호. 2005. 「고려대장경의 각성인 표기 유형과 연구 방법」, 『한말연구』 17: 291-317.

「토론」. 『진단학보』 75(1993): 275-89.

한명숙. 2011. 「고려대장경 編制 및 入藏經의 取捨에 나타난 사유체계의 이해-開元釋敎錄과 연계 하여」, 『한국불교학』 59: 163-95.

한미경. 1994. 「고려와 북송의 서적교류」, 『書誌學硏究』 10: 789-807.

한상설. 1982. 「조선 초기 세종 세조의 불교신앙과 신권 견제」, 동국대학교 석사학위논문.

한역연 금석문연구반. 2005. 「2005 특집 선사비문을 통해 본 나말려초 불교」, 『역사와 현실』 56: 51-80.

_____. 2009. 「2009 특집 금석문을 통한 고려전기 불교 연구」, 『역사와 현실』 71: 33-61.

한우근. 1964. 「세종조에 있어서의 대 불교 시책」, 『震檀學報』 25: 67-154.

韓政洙. 2006. 「고려후기 天災地變과 王權」, 『歷史敎育』 99: 135-64.

한춘순. 1999. 「明宗代 王室의 內需司 運用」, 『人文學硏究』 3: 391-440.

_____. 2000. 「명종 대 왕실의 치국책」, 『人文學硏究』 4: 375-414.

_____. 2002. 「성종 초기 정희왕후(세조비)의 정치 청단과 훈척 정치」, 『조선시대사학보』 22: 29-74.

한태식(보광). 2009. 「허응당 보우선사의 권문요록 연구」, 『한국불교학』 53: 9-135.

황금연. 2010. 「대혜종고선사의 서장 연구」, 동국대학교 박사학위논문.

허웅. 1992. 「역주 월인석보 서」, 『역주 월인석보』1·2. 세종대왕기념사업회, pp. 29-41.

허일범. 2002. 「한국밀교 전개사」, ≪밀교신문≫ 06.17.

許興植. 1990. 「高麗高宗官版大藏經의 彫成經緯와 思想性」, 『歷史敎育論集』 13·14: 421-35.

_____. 2007. 「고려 畵佛에서 佛畵로, 다시 화불로 부활」, 高麗畵佛 國際學術大會, 세종문화회관, pp. 170-5.

_____. 2007. 「세종의 불교관과 유교정치에 대한 토론요지」, 조선시대 왕과 재상의 리더십 결과발표회, 한국학중앙연구원.

호진. 2004. 「초기불교의 선사상과 실천」, 『참선수행 어떻게 할 것인가』. 대구: 동화사, [불기 2548년]: 17-33.

洪潤植. 1982. 「朝鮮 明宗代의 佛畵製作을 通해 본 佛敎信仰」, 『佛敎學報』 19: 67-154.

_____. 1988. 「≪高麗史≫ 世家篇 佛敎記事의 歷史的 意味」, 『韓國史硏究』 60: 1-35.

黃善化. 1975. 「朝鮮時代 明宗朝의 佛敎中興政策」, 梨花女子大學校大學院 석

사학위논문.

황인규. 2002. 「고려후기 禪院寺의 創建과 禪僧들」, 『慶州史學』 21: 57-81.

_____. 2011. 「조선전기 후궁의 비구니 출가와 불교신행」, 『佛敎學報』 57: 117-43.

황필호. 1999. 「공자의 새로운 해석」, 『宗敎硏究』 17: 275-92.

Edward J. Shultz. 1999. 「高麗中期의 王權과 統治」. 『東洋 三國의 王權과 官僚制』. 조선시대사학회. 국학자료원, pp. 29-50.

Palais, James B. 1999. 「朝鮮王朝의 官僚的 君主制」, 『東洋 三國의 王權과 官僚制』. 조선시대사학회. 국학자료원, pp. 87-120.

Shi, Zhiru. 2011. 「10세기 중국 남동부에서의 불경 편찬과 국가 형성」, 大藏經: 2011年 高麗大藏經 千年 記念 國際學術大會, 대구 인터불고호텔: 482-91.482-91(한글), 470-81(영문).

Yoon, Hong-key. 2011. 「한국 과학문명사 집필 시의 고려 사항」, 『고전학연구』 1: 21-33.

Zhang, Dewei. 2011. 「명나라 만력(萬曆 1573-1620)의 불교경전의 유포」, 2011 高麗大藏經 千年記念 國際學術大會, 대구 인터불고호텔: pp. 95(한글), 240-69(영문).

岡本敬二(오카모토 케이지). 1953. 「高麗大藏經版의 刻成-玄化寺創建と開雕への途」, 歷史學硏究特輯號, 『朝鮮史の諸問題』.

落合俊典(오치아이 도시노리). 2011. 「高麗初雕本으로부터 본 제 大藏經 系譜」, 高麗大藏經 千年記念 國際學術大會, 대구 인터불고호텔: pp. 20-7(한글), 12-9(일문), 28-30(영문).

梁啓超(량치차오). 「余之死生觀」, 『中國佛敎思想資料選集』 第三卷. 北京: 中華書局, 1991.

李富華(리푸화). 2011. 「『高麗大藏經』과 『趙城藏』의 대조분석을 통해 본 『高麗大藏經』의 성과에 대한 略論」, 2011 高麗大藏經千年 記念 國際學術大會, 대구 인터불고호텔: pp. 450-67(한글), 436-49(중문).

章宏偉(장홍웨이). 2011. 「동아시아 불교문화권에서의 『가흥대장경(嘉興大藏經)』의 전파(일본편)」, 2011 高麗大藏經 千年 記念 國際學術大會, 대구 인터불고호텔: pp. 422-35(한글), 412-21(중문).

井上圓了(이노우에 엔료). 「佛敎活論 序論」, 『明治文化全集』 第19卷. 東京: 日本評論社, 昭和 42[1967].

中島志朗(나카시마 시로). 「李朝佛敎の一斷面: 文定王后と普雨」. 『日本仏教学会年報』 67(2001): 13-25

陳寅恪(전인커). 「明季滇黔佛敎考序」, 『明季滇黔佛敎考』 上下. 石家庄: 河北敎育出版社, 2000.

橫超慧日(오쵸 에니치). 「法華經における現世利益」, 『法華思想』. 京都: 平樂寺書店, 1975.

Ahn, Juhn Y. 2010. "The Merit of Not Making Merit: Buddhism and the Late Koryŏ Fiscal Crisis," *Seoul Journal of Korean Studies* 23-1: 23-50.

Ahn, Kye-hyon. 1989. "Short History of Ancient Korean Buddhism." In *Introduction of Buddhism to Korea: New Cultural Patterns*, edited by Lewis R. Lancaster and C. S. Yu. Berkeley, California: Asian Humanities Press, pp. 1-27.

Allen, J. Michael. 2002. "How Early is Korean Modernity? The 'Early-Modern' in Korean Historiography," *On Historiography of Korea: Methodologies and Strategies*, 한국사 국제학술회의, 『한국사 연구방법론과 방향 모색』. 교육문화회관, 06. 19-20: 157-67.

Best, Jonathan W. 2005. "Paekche and the Incipiency of Buddhism in Japan." In *Currents and Countercurrents: Korean Influences on the East Asian Buddhist Traditions*, edited by Robert E. Buswell, Jr. Honolulu: University of Hawaii Press, pp. 15-42.

Breuker, Remco E. 2003. "Koryŏ as an Independence Realm: The Emperor's Clothes?" *Korean Studies* 27: 48-84.

_____. 2008. "Forging the Truth: Creative Deception and National Identity in Medieval Korea," *East Asian History* 35: 1-73.

_____. 2010. *Establishing a Pluralist Society in Medieval Korea 918-1170.* Leiden: Brill.

Buswell, Robert E., Jr. 1990. "Prolegomenon to the Study of Buddhist Apocryphal Scriptures." In *Chinese Buddhist Apocrypha*, edited by Robert E. Buswell, Jr. Honolulu: University of Hawaii Press, pp. 1-30.

_____. 1999. "Buddhism Under Confucian Domination: The Synthetic Vision of Sŏsan Hyujong." In *Culture and the State in Late Chosŏn Korea*, edited by JaHyun Kim Haboush and Martina Deuchler. Cambridge and London: the Harvard University Asia Center, pp. 134-59.

_____. 2011. "Korean Buddhism: A Continental Perspective." In *Buddhism and the Future World*, The International Conference to Commemorate th 100th Birth Anniversary of the Great Patriarch Sangwol Wongak, 금강대학교, 불기 2555. 11. 12-3: 728-39(영문); 740-51(한글 역).

Ching, Julia. 1997. "Son of Heaven: Sacral Kingship in Ancient China," *T'oung Pao* LXXXIII: 3-41.

Duncan, John B. 1988. "The Formation of the Central Aristocracy in Early Koryŏ," *Korean Studies* 12: 39-61.

Farquhar, David M. 1978. "Emperor As Bodhisattva in the Government of the Ch'ing Empire," *Harvard Journal of Asiatic Studies* 38-1: 5-34.

Frasch, Tilman. 2008. "Buddha's Tooth Relic: Contesting Rituals and the Making of the Early State in Sri Lanka," *Abstract Collection and Programme*, Ritual Dynamics and the Science of Ritual(Ritualidynamik und Ritual wissenschaft), Heidelberg, Universität Heidelberg, 29 September-2 October 2008: 180.

Funayama Toru(般山 徹). 2011. 「고려 초조대장경의 범망경(梵網經) 연구: 예비 조사」, 2011 高麗大藏經 千年記念 國際學術大會. 대구 인터불고 호텔: 363-83(한글), 339-61(영문).

Hu, Shih. 1974. "The Scientific Spirit and Method in Chinese Philosophy." In *The Chinese Mind*, edited by Charles A. Moore. Honolulu: University of Hawaii Press, pp. 104-31.

허남린(Hur Namlin). 2012. "The Roots of Buddhist Imperialism in Modern Japan, 1868-1945," 『佛敎研究』 36: 67-107.

Jin, Tao. 2009. "Buddhist Teachings Serving Confucian Needs: The Reformulation of the Buddhist Theory of Two Truths by the Non-Buddhist Elite in the Early Tang," presented in the 2009 Association for Asian Studies Annual Meeting, held in Chicago Hilton Hotel, March 26-29.

Johannsen, Dirk. 2008. "Black Book and a Cold Shiver-Intention and Agency in Scandinavian Magical Rituals," *Abstract Collection and Programme*, Ritual Dynamics and the Science of Ritual(Ritualidynamik und Ritualwissenschaft), Heidelberg, Universität Heidelberg, 29 September-2 October 2008: 127.

Jorgensen, John. 2006. "Trends in Japanese Research on Korean Buddhism

2000-2005," *The Review of Korean Studies* 9-1: 9-26.

Kaiser, Daniel H. 2009. "Beyond the Pages of Stepennaia Kniga: Icon Veneration in Sixteenth-Century Muscovy," presented at the conference on "he Book of Royal Degrees and Russian Historical Consciousness," Cosponsored by UCLA Center for Medieval and Renaissance Studies, etc., University of California, Los Angeles, February 26-28: 1-21.

Kim, Jongmyung(Jong Myung). 1995. "Chajang(fl. 636-650) and 'Buddhism as National Protector: A Reconsideration." In *Religions in Traditional Korea*, edited by Henrik K. Sørensen. SBS Monographs 3. Copenhagen: The Seminar for Buddhist Studies, University of Copenhagen, pp. 23-55.

____. 2002. "The *Tripiṭaka Koreana*: Its Computerization and Significance for the Cultural Sciences in a Modern Globalization World." In *Korea and Globalization: Politics, Economics and Culture*, edited by James Lewis and Amadu Sesay. London: RoutledgeCurzon, pp. 154-81.

____. 2004a. "Korean, Buddhist Influences on Vernacular Literature in." In *Encyclopedia of Buddhism*. Volume One, edited by Robert E. Buswell, Jr. New York: Macmillan Reference USA, pp. 439-41.

____. 2004b. "The Chogye Order." In *Encyclopedia of Buddhism*. 2 volumes, edited by Robert E. Buswell, Jr. New York: Macmillan Reference U.S.A., pp. 158-9.

____. 2006a. "Buddhist Soteriology in the Korean Context: Hyujŏng's Approaches to Enlightenment." In *Tradition and Tradition Theories: An International Discussion*, edited by Torsten Larbig and Sigfried Wiedenhofer. LIT Verlag, Munster, Germany, pp. 78-108.

____. 2006b. "The *Digitized Tripiṭaka Koreana 2004*: Benefits and Challenges in East Asian Buddhist Studies," *The Review of Korean Studies* 9-3: 181-202.

____. 2007a. "King Sejong's Buddhist Faith and the Invention of the Korean Alphabet: A Historical Perspective," *Korea Journal* 47-3: 134-59.

____. 2007b. "King Sejong's Buddhist View," presented at the 5th Korean Studies Association of Australasia Biennial Conference, Curtin

University of Technology, Perth, Australia., July 12-13.

____. 2007c. "The Philosophical Underpinning of the Calamities-Solving Ritual and Its Nature in Medieval Korea," the Buddhist International Conference on "Esoteric Buddhist Traditionin East Asia: Text, Ritual and Image," New Haven, Yale University, U.S.A. November 9-11.

____. 2008. "Korean Kings' Buddhist Views: An Examination-From the Fourth to the Tenth Centuries-," presented at the XVth Conference of the International Association for Buddhist Studies, Emory University, Atlanta, U.S.A., June 23-8.

____. 2009a. "Eminent Monks' Buddhist Views in Silla Korea," presented at The 24th Biennial Conference of the Association for Korean Studies in Europe, hosted by the Centre for Korean Studies, Leiden University, The Holiday Inn Hotel in Leiden, Leiden, The Netherlands, June 18-21.

____. 2009b. "King Sejo's View on Buddhism and His Statecraft in Confucian Korea," presented at the 2009 Association for Asian Studies Annual Meeting, held in Chicago Hilton Hotel, March 26-29.

____. 2010a. "Search for New Approaches to Research on Korean Buddhist History," *Korean Histories* 2.1: 45-56.

____. 2010b. "ing T'aejo's Buddhist View and Statecraft in Tenth-Century Korea," *The Review of Korean Studies* 13-4: 189-215.

____. 2010c. "Royal Buddhist Views and Statecraft in Ancient Korea," *CAHIERS D'ETUDES COREENNES* 8: 297-310.

____. 2010d. "The Power of the Buddhas: The Politics of Buddhism During the Koryŏ Dynasty," *Religious Studies Review* 36-2: 174.

____. 2011a. "Buddhism and Statecraft in Eighteenth-century Confucian Korea." In *Korean Studies in Shift*, edited by Changzoo Song. Auckland: University of Auckland, 2011, pp. 371-90.

____. 2011b. "Politics and Buddhism in Sixteenth-century Confucian Korea," presented at the 25th Biennial Conference of the Association for Korean Studies in Europe, Moscow, Russia, June 17-20.

____. 2011c. "The Theory of Karmic Retribution in Ancient Korea: Its History and Significance," presented at the XVIth Congress of the international Association of Buddhist Studies, Dharma Drum Buddhist College, Jinshan, Taiwan, June 20-25.

Koh, Seunghak. 2011. "Li Tongxuan'(635-730) Thought and His Place in the Huayan Tradition of Chinese Buddhism," Ph.D. dissertation, University of California, Los Angeles.

"Koryŏ: The Dynamics of Inner and Outer." 2013. Center for Korean Studies, University of Hawai'i at Mānoa, Honolulu, Hawa'i, February 14-16.

Lee, Peter H. 2012. "Love Lyrics in Late Middle Korean," *Journal of Korean Literature & Culture* 5: 201-68.

Leverrier, Roger. 1972. "Buddhism and Ancestral Religious Beliefs in Korea," *Korea Journal* 12-5(May): 37-42.

McBride, Richard D., II. 2006. "Is the Samguk yusa Reliable? Case Studies from Chinese and Korean Sources," *The Journal of Korean Studies* 11-1(Fall 2006): 163-90.

_____. 2006. "The Study of Korean Buddhism in North America: Retropective and Recent Trends," *The Review of Korean Studies* 9-1: 27-48.

_____. 2010. "Silla Buddhism and the Hwarang," *Korean Studies* 34: 54-89.

_____. 2011, "The Inscriptions on the Standing Maitreya and Amitābha Images of Kamsan Monastery and Devotional Buddhism of the Mid-Silla Period," 『고전학연구』 1: 23-58.

Mohan, Pankaj N. 2006. "Beyond the "ation-Protecting" Paradigm: Recent Trends in the Historical Studies of Korean Buddhism," *The Review of Korean Studies* 9-1: 49-67.

Nam, Dong-shin. 2003. "Buddhism in Medieval Korea," *Korea Journal* 43-4: 30-58.

Nuffelen, Peter van. 2008. "The Later Roman Empire as a Ritualised Society," *Abstract Collection and Programme*, Ritual Dynamics and the Science of Ritual, Heidelberg, Universität Heidelberg, 29 September-2 October: 135.

Quack, Joachim Friedrich. 2008. "Political Rituals: Sense and Nonsense of a Term and Its Application to Ancient Egypt," *Abstract Collection and Programme*, Ritual Dynamics and the Science of Ritual, Heidelberg, Universität Heidelberg, 29 September-2 October: 134.

Schopen, Gregory. 1991. "Archeology and Protestant Suppositions in the Study of Indian Buddhism," *History of Religions* 31-1: 1-23.

Sharf, Robert. 2010. "How to Think with Chan Gongans," paper presented at the International Conference on Ganhwa Seon entitled *Ganhwa Seon, Illuminating the World*, Volume 2, Dongguk University, Seoul, The Republic of Korea, August 12-13: 48-77.

Shim, Jae-ryong. 1979. "The Structure of Faith and Practice in Hua-yen Buddhism-Chinul (1158-1210), Li T'ng-hsüan (646-740) and Fa-tsang (643-720)," *Ch'ŏrhak* 哲學13: 91-110.

Sørensen, Henrik H. 2007. "Trends in the Study of Korean Buddhism in Europe 1968-2006," *Seoul Journal of Korean Studies*, 47-1: 212-34.

Spanos, Apostolos. 2008. "Emperors and Saints in Byzantium," *Abstract Collection and Programme*, Ritual Dynamics and the Science of Ritual, Heidelberg, Universität Heidelberg, 29 September-2 October: 134.

Vermeersch, Sem. 2004. "Buddhism and State-Building in Song China and Goryeo Korea," *Asia Pacific: Perspectives* V-1: 4-11.

_____. 2007. "The Eminent Koryŏ Monk: Stele Inscriptions as Sources for the Lives and Careers of Koryŏ Monks," *Seoul Journal of Korean Studies* 20-2: 115-47.

Volkov, Sergei Vladimirovich. 2007. "State and Buddhism in the East Asian Countries in the Early Middle Ages." In *Korean Buddhism in East Asian Perspective*, compiled by Geumgang Center for Buddhist Studies, Geumgang University. Seoul: Jimoondang, pp. 47-58.

Yun, Peter Y. 1998. "Rethinking the Tribute System: Korean States and Northeast Asian Interstate Relations, 600-1600," Ph.D. dissertation, The University of California, Los Angeles.

Zhang, Dewei. 2011. "preading a Buddhist Canon in Wanli (1573-1620) China," paper presented at the conference on *Daejanggyong: A Millennium Comme moration of the Tripitaka Koreana in 2011*, Taegu, Inter-Burgo Hotel, June 27-29: 240-69.

4. 인터넷 자료

고익진. 「금강경오가해설의」, http://www.encykorea.com/encyweb.dll?TRX?
    str＝25469&ty＝2(2012.03.22. 검색).

관리자. 「제5차 화엄21 천도법회 및 생전예수재」, http://www.haeinsa.or.kr/
    maroo/ board/?tbid＝newsevent&hlq＝view&num＝290(2012.03.22. 검색).

조동섭. 「순천 송광사 고문서 디지털로 화현」, http://news.buddhapia.com
    (2009.7.23. 검색).

진휴.「한국불교의 기복적 성격에 대한 고찰」, 2008년 제4회 전국학인논문공
    모전 우수상 수상작, http://www.haeinji.org/ontents/index.html? contents＝
    default_view&(2010.7.23. 검색).

Jorgensen, John. "H-Net Review Publication: 'Sangha-State Relations in the
    Koryŏ Dynasty'," http://www.h-net.org/reviews/showrev.php?id＝4556,
    October, 2009.

"봉은사 땅 밟기," http://jubilii.egloos.com/10601941(2010.10.24. 검색).

"봉은사에 이어 동화사 밟기," http://news.khan.co.kr/kh_news/khan_art_view.
    html?artid＝201010271428251&code＝940100(2010.10.27. 검색).

"조계사 '땅 밟기'," http://www.asiatoday.co.kr/news/view.asp?seq＝448771
    (2011.02.14. 검색).

찾아보기

【논소 등】

김종명(金鍾明, Jongmyung Kim) ———————————————————————————

한국학중앙연구원 한국학대학원 교수
미국 UCLA 석 · 박사(한국불교학 전공)
연세대학교 국제학대학원 석사수료(한국학전공)
서울대학교 학 · 석사(유가공학 전공)

저서
『한국의 세계불교유산: 사상과 의의』(서울: 집문당, 2008)
『한국 중세의 불교의례: 사상적 배경과 역사적 의의』(서울: 문학과지성사, 2001)

역서
『파란 눈 스님의 한국 선 수행기』(1999; 서울: 예문서원, 2000)

공저
Zen Buddhist Rhetoric in China, Korea, and Japan (Amsterdam: Brill, 2012)
Korean Studies in Shift (Auckland: University of Auckland, 2011)
『종교 근본주의: 비판과 대안』 (서울: 모시는 사람들, 2011)
Makers of Modern Korean Buddhism (New York: SUNY Press, 2010)
Cahiers D'etudes Coreennes: Melanges Offers a Marc Orange et Alexandre Guillemoz.(Paris: College de France, 2010)
『세종과 재상 그들의 리더십』 (파주: 서해문집, 2010)
『세종 리더십의 형성과 전개』 (서울: 지식산업사, 2009)
Buddhism Introducing the Buddhist Experience (New York: Oxford University Press, 2008)
Tradition and Tradition Theories (Berlin: LIT Verlag, 2006)
『퇴옹 성철의 깨달음과 수행』 (서울: 예문서원, 2006)
Korea and Globalization ((London: RoutledgeCurzon, 2002)
『논쟁으로 보는 불교철학』 (서울: 예문서원, 1998)
Great Thinkers of the Eastern World (New York: HarperCollinsPulishers)

이외 국영문 논문 및 학회발표문 다수

국왕의
불교관과
치국책

초 판 인 쇄 | 2013년 6월 30일
초 판 발 행 | 2013년 6월 30일

지 은 이 | 김종명
펴 낸 이 | 채종준
펴 낸 곳 | 한국학술정보㈜
주 소 | 경기도 파주시 문발동 파주출판문화정보산업단지 513-5
전 화 | 031) 908-3181(대표)
팩 스 | 031) 908-3189
홈 페 이 지 | http://ebook.kstudy.com
E - m a i l | 출판사업부 publish@kstudy.com
등 록 | 제일산-115호(2000. 6. 19)

ISBN   978-89-268-4637-7 93220